证券投资基金指南 修订版
── 监管、评级、销售与投资 ──

杨 健 ◎ 编著

中国宇航出版社
·北京·

版权所有　侵权必究

图书在版编目（CIP）数据

证券投资基金指南：监管、评级、销售与投资 / 杨健编著. -- 修订版. -- 北京：中国宇航出版社，2024.3
ISBN 978-7-5159-2324-6

Ⅰ．①证… Ⅱ．①杨… Ⅲ．①证券投资－投资基金－指南 Ⅳ．①F830.91-62

中国国家版本馆CIP数据核字(2023)第251746号

策划编辑	田芳卿	排版制作	史凤仙
责任编辑	洪　宇		

出版发行　**中国宇航出版社**

社　址	北京市阜成路8号	邮　编	100830
	(010)68768548		
网　址	www.caphbook.com		
经　销	新华书店		
发行部	(010)68767386		(010)68371900
	(010)68767382		(010)88100613(传真)
零售店	读者服务部		
	(010)68371105		
承　印	三河市君旺印务有限公司		
版　次	2024年3月第1版		2024年3月第1次印刷
规　格	710×1000	开　本	1/16
印　张	23.75	字　数	450千字
书　号	ISBN 978-7-5159-2324-6		
定　价	59.00元		

本书如有印装质量问题，可与发行部联系调换

序

证券投资基金起源于19世纪60年代的英国，并在20世纪20年代传入美国后得到了极大发展，成为最重要的资产管理工具之一。我国基金业起步相对较晚，从1998年首批封闭式基金设立至今，刚刚走过二十五个年头。回顾过去，我国证券投资基金行业规模已超过30万亿人民币。在这个发展过程中，基金业始终担负着重要的使命，也始终伴随着市场和行业自身的深刻变革。

本书第一版的主要内容成稿于2007年，当时国内缺乏系统地介绍证券投资基金的书籍，本书的出版填补了这一空白。自成书至今，市场及行业均发生了很多变化，金融投资分析理论也有了新的发展。此次修订再版，首先对第一版中的数据进行了更新，同时补充了新的章节内容用以介绍较为前沿的理论和技术，对于过时的内容也进行了修订和删减；其次，对于上一版中讨论得不够详尽的内容也进行了更加详细的说明与论述，保证了内容的可读性和适用性。

济安金信作为国内知名的独立第三方基金评级与颁奖机构，不仅收集了监管、调研、销售、投资等方面的大量资料与信息，而且参与了证监会监管服务二十余年，积累了丰富的实践经验。在本书的修订编写过程中，基金评价中心主任王铁牛和副主任张碧璇投入了大量的时间与精力，尤其是张碧璇女士及基金评价中心刘思妍等对本书文字内容及插图修改等做了大量细致的工作。同时，金融工程部黄一驰、徐一铖在理论分析、数学模型、计算方法等方面进行了细致的校验。信息科技部王海牛、知识管理部陈楠，以及济安研究院执行院长乐山等在本书再版过程中提出了宝贵的修改建议。

中国基金业在不断的发展和跃迁当中，闪耀过高光，也经历过低谷，但从未停止过前进的步伐。无论是行业监管还是行业自律，均在摸索与创新当中逐步走向完善与成熟；基金产品从设计、投研，到销售、服务的各个链条，已获得了超过 7 亿投资者的支持与认可。然而，随着基金市场的蓬勃发展，能够从宏观视角对证券投资基金发展概况、具体投资运作流程、管理人组织架构等基金行业现状进行全面介绍的专业书籍仍不多见。作为基金行业发展的亲历者，希望通过本书的修订再版，能够为从业者及投资者提供有价值的参考资料。

在日趋复杂的国际环境下，中国基金行业如何既服务于实体经济，又帮助投资者分享经济发展的红利，以基金行业自身的高质量发展，实现所肩负的使命和责任，值得我们深入思考。

杨健

2023 年 10 月于北京

目录

第一部分 证券投资基金行业概述

第一章　证券投资基金基础知识 /2
　　第一节 证券投资基金　/2
　　第二节 证券投资基金市场　/5
　　第三节 证券投资基金的类型　/10
　　第四节 证券投资基金的创新　/19

第二章　证券投资基金发展历史 /24
　　第一节 证券投资基金的产生　/24
　　第二节 证券投资基金的发展　/25
　　第三节 证券投资基金的成熟　/26

第三章　中国证券投资基金行业现状 /27
　　第一节 证券投资基金行业投资管理现状　/27
　　第二节 证券投资基金行业风险管理现状　/32
　　第三节 证券投资基金行业投资研究现状　/34
　　第四节 证券投资基金行业基金营销现状　/37
　　第五节 证券投资基金公司治理现状　/38

第四章　证券投资基金行业展望 /41

第五章　著名基金公司与明星基金经理 /47
　　第一节 著名基金公司　/47
　　第二节 明星基金经理　/54

第二部分 证券投资基金运作的监管体系

第六章　证券投资基金运作法律规范体系 / 66
　　第一节 规范证券投资基金的相关法律　/ 66
　　第二节 规范证券投资基金的行政法规和部门规章　/ 68

第七章　证券投资基金监管主体 / 71
　　第一节 中国证监会　/ 71
　　第二节 中国基金业协会　/ 72
　　第三节 证券交易所　/ 73
　　第四节 监管主体间的职责分工　/ 73

第八章　对公开募集基金当事人的监管 / 75
　　第一节 基金管理人　/ 75
　　第二节 基金托管人　/ 82

第九章　对基金公开募集活动的监管 / 85
　　第一节 基金公开募集的管理制度　/ 85
　　第二节 基金募集的条件和程序　/ 86

第十章　对公开募集基金销售活动的监管 / 92
　　第一节 基金投资者适当性　/ 92
　　第二节 对基金销售机构的监管　/ 94
　　第三节 对基金宣传推介材料的监管　/ 98
　　第四节 对基金销售费用的监管　/ 100

第十一章　对公开募集基金研究、投资与交易行为的监管 / 103

第十二章　对公开募集基金运营的监管 / 108
　　第一节 基金估值与核算　/ 108
　　第二节 基金的运营费用与税收　/ 108
　　第三节 基金的变更与终止　/ 113

第十三章	对基金信息披露的监管	/116
第十四章	基金持有人的权利行使	/120
	第一节 基金持有人的法定权利	/120
	第二节 基金持有人大会	/121
第十五章	对非公开募集基金的监管	/123
第十六章	对基金从业人员的监管	/133

第三部分 证券投资基金运作管理流程

第十七章	基金产品设计流程	/138
第十八章	基金投资管理流程	/142
第十九章	投资政策设定	/145
	第一节 投资理念	/145
	第二节 投资目标	/147
	第三节 投资策略	/149
第二十章	证券分析选择	/154
	第一节 证券投资分析理论	/154
	第二节 股票选择流程	/172
	第三节 债券选择流程	/181
	第四节 基金选择流程	/183
第二十一章	构建投资组合	/190
	第一节 资产配置	/190
	第二节 时机选择	/200
第二十二章	基金绩效评估流程	/210
	第一节 收益水平分析	/211
	第二节 风险水平分析	/214
	第三节 风险调整后收益分析	/228
	第四节 投资策略有效性分析	/235

第五节 基金选股与择时能力分析 / 237
第六节 基金投资集中度分析 / 241
第七节 基金绩效持续性分析 / 244
第八节 基金收益贡献度分析 / 246
第九节 基金绩效归属分析 / 246
第十节 基金动态价值评估 / 261

第二十三章　基金风险管理流程 / 263
第一节 风险识别 / 263
第二节 风险监控 / 266
第三节 风险防范 / 274

第二十四章　济安金信基金评级 / 276
第一节 济安金信基金评级体系 / 276
第二节 海外主要基金评级机构及评价方法 / 287
第三节 如何使用基金星级评价结果 / 290

第四部分 投资者如何选择证券投资基金

第二十五章　中小投资者如何选择证券投资基金 / 294
第一节 选择基金的一般因素 / 294
第二节 基金的基本状况 / 300
第三节 投资者的自我评估 / 301
第四节 如何选择第一只基金 / 304
第五节 评估基金表现的方法 / 312
第六节 如何选择投资时机 / 315
第七节 如何买卖基金 / 317
第八节 开放式基金的申购与赎回 / 319
第九节 中小投资者的基金组合管理 / 323

第二十六章　机构投资者如何选择证券投资基金 / 326
第一节 机构投资者与证券投资基金 / 326
第二节 机构投资者如何选择证券投资基金 / 330

第三节 机构投资者的投资策略　　/338

第五部分 基金管理公司的公司管理

第二十七章　基金管理公司的管理结构　　/346
　　第一节 基金管理公司管理结构的基本要求　　/346
　　第二节 我国对基金管理公司管理结构的主要规定　　/347
　　第三节 基金管理公司的内部控制　　/349

第二十八章　基金管理公司的组织结构　　/351
　　第一节 专业委员会　　/352
　　第二节 投资管理部门　　/353
　　第三节 风险管理部门　　/354
　　第四节 市场营销部门　　/355
　　第五节 基金运营部门　　/355
　　第六节 后台支持部门　　/356

第二十九章　基金管理公司团队　　/357
　　第一节 基金公司管理团队　　/357
　　第二节 基金公司投资研究团队　　/358
　　第三节 基金公司市场营销团队　　/359

参考文献　　362

附录　　364

第一部分 证券投资基金行业概述

第一章 证券投资基金基础知识

第一节 证券投资基金

一、证券投资基金的概念

随着社会化大生产和市场经济的不断发展,一百多年前悄然兴起于证券市场上的证券投资基金,以其集腋成裘之功能、专家经营之优势、风险分散之特色,在众多金融工具中脱颖而出,成为当今世界引人注目的投资方式。迄今为止,人们还没有给予证券投资基金一个规范的定义,本书将采用如下通行说法:证券投资基金是投资基金的一种主要类型,它是通过发售基金单位,集中投资者的资金,形成独立财产,由基金管理人管理、基金托管人托管、基金持有人持有,按其所持份额享受收益和承担风险的集合证券投资方式。

世界各国和地区对证券投资基金的称谓不尽相同。如美国将其称为"共同基金(Mutual Fund)",英国和我国香港特别行政区称为"单位信托基金(Unit Trust Fund)",欧洲称为"集合投资基金(Collective Investment Fund)"或"集合投资计划(Collective Investment Trust)",日本称为"证券投资信托基金(Securities Investment Trust Fund)"。

二、证券投资基金的特点

证券投资基金与其他投资基金相比,具有如下6个基本特点。

1)投资者不同。证券投资基金是一种集合投资方式,即通过向投资人发行基金份额或基金单位,能够在短期内募集大量的资金用于投资。因此,每只基金的投资人数很多。

2)投资对象不同。证券投资基金有特定的投资目标、投资范围、投资组合和投资限制。它集中投资于证券市场中的各种可交易证券,如股票投资基金主要投资于股票,而国债投资基金则主要投资于国债。

3)投资风险不同。证券投资基金投资于证券市场,其风险不仅来自上市公司,也来自证券市场自身。由于证券市场往往受到很多宏观因素的影响,因此,证券投资基金存在一定的投资风险。

4）管理方式不同。证券投资基金是采用专业管理，或者叫专家管理，即通过监管机构认可的专业化投资管理机构来进行管理和运作的。这类机构由具有专业资格的专家团队组成。专业管理还表现在：专业人员对证券市场中的各类证券信息进行收集、分析；对各种证券组合方案进行研究、模拟和调整；对分散投资风险的措施进行计算、测试等。

5）运作机制不同。证券投资基金在运作中实行制衡机制，即投资人拥有所有权；基金管理人负责基金的投资操作；基金财产的保管则由独立于基金管理人的基金托管人负责。这种三方当事人之间相互监督、相互制约的机制，目的是规范基金运作，保护投资人的权益。

6）利益分配方式不同。证券投资基金实行"利益共享、风险共担"的分配原则，即投资人根据其持有基金单位或份额的多少，分配基金投资的收益或承担基金投资风险。

三、证券投资基金的投资对象

证券投资基金的投资对象，可以是资本市场上的股票和债券、货币市场上的货币市场工具，也可以是衍生品市场上的金融期货、期权等，有时还包括虽未上市但具有发展潜力的公司证券等。

（一）股票（Stock）

1. 股票的概念

股票是股份公司为筹集资金而发行的一种有价证券，用以证明投资者的股东身份和权益，并据以获得股息和红利的凭证。每股股票都代表股东对企业拥有一个基本单位的所有权，因此可以进行转让、买卖或抵押。

股票一经发行，持有者即为发行股票的公司的股东，有权参与公司的决策，分享公司的利益，但同时也要分担相应的责任和经营风险。股东作为公司的所有者，如何行使上述权利以及参与公司决策的权利大小，则取决于其持有的股份的多少，但不能以任何理由要求公司返还其出资，一般只能通过证券交易市场将股票卖出或依法转让。

2. 股票的分类

在我国，根据不同的分类标准，股票有不同的类型。

1）按股东享有权利不同，分为普通股和优先股。

2）按流通受限与否，分为流通股和限售股。

3）按市场属性和所面对投资者的不同，分为A股、B股、H股、S股、N股。

（二）债券（Bond）

1. 债券的概念

债券是社会各类经济主体为筹集资金而向投资者出具的、承诺定期支付利息并到期偿还本金的债权债务凭证。它与其他有价证券一样，本身是一种虚拟资本，是金融投资行为的法律凭证，并非真实资本。

2. 债券的分类

1）按发行主体的不同，债券可以分为政府债券、中央银行票据、政府支持机构债券、金融债券、企业信用债券、资产支持证券、熊猫债券。

2）按付息方式的不同，债券可分为零息债券、贴现债券、固定利率附息债券、浮动利率附息债券和利随本清债券。

3）按照币种不同，债券可分为人民币债券、外币债券和特别提款权计价债券。

另外，债券还可根据其他标准分为绿色债券、社会效应债券、疫情防控债券和环境、社会和公司治理主题债券等。

（三）货币市场工具（Money Market Instruments）

货币市场工具一般是指由政府、金融机构或企业发行的短期（1年以内）、具有较高流动性的低风险证券，一般包括银行回购协议、定期存款、银行承兑汇票、商业票据、短期国债、中央银行票据等。

（四）金融衍生工具（Derivative）

金融衍生工具是以货币、债券、股票等基本金融工具为基础而创新出来的金融合约，其价值依赖于标的资产的价值变动。合约的基本种类包括远期合约、期货、掉期（互换）和期权，还包括具有上述四类中一种或多种特征的混合金融工具。

（五）其他金融工具

存托凭证（Depositary Receipts，DR），是指在一国证券市场流通的代表外国公司有价证券的可转让凭证。

权证（Warrant）是指持有人在规定的期限内或特定到期日有权按约定价格向发行人购买或出售某一标的股票，或直接以现金结算差价的有价证券。虽然在内涵上都是一种行使买入或卖出动作的权力，但与标准化的期权相比，权证更加个性化且没有卖空机制。

备兑凭证（Covered Warrant）属于广义的权证。它给予持有者按某一特定价格购买某种股票或几种股票组合的权利，投资者以一定的代价（备兑凭证发行价）获得这一权利，在到期日可根据股价情况选择行使或不行使该权利。和一般的认股权证不同，备兑凭证由有关股票对应的上市公司以外的第三者发行，通常是由资信良好的金融机构发行，发行后可申请在某个交易所挂牌上市。发行备兑凭证的目的，或是为了能以较高的价格套现所持有的有关股份，或是为了赚取发行备兑凭证带来的溢价。

第二节　证券投资基金市场

一、证券投资基金市场的概念

证券投资基金作为投资于有价证券的集合投资工具，其份额的发行和流通构成了证券投资基金市场，也是金融市场的重要组成部分。基金管理人通过发行基金份额来募集资金，用于各类证券资产的投资，为投资者提供了多元化的投资渠道。同时，通过对证券市场的深入研究和参与，不断提高证券市场的定价效率和市场流动性，具有重要的融资和资本配置作用。

二、证券投资基金市场主体

在基金市场上存在许多不同的参与主体，依据所承担的职责与作用的不同，可以将基金市场的参与主体分为基金当事人、基金市场服务机构与监管和自律机构三大类。

（一）证券投资基金当事人

我国的证券投资基金目前均是依据基金合同设立，基金份额持有人、基金管理人与基金托管人作为委托人与受托人，是基金的当事人。

1. 基金份额持有人

基金份额持有人是指购买了证券投资基金份额的投资者，也就是基金的实际投资者。基金份额持有人通过购买基金份额，成为基金的投资者和参与者。基金份额持有人不直接持有基金投资组合中的股票、债券、货币等资产，而是通过持有基金份额将资金委托基金管理人进行投资，享受基金投资所带来的收益和风险。

2. 基金管理人

基金管理人作为资金受托人，是具体对基金财产进行投资运作的机构，其主要职责是按照基金合同的约定，负责基金资产的投资、管理、运作和监督，并为基金份额持有人创造投资收益。基金管理人可以是独立的基金管理公司，也可以是证券公司、银行、保险公司等金融机构。在我国，基金管理人必须通过中国证券投资基金业协会的审核批准，获得基金管理资格，并遵守相关法律法规和行业规范。

基金管理人作为基金的管理者和运营者，对基金份额持有人的利益和基金的投资收益具有直接的影响。因此，基金管理人应当遵循诚信、勤勉、谨慎的原则，切实履行职责，为基金份额持有人创造最大的投资价值。

3. 基金托管人

为保证基金财产的安全，我国相关法律法规要求基金资产必须由独立于管理人的托管人保管。托管人的职责主要体现在基金资产保管、基金资金清算、会计复核以及对基金投资运作的监督等方面。在我国，托管人只能由依法设立并取得基金托管资格的商业银行或其他金融机构担任。

4. 基金当事人之间的关系

1) 持有人与管理人之间的关系

基金持有人与基金管理人之间的关系是通过信托形成的所有者与经营者之间的关系。前者是基金资产的所有者，后者是基金资产的经营者；前者可以是自然人，也可以是法人或其他社会团体，后者则是由职业投资专家组成的专业经营者。

2) 持有人与托管人之间的关系

基金持有人和基金托管人的关系是委托与受托的关系。基金发起人代表基金持有人把基金资产委托给基金托管人保管。对持有人而言，基金资产委托专门的机构保管，有利于保证基金资产的安全。尤其是公开募集的基金持有人比较分散，以其单个力量无法有效保护资产的安全，基金托管人的介入是必不可少的。

3) 管理人与托管人之间的关系

管理人与托管人的关系主要因各国法律、法规和基金类型的不同而存在差异。在国外，有的基金由托管人担任受托人角色，托管人与管理人形成委托与受托的关系；有的基金由管理人担任受托人的角色，管理人与托管人形成委托与受托的关系。在我国，管理人和托管人是平行受托关系，即基金管理人和基金托管人受基金持有人的委托，分别履行基金管理和基金托管的职责。

在业务运作关系上，基金管理人和基金托管人都是为基金提供服务的专业性机构，同时，二者之间具有互相监督的关系。基于此，不得由同一机构同时担任管理人和托管人，也不得相互出资或持有股份。基金管理人运作基金资产，但不实际持有基金资产。基金托管人保管基金资产，依据基金管理人的指令进行清算交割，并监督基金管理人的投资运作是否合法合规。基金管理人和基金托管人均对基金持有人负责。二者的权利和义务在基金合同或基金章程中有明确规定，任何一方有违规之处，对方都有权监督并及时制止，直至请求更换违规方。这种相互制衡的运行机制，有利于保证基金财产的安全和基金高效运作。

（二）证券投资基金服务机构

基金管理人、基金托管人既是基金的当事人，又是基金的主要服务机构。除基金管理人和基金托管人外，基金市场上还有许多面向基金提供各类服务的其他服务机构。这些机构主要包括：基金份额登记机构、基金估值核算机构、基金投资咨询机构、基金评价机构、律师事务所和会计师事务所等机构。

1. 基金销售机构

依据证监会《公开募集证券投资基金销售机构监督管理办法》的规定，除基金管理人直销外，商业银行、证券公司、期货公司、保险公司、保险经纪公司、保险代理公司、证券投资资讯机构、独立基金销售机构向住所地中国证监会派出机构申请注册基金销售业务资格并申领《经营证券期货业务许可证》，也可以从事基金销售业务。未取得基金销售业务资格的机构，不得从事基金销售业务。根据证券投资基金业协会统计数据显示，截至 2022 年四季度我国具备基金销售业务资格的机构共 419 家，数量和保有规模上以银行、证券公司和独立基金销售机构为主。

2. 基金估值核算机构

基金估值核算机构是从事基金会计核算、估值及相关信息披露等业务活动的机构，其主要职责包括基金净值核算、资产估值、报表编制、数据报送等。基金管理人可以自行办理基金估值核算业务，也可以委托基金估值核算机构代为办理基金估值核算业务。

3. 基金投资顾问机构

基金投资顾问机构接受客户委托，按照协议的约定向客户提供基金投资组合策略建议，并直接或者间接获取服务取得的经济利益。基金投资顾问使基金销售模式从传统的以交易为核心的卖方主导，转向了以投资者利益为核心的买方主导。该模式在海外市场中发展多年，已经成为美国投资者购买基金的主要渠道，而国内的基金投顾则刚刚起步。2019年10月，证监会正式下发《关于做好公开募集证券投资基金投资顾问业务试点工作的通知》(以下简称《通知》)，这标志着公募基金投资顾问业务试点正式落地。截至2022年6月，全市场共计60家机构获取试点资格，其中43家已开展业务，主要分为基金及基金子公司、券商、第三方投资顾问平台三大类型。

根据《通知》规定，基金投资顾问试点机构从事基金投资顾问业务，可以接受客户委托，按照协议约定向其提供基金投资组合策略建议，可以代客户做出具体基金投资品种、数量和买卖时机的决策，并代客户执行基金产品申购、赎回、转换等交易申请；开展管理型基金投资顾问业务，并直接或者间接获得经济利益，标的应为公募基金产品或证监会认可的同类产品。

4. 基金评价机构

基金评价机构的法定义务是：客观公正地按照依法制定的业务规则开展基金评价业务，对基金投资收益和风险或基金管理人的管理能力进行评级、评奖、单一指标排名，以及从事中国证监会认定的其他评价活动。依据《证券投资基金评价业务管理暂行办法》的规定，基金评价机构如通过公开形式对证券投资基金进行评价并发布评价结果，需要加入基金业协会并向证监会备案以获得相应的。目前我国获得基金评价资质的机构共七家，分别为济安金信、晨星（Morningstar）、天相投顾、海通证券、上海证券、招商证券、银河证券。另外，《上海证券报》《证券时报》及《中国证券报》为仅具有基金评奖资质的媒体机构。济安金信和晨星是仅有的同时具有基金评级与基金评奖资质的基金评价机构。

基金评级是指运用特定的方法对基金的投资收益和风险或者基金管理人的管理能力进行综合性分析，并使用具有特定含义的符号、数字或者文字展示分析的结果。在从事基金评价业务当中，必须遵循下列原则。

1）长期性原则，即注重对基金的长期评价，培育和引导投资人的长期投资理念，不得以短期、频繁的基金评价结果误导投资人；

2）公正性原则，即保持中立地位，公平对待所有评价对象，不得歪曲、诋毁评价对象，防范可能发生的利益冲突；

3）全面性原则，即全面综合评价基金的投资收益和风险或基金管理人的管理能力，不得将单一指标作为基金评级的唯一标准；

4）客观性原则，即基金评价过程和结果客观准确，不得使用虚假信息作为基金评价的依据，不得发布虚假的基金评价结果；

5）一致性原则，即基金评价标准、方法和程序保持一致，不得使用未经公开披露的评价标准、方法和程序；

6）公开性原则，即使用市场公开披露的信息，不得使用公开披露信息以外的数据。

5. 律师事务所和会计师事务所

律师事务所和会计师事务所作为专业、独立的中介服务机构为基金提供法律、会计服务。法定义务包括：接受基金管理人、基金托管人的委托，为有关基金业务活动出具法律意见书、审计报告、内部控制评价报告等文件，勤勉尽责，对所依据的文件资料内容的真实性、准确性、完整性进行核查和验证。

（三）证券投资基金监管机构

1. 基金监管机构

我国证券市场最高监管机构是中国证券监督管理委员会（简称"证监会"）。证监会隶属于国务院，负责对证券市场和相关行业进行监管和管理。随着证券市场的不断发展和改革，证监会的职能不断扩展和完善。目前，证监会的组织架构包括党委、机关、派出机构、专项机构和直属事业单位等部门，下设多个司局和办公室，分别负责证券发行、证券交易、基金监管、法规制定、内部管理等方面的工作。

2. 基金行业自律组织

基金行业自律组织是基金行业相关机构自愿结成的全国性、行业性、非营利性社会组织，在基金市场发展过程中负责规范行业自律和监督管理。目前，我国基金业行业自律组织是中国证券投资基金业协会（以下简称"基金业协会"），前身为2001年成立的中国证券投资基金业公会，其性质、组成及主要职责等在《证券投资基金法》（2012修订）中得到明确，确立了基金业协会的地位并规范了其责权限。

基金业协会的主要职责在于促进和规范中国证券投资基金业的健康发展，维护投资者权益。为此，基金业协会开展的一系列工作包括：制定行业自律规范、提供投资者教育和保护、推动基金业创新和发展，还有基金从业人员资格认证和行业数据统计等。基金业协会的会员包括基金管理人、基金托管人、基金销售机构、基金估值核算机构、基金评价机构等各类市场主体，是中国基金行业的重要组成部分。

3. 证券投资基金交易机构

证券投资基金交易机构主要包括证券交易所及证券交易中心。证券交易所是依据国家有关法律，经政府证券主管机关批准设立的集中进行证券交易的有形场所。证券交易所主要提供交易场所和服务，同时也兼有管理证券交易的职能，但本身不能参与证券交易。

第三节 证券投资基金的类型

一、根据投资对象划分

根据投资对象，可以将证券投资基金分为：股票基金、债券基金、货币市场基金、期货基金、期权基金和混合型基金等。

（一）股票基金（Equity Fund）

股票基金是指专门投资于股票或者说基金资产大部分投资于股票的基金类型。它的投资目标侧重于追求资本利得和长期资本增值，是基金最原始、最基本的品种之一。根据证监会对基金的分类标准，股票型基金必须将资产的80%以上投资于股票。这类基金最大的特点就是具有良好的增值能力。

（二）债券基金（Bond Fund）

债券基金是指主要投资于各种国债、金融债券及公司债等固定收益类金融工具的基金类型。同样地，该类型基金要求资产的80%以上投资于债券。理论上，债券基金的投资风险小于股票基金，但缺乏资本增值能力，预期投资回报率也低于股票基金。

（三）货币市场基金（Money Market Fund）

货币市场基金是指发行基金份额所筹集的资金主要投资于大额可转让定期存单、银行承兑汇票、商业本票等货币市场工具的证券投资基金。货币市场基金主要有以下特点：一是该基金以货币市场流动性较强的短期融资工具作为投资对象,具有一定的流动性和安全性;二是该基金的价格比较稳定,投资成本低,投资收益一般高于银行存款;三是该基金一般没有固定的存续期间。

（四）商品及衍生品基金（Commodity and Derivative Fund）

商品及衍生品基金将主要的资产投资于商品期货合约、期货、期权、交易所交易基金（Exchange-Traded Funds，ETF）等商品及金融衍生工具以实现资产的长期增值。与其他类型基金相比,商品及衍生品基金的风险相对更高。一方面是商品、期货等衍生品价格除了受供需关系影响外,还与宏观经济政治环境、政策变化、自然灾害等因素高度相关,因此波动性和风险较大;另一方面,商品及金融衍生工具的投资往往伴随较高的资金杠杆,这就决定了产品获得高额回报可能性提升的同时,如果市场发生极端的系统性风险或趋势性变动,遭受损失的程度也会被急剧放大。

（五）混合型基金（Hybrid Fund）

混合型基金是指以股票、债券等资产作为投资对象,且大类资产配置比例不符合上述股票型、债券型和商品及衍生品基金的基金。该类型基金希望通过投资于不同大类资产来分散投资风险、实现资产配置,从而在市场波动中实现投资收益与风险的平衡,获得更加稳健的资产增值。举例来说,混合型基金与其他类型基金的区别在于,它可以选择在牛市积极加大股票投资,而在熊市完全放弃股票投资。换言之,根据时机的不同,混合型基金可以成为最积极的股票基金,即股票投资比例可以达到净资产的80%以上;也可以成为最纯粹的债券基金,即股票投资比例为0%。

根据大类资产的配置比例中枢,混合型基金通常可以进一步划分为偏股混合型（股票投资比例在60%以上）、偏债混合型（债券投资比例在60%以上）、平衡混合型（股债比例基本维持在40%～60%之间）以及灵活配置混合型（股票投资比例可在0%～95%灵活调整）。

二、根据运作方式划分

根据基金发行总额是否变化,可以把证券投资基金分为封闭式基金（Close-end Fund）和开放式基金（Open-end Fund）。

（一）封闭式基金

封闭式基金的份额和募资规模在设立时已经确定,在发行完毕后的规定期限内发行总额固定不变。由于投资者在基金存续期间内不能向发行机构赎回基金份额，基金份额的变现必须通过证券交易场所上市交易。

（二）开放式基金

开放式基金的发行总额不固定，投资者可以随时购买和赎回基金份额。相比于封闭式基金，开放式基金更加灵活，投资者可以随时根据市场情况调整自己的持仓。我国证券投资基金市场早期出现的都是封闭式基金，因为这种运作方式可以保证资金总额稳定，规避应对申购和赎回申购和赎回的问题，较为适合发展初期的证券市场。不过随着行业的快速发展，投资者对基金的认可度越来越高，作为工具属性较高的金融产品，开放式基金逐渐成为市场主流。

（三）封闭式基金与开放式基金的比较

1. 期限不同

封闭式基金一般都有明确的存续期限或封闭运作期限，在此期限内不增发新的基金份额，已发行的基金份额也不能被赎回。当期满时，会进行基金清盘，也可以根据基金合同约定或在基金持有人大会投票通过的情况下，延长存续期或转为开放式基金。开放式基金一般没有固定的存续期，只要基金的运作得到基金持有人的认可，基金的规模也没有低于规定的最低标准，就可以一直存续下去。

2. 份额限制不同

封闭式基金与开放式基金的份额限制上的不同主要在于投资人所持份额是否可以赎回。封闭式基金的份额在封闭期内不能赎回，因而资本总额不变；开放式基金不受固定规模或存续期的限制，可以随时进行基金份额的申购和赎回，因而资金总额随时会发生变化。

3. 买卖方式不同

封闭式基金的投资者需要根据基金的不同阶段采取不同的购买方式：在募集阶段，投资者直接向基金公司申购基金份额；当进入封闭运作期后，基金份额则无法通过赎回的方式变现，因此一般会在证券交易所上市，使基金份额能够在持有人之间进行交易；当基金封闭期届满清盘或转为开放式基金时，投资者才能够通过向基金公司赎回份额的方式收回资金。而开放式基金份额的申购和赎回行为始终发生在基金投资人和基金管理公司之间，除非特殊类型的上市开放式基金，基金持有人之间不会发生交易行为。因此，开放式基金的流动性一般要好于封闭式基金，可以随时买入或变现。

4. 价格形成机制不同

根源于封闭式基金和开放式基金份额限制的不同，两者基金份额价格的形成机制也不同。封闭式基金的主要交易途径为证券交易所的二级市场挂牌买卖，因此价格除了受基金底层资产价值的影响外，还会受到供求关系、宏观基本面、标的资产行情等复杂因素的共同影响，出现实际交易价格高于或低于基金单位资产净值（Net Asset Value），即"折价"或"溢价"的现象。开放式基金的申购和赎回价格则明确以基金单位的资产净值为基础进行计算，价格一般在当日收市后公布，投资者当天进行的申购和赎回申请均是在未知价的情况下进行，因此不受基金市场及相关标的资产市场供求关系变化的影响。

（四）创新型封闭式基金

虽然相较于开放式基金，传统封闭式基金限制申购和赎回，以便基金公司在不受干扰的情况下进行更加长期的投资策略规划。但对于投资者而言，却存在长期高折价率、不便于资金安排、认同度差等问题。因此，我国于2002年停止了传统封闭式基金的发行。在这样的背景下，基金公司通过增设"救生艇条款"、分级产品结构、有限保本条款和基准收益差额累计弥补机制等方式设计出了创新型封闭式基金，从2007年开始重新回归市场。

这类创新型封闭式基金一般在封闭期限设定上均不超过5年，而且满足一定条件后可以上市进行基金份额交易；也有部分产品约定折价率持续达到一定幅度时，持有人可以选择赎回。通过这样半封闭半开放的交易方式，弥补了传统封闭式基金的不足。不过，随着市场及监管政策的不断变化，创新型封闭式基金的运作模式也在变化。目前较为常见的定期开放式基金、滚动持有期基金等，均是产品形式不断创新的产物。

（五）上市开放式基金

传统的开放式基金主要以场外基金的方式运作，投资者在进行申购和赎回时处于当日"未知价"的状态，必须向基金管理人提出申请后等待净值的确认，因此流程较为烦琐，资金效率较低；而封闭式基金虽然可以在二级市场交易，但因为供需关系等因素的影响，可能存在折溢价或流动性不足的情况。因此，为了方便投资者进行投资，上市开放式基金得到了推广与发展。

上市开放式基金（Listed Open-ended Fund，LOF）是指在交易所上市交易的开放式证券投资基金，其基金份额按照"金额申购、份额赎回"的方式进行申购和赎回。投资者既可以通过基金管理人或其委托的销售机构以基金份额净值进行基金的申购和赎回，也可以通过交易所市场以交易系统撮合成交价进行买入、卖出。这类产品的出现是我国对证券投资基金的本土化创新。

我国首只 LOF——南方积极配置证券投资基金于 2004 年 8 月 24 日起在全国公开发售，成立时首发规模达 35.36 亿元人民币，拉开了中国 LOF 发展的序幕。截至 2021 年 12 月末，已经有 370 只 LOF 基金在上海、深圳证券交易所上市交易。

LOF 的实质是发行方式和交易方式的创新，比较符合中国的市场环境。其直接带来的益处主要体现在：降低投资者的交易成本，提高交易效率；改变传统开放式基金"一对一"的交易模式，提高基金流动性；减轻甚至消除基金折价问题；提高基金运作的透明度，有助于开放式基金的规范运作。

三、根据组织形式划分

根据基金的组织形式不同，可以将证券投资基金划分为契约型基金和公司型基金。

（一）契约型基金

契约型基金又称信托型基金，是基于一定的信托关系而成立的基金类型，一般由基金管理公司、基金托管机构和投资者（受益人）三方通过信托投资契约建立。契约型基金在法律地位上不具备独立的法人资格，因此没有自身的办事机构，投资者的权益不是通过组织架构来实现和保障，而是主要体现在基金合同的条款上。

（二）公司型基金

公司型基金是指基金本身作为一家股份有限公司，通过发行基金份额的方式来募集资金，并在后续用于投资股票、债券等有价证券。公司型基金的设立程序和组织架构都与一般的股份公司基本相同，因此投资者持有的基金份额实质上是证券投资基金公司的股票，享有参与基金日常运作、承担有限责任、分享投资收益的股东权利。基金本身在法律地位上具有独立的法人资格，基金持有人会议是公司型基金的最高权力机构，通过设立董事会、监事会等职能机构保障投资者的利益，监督基金资产的安全运作。

（三）契约型基金与公司型基金的比较

1. 法律依据不同

契约型基金根据《信托法》组建，基金本身不具有法人资格。委托人、受托人和受益人三方之间的权利义务以及基金本身的运作需要遵守《信托法》《基金法》等法律法规的规定。而公司型基金则是根据《公司法》成立，具有独立的法人资格，投资者是通过持有基金份额对基金公司享有控制权的股东，此外与其他当事人之间的关系和契约型基金相同，公司型基金在运作过程中必须遵守《公司法》。

2. 发行凭证不同

契约型基金发行的基金份额是受益凭证，而公司型基金发行的基金份额则是普通股票。因此，持有契约型基金的基金份额反映的是一种信托关系；持有公司型基金的基金份额反映的不仅是信托关系，还是一种所有权凭证。

3. 运作方式不同

契约型基金依据信托契约建立和运作，随着契约期满，基金运营也就终止，这不利于基金的长期经营。公司型基金则是与一般股份公司一样，基于公司的永续经营而进行募资。因此，除非根据公司法到了破产清算阶段，一般情况下基金公司都具有永久性，这更加有利于公司的稳定经营。

4. 投资者地位不同

契约型基金的投资者是信托契约的当事人，通过购买受益凭证获取投资收益，只享有份额权，无法直接参与基金的日常运作。公司型基金的投资者是公司的股东，享有股东权，他们能够直接参与公司的重大决策，以股息或红利方式获得投资收益。

四、根据募集方式划分

根据基金的募集方式，可以把证券投资基金分为公募基金和私募基金。

（一）公募基金

公募基金是指以公开发行方式向不特定的社会公众投资者募集基金资金，通过多种投资方式分散投资的一类证券投资基金。

公募基金具有以下几个特点。

1. 公开性

公募基金是向不特定的社会公众投资者募集资金，具有较强的普惠金融性质，因此，必须做到"公开、公正、公平"，信息披露要求严格，所披露信息必须充分、及时、准确、完整。

2. 流动性

由于公募基金的投资者人数众多，为满足不同投资者对于资金管理和风险控制的需求，公募基金份额可以在交易所或基金公司随时申购和赎回，具有较高的流动性。

3. 规范性

在信息不对称的情况下，为了保障基金持有人的利益，各国对公募基金的发售、设立、运作、托管、变现、解散等都通过制定法律来规范。

（二）私募基金

私募基金是指以非公开方式向特定投资者募集资金并投资于证券资产的投资基金。在全球证券投资领域中，典型的私募基金是对冲基金。私募基金具有以下几个特点。

1. 非公开性

私募基金的基金单位是通过征询特定投资者并向其中有投资意向的投资者发售的，因此，私募基金单位一旦进行公开宣传或采取任何公开方式进行发售，就属于违规行为。特定投资者的范围根据我国相关法律法规规定，必须是被依法认定为合格投资者的机构或者个人，而且人数上限不能超过200人。由于私募基金面向特定投资人发售的特点，监管没有强制信息披露的规定，但管理人仍然需要向投资者履行一定的报告义务。

2. 大额投资性

由于投资者人数有限，同时为了保护不熟悉市场的投资者，私募基金通常设有最低投资额限制。我国对合格投资者首次投资于单只私募基金的金额要求不低于100万元人民币。

3. 灵活性

我国私募基金根据投资者与管理人签订的基金契约进行运作，但由于符合投资条件的投资者往往具备一定的专业知识和风险承受能力，因此私募基金基本不受到公募基金那样严格的资产配置以及流动性约束，可以根据市场环境变化自由调整投资组合，以实现更好的回报。投资人数量有限使投资者与管理人之间的关系更加密切，因此，也存在管理人根据投资者的特定需求定制产品或策略的情况。

五、根据风险与收益目标划分

按基金的风险与收益目标，可以把证券投资基金分为成长型基金（Growth

Fund）、收入型基金（Income Fund）和平衡型基金（Balanced Fund）。

（一）成长型基金

成长型基金的主要目标是追求资产的长期增值和盈利。该类型的基金投资于具有良好增长潜力的上市股票或其他证券，并注重资本的长期增值和一定的经常性收益。基金经理人的投资策略是在市场表现良好的绩优股中把握有利的时机买入并长期持有，以获得最大的资本利得。与信用交易或证券期货交易不同，成长型基金挑选的公司多是信誉好且具有长期盈利能力的公司，其资本成长速度高于股票市场的平均水平。然而，由于成长型基金追求高于市场平均收益率的回报，因此承担更大的投资风险，其价格波动也比较大。总之，成长型基金的主要目标是追求资金的长期稳健增值。

（二）收入型基金

收入型基金的主要目标是追求当期收入最大化，并且以能够带来稳定收入的证券为主要投资对象。该类型基金主要投资于具有稳定收入的绩优股、债券等有价证券，以实现当期收入的最大化。在投资策略上，它坚持多元化投资，通过资产组合分散投资风险。同时，为了满足投资组合的调整需求，持有的现金资产也较多。此外，收入型基金会将所得的利息和红利部分派发给投资者。总之，收入型基金重视当期收益的最大化。

（三）平衡型基金

平衡型基金注重短期收益与风险搭配，其基本目标是保障资本安全、当期收益分配以及资本和收益的长期成长。实践中，平衡型基金通常将25%～50%的资产投资于固定收益类资产，其余则投资于普通股等权益类资产，以确保更好的资产安全性。因此，它具有双重投资目标，并且风险相对较小。在股票市场出现空头行情时，平衡型基金的表现要好于那些仅投资于股票的基金；而在股票市场出现多头行情时，平衡型基金的增长潜力则可能弱于那些仅投资于股票的基金。总之，平衡型基金适合那些希望兼顾资本安全和短期收益的投资者。

六、根据投资策略划分

根据投资策略的不同，可分为主动基金（Active Funds）和被动基金（Passive Funds）。

（一）主动基金

主动基金通过基金管理人主动管理，以取得超越市场平均水平的业绩。该类型基金需要基金经理对证券市场进行深入研究，通过制定投资策略和投资方法并进行主动管理来确定投资组合。主动基金的投资目标是通过基金经理的选股及择时操作，利用市场定价的低效创造超越基础市场平均回报的收益，通常会根据对市场的预测做出买入和卖出股票的决定。在市场环境变化剧烈的情况下，主动基金的灵活性可以使其更好地适应市场变化和规避风险，但也相应地要承担主动投资的风险，即因为基金经理的决策可能存在偏差或错误，导致基金表现不佳。此外，主动基金管理所需的人力和成本也比较高，这就导致主动基金的管理费用通常要高于被动基金。

（二）被动基金

被动基金一般指的是指数基金（Index Fund），即按照某种指数构成的标准，购买该指数包含的证券市场中全部或部分证券的基金。指数基金由于投资策略相对简单、透明，不需要基金管理人对于标的选择进行主动干预，因此成本及销售费用较低，监管也较为简单。同时，因为指数基金需要根据标的指数成分证券进行分散投资，单个资产价格波动一般不会对指数基金的整体表现构成重大影响，因此有利于分散和防范投资风险。

被动基金当中也存在一定的主动管理，根据主动性的程度可进一步划分为完全复制指数基金、聪明贝塔（Smart Beta）基金和指数增强基金。

1. 完全复制型指数基金

完全复制型指数基金力求最大限度地按照所跟踪指数的成分股及对应权重进行资产配置，以实现相对于指数最小的跟踪误差，通过长期跟踪标的指数来获得市场平均收益。ETF 将这一特征体现得淋漓尽致。

ETF 是一种特殊的开放式基金，又被称为交易型开放式指数证券投资基金。它既可以像交易股票或封闭式基金一样在二级市场实现自由买卖，同时也具备了开放式基金自由申购赎回的优点，是指数证券化的创新。不过不同于普通开放式基金的"现金申购、现金赎回"，ETF 必须采用"实物申购、实物赎回"的交易方式，即投资者必须根据管理人公布的"实物申购和赎回"清单，以清单列名的一揽子成分股票交付而取得基金份额，赎回时也是用基金份额换回一揽子股票。这种申购和赎回模式决定了 ETF 产品能够实现对标的指数的完全跟踪，不存在封闭式基金的折溢价情况，也大大节省了研究和交易运营费用。

截至 2021 年 12 月 31 日，全球范围内的 ETF 产品数量接近 8600 只，资产总值达到10万亿美元；我国基金市场上存续的ETF产品共605只（不含货币ETF），规模合计1.1万亿元。从2005年2月23日上海证券交易所推出的首只由华夏基金管理有限公司管理的上证50ETF开始，我国ETF类型产品整体发展速度不断提升，总规模也不断创出历史新高。

2. 聪明贝塔基金

随着因子投资的不断发展，聪明贝塔基金成为近年来受到高度关注的投资趋势之一，但它所承载的通过另类加权方法和因子投资管理组合收益及风险的核心理念则由来已久。早在1964年，有学者提出的资本资产定价模型（Capital Asset Pricing Model，CAPM）就将组合的投资收益划分为贝塔收益（Beta，随市场基准波动而变化的收益）与阿尔法收益（Alpha，与市场基准无关的收益）。在这一基础上，因子模型不断发展。1993年，肯尼斯·弗伦奇(Kenneth French)和诺贝尔经济学奖获得者尤金·法玛（Eugene F. Fama）构建了包含规模和价值因子的新模型，推动因子投资不断从理论走向实践，将贝塔收益的构成不断细化。聪明贝塔基金就是在这个理论基础上发展出来的。

聪明贝塔的本质就是对传统指数通过市值选股或给成分个股加权的模式进行优化，采用非市值的方式选股或加权，旨在获得相对传统指数的超额收益或降低指数风险。最常见的策略就是在指数编制规则中加入基本面因素，如根据分红比例构建的红利指数，或根据估值指标构建的价值指数等。据统计，自2000年第一只聪明贝塔基金发行以来，截至2022年12月31日，美国存续的聪明贝塔基金共有1021只，管理规模约1.51万亿美元；中国基金市场聪明贝塔基金数量为39只，规模合计312.48亿人民币。

3. 指数增强基金

指数增强基金是在追踪特定市场指数的基础上，加入增强型的积极投资手段，对投资组合进行适当调整，力求在控制风险的同时获取超出指数表现的超额收益。

与传统的普通指数基金相比，指数增强基金会运用策略来选择或调整证券组合的资产构成或权重分配，以期获得更高的回报或降低风险。这些策略可以是多种形式的，既可以是包括因子模型、衍生品对冲、套利等量化的方法，也可以是基金经理基于对市场的主观判断和操作。因此，指数增强基金实质上是介于被动基金与主动基金之间的一种产品类型。

第四节 证券投资基金的创新

随着基金市场的发展，为满足投资者的投资需求，证券投资基金产品在基金品种、交易平台、交易方式和销售渠道等多个方面不断呈现出越来越多的创新。中国证监会于2014年6月发布的《关于大力推进证券投资基金行业创新发展的意见》中明确提出，要加快建设现代资产管理机构，支持业务产品创新。在这样的政策基调下，证券投资基金市场迎来了创新发展的加速期，推动了包括基金中基金、管理人中管理人、不动产信托基金、基金买方投顾等基金品种和资产管理模式的落地。

一、基金中基金

（一）基金中基金的概念

基金中基金（Fund of Funds，FOF）是专门投资于其他证券投资基金的基金，其本身就是可以在市场上交易其他投资基金的受益凭证，是投资管理的一种现代形式。FOF作为一个分散化的、单一管理者的基金组合，旨在通过多样化的投资组合和各种风格与策略的结合来进行投资管理。FOF采用与传统基金相同的组织形式，但不直接投资股票或债券，而是将80%以上的资产投向其他基金产品，以间接持有证券资产。

FOF最早出现于20世纪70年代的美国，起初是基金管理公司为方便销售旗下基金或其他关联基金（Affiliated Funds）而创设的一种基金形式，当时并未受到重视。不过20世纪90年代以来发生的数次金融危机，使投资者意识到分散化、多元化投资的重要性，且401K企业养老金计划在美国大力推行，美国的FOF出现爆发式增长，截至2019年底数量超过千只，管理总资产超过2.5万亿美元。

相较于海外的成熟市场，我国FOF起步较晚。2005年招商证券发行了首只证券投资私募FOF，随后也陆续有银行、券商等机构发行了一些FOF产品，但由于规范化程度较低，未能受到市场认可。2016年，证监会发布《公开募集证券投资基金运作指引第2号——基金中基金指引》，2017年10月首批公募FOF正式成立，标志着国内公募FOF正式落地。截至2021年12月31日，正常存续的公募FOF共240只，规模合计2222.41亿元人民币，全市场规模占比为0.75%，未来仍有很大的提升空间。

（二）FOF的类型

目前FOF已分出不同的种类，分别具有不同的产品形式。

1）关联基金的FOF。这是最初的FOF产品形式，主要是基金管理公司为了销售自身旗下基金方便而创设的。

2）非关联基金的FOF。这是主要投资其他基金管理公司的基金，这种FOF的管理包含本身的基金管理和对所投资基金的管理。

3）被动管理的FOF。按照事先设定的投资比例和个别基金进行投资，之后不再改变投资组合，这类基金包括重要的养老金FOF品种。

4）主动管理的FOF。根据基金经理对未来市场趋势的判断进行投资组合调整，其投资管理过程中会不时发生基金的买卖行为。但在美国市场上，主动管理的FOF通常并不会有频繁的投资组合变动和基金交易行为，还是以购买并持有的长期投资为主要投资方式。

根据证监会发布的《公募基金运作指引第2号——基金中基金指引》以及《养老目标证券投资基金指引（试行）》等规定，当前我国公募FOF在实践中主要分为普通FOF和养老目标FOF。根据投资运作策略的不同，养老目标FOF又可分为目标日期FOF和目标风险FOF。

（三）FOF与其他基金的比较

FOF产品吸收了投资组合的设计理念，将不同风格、不同类型的基金集中在一起形成基金组合。与目前市场其他的基金品种相比，FOF的特点主要表现在以下几方面。

1）集中优秀基金。FOF与一般基金最大的区别在于其投资标的是基金，通过在产品数量超过万只的市场中优选出优秀基金建构投资组合，具有"集中所有好基金"的优势。

2）分散投资风险。FOF通过投资于不同属性基金（股票型、债券型、平衡型、指数型、海外型）的组合，投资于不同的区域和产业，并随着市场景气度变化而变换组合中的基金，分散单一基金经理人的决策风险和单一区域风险，达到技术性降低集中投资风险的目的。

3）动态调整资产配置。组合基金能充分和动态调整基金持有比例，根据市场情况调整投资组合中的资产配置比例，以取得更高的回报或平滑资产净值的波动。

4）投资流程量质并重。FOF的操作方式看似简单，实际上却需要经过一套复杂的、量质并重的子基金筛选机制及决策流程。其投资组合的建构一般包括四个步骤：资产配置、挑选基金、决定买卖时点和风险控制。

作为一种结合了基金产品创新和销售渠道创新的基金品种，FOF 凭借专业的投资机构和科学的基金分析及评价系统，能更有效地从品种繁多、获利能力参差不齐的基金中找出优势品种，最大限度地帮助投资者规避风险、获取收益，为投资者提供一站式选择，降低投资人挑选基金的繁复性。

二、管理人中管理人

2019 年 12 月 6 日，证监会发布《证券期货经营机构管理人中管理人 (MOM) 产品指引 (试行)》（简称《指引》），令管理人中管理人 (Manager Of Managers，MOM) 这一产品类型正式进入我国资本市场。《指引》面向的 MOM 模式，即由 MOM 管理人通过长期跟踪、研究投资管理人的投资过程，挑选长期贯彻自身投资理念、投资风格稳定并取得超额回报的投资管理人，以投资子账户委托形式让他们负责投资管理的一种投资模式。MOM 模式在海外已经发展成为较成熟的主流资产管理模式，但其在国内的发展与 FOF 类似，仍处于起步阶段。

三、不动产投资信托基金

2021 年 11 月 17 日，中国银保监会在官网发布《关于保险资金投资公开募集基础设施证券投资基金有关事项的通知》，同意保险资金投资公开募集基础设施证券投资基金，即基础设施公募不动产信托基金（Real Estate Investment Trusts，REITs)。这是我国发展基础设施 REITs 的重大突破，为不动产市场的发展注入了新的活力。

REITs 最早在美国于 20 世纪 60 年代初创立，经历了 60 年的发展，基础资产从商业物业发展到了交通、医疗、能源等领域。当前，我国正在大力发展 5G 通信、城市轨道交通等基础设施建设，基础设施存量巨大，发展空间充足。高速公路、电力等基础设施具有稳定且持续的现金流收入，基础设施基金与股票、债券等资产的相关性较低，有利于分散风险。结合我国基础设施存量大、增量多、收益稳定等现状，我国经过多年的探索，首推基础设施 REITs。

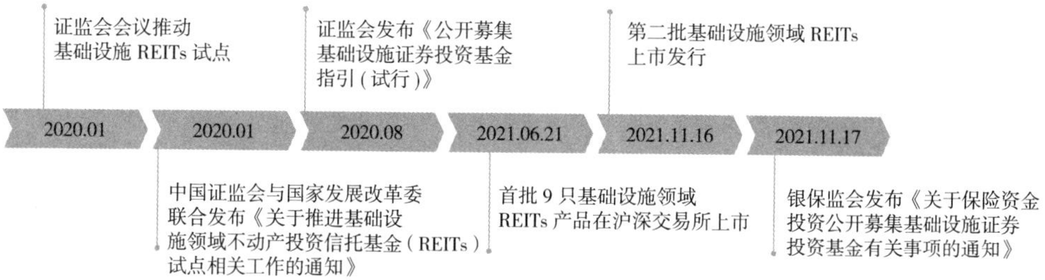

```
证监会会议推动                证监会发布《公开募集            第二批基础设施领域 REITs
基础设施 REITs 试点            基础设施证券投资基金         上市发行
                              指引(试行)》

 2020.01      2020.01      2020.08      2021.06.21      2021.11.16      2021.11.17

              中国证监会与国家发展改革委                 首批 9 只基础设施领域              银保监会发布《关于保险资金
              联合发布《关于推进基础设                    REITs 产品在沪深交易所上市        投资公开募集基础设施证券
              施领域不动产投资信托基金(REITs)                                                  投资基金有关事项的通知》
              试点相关工作的通知》
```

图 1-1 基础设施 REITs 推出历程

第二章 证券投资基金发展历史

证券投资基金起源于19世纪60年代的英国，在20世纪20年代传入美国后，得到了极大的发展和普及。迄今为止，大致经历了产生、发展和成熟三个阶段。

第一节 证券投资基金的产生

19世纪60年代，随着第一次工业革命的成功，英国成为全球最富裕的国家。但随着其国内资金积累过多，利率不断下降，投资收益日渐减少，许多商人便将私人财产和资金纷纷转移到劳动力价格低廉的海外市场，以谋求资本最大增值。然而，由于缺乏国际投资知识，对海外的投资环境缺乏了解，加上地域限制和语言不通，许多投资者遭受了海外市场投资失败和欺诈。为了克服这一系列不利因素，集合众多投资者的资金委托专人经营和管理的投资形式应运而生，并得到了英国政府的支持。1868年英国成立了"海外及殖民地政府信托基金（Foreign and Colonial Government Trust）"，公开向社会个人发售认股凭证，成为公认的设立最早的投资基金。早期的基金多为提供半固定收益的契约型投资信托，采取对外证券投资的方式运作，并以公债为投资对象。

1873年，英国投资信托先驱人物罗伯特·弗莱明（Robert Fleming）创立了第一家专业管理基金的组织——苏格兰美洲信托（Scottish American Trust），专门办理美洲新大陆的铁路投资，聘请专职的管理人对基金进行管理，使投资信托成为一种营利业务。此时，投资基金的成立依据是投资者和代理人签订的信托契约，它规定了双方的权利和义务。随着1879年英国颁布《股份有限公司法》，投资基金逐步脱离原来的契约形态，发展为股份有限公司式的组织形式，公司型投资基金取得了合法地位，成为投资信托史上的一大变迁。

1868年至1920年的52年间，证券投资基金有了较快成长，英国共有200多家基金公司在各地成立。这个时期的基金处于初创阶段，主要投资海外实业与债券，在类型上都是封闭式基金。与其他金融产品相比，基金对一个国家的经济和金融市场来说，都还是一个无足轻重的金融产品。

第二节 证券投资基金的发展

证券投资基金真正迎来大发展是在1921年至20世纪70年代的美国。

第一次世界大战以后，美国经济空前繁荣，财富的急剧增加，也引起了美国人民对投资的兴趣。不仅是资本家，普通大众也开始积极涉足证券投资。然而，对于初次参与证券投资的中小投资者来说，想要准确地发现有价值的行业和股票并不容易，他们需要专业的投资建议或者投资决策代理人。在此背景下，美国引入了英国的投资信托制度。1921年4月，美国设立了第一家证券投资基金组织——美国国际证券信托基金（The International Securities Trust of American），标志着证券投资基金发展中的"英国时代"结束，"美国时代"开始。

1924年3月21日，马萨诸塞投资信托基金在波士顿成立，它由哈佛大学200名教授出资5万美元组成，被认为是第一只真正具有现代特点的公司型开放式证券投资基金，也标志着美国式证券投资基金真正起步。该基金具有三个新特点：1）组织体系由原先英国模式的契约型改为公司型；2）运作制度由原先英国模式中的封闭式改为开放式；3）回报方式由原先英国模式中的固定利率方式改为分享收益—分担风险的分配方式。

随着马萨诸塞投资信托基金的出现，投资基金在美国经历了第一个辉煌时期。但是1929年10月28日，美国股市发生崩盘，美国乃至世界经济开始陷入持久衰退，绝大多数基金倒闭，证券投资基金的发展遇到严重挫折。

经过危机的冲击，1934年，美国证券交易委员会（United States Securities and Exchange Commission，简称SEC）成立，旨在重构整个证券市场，加强对投资者的保护，并规范证券市场的运作。1933年《证券法》的颁布以及1934年《证券交易法》的颁布，为证券投资基金的发展提供了明确的制度保障。1940年，美国政府又针对投资基金制定并颁布《投资公司法》和《投资顾问法》，使基金的宗旨、作用以及运作规范得到法律形式的明确。此后，二战的爆发一定程度上帮助并刺激了世界经济的恢复，证券交易重新变得活跃，共同基金规模与数量迅速增加。这一阶段，市场投资者结构开始发生变化，从初期个人投资者占主导逐渐转向机构投资者占主导，同时在费率和销售模式上，卖方投资顾问的模式逐渐兴起。

第三节 证券投资基金的成熟

20世纪80年代以后，随着信息技术的快速进步，金融创新和国际化进程大大加快，为证券投资基金的快速发展提供了良好的外部条件。

一、证券投资基金的数量、品种和规模快速增长

证券投资基金的数量、品种和规模，在整个金融市场乃至国民经济中占据了重要地位，证券投资基金资产占国内生产总值(Gross Domestic Product,GDP)的比例逐年增加，不再是可有可无的金融产品。20世纪80年代以后，开放式基金的数量和规模增长幅度最大，成为证券投资基金的主流产品。根据美国投资公司协会对全球开放式基金的统计数据分析，全球开放式基金的比重稳步上升。除去亚洲"金融风暴"的影响，平均而言，开放式基金资产规模大致为同期股票市场总市值的1/3。

二、证券投资基金成为国际现象

20世纪80年代以后，随着国际经济全球化走势的展开，一方面发达国家逐步放松了由1929年大危机后形成的金融管制政策；另一方面，一些发展中国家和新兴工业国家也加快了金融自由化步伐，纷纷修改原来的证券发行和交易规则，大大推进了证券投资国际化，金融自由化为证券投资基金进入国际市场投资提供了良好的国际性机制，证券投资基金在国际金融市场和全球经济中起到了重要的作用。

三、科技进步推进了证券交易的发展

20世纪80年代以后，计算机、现代通信技术快速发展，引发了国际间证券交易的技术革命，不仅大大简化了信息传递、交易活动、清算过户等程序，还使世界各大证券交易中心联为一体，极大地方便了证券投资基金管理人的投资运作。

四、证券投资基金成为金融创新的重要组成部分

证券投资基金不仅在金融创新中高速发展，而且有力地促进了其他金融产品的创新。20世纪80年代以后，期权、期货、互换、远期等各种金融衍生产品及其与传统金融产品结合所形成的新产品，大大丰富了国际金融市场的交易品种。证券投资基金的投资对象越来越多，各种形式的基金也开始出现，如交易所交易基金、组合投资计划等。这使得基金更加适合投资者，证券投资基金的规模得到迅速发展。

第三章 中国证券投资基金行业现状

第一节 证券投资基金行业投资管理现状

中国的投资基金起步于1991年，并以1997年11月《证券投资基金管理暂行办法》及2003年10月《证券投资基金法》的颁布实施为标志，逐渐进入规范、平稳的发展阶段。2008年全球金融危机使以权益市场为代表的金融资产大幅震荡，基金业发展陷入停滞。为应对恶劣的外部环境，证券投资基金行业开始不断探索创新，寻找新的发展机遇。随着国内资本市场的改革和发展，证券投资基金行业逐渐走出低谷并进入快速发展阶段。截至2021年底，包括公、私募在内的证券投资基金产品数量总计已超过80000只，总规模超过30万亿人民币，成为国内资本市场不可或缺的一部分。

一、1997年10月之前：早期探索阶段

20世纪90年代初期，我国证券市场刚刚起步，由中资或外资金融机构在境外设立的"中国概念基金"出现并受到国内市场关注，在地方政府和当地人民银行的支持下，证券投资基金市场萌芽。"武汉证券投资基金"和"深圳南山风险投资基金"分别由中国人民银行武汉分行和深圳南山区政府批准成立，成为第一批投资基金。1992年6月，深圳市率先公布了《深圳市投资信托基金管理暂行规定》，同年11月经深圳市人民银行批准成立了深圳市投资基金管理公司，发起设立了当时国内规模最大的封闭式基金——天骥基金，规模为5.81亿元人民币。随后，"淄博乡镇企业基金"经中国人民银行总行批准，于1993年8月在上海证券交易所挂牌交易，是第一只上市交易的投资基金，市场形成了投资基金热。

这一时期，中国人民银行作为基金主管机关，进行基金的审批设立以及运作监管。此时基金投资产品形式较为单一，全部都是封闭式产品，而且基金规模普遍偏小。这些基金由银行、信托投资公司、证券公司、保险公司、财政部

门和企业等多种主体发起，其投资范围也相对狭窄，资产质量不高。绝大多数投资基金的资产由证券、房地产和融资构成，其中房地产占据相当大的比重，流动性较低，这也导致产品间收益水平相差悬殊。

由于缺乏完善的监管体系，此阶段的证券投资基金管理上存在很大的问题。监管方面，基金的设立、管理、托管等环节均缺乏明确有效的监管机构和监管规则。大部分基金的设立由中国人民银行地方分行或者由地方政府审批。基金获批设立后，审批机关没有落实监管义务，基金资产运营、投资方向等方面均缺乏相应的监督制约机制。在投资运作上，基金市场也存在诸多不规范。一方面，交易中普遍存在"坐庄"的投资模式，使基金产品难以真正从长期价值出发进行投资决策，持有人权益缺乏足够的保障。另一方面，基金估值不规范。基金的大量资产投资于房地产、融资项目、法人股等流动性较低的资产，其账面资产价值高于实际资产价值，存在基金资产净值虚高的问题。

二、1997年11月年至2002年：初步发展阶段

1997年11月，当时的国务院证券委员会颁布了《证券投资基金管理暂行办法》，为我国证券投资基金业的规范发展奠定了法律基础，也标志着中国证券投资基金开始进入规范发展阶段。该《暂行办法》对证券投资基金的设立、募集与交易，基金托管人、基金管理人和基金持有人的权利与义务，投资运作与管理等都进行了明确的规范。1998年3月，新成立的国泰基金管理公司和南方基金管理公司在中国证监会批准下，分别设立"基金金泰""基金开元"两只规模20亿的封闭式基金，标志着中国证券投资基金试点正式拉开序幕。试点的当年，我国共设立了5家基金管理公司。1999年又有5家新的基金管理公司获准设立，使基金管理公司的数量增加到10家，这10家基金管理公司是我国的第一批基金管理公司，也被市场称为"老十家"。同时，原有投资基金清理、改制和扩募的工作不断推进行，一部分达到规范化的要求，重新挂牌为新的证券投资基金。新老基金并行发展，显示着规范的证券投资基金开始成为中国基金业的主导力量。

封闭式基金试点的成功为我国开放式基金的发展创造了条件。2000年10月8日，中国证监会发布并实施了《开放式证券投资基金试点办法》。次年9月，华安基金便推出第一只开放式基金——华安创新投资基金，成为中国基金业发展的又一个阶段性标志。

这一阶段，证券投资基金不断探索和创新，行业发展走上快车道。然而，基金管理公司在内部控制、风险控制、新业务开展等方面的合规意识却相对薄弱。因此，《证券投资基金管理暂行办法》及其《实施准则》以及后续的《证券投资基金上市规则》《开放式证券投资基金试点办法》等有关法律法规不断颁布实施，为后续《证券投资基金法》的推出以及证券投资基金的规范化发展奠定了基础。

三、2003 至 2007 年：快速扩张阶段

在 2003 年 10 月的第十届全国人大常委会第五次会议上，《中华人民共和国证券投资基金法》历时四年起草修改后正式通过。《证券投资基金法》以保护投资人利益为基本出发点，通过法律形式确立了基金业在证券市场中的地位和作用，明确了持有人的权利，在基金财产独立性、基金财产投资范围、信息披露、托管银行监督、基金管理公司股东条件等方面进一步规范了基金管理公司行为，着重体现了托管人与管理人分别对投资者负有信义义务的立法精神，对基金业的进一步发展具有深远的影响。

同时，伴随着 2006 年、2007 年股权分置改革行情为 A 股市场带来了历史上最大的牛市涨幅，基金行业呈现快速扩张势力，基金产品成为普通百姓熟悉的金融产品。基金市场也经过了一系列密集的变革与创新：社保基金通过首批获得社保基金投资管理人资质的公募基金公司入市、合格境外投资者（Qualified Foreign Institutional Investor，QFII）制度落地；首批货币市场基金和"伞形基金"问世；南方避险基金成为首只对投资者做出保本承诺的基金；ETF 及 LOF 基金上市，为市场增加了新的产品类型；封闭式基金在二级市场大幅折价的背景下迎来"封转开"的选择；合格境内投资者（Qualified Domestic Institutional Investor，QDII）基金破冰等。

但由于牛市行情来得过于迅速，基金的投资者教育工作尚在起步阶段，许多投资者对基金的风险收益特征完全没有了解，就盲目加入抢购基金的队伍，把基金当作股票来炒，不买高净值的基金、不买不分红的基金，期待通过投资基金实现一夜暴富成为当时投资者的普遍心理。

虽然仍存在诸多问题，但这一阶段我国证券市场法律法规开始不断完善，监管力量加强，外部环境不断改善，基金业迎来迅速发展。从 1998 年第一批以平衡型产品为主，到成长型、价值型、平衡型、指数型等不同风格类型的基

金出现，基金的产品种类日益多样化，投资风格逐渐凸显，规模也随之快速增长，逐渐成为证券市场中不可忽视的重要参与者。

四、2008 至 2016 年：创新探索阶段

随着 2008 年美国次贷危机波及全球金融市场，A 股也整体陷入"跌跌不休"的状态。除了 2009 年为应对金融危机出台 4 万亿刺激政策曾出现触底反弹外，股市的低迷也使得基金业发展一度陷入停滞，股票型基金更是呈现净流出。但危机往往也蕴含着机会，为了走出低谷，证券投资基金行业加快了创新探索的步伐。

由于 A 股市场的剧烈震荡改变了投资者的风险偏好，固定收益类产品开始受到投资者青睐。银行理财、信托、保险等偏向固定收益类的资管产品受到追捧，规模急速上升，也带动了公募中短期理财及货币市场基金等产品的发展。2011 年，银监会正式叫停了 30 天以内的银行短期理财产品，使得市场对于短期理财产品的需求出现空缺。公募基金趁势推出了短期理财基金，来弥补这一部分的市场空缺，满足投资者的需要。2012 年 10 月，南方、国泰和汇添富 3 家基金公司的"官网直销货币基金 T+0 赎回方案"业务获批，这一变化使得货币基金作为现金管理工具，因基金申购和赎回相对滞后而产生的流动性劣势被弥补，为随后货币基金的大发展奠定了基础。

2013 年 6 月，支付宝和天弘基金合作推出的货币基金产品——余额宝正式上线。该产品的初衷是承接作为消费电商平台和第三方支付公司的阿里巴巴沉淀的客户资金，从而规避需要向央行缴纳的天量货币资本和客户备付金。因此该产品将申购门槛由市场普遍遵循的 1000 元降至 1 元，并且创新性地融入消费场景，可以直接用于支付。这样的产品设计完美契合了当时投资者零散小额资金的理财需求，又恰逢宏观流动性紧张资金价格高企的市场背景，因此一经推出便受到大众的欢迎，产品规模迅速扩张。推出仅半年，余额宝的持有人数便达到 4303 万，净值规模达到 1853 亿元，成为全世界规模最大的货币基金。

借助移动互联网乘风而起的余额宝令行业看到了互联网理财的广阔前景，一时间商业银行、第三方销售机构、互联网公司等纷纷与基金公司合作推出各种"宝宝类"产品，货币基金资金流入超万亿，推动公募基金行业资产规模大幅增长。

2013 年 6 月，修订后的《证券投资基金法》正式施行。作为基金行业的根本大法，新《基金法》进行了多项重大制度创新，扩大了法律调整范围，对于推动中国内地投资基金市场和财富管理市场法治建设的现代化具有重要意义，为公募基金提升管理能力、拓展创新空间、打造竞争优势提供了法律指引。此次修订放宽了基金管理人的组织形式，允许管理人由依法设立的公司或者合伙企业担任，并且为了完善基金管理人市场的竞争机制，适度降低基金管理人的市场准入门槛，鼓励不同所有制和不同资本规模的企业参股或者控股基金管理公司。同时，新法强化了基金从业人员的诚信义务，加大了对基金持有人的权益保护力度，首次确认了私募证券投资基金的合法地位。对于市场从业者，新法简化行政审批核准项目，但强化了证监会的行政监管职责，夯实了行业自律机制，加强了基金业中介机构的制度设计。

2014年7月，股票市场经过6年沉寂突然迎来爆发，杠杆资金快速入市，形成了大规模的杠杆牛市。但由于这一次上涨并没有业绩支撑，大部分个股价格偏离基本面。2015年年中，市场行情突然陷入暴跌，短短四周，上证指数累计下跌1800点，跌幅接近35%，杠杆资金频频爆仓，1400家上市公司停牌以规避风险，最终酿成A股有史以来最惨烈的一次股灾。监管层开始重视杠杆资金和市场流动性管理，"监管趋严"成为此后市场发展的关键词。采用结构化形式运作的分级基金审批暂停，并于次年正式暂停注册；新的基金运作管理办法中关于股票型基金股票最低持仓应不低于80%的规定正式生效；证监会和人民银行联合发布的《货币市场基金监督管理办法》于2016年2月正式实施；私募基金备案收紧；基金管理子公司迎来新规，基金独立销售牌照也出现收紧。

不过监管趋严的同时，也意味着市场规范程度提升，市场逐步开放的基础更加坚实。2015年5月《香港互认基金管理暂行规定》发布，内地与香港互认基金正式注册，既能够引入境外资金，又为境内投资者提供更加丰富的投资产品。2016年9月证监会公布并施行《公开募集证券投资基金运作指引第2号——基金中基金指引》，基金市场再添一新品种。

五、2017年至今：规范发展阶段

经过近20年的发展，我国证券投资基金行业乃至整个资管行业在快速发展的同时，也积聚了大量的问题与风险。同时期我国居民的可投资资产不断增长，居民对于财富管理的需求大幅提升，但宏观经济却出现增速下降的问题。而且，前期经济结构化发展不平衡以及政策刺激带来的产能过剩、高负债和资产泡沫等遗留问题日益严重。因此，为了有效解决我国经济结构性转型问题，"供给侧结构性改革"拉开序幕。在这样的大背景下，为防控可能因"去产能、去库存、去杠杆、降成本、补短板"而造成的系统性金融风险，2017年11月17日，中国人民银行、银监会、证监会、保监会、外汇局联合发布了《关于规范金融机构资产管理业务的指导意见（征求意见稿）》，囊括了抑制多层嵌套和通道业务、打破刚性兑付、控制资管产品的杠杆水平、实施按资管产品类型统一监管等细则，实行公平的市场准入和监管，最大限度地消除监管套利空间。这份被简称为《资管新规》的文件在2018年4月27日正式落地，标志着我国资管业正式步入了统一监管架构之中。

随着改革的不断深化，分级基金、保本基金以及采用摊余成本法估值的短期理财基金全部实现转型或终止，行业发展的着力点重新聚焦于权益类基金的发展，公募基金作为长期投资、价值投资的工具属性不断强化。

由于行业监管越来越规范，证券投资基金行业的市场化程度逐渐提升，基金管理公司的业务范围除了传统的基金业务外，还通过企业年金、社保基金、专户投资等方式得到极大拓展。2019年10月证监会发布的《关于做好公开募集证券投资基金投资顾问业务试点工作的通知》，宣告基金投资顾问业务正式起航。

在这一阶段，基金产品创新得到快速发展，基金类型更加精细化，底层资产覆盖也从常规的股票、债券拓宽至黄金、期货、REITs和跨境证券等，运作形式上也出现了具有支付功能的货币市场基金、滚动持有期型产品等各类创新型产品。

基金业协会统计数据显示，截至2021年底，公募基金业产品总数为9288只，资产净值规模达到25.56万亿，份额规模达到21.78万亿。

第二节 证券投资基金行业风险管理现状

证券投资基金的风险管理是基金组织内部控制的重要方面，降低风险和抵御风险是基金公司作为服务性的专业理财机构区别于其他机构与个人投资者的重要特征。

自从2002年中国证监会发布《证券投资基金管理公司内部控制指导意见》以来，很多基金公司都在风险控制方面取得了较大的进展，"风险"意识在基金投资管理过程中也有充分体现。但放眼整个基金市场，风险管理方面仍然存在着许多纰漏，主要表现在以下几点。

一、外部风险控制难以平衡

在投资决策上，买卖时机的选择、股票品种的选择、投资决策的制定和监督等，都属于外部风险控制问题。目前我国基金投资决策的形成，通常的做法是基金经理拥有一定额度的投资自主权，一定额度以下可以自行决定投资，而一定额度以上的投资，就需要经过投资管理委员会和风险控制委员会的批准。可以说，目前基金投资的决策机制虽然以有效控制风险为重点，却不可避免地存在着对市场信息反应迟钝的缺点，基金投资管理很难在灵活和风险之间寻找到最佳的平衡点。

二、内部风险控制仍需完善

基金内部风险控制是基金的立足之本。为了加强基金的内部控制力度，主管机关要求在基金管理公司内部设立独立于业务部门的检查稽核部门，督察员拥有充分的检查稽核权力，专司检查、监督公司及员工遵守各项法规和公司制度的情况。随着我国以《证券投资基金法》为核心的一系列基金监管法规制度以及自律监管制度的不断完善，公募基金管理人的公司治理、合规管理及风险控制水平均在逐渐提升，但仍然存在投资风格漂移、风控管理存在疏漏、基金收益分配流程控制不严格等问题。另外，针对投资风险的量化技术与控制技术需要继续加强研究或引进，细化管理程序和投资过程的风险监控及风险管理，使基金投资更具有科学性和可预测性。

三、道德风险和炒作倾向严重

投资基金所有权与经营权分离，导致经理层经营权膨胀，与投资者存在根本利益冲突。一方面，基金的巨型化使受益权高度分散。另一方面，基金有效的经营在客观上又要求基金的经营决策必须面对激烈的竞争、复杂多变的市场，能够迅速灵活地做出反应，因此有效的经营决策只能委托具有专业知识的管理机构来决定。此外，投资者搭便车的现象以及放任专家经营的态度，强化了基金经理人的炒作倾向和道德风险。

四、代理人成本较高

对于管理费的计提，经理人的收入应当与基金的业绩挂钩，使基金的业绩成为考核基金经理的过硬指标。经理人的收入也应当与市场风险联系在一起。

然而，目前的情况却不是这样的，因为目前管理费的提取是按基金净值固定比例提成的，即使是基金持有人大面积亏损，基金经理也可以"旱涝保收"，有比较丰厚的回报。2022年6月基金业协会出台《基金管理公司绩效考核与薪酬管理指引》，要求基金公司包括董事长、高级管理人员、主要业务部门负责人、分支机构负责人和核心业务人员等，均需采用绩效薪酬递延支付制度，且高级管理人员、基金经理等关键岗位人员递延支付的金额原则上不少于40%，绩效薪酬递延支付期限不少于3年；高级管理人员、主要业务部门负责人应当将不少于当年绩效薪酬的20%购买本公司管理的公募基金，其中购买权益类基金不得低于50%；基金经理应当将不少于当年绩效薪酬的30%购买本公司管理的公募基金，并应当优先购买本人管理的公募基金。另外，《指引》还要求绩效考核不得以规模排名、管理费收入、短期业绩等作为主要依据，应当结合3年或以上的投资收益情况等。这样的规定将基金公司和基金经理的利益进一步与基金持有人绑定，强制基金管理人与基金投资者共担风险。

第三节 证券投资基金行业投资研究现状

2021年，我国人均国内生产总值达到1.25万美元，首次超过世界平均水平。居民可支配收入的增加带来了财富配置结构的变化，也推动了财富管理需求的不断提升和资本市场的扩容。在这一过程中，资产管理机构能否搭建完善的投研、投顾体系，回归行业本源、提供专业服务以实现客户资产的保值增值至关重要。目前来看，虽然证券投资基金尤其是公募证券投资基金，在国内的大资管体系下具有一定的主动管理优势，但与全球的资管机构相比仍有一定差距。

一、投研一体化理念逐渐成熟，专业化、差异化程度不足

在行业发展初期，我国的基金投研模式主要依赖于基金经理，而且由于各项制度尚不完善，投资的风控概念薄弱等原因，信息优势和技术分析一度成为机构投资者获取超额收益的重要方式。但是随着资本市场的不断发展，技术进步及制度建设逐渐完善，获取信息后的研究分析与加工能力才是投资机构的核心竞争力，因此投研一体化也逐渐成为行业的发展趋势。所谓投研一体化，是以研究为主导的投资理念在管理体制上的反映，其实质是研究与投资在流程管理、人才选择、激励考核等多方面的融合。这样的体系建设不再以基金经理个人为核心，而是更加依赖于投资团队甚至是外部投研力量的密切配合。

如今，投研一体化的概念被基金行业广泛采纳。监管层在《关于加快推进公募基金行业高质量发展的意见》中，也强调"引导基金管理人构建团队化、平台化、一体化的投研体系"。但是我国作为新兴经济体具有成长性和灵活性，资管行业在进行战略选择和落地时，仍存在专业水准和执行效果的差距，这也使得不同基金之间的业绩表现和稳定性存在差异。真正能够做到宏观、策略、行业和个股全维度研究覆盖，保障充分畅通的交流机制，使研究成果与实际投资运作充分结合，体系性地使产品形成稳定风格且业绩可持续的管理机构寥寥无几。

二、金融科技能力逐渐提升，但数字智能程度仍待深化

在不完美信息博弈的资本市场中，无论是基金经理还是研究员，都无法避免信息盲点和认知盲点的存在。因此，投研团队最重要的两项核心职能就是克服投资决策中的信息不对称及认知不对称。从海外市场的经验来看，2010年后，以改善有限责任公司（Betterment LLC）和财富前线软件有限责任公司（Wealthfront Software LLC）为代表的金融科技公司崛起。此后先锋（Vanguard）、富达（Fedility）、贝莱德（BlackRock）等主流资产管理机构也纷纷加大金融科技的投入，开发了将组合管理、风险管理、交易管理、运营管理等各业务链功能高度集成的系统软件。

国内的资管业务数字化转型仍集中于线下业务线上化，仅从营销方面提升了与客户的交互效率。但是，在资产端的投资决策流程以及资金端的客户需求匹配流程中，数字化程度仍然较为滞后。这一方面是由于我国金融市场发展仍不充分，底层投资工具仍然比较贫乏；另一方面是由于当前金融数据服务以信息聚合、静态展现为主，无法对信息之间的关联进行深入挖掘。未来，随着认知智能技术的迭代升级，运用人工智能、大数据等技术来实现智能投资、建立精准客户画像以及提高风险识别和风险计量能力将成为大势所趋。

三、投研团队变动频繁，人才梯队建设仍不完善

优秀的投研人员是资管机构的核心资产，但近年来随着基金行业的快速扩张，整体人员流动也愈发频繁。已经实现一定管理规模、具有良好过往投资业绩和口碑的公募明星基金经理频频出走私募，公募行业内部中小型基金公司培养人才的速度可能赶不上被挖角的速度，导致基金经理跳槽、离任成为常态。截至2022年6月，公募基金在任的基金经理数量突破3000人，仅上半年新聘

基金经理数量就达到 280 位，离职基金经理数量达到 130 位。虽然行业竞争及人才流动的市场化是基金行业趋于成熟的必然结果，但对于投资者来说，基金经理变动可能导致所持有产品的风格、策略发生变化，后续业绩能否延续也成为未知数，因此增加了基金选择的成本。

根据济安金信基金评价中心的统计显示，现任的公募基金经理平均从业年限仅 4.19 年，其中从业年限超过 10 年的人数占比不足 10%，从业年限在 5 年以下的人数占比达到 64.82%。一般来说，基金经理的晋升路径一般是从研究员做起，经过 3 至 5 年的积累后升任基金经理掌管产品。因此，基金经理队伍的年轻化也意味着人才梯队存在断层，这对基金管理公司的投研和管理水平提出了更高的要求。

人才流失问题引起了监管机构的关注。证监会 2022 年 5 月发布的《公开募集证券投资基金管理人监督管理办法》及其配套规则中，提出建立离职静默期制度；中国证券投资基金业协会 2022 年 6 月发布的《基金管理公司绩效考核与薪酬管理指引》中，提出调整基金经理薪酬结构等监管规范，希望通过制度层面的建设提高基金管理公司投研团队的稳定性。

四、全球化投资逐步开展，但海外市场投研能力不足

我国金融业开放程度始终在提速升级，尤其是在经过数次全球金融危机后，国际化多元资产配置的重要性日益显现，在人民币资产对外资吸引力不断提升的同时，国内的基金也在持续拓展跨境市场投资。2006 年合格境内机构投资者（QDII）试点正式启动，首批 QDII 基金陆续成立，拉开内地基金境外投资的序幕。此后，随着港股通、基金互认、跨境理财通等政策不断落地，QDII 基金以及普通权益类基金港股投资均迎来快速发展。截至 2022 年 6 月，QDII 基金产品数量为 202 只，产品类型及投资范围涵盖香港、欧美、日本、越南等多地市场的股票、债券、基金、大宗商品、黄金、不动产信托基金（REITs）等，拓宽了投资者的大类资产配置选择范围。

虽然国内基金管理机构已经迈出全球化配置的第一步，但以 QDII 为主要视角的境外投资产品仍是"边缘产品"，其净值规模仅占公募基金市场的 1.12%，主要投资区域也集中于港股市场和美股市场，投资规模往往不及 QDII 投资额度，市场认可度不高。海外成熟市场的市场有效性一般更高，投资工具种类及复杂程度也远超国内，因此，对机构投资者的投研能力、资产配置能力要求也就更高。构建完整的海外资产投资框架，发掘可行的投资方法至关重要。

第四节 证券投资基金行业基金营销现状

除了通过投资实现存量基金资产增长外，通过基金营销获取更多的份额，达到增量资产的增长，也是基金管理公司运作的重要环节之一。在基金市场销售竞争激烈、行业马太效应加剧的条件下，基金的销售状况和营销策略甚至成为影响基金公司经营最为关键的因素。近些年来，很多基金管理公司在基金产品创新上有了较多的尝试，市场推广和销售力度在加大，基金的营销方式也有了较大的转变。

一、独立代销及互联网金融迅速崛起，打破传统格局

我国证券投资基金行业发展过程中，高度的渠道依赖是始终存在的"先天缺陷"。基金行业发展初期，商业银行支配着大部分金融资源，而且遍布全国的网点也使商业银行掌握着绝对的渠道优势。因此，基金销售选择与银行合作，在相当长的时期内都维持着商业银行主导的格局。直到2012年，中国证监会正式批准众禄投顾、好买、诺亚、东方财富网4家机构成为首批独立基金销售机构。此后又有数家机构拿到基金销售牌照。截至2021年，独立第三方基金销售机构数量达到141家。

与此同时，2013年成为国内的"互联网基金元年"。余额宝的横空出世，正式开启了基金营销互联网化的序幕。天弘基金将旗下天弘余额宝产品嵌入了电商平台的交易场景，吸纳消费者日常购物的零散资金，并支持转账、支付、缴费等消费场景，打造了资金闭环，一跃成为市场瞩目的"爆款"明星产品，引得其他机构争相模仿。此后，基金公司的营销开始寻求与线上流量平台的跨界合作。截至2022年第2季度，基金业协会披露的基金销售机构公募基金保有规模排名前100名的名单中，"蚂蚁基金""天天基金"等互联网平台稳居前三位。

独立代销机构及互联网线上营销的快速崛起，确实打破了基金公司对传统商业银行单一渠道的高度依赖，也为基金营销创新带来了新的驱动力。但源头的渠道依赖问题并未得到根本性解决，仅仅是形成了新的依赖关系，整个行业面临和需要解决的问题仍然存在。

二、基金营销投顾化趋势初现，专业化分工有待深化

随着近年来国内市场的快速发展，基金作为资产配置工具越来越被社会公众认可。但长久以来，"基金赚钱，基民不赚钱"成为行业的沉疴痼疾。探究其中的原因，固然有基民重收益轻风险，存在追涨杀跌等错误投资理念的因素，但也与基金公司和销售机构的宣传和引导有关。由于基金公司和基金销售机构的收益直接与基金规模挂钩，因此形成了熊市低位宣传债券型基金，牛市高位宣传股票型基金的销售导向，实质上损害了投资者的利益。

因此，随着市场不断地成熟，需要在进行营销时建立更加精细的用户画像，深度挖掘客户的投资理财需求，实现充分的市场细分，围绕客户核心诉求和投资体验打造精准营销。但目前来看，基金营销过程中的细化工作和专业化分工仍不到位，未来能够根据客户的投资目标及风险承受度，提出相应投资建议的咨询类投顾渠道，将成为基金营销的未来发展趋势。这样既能够做到充分匹配投资者的投资需求，也能够倒逼基金公司在产品差异化上不断创新。

三、"流量红利"加速消退，基金公司品牌化建设仍是重点

近年来，投资者的理财意识不断增强，互联网崛起带来的"流量红利"推动着基金业快速发展。另外，"爆款营销"思维也使平台方与基金公司不断包装推广所谓的"明星产品""明星基金经理"，不断吸引传统代销渠道之外的长尾客户，尤其是新一代的年轻投资者。但是，随着互联网营销的流量获取成本持续走高，流量红利加速消退，部分基金公司为了能够维持增量，其营销甚至开始向"娱乐化""饭圈化"方向发展。

证监会2022年4月发布的《关于加快推进公募基金行业高质量发展的意见》明确指出，应推动基金管理人加强品牌建设与声誉管理，大力弘扬"工匠精神"，致力打造"百年老店"，坚持讲情怀、守专业、正理念，恪尽职守、谨慎勤勉，切实摒弃短期导向、规模情结、排名喜好，坚决纠正基金经理明星化、产品营销娱乐化、基民投资粉丝化等不良风气；引导基金管理人构建团队化、平台化、一体化的投研体系，提高投研人员占比，完善投研人员梯队培养计划，做好投研能力的积累与传承，扭转过度依赖"明星基金经理"的发展模式。

第五节 证券投资基金公司治理现状

公司治理是为了处理所有者、管理者之间的关系，平衡所有权、经营权和监督权的制度安排。由于我国基金运作采取共同受托人的契约型治理结构，基

金公司的治理结构还应包括来自外部基金持有人的权利义务关系，这也就相较于一般公司治理具有更强的外部性。委托代理链条的拉长涉及基金管理人、基金投资人、基金托管人和其他服务机构之间各方的利益，关系错综复杂，造成监管成本高、对投资者保护难度大等问题。因此，当事人之间的利益冲突是基金管理公司管理结构问题的根源。

目前，我国基金公司的公司管理结构已经相对比较完善，机构设置较为齐全，各种监管的法律法规也不断推出，但仍然存在以下问题。

一、持有人利益代表缺位，持有人监督乏力

在证券投资基金公司治理的框架下，基金份额持有人大会仅仅是根据基金契约参与具体产品相关重要事项的决策，在公司层面既非拥有所有权的中小股东，也不掌握实际经营决策权。因此，在基金公司的内部治理结构上，并没有一个明确的主体来代表基金持有人的利益。

虽然根据我国《证券投资基金法》，由全部基金份额持有人组成的持有人大会可以就修改基金合同、更换基金管理人和托管人等重大事项行使决定权，但对于基金持有人本身，尤其是公募证券投资基金持有人，缺乏积极行使权利的意愿。一方面是由于持有人数量较多，份额持有分散，基金份额持有人大会也并非常设机构，中小投资者参与基金治理的成本较高，且持有人大会的出席形式、集会事由、召集形式等均有严格限定，其权力行使可能受到管理人及托管人等多方利益的制约；另一方面，持有人将资金交给管理人管理运用，管理人从中收取一定比例的管理费用，两方都希望基金资产能够增值。因此，在这一过程中，即使管理人出现不合规的行为，持有人作为有共同利益目标的主体，反而可能对管理人的行为进行包庇，削弱对基金管理人的监督。

二、独立董事定位尴尬，监督职责履行情况不佳

由于基金公司对于基金资产仅有管理的义务而没有所有权，且在股权结构及经营管理层内部缺少持有人利益代表，在这种情况下，为防止管理人的道德风险，我国借鉴海外经验，引入了独立董事制度。但从实际情况来看，独立董事对于基金公司实际投资配置和合规监督所起的作用较为有限。

从传统的公司治理结构来看，独立董事独立于股东及董监高等内部机构，主要行使维护公司整体利益尤其是中小股东利益的职责。但是在我国当前的契约型基金治理结构中，独立董事的职责更多的是防范基金公司通过关联交易等直接进行利益输送的不当行为。但除此之外，想要切实保护投资者利益，更要防止基金管理人在更深入的实际投资管理过程中出现盲目投资、风格漂移等违背基金契约的行为，而这部分监督仅由基金管理人设置的风控部门来实现，独立董事在制度上既缺乏相应的职权，也缺乏监管的动力。

三、基金托管人独立性及监督职能难以保障

基金托管人作为基金产品的共同受托人，本应基于信托契约关系对基金管理人进行监督。但在当前的基金治理结构下，基金管理人在产品设计阶段有权决定基金托管人的选任。托管人地位缺乏独立性，导致在对基金管理人进行监管时必然出现软弱性。另外，作为托管机构的银行和券商一般也是基金管理人的主要销售渠道，在利益分配上除了固定的托管费外，还可以从管理人的管理费中抽取一部分客户维护费，也就是俗称的"尾随佣金"，这也是托管机构的利润增长点。在这种情况下，托管人难有足够的动力和意愿对基金管理人实施积极的监督管理。

第四章 证券投资基金行业展望

我国经济的持续发展为基金业的发展提供了舞台，国民经济水平长足进步催生投资需求，证券投资基金将居民财富从储蓄不断地向资本市场分流。我国经济发展已融入世界经济大潮中，努力向国际惯例和成熟市场靠拢，成为未来我国基金业的发展方向。

基金业未来发展的重要动力之一，是来自市场已经显著分化基础上的差异化经营。结合我国基金业的发展现状，以及与成熟市场的差距，预计未来我国基金业发展趋势将呈现出以下几个方面的特征。

一、治理结构不断完善

完善的治理结构能够保证基金持有人的根本利益，从而为基金公司在激烈的市场竞争中赢得投资者的信赖，并树立起稳固的市场品牌。经过行业的不断发展，监管部门逐渐规范和完善基金治理结构相关准则。基金公司的治理主体包含股东会与股东、董事会与董事、监事会与监事、经理层人员、合规负责人以及其他利益相关者。基金公司治理结构的完善将重点从上述治理主体的权利、义务以及相互制衡关系入手，通过制定规则，使各主体之间协调配合。在相应的激励约束机制下，使各治理主体协同效应最大化，从而防范风险，最大限度地保障基金持有人的利益。

二、业务范围逐步放宽

（一）业务范围不确定性加大

金融自由化是各国金融市场改革的共同趋势。随着竞争的加剧，各家基金公司将不断通过拓展业务范围来取得竞争优势。另外，《资管新规》落地后，各金融产品回归资管本质，相同或相似类型产品的监管标准趋于统一，证券投资基金面临的竞争压力也有所提升。积极引入社保基金、企业年金、个人养老资金等长线资金，不断进行产品创新，丰富完善路径和方式，促进基金服务实体经济、匹配投资者需求，也将成为基金公司业务发展的关键。这一过程中，需要基金公司在风险管理的合规框架下，不断探索如何通过设计有效的业务流程、管理方式、治理结构以及客户开发等内部制度，来充分发挥专业能力，实现投资者与管理机构的双赢。

（二）金融监管模式发生转变

在金融监管上，长期形成的分业监管模式已逐步让位于功能监管模式。多数发达国家都允许银行业、保险业、证券业兼营基金管理业务，同时基金管理服务机构除可提供基金管理服务外，还可以从事其他多种类型的资产管理服务，这些机构通常被称为资产管理公司，而不是所谓的"基金管理公司"。

三、股东背景多样化

随着我国资本市场开放程度不断加深，以及行业的进一步分化，基金公司的股东背景已经发生了转变：公募基金外资占比完全放开，符合条件的外商独资和合资企业可以申请登记成为私募证券投资基金管理机构；民营资本和专业人士等各类主体均可以设立基金公司。截至2022年6月，外商参股控股的公募基金合计48家，其中有45家是合资性质的，还有3家是外商独资性质的，36家外资私募完成备案登记，以自然人为股东的"个人系"基金公司达到26家。可以说基金行业不再是国内银行、保险、券商等大型金融机构的天下，外商投资基金公司以及"个人系"基金公司参与度不断提升，为行业发展注入了新活力。

四、基金业进入门槛逐步降低

（一）从"市场准入"到"过程"监管

我国在金融立法和金融监管上注重对市场准入的规范，市场经济发达国家则相反，在金融监管上重视"过程"监管。基金业由于很少负债经营，个别资产管理公司发生经营困难，对金融体系的稳定性一般不会带来系统风险，因此在英国、法国等国，对基金公司注册资本要求很低，美国根本没有注册资本的要求，对基金公司股东身份也无特别要求。在我国，基金公司的进入门槛虽然不断放宽，但出于保护普通投资者的考虑，仍然有较高要求，因此存在一个从市场准入到过程监管的过渡问题。

（二）人力资本重要性凸显

基金公司最重要资本的是人力资本，而不是货币资本。过高的进入门槛，非但不会通过限制竞争达到降低整个行业发展风险的目的，反而存在行业风险积聚的潜在风险。

五、专业化基础上的差异化是必由之路

（一）高度同质与恶性竞争

西方发达国家的资产管理公司经过长期的市场竞争，形成了较为成熟的市场结构，市场层次分明，市场充分细分。在我国，基金管理公司由于发展历史短，进入门槛高，无论在组织结构上，还是在业务发展上都大同小异，表现出高度同质性；在目标市场定位上，国内基金公司都将自己定位于全国市场，高度同质必然带来恶性竞争。

（二）差异化经营是必然趋势

趋同和简单地模仿与复制没有出路。随着竞争的加剧，行业马太效应将越发显现。基金公司想要实现高质量、可持续的发展，必然要根据自身优势、短板和定位，结合行业发展趋势，做到求同存异、市场细分和扬长避短，在专业化基础上实施差异化竞争战略，这是基金管理公司乃至整个基金行业走向成熟、不断发展壮大的必由之路。差异化意味着竞争内涵的丰富和深化。

六、基金业资源的整合和优化

（一）股权分散与集中

在基金业发展之初，为防范发生利益冲突，防止大股东对基金公司的不正当干预，我国非常注重基金管理公司的独立性，大股东在基金管理公司的持股比例受到严格限制。我国基金管理公司的股权大多较为分散，除中外合资基金公司外，绝大多数中资基金管理公司大股东的持股比例一般不超过50%。国外的情况刚好相反，多数资产管理公司股权集中，许多资产管理公司还是附属于证券公司、保险公司和银行的全资子公司或控股子公司。

（二）购并优化资源

随着持股比例限制的放宽，"一控一参一牌"政策的实施，同一主体持有公募牌照的数量限制放宽，券商和保险资管进入基金业的积极性提高，叠加外资持股比例全面取消，外资进入将产生"鲶鱼效应"，我国基金公司的购并活动将进入一个相对活跃的时期，推动我国基金业资源的优化与整合。

七、基金设立方式走向多元化

基金设立方式主要有三种，分别是公司型、信托型和契约型。信托型基金在形式上是一项信托，由信托人代表投资者的利益负责监督基金的投资运作。公司型基金在形式上是一个公司，以董事会及独立董事的设置作为投资者利益的代表，负责监督基金的投资运作。其法律关系明确清晰，基金治理结构相对完善，能够解决信托型或契约型基金在法律关系、道德风险方面的治理结构困境。许多国家都允许不同形式的基金并存，但从发展趋势上，公司型基金正在受到越来越多的重视。

八、非核心业务外包将渐成趋势

（一）核心竞争力

基金公司的核心竞争力主要体现在基金产品的设计与投资管理上，传统的基金管理公司既是基金产品的制造商，也是基金产品的销售商，形成事实上"大而全"的组织结构，这不利于形成基金管理公司的核心竞争力。

（二）外包非核心业务

随着市场竞争的加剧与分工的深化，将非核心业务外包出去，已经成为发达国家基金管理公司的普遍选择。目前在基金销售上的一个重要趋势是，基金管理公司越来越依赖外部销售机构，表现出"生产"与"销售"分离的倾向。

除基金销售普遍实行外包外，发达国家基金管理公司在基金注册登记、基金会计、客户服务上也普遍实行外包。外包不但可以降低经营成本，使基金公司能够专注于提高基金投资业绩，而且也有力地促进了其他基金服务提供者业务的发展。

目前我国已出台了涵盖销售、销售支付、份额登记、估值核算、信息技术系统等业务外包相关规范，基金管理机构也普遍选择将估值核算以及登记核算业务进行外包。可以预见，随着国内基金业竞争的日益加剧，市场专业化程度和分工细化程度的加深，我国基金管理公司外包业务的范围将会进一步扩大。

九、"撒网"式销售被"绑定"式销售取代

（一）撒网与绑定

所谓"撒网"式销售，即基金公司在基金销售中普遍倾向于选择尽可能多的代销机构，如3到5家银行，几十家证券公司同时代销一只新基金。所谓"绑定"式销售，即与有限的代销机构建立长期稳定的紧密联系，以确保销售成功，即在代销机构的选择上重质不重量。

（二）渠道管理

在国外，基金销售普遍流行绑定式销售。我国互联网平台的快速成长，推动了嵌入式经济的发展，也大大拓展了金融产品的销售渠道，基金销售不断趋

于线上化。基金销售的场景也逐渐多元化，用户黏性随之增强，因此，我国基金"撒网"式销售也可能将为"绑定"式销售所取代。在这种情况下，加强渠道管理成为基金管理公司在营销上的一大趋势。同时，随着基金数量的不断增多，投资咨询公司和理财顾问公司在基金销售中扮演着越来越重要的角色，应降低这些机构代销基金的门槛。

（三）基金销售外包

在基金销售方面，电子商务营销手段加快发展。与此同时，第三方销售机构也成为重要的销售渠道。独立的理财顾问是目前基金业积极探索的营销模式之一，该模式来自英国，其主要职责是帮助客户进行资产负债分析，确定投资政策和目标，建立投资组合或确立业绩比较基准并选定基金管理人等，其实质是向客户提供全面的理财服务。这种将基金销售外包的销售模式，将为我国基金行业对于渠道的过度竞争格局提供改进方向。

十、基金国际化

（一）国际化投资潮流兴起

20世纪90年代以来，基金国际化投资趋势非常明显：一方面得益于国际资本市场的开放，资本流动限制的放松，通信及互联网的发展；另一方面也是为满足机构投资者对全球资产分散化投资需求日益提高的必然结果。证券投资基金成为国际投资的便捷载体。

（二）投资海内外市场

2007年首只投资海外市场的股票类QDII基金——南方全球精选配置基金发行，成为我国金融市场对外开放的标志。目前QDII基金投资范围已扩展至美国、欧洲、日本、印度、越南等多国市场的股票、债券、不动产投资信托基金（REITs）、大宗商品等多种资产类别。另外，QDII额度发放常态化，证券市场互联互通机制等，进一步加深我国金融市场全球化程度，投资者进行境外市场投资的通道正在逐渐打开。随着全球化分散投资的重要性不断提升，未来海外基金产品设计将更加多元化，主题更加丰富，资产配置范围进一步扩大，覆盖更多市场和资产类型，向细分领域或行业拓展。

十一、费率结构市场化

从目前我国基金业管理费率整体情况看，股票基金1.5%，债券基金0.6%，货币市场基金0.33%的费率水平已经成为市场在多数情况下都遵循的收费水平。基金公司的管理费率与基金募集规模、盈利水平以及管理能力、成本结构等没有联系。如果完全实行费率浮动制，可能带来基金公司之间的恶性竞争和整个行业的不稳定。基金经理过于激进的投资风格，也可能损害投资人的利益。如何循序渐进地推动基金公司管理费率市场化，成为决定基金业未来走向的又一重要因素。

综合以上分析，我国新兴的基金行业经过多年的快速发展，目前正处于成长发展的新阶段，机遇与挑战并存，未来发展空间巨大。

第五章 著名基金公司与明星基金经理

第一节 著名基金公司

从18世纪中叶基金公司创立以来，基金公司层出不穷，不断涌现，其中不乏优异者。它们以低廉的成本、较高的收益率和不凡的业绩蜚声业内。

一、先锋集团

截至2021年12月，先锋集团旗下管理着388只基金共计约8万亿美元的资产，是美国第二大基金公司。

1975年，约翰·博格尔（John Bogle）离开威灵顿管理公司之后，将自己在大学时理想中的基金公司付诸实践，亲自创建了一家将投资者利益放在第一位的独立的基金公司，这就是现在众所周知的先锋集团。当时公司旗下管理11只基金，资产净值为18亿美元。集团的名字"先锋"源自英国著名将领霍雷肖·纳尔逊（Horatio Nelson）的旗舰。

就像"先锋号"一样，在美国基金业的发展中，先锋集团处处体现出领先者的风范。1976年，集团成立的第二年，先锋集团推出第一只指数基金——先锋500指数基金，该基金现已发展成全球规模最大的指数基金。一年后，先锋集团在客户服务方面做出令业界震惊的革新：取消外包中间销售商和基金销售费用。1981年，先锋第三次采取革命性的创举，采用内部投资管理团队管理大部分固定收益资产，改变了原先完全依赖外部基金经理的局面。

先锋集团是指数化投资最早的倡导者和实践者。其投资哲学主要体现在谨慎、着眼于长期收益和清晰界定投资目标三个方面。无论金融市场怎么变化，先锋都声称将一如既往地坚持既定的方针，对每一只基金进行严密监控，以保证和投资目标保持一致。

与大部分上市交易（Public Traded）的基金公司或者私人拥有（Private Owned）的基金公司不同的是，先锋集团是持有者所有（Client-owned），这是美国基金业历史上第一家,也是唯一一家由美国证券交易委员会特批的由投资者共同所有的基金公司。对于先锋集团而言,基金持有人是先锋公司实质上的股东,先锋反过来又为基金持有人提供投资管理服务。这种独特的组织结构使其创造的利润直接由基金的股东也就是基金持有人分享,那么在投资运作中便只用考虑投资者的利益,将基金管理人利益与投资者利益紧密地连接在一起。因此,先锋集团在维护投资者利益方面不遗余力,例如始终不渝地保持低费率。根据晨星公司的统计,先锋旗下股票基金的平均营运费率持续下降,2020年末约为0.09%,远远低于其他基金公司的水平。

先锋基金的成功之道,除了质优价廉的服务,最重要的是它扮演的熊市中的英雄角色——牛市时先锋基金并不热门,熊市才显出抗风险能力。先锋公司在热门基金流行时反而将之关闭,不让新投资者进来,以避免追涨杀跌;熊市时开发新客户,这就使其保持了安全、平稳的风格。

先锋的业务遵循两个原则:最高的质量标准和合理的最低成本。2017年,我国对海外资产管理公司的政策放宽,先锋集团在上海成立了外商独资企业,并于2019年与蚂蚁金服共同成立了先锋领航投顾(上海)投资者咨询有限公司,开始进军我国的基金投顾市场。

二、贝莱德集团

贝莱德集团前身为黑石集团(Blackstone)旗下的资管子公司,目前已发展成为美国规模最大的投资管理集团。总部设立于美国纽约市,在全球38个国家及地区设立办事处,为超过100个国家和地区的客户提供服务。截至2021年9月30日,贝莱德集团在全球管理的资产总规模约9.5万亿美元,涵盖股票、固定收益投资、现金管理、另类投资及资讯策略等。

贝莱德是在1988年由前按揭债券交易员劳伦斯·芬克(Laurence Fink)创立的,1999年便以1650亿美元的在管规模于纽交所公开上市。成立初期,贝莱德主要以固定收益类产品投资为主。1995年引入匹兹堡国家公司(Pittsburgh National Corporation,PNC)作为主要股东,开始扩充产品矩阵。2005年,公司进入快速成长期,开始通过并购不断实现规模和产品线扩张。2006年,贝莱德与美林投资管理公司(Merrill Lynch Investment Managers,MLIM)公司合并,扩大了公司权益类产品及海外业务,同时开拓了私募股权FOF、国际房地产、对冲基金等多条产品线。2009年,受金融危机影响的巴克莱银行(Barclays

Bank)将子公司巴克莱国际投资管理公司（Barclays Global Investors，BGI）出售给贝莱德,公司也借此获得了资产管理规模第一的安硕(iShares)ETF产品线。至此，贝莱德完成了由主动管理向被动管理为主的业务转换，同时保持固收、权益并重的产品格局，由此奠定了美国资管规模第一的行业地位。

由于芬克在第一波士顿银行（Credit Suisse First Boston）就职期间曾出现过投资失误，因此创建贝莱德后，立志要将公司打造成一家风险管理公司，帮助客户利用风险工具了解并管理投资风险，这也决定了公司的风控基因。2000年，芬克将公司的分析师团队分离组建了贝莱德解决方案公司（BlackRock Solutions），随后开发了名为"阿拉丁（Aladdin）"的风控管理系统。该系统基于海量数据构建各类金融模型，对各种金融资产所面临的风险进行分析、评估、检测，能够为投资者的资产组合定制特定的风险情景并生成解决方案。该系统在功能层面兼具信用及风险分析、组合管理、交易执行、合规监管、运营监控、业务分析等功能，实现了各业务流程在数据平台上的统一作业，通过前、中、后台一体化的操作系统，为客户提供集风险分析与投资管理于一体的全方位数据决策支持。

目前，贝莱德集团在经历了增加投资品类、降低服务费率、压缩运营成本等发展阶段后，形成了"强资产＋强风控"的商业模式，成为拥有以固收类、权益类、多资产类及安硕ETF为核心的多层次产品体系，以及以"阿拉丁系统"为核心的风控体系。

2006年，贝莱德通过收购持有了中银基金股权，之后又分别于2011年和2013年取得合格境外机构投资者（QFII）资格和合格境内有限合伙人（Qualified Domestic Limited Partner，QDLP）资格。2015年在华成立了贝莱德海外投资基金管理（上海）有限公司,2020年成立贝莱德基金并于次年获得公募基金牌照，成为国内首家外商独资的公募基金管理公司。

三、富达投资集团

富达投资集团于1946年由爱德华·约翰逊二世（Edward Johnson, II）创立，成立于美国波士顿，最初主要为小额投资者服务。1969年，作为波士顿富达管理与研究（Fidelity Management & Research，FMR）的子公司成立，后于1980年作为一家独立企业分拆出来，发展成为提供基金管理、信托和投资咨询服务,同时还提供经纪业务、退休服务、财富管理、证券执行和清算、人寿保险等金融服务的综合性公司。20世纪70年代，富达投资第一个推出可以用支票提款的货币市场基金，并借助货币基金快速完成规模扩张。80年代，美国股市迎来长期牛市，公司靠明星基金经理模式在权益投资方面迎来规模增长，并开始为客户提供计算机化股票交易服务。此后，富达不断拓展机构业务，加大对养老金管理的投入，并重视技术研发和前沿技术应用，逐渐形成了完整的产品线布局，成长为以技术为导向、技术最为先进的综合性资产管理公司之一。

富达集团向美国及世界各地的机构和个人投资者提供资产管理服务。截至2022年9月，富达管理的全球各国家和地区客户资产总规模超过9.6万亿美元[①]，个人投资者数量超过4000万人，管理近2.3万家企业员工福利计划，并为超过3600家咨询公司提供投资和科技解决方案。

富达投资集团的公募基金产品线链条较为完整，按资产类别包括股票型、固定收益型、混合配置型、货币市场型和其他几大类，从资产占比来看是以股票型基金为主，投资范围覆盖美国本土和海外市场。公司注重"自下而上"的选股策略，善于发掘股价被低估或者股价落后于市场涨幅、具有长期投资潜力的公司股票，并且由于富达投资集团对所在地研究人员非常重视，加上得到全球网络的配合，使得富达集团"由下而上"的投资策略得以发挥。

富达投资基金主要有以下特点。

1）市场细分好。大类产品中的每一类又分别细分，细分的子类里又有许多投资策略和范围不同的基金，市场分得很细，比较完整地覆盖了市场。

2）投资理念清晰，投资范围明确。例如，斯巴达市政收入基金（SPARTAN NJ MUNI INCOME）只投资于新泽西州所得税债券；反向基金（CONTRAFUND）只投资盈利增长价值被低估或者公司基本面正在发生好转的公司股票。

3）基金规模差异大。大的基金如反向基金，资产规模有几十亿美元；小的如一些行业基金，资产规模只有几百万美元。

4）基本上每只基金都对个人养老账户开放，且都规定了对个人不同养老金计划的最小起始投资金额及以后续投的最小资金金额。

随着投顾业务的不断发展，富达推出投资组合咨询服务，旨在为投资者提供全权委托投资管理、资产配置和投资组合再平衡等服务。目前集团旗下规

[①] 数据来源：富达投资集团官网（https://www.fidelity.com/about-fidelity/our-company/quarterly-updates/quarterlyupdates-q3-2022）

模较大的持投顾牌照子公司主要是战略咨询（Strategic Advisers, SAI）、机构资产管理（Fidelity Institutional Asset Management, FIAM）及个人和职场顾问（Fidelity Personal and Workplace Advisors, FPWA）。

四、欧洲著名基金公司

欧洲基金业由于独特的地缘政治等因素限制，曾经落后于北美地区。不过，随着欧盟作为欧洲地区最重要的国家组织不断建立并完善相关的法律和监管体系，积极推进金融市场一体化，欧洲基金业在进入21世纪后整体迎来高速发展时期。

根据全球知名金融服务机构韦莱韬悦（Willis Towers Watson）旗下机构前瞻研究所（Thinking Ahead Institute）发布的2021年度全球资管500强榜单，法国农业信贷银行与法国兴业银行共同创建的子公司东方汇理（Amundi）跻身前十。东方汇理创建于2010年1月，并于2015年11月在巴黎泛欧交易所上市，成为巴黎证券交易所10年来最大的首次公开募股。2016年，东方汇理从意大利裕信银行（UniCredit）收购锋裕投资（Pioneer Investments），成为全球规模排名第八、欧洲地区排名第一的资产管理公司。截至2021年12月，东方汇理全球客户群包括1亿家零售、机构和企业，资产管理规模达到2.06万亿美元。

东方汇理广泛投资于固定收益类、权益类、房地产、衍生品及结构化产品等各种资产类别，其投资专长涵盖被动及主动投资，包括阿尔法策略组合、聪明贝塔和因子管理策略、实物资产以及其他咨询服务等。公司也积极参与在华投资，最初是进入中国香港成立东方汇理资产管理香港有限公司，随后在中国台湾成立东方汇理证券投资顾问股份有限公司（现更名为锋裕汇理证券投资信托股份有限公司）；2008年在上海组建农银汇理基金管理有限公司，2019年、2020年又陆续成立锋裕汇理投资咨询（北京）有限公司（WFOE）、锋裕汇理私募基金管理（北京）有限公司（QDLP）和汇华理财有限公司。

施罗德投资集团是一家英国资产管理公司，总部位于伦敦，于1818年由约翰·施罗德（John Schroder）创立。截至2022年6月，公司旗下雇员超过5000人，在管资产总规模为9392亿美元。施罗德投资于1994年在上海成立第一个中国内地代表处，是首批进入中国内地的外资资产管理公司之一。

德意志资产管理公司（DWS）为德意志银行业务品牌之一，截至2022年3月，公司在管资产规模达9020亿欧元，员工遍布全球22个国家和地区，是全球领先的资产管理公司之一。

五、亚洲著名基金公司

日兴资产管理有限公司成立于1959年，是日本大型经纪公司日兴株式会社旗下的基金管理子公司。截至2022年6月，公司在管资产总规模2061亿美元，投资范围涵盖股票、固定收益、多元资产以及另类策略等。除了主动式投资，还有20种以上的指数型产品，能够为客户打造多种被动投资策略，部分ETF资产规模在亚洲名列前茅。2003年7月，日兴资产管理公司和中国交通银行联合宣布，首次以外资的形式进入合格境外机构投资者（QFII）行列，并设立人民币国债基金。2005年2月，日兴资产管理公司再次宣布推出名为"黄河"的专为日本投资者设立的开放式中国A股股票基金。

中银国际英国保诚资产管理有限公司（BOCI-Prudential Asset Management Limited）是一家植根于香港的专业投资公司，结合中银国际控股有限公司及保诚企业控股有限公司两家金融服务机构的雄厚实力，致力于为机构及私人客户提供一系列优质卓越的金融管理服务，包括强积金、公积金、退休金、慈善基金、投资基金以及其他资产管理服务。

作为新加坡最大银行大华银行旗下的资产公司，大华资产管理公司于1986年成立，这是新加坡第一家符合全球投资绩效标准的基金公司。公司有两大业务板块，零售业务面向普通投资者提供权益、固定收益和ETF基金产品，同时也为机构投资者量身定制资产管理解决方案，以满足不同的投资目标。

六、国内著名基金公司

易方达基金是目前国内在管资产规模最大的基金管理公司，也是2021年度济安金信公募基金"群星汇"基金公司群星奖和五星奖获奖公司。公司成立于2001年，通过长期以来专业化的运作，形成了覆盖货币市场基金、债券型基金、权益类基金、QDII基金及基金中基金（FOF）等的产品线，是国内领先的综合型资产管理公司。截至2021年底，在管公募基金资产共1.71万亿，在全市场151家公募基金管理机构中排名第一。其所服务客户除了个人投资者，还包括社保基金、企业年金和职业年金、银行、保险公司、境外央行及养老金、再保险等机构投资者，因此包括公募基金、专户产品、养老金产品等资管业务在内的资金规模总计接近3万亿。

华夏基金于1998年由华夏证券（后重组为中信建投证券）、北京证券（后重组为瑞银证券）和中国科技国际信托投资有限公司（已注销）共同设立，是我国最早成立的十家公募基金管理人之一。公司定位于综合型、全能化资产管理公司，服务范围覆盖多个资产类别、行业和地区，构建了以公募基金和机构业务为核心，涵盖华夏基金（香港）、华夏资本和华夏财富三家子公司的多元化资产管理平台。二十多年来，华夏基金顺应市场发展，不断推出创新性的资管产品，丰富投资者的资产管理工具箱。目前，公司在管基金产品及投资组合超过 900 个，是管理产品及组合最多的基金公司之一。

广发基金成立于 2003 年，是中国领先的基金管理公司之一，曾获济安金信公募基金"群星汇"基金公司众星奖。公司提供全面的基金产品和资产管理服务，包括股票型基金、债券型基金、货币市场基金、指数基金等，资产规模位居中国基金行业前列。公司及旗下子公司目前拥有公募基金管理、社保基金境内委托投资管理人、基本养老保险基金证券投资管理机构、特定客户资产管理、QDII、RQFII、QFII、受托管理保险资金投资管理人和保险保障基金委托资产管理投资管理人等业务资格，是具备综合资产管理能力与经验的大型基金管理公司。

富国基金于 1999 年在北京成立，是经中国证监会批准设立的首批十家基金管理公司之一。2003 年加拿大蒙特利尔银行参股，是首批"老十家"基金公司中第一家实现外资参股的基金公司。公司重点投资方向包括固定收益投资、权益投资以及量化投资。在固定收益投资方面，富国基金是国内基金业首批管理债券基金的公司，以信用分析能力作为债券投资核心能力，发行了内地市场第一只信用债基金、第一只创新封闭债基金、第一只信用债分级基金和第一只浮动费率债券基金；在权益投资方面，富国基金形成了以"自下而上"的成长型投资为主的风格，并且在量化投资方向持续发力，其量化投资团队具有长期A股市场从业经验，形成了良好的市场口碑。

汇添富基金成立于 2005 年 2 月，是国内产品布局完善、业务领域全面、资产管理规模居前的综合性资产管理公司之一。公司总部设立于上海，在香港、上海、美国设有子公司。公司及旗下子公司业务牌照齐全，拥有全国社保基金境内委托投资管理人、全国社保基金境外配售策略方案投资管理人、基本养老保险基金投资管理人、保险资金投资管理人、专户资产管理人、特定客户资产管理子公司、QDII 基金管理人、RQFII 基金管理人、QFII 基金管理人、基金投资顾问等业务资格。汇添富基金自成立以来着重打造权益投资核心投研能力，树立了良好的品牌形象并得到基金持有人及海内外机构认可。

南方基金是1998年经中国证监会批准国内首批规范的"老十家"基金管理公司之一，总部位于深圳。作为中国资本市场的重要参与者，南方基金提供一系列基金产品和资产管理服务，包括股票型基金、债券型基金、货币市场基金、混合型基金等。公司以丰富的产品线和优质的服务受到投资者的青睐，所管理资产规模在国内基金行业中居于领先地位。

招商基金于2002年经中国证监会批准在深圳成立，成立时是我国第一家中外合资基金管理公司，由招商证券、中电财务有限公司、中因华能财务有限责任公司、中远财务有限责任公司等共同投资组建，后经过股权变更，形成招商银行持有55%、招商证券持有45%的股权结构。也因此招商基金具有较为鲜明的"银行系"基金公司特色，在固收类资产投资上表现较为突出。招商基金秉承着"成为中国资产管理行业具有差异化竞争优势、一流品牌的资产管理公司"的愿景不断为投资者创造投资价值，也凭借其优质的产品、专业的服务和创新的能力，在基金行业中树立了良好的声誉。

博时基金成立于1998年7月13日，是中国内地首批公募基金管理公司之一，曾获济安公募基金"群星汇"基金公司五星奖。公司拥有完善的投研团队和投研管理体系，在中国基金业内率先倡导价值投资理念，并最早开始细分投资风格小组，着力推进投研一体化改革，形成研究驱动、多元化风格的投资策略体系。截至2021年底，博时基金在管公募基金产品数量超过300只，包括货币基金在内的在管资产总规模超过1万亿，服务客户总数量超过1.6亿人。

嘉实基金成立于1999年3月，国内最早成立的十家基金管理公司之一，目前已发展为具有"全牌照"业务的综合性国际化资产管理集团，曾获得济安公募基金"群星汇"基金公司群星奖，在韦莱韬悦发布的2021年度全球资管500强中嘉实基金排名第98位。公司建立了完善的基金投研体系，在投资理念上坚持深度研究驱动的基本面投资，投资能力覆盖股票、固收、ETF、海外投资、资产配置等，拥有近300人的投研团队。

工银瑞信基金成立于2005年，是由中国工商银行绝对控股、独立运营的基金公司，股权结构为工商银行持有80%股权，瑞士信贷持有20%股权。虽然其控股股东为银行，但工银瑞信基金近年来通过科学的投研体系及风控机制建设，培养了业绩表现良好、专业协作的权益投资队伍，立足专业化、综合化、国际化、数字化，坚持"稳健投资、价值投资、长期投资、绿色投资、责任投资"的理念，获得了市场认可。

第二节 明星基金经理

本节主要讲述国外投资大师、明星经理人的投资理念，希望读者能够从中学习借鉴。

一、本杰明·格雷厄姆（Benjamin Graham）

格雷厄姆1894年出生于英国伦敦，后随父母移居纽约。1914年毕业于美国哥伦比亚大学，同年进入纽伯格-亨德森-劳伯公司。不久后成为证券分析师，通过对上市公司财务报表进行系统性的研究，发掘出具有巨额隐蔽资产的公司，使其所在投资公司大赚，1920年升任公司合伙人。1923年，格雷厄姆离开纽伯格-亨德森-劳伯公司并成立了格兰赫私人基金，资金规模为50万美元。该基金在美国股市投资狂潮中仅用一年半时间便实现超过100%的收益，但由于与股东在分红方案上发生意见分歧，1925年格兰赫基金宣告解散。1926年，格雷厄姆与杰罗姆·纽曼（Jerry Newman）合作创立格雷厄姆-纽曼公司继续进行投资管理，1926至1928年间实现年平均收益率20.2%，公司管理的资金规模也从最初的40万美元增至250万美元。但在1929年美股股灾中，公司损失了70%的资产，在1932年末仅剩55万美元。1928年起，格雷厄姆开始在哥伦比亚大学执教。此后出版了《证券分析》《聪明的投资者》等对后世产生巨大影响的著作，1976年病逝于法国艾克斯。

格雷厄姆被称为"现代证券分析之父"，是价值投资理论体系的奠基人。格雷厄姆认为，投资行为必须经过透彻的分析，并在确保本金安全的情况下追求适当利润，不符合上述条件的行为即是投机行为。在《聪明的投资者》一书中，他将非职业投资者分为防御型和进取型。前者主要强调避免触犯严重的错误或亏损，并在做投资决策时花尽可能少的时间与精力；后者则为了获得超越市场平均收益水平，愿意投入更多的时间与精力。格雷厄姆认为，即使是新手投资者，也只需要少许能力和努力即可达到市场平均收益水平。但要实现财富的巨大增值，则不仅需要投入无比的努力，而且容错率非常低，稍有偏差便可能连市场平均收益率都达不到，这与许多普通投资者的直觉相悖。

格雷厄姆的投资策略可以简要表述为：只关注股价相对于其内在价值是否便宜，至于公司业务、管理、盈利增长则不在其考虑之列；投资组合应该多元化；如果一只股票在未来两年内不能达到获利50%目标的，应该在两年期满后卖出。他将明确的逻辑和理性带入了微观基本分析中，其创造的"安全边际"一词成为价值投资的精髓，开创了极具成效和划时代意义的理性投资理论。

二、沃伦·巴菲特（Warren Buffett）

巴菲特1930年出生于美国内布拉斯加州的奥马哈市，本科毕业于沃顿商学院财务和商业管理专业。1950年考入哥伦比亚大学商学院，师从著名投资学理论家格雷厄姆。1957年，巴菲特成立巴菲特投资俱乐部，掌管资金达30万美元。随后逐渐与其他合伙人企业合并成为巴菲特合伙人有限公司，公司在管资产及其个人财富也在此后不断增值。1968年美股牛市期间，巴菲特公司股票当年增长46%，成为公司历史上最好的年度业绩，但同年巴菲特隐退并清算了公司几乎所有股票。

1962年，巴菲特开始投资并收购伯克希尔·哈撒韦公司，当时这是一家面临破产倒闭的纺织公司。他认为，当更多的纺织厂倒闭时，他就可以赚钱，所以他购入了该公司股票。巴菲特收购后的头两年，公司获利丰厚，但以后每况愈下。面对新的国际分工，即便是最好的经理人，如死守本土经营纺织厂，仍免不了破产。此后，巴菲特没有把赚到的钱重新投到纺织厂，而是转变思路，不断地缩减生产线，控制存货和管理费，挤出资金为公司购入资本回报更好的企业股票。1967年，巴菲特开始涉足保险业和其他投资领域，于20世纪70年代后期收购了政府雇员保险公司（GEICO）的股权，将保险业务发展为伯克希尔的核心业务，并最终关停了公司原有的纺织业务。1994年底，伯克希尔·哈撒韦公司市值达到230亿美元，它早已不再是一家纺织厂，而是成为巴菲特庞大的金融投资集团。从1965年巴菲特入主到2020年，公司股价累计涨幅达到15650倍，年均复合收益率为20.3%，这样的投资业绩使巴菲特成为最为享誉全球的投资大师。

巴菲特始终是价值投资的践行者，早期师从价值投资先驱格雷厄姆，通过价值投资体系获得了大量财富。后来遇到查理·芒格（Charlie Munger）后，其价值投资逻辑和体系发生了一些变化，逐渐形成了现在的价值投资理念。从1970年以来致股东的信中，可以将巴菲特的投资原则总结如下。

1）稳健估值投资：避开"地雷公司"，选择具有合理内在价值的投资标的；

2）选择绩优好公司：选择具有持续竞争力的好公司作为投资标的；

3）集中投资：在深度了解行业和公司的基础上，集中持有公司治理优秀的绩优标的组合；

4）理性投资：要有合适的投资性格，理性悟透"市场先生"；

5）廉价买进：应在价格合理或相对低廉的时候买入长期自由现金流价值高的公司，保持足够的安全边际；

6）长期持有：对于具有高水准股东权益回报率的公司应长期持有。

三、彼得·林奇（Peter Lynch）

林奇1944年出生于美国波士顿，10岁那年，因父亲病逝，全家生活陷入困顿。为了省钱，林奇半工半读，在高尔夫球场找了份球童的工作。正是这份工作中接触到的高尔夫球俱乐部成员，让他接受了股票市场的早期教育并了解了不同的投资观点。随后，林奇顺利考入波士顿学院，完成本科教育，并于1968年在宾夕法尼亚大学沃顿商学院获得工商管理硕士毕业。

读书期间，林奇利用依然坚持的球童工作和获得的奖学金作为启动资金进行投资，赚取了足够的学费和生活费，并进入当时全球最大的基金管理公司富达投资实习，留任成为研究员。1977年，林奇出任麦哲伦基金的基金经理。直到1990年其主动辞去职务的13年间，该基金的资产规模由2000万美元增长至140亿美元，基金持有人超过100万人，成为富达投资的旗舰基金。同时，也是当时全球资产管理规模最大的基金产品，年平均复合收益率29%的投资收益也名列第一。林奇在2006年美国《纽约时报》评选的全球十大顶尖基金经理人中位列第二，被誉为"投资界的超级巨星"。

林奇的选股切入点严格遵循自下而上的基本面分析，即集中关注投资者自己所熟悉的股票，运用基本分析法以更全面地理解公司行为。这些基础分析包括：充分了解公司本身的经营现状、前景和竞争环境，以及该股票能否以合理的价格买入。作为擅长挖掘业绩的投资者，林奇选择个股都建立在对公司成长前景良好的预期上。对公司越熟悉，越能够理解其经营状况和所处的竞争环境，找到能够实现好业绩公司的概率越大，因此林奇非常提倡投资者选择熟悉的、能够理解其产品或服务的标的。另外，林奇不提倡将投资局限于某一类型的股票，更倾向于选择小型的、成长速度较快的、定价合理的公司。

四、吉姆·罗杰斯（Jim Rogers）

罗杰斯1942年出生于美国亚拉巴马州，1964年毕业于耶鲁大学，1964年到1966年就读于牛津大学。他是1997年令东南亚国家闻风丧胆的量子基金的合伙人。1968年，罗杰斯开始股票交易时仅有600美元资金。1971年，他就与乔治·索罗斯（George Soros）合伙组建了量子基金，它现在已成为最成功的套利基金之一。1980年，由于与索罗斯对量子基金的发展方向等方面出现分歧，年仅37岁的罗杰斯选择"退休"。这令量子基金在1981年出现了首次22.9%的亏损，基金规模缩小了50%，而手握1400万美元的罗杰斯则开始了新的投资生涯。

罗杰斯认为投资者最重要的事情就是发展独立思考的能力，因此，他最为突出的特点就是经常在市场处于疯狂时，他的头脑出奇地冷静，一直等待，直到市场开始以跳空缺口的方式运行，他又变成了一个果断的沽空者。几天后，人们就能看到原来那些疯狂的投资者成了恐慌一族。正如他所说："如果市场继续沿着不应该的方向运行，特别是如果到了疯狂的高潮，你就知道市场又将给你提供一个赚大钱的机会。"1987年1月，他就预见到美国股市即将发生暴跌，因而适时卖空股票。1987年10月19日，美国股市崩盘，他的卖空操作又获得成功。

把投资眼光投向整个世界市场，是现代投资家一个特点。罗杰斯是这方面的佼佼者。在挑选股票上，他最关心的不是一个企业在下一季度将盈利多少，而是社会、经济、政治和军事等宏观因素将对某一行业的命运产生什么样的影响，行业景气状况将如何变化。罗杰斯的操作方法明了、快捷，一旦发觉某种长期性的政策变化和经济趋势对某个行业有利时，立刻预见到该行业行将景气，于是大量购买这个行业里所有公司的股票，大手笔交易，痛快淋漓。1984年，外界极少关注和了解的奥地利股市暴跌到1961年的一半时，罗杰斯亲往奥地利实地考察。缜密的调查研究后，罗杰斯认定机会来了，他大量购买奥地利企业的股票和债券。第二年，奥地利股市起死回生，指数在暴涨中上升了145%，罗杰斯大有斩获。

五、约翰·博格尔（John Bogle）

博格尔于1974年创建先锋集团，以复制、追踪标准普尔500指数为架构，创造出世上第一个指数型基金——"第一指数投资信托"（First Index

Investment Trust），之后更名为现今的先锋 500 指数（Vanguard 500），被誉为"指数投资之父"。1997 年以前，博格尔一直担任先锋集团主席，1999 年之后担任董事会主席，2000 年卸任，2019 年 1 月于美国去世。

博格尔的确是一位值得尊敬的、善于创新的伟大投资家，开风投之先的举动是他开创了指数共享基金的投资方式。博格尔为投资者创造了高利润且合理的指数投资方法，建立了一种无负担、无销售费用的全新商业模式。并不熟悉股市行情的普通股民，可以把钱交给懂行的人去替他打理。博格尔开拓了美国普通百姓的投资视野。现在，通过共享基金进行投资，成了美国普通股民最为通行的投资的方式。博格尔还因他的执着而闻名，他坚持与投资领域的其他竞争者进行抗争，以便使他的先进思想顺利地影响整个市场。即使在他 1999 年从先锋集团退休后，他依然是这一行业里最强悍、最有持久力的批评家，一直为保障广大个人投资者的权利而斗争。

1999 年，博格尔出版《共同基金常识》一书，将视角聚焦于公募基金行业，这样既能够帮助读者成为更成功的投资者，也为公募基金行业的变革提供了方向。博格尔认为对于长期投资而言，一个股债均衡的广泛分散的投资组合非常重要，而公募基金就是个人投资者最合理有效的分散投资方式。书中强调，个人投资者需要回归常识、简单化和长期投资，不管当前回报率是高是低，将来基金和金融市场的回报率都将回复到长期的均值。时间在投资中扮演着重要的角色，它既能够增加回报率，降低风险，当然也能够放大投资成本的负面影响。因此，书中给个人投资者的建议非常简单：选择低成本、低换手率、严格遵守投资组合策略的指数基金。

六、朱利安·罗伯森（Julian Robertson）

1980 年，罗伯森以 800 万美元创立老虎基金，他本人在 1980 至 2000 年 20 年的投资运作过程中，曾创下了年平均回报率 31.5% 的业绩，因而被视为避险基金界的教父级人物。

罗伯森的投资策略以"价值投资"为主，也就是根据上市公司取得盈利的能力推算合理价位，再逢低进场买进，趁高抛售。罗伯森具有常人所不具备的市场洞察力。早在 2000 年，当美国网络科技股还处在发展巅峰时，罗伯森就预感到网络科技股泡沫破裂的危险正在走来。事实很快就证明了这位投资天才的预见，2001 年网络科技股泡沫破裂，美国股市从此经历了长达 3 年的下跌和低迷。在此前一年，罗伯森将原来的老虎基金解散，组建了新的老虎资产管理公司，保留只管理罗伯森本人的资产，不再吸收投资客户的资金。老虎资产管理公司的管理方式也因此出现重大变化：罗伯森不再雇佣大批基金经理从事投资管理，而是为基金经理提供种子资本，打造基金管理平台，通过介绍客户的方式协助这些"小老虎"迅速成长起来。

2022年8月，这位曾经在对冲基金历史上创造了一个王朝的传奇基金经理在纽约曼哈顿家中因病去世，享年90岁。

七、约翰·内夫（John Neff）

内夫曾是美国先锋集团旗下温莎基金的主要管理人，以反常规投资策略和价值投资理念闻名于基金管理界。温莎基金在其管理下，在同时期的共同基金中保持了最高的收益率，并且成为当时资产管理规模最大的基金。在他担任基金经理的31年间（1964年至1995年），温莎基金的年化收益率为13.7%，与之对比的是同时期的标普500指数年化收益率为10.6%。他同时也管理格迷尼基金（Gemini Fund），该基金的增长率几乎也是股市价格增长率的两倍。

内夫非常重视"价值投资"，他喜欢购买某一时刻股价非常低、表现极差的股票，而且总会在股价过高、走势太强时准确无误地抛出股票。从这一点来看，他是一个典型的逆向行动者。内夫和同行的区别就在于他能始终处于收入状态。内夫认为，股价的涨幅往往大大超出真正的价值增长。对于成长股，有两大需要注意的地方：一是它的死亡率过高，即投资者发现到它的增长后绝不会维持得太久；另一个是一些收益较高但股价增长较缓慢的股票可以让你获得更好的总回报。

内夫经营温莎基金这么多年来，投资组合的平均本益比是整个股市的1/3，而平均收益率为2%或更多。他把自己描绘成一个"低本益比猎手"。和格雷厄姆不同的是，他考虑的是公司的根本性质，需要的是股价低的好公司。以下是他坚持的选股标准。

1）健康的资产负债表；

2）令人满意的现金流；

3）高于平均水平的股票收益；

4）优秀的管理者；

5）持续增长的美好前景；

6）颇具吸引力的产品或服务；

7）一个具有经营余地的强劲市场。

内夫还指出，投资者往往倾向于把钱投在高增长的公司，但公司股价并没有继续增长，这并不是公司本身经营出了什么问题，而是公司股价已没有了增长的余地。因此，内夫买进的股票增长率一般为8%。

内夫曾于2001年出版过名为《约翰·内夫的成功投资》的自传，在书中记录了他的家庭生活、早年求学和求职的经历。此外，书中还有大量篇幅详细地描述了他的投资生涯和理念。2019年6月，内夫病逝于美国宾夕法尼亚州，享年87岁。

八、约翰·邓普顿（John Templeton）

邓普顿是被誉为全球最具智慧以及最受尊崇的投资大师之一。《福布斯》杂志称他为"全球投资之父"及"历史上最成功的基金经理之一"。其创建并管理的邓普顿成长基金（Templeton Growth Fund）在1954年至2004年中，每年的平均回报率为13.8%，超出同期标准普尔500指数11.1%的年回报率，这样的高回报业绩要归功于他在投资方面的先知先觉。在20世纪，邓普顿40年代投资经战争蹂躏的欧洲，60年代入股日本企业，80年代初进军亚洲及拉美市场，在全球范围内梳理、寻求已经触底但又具有优秀远景的国家以及行业，投资标的都是被大众忽略的企业。他把低进高出发挥到极致，总是在"最大悲观点"时进行投资。

邓普顿投资法则是邓普顿在投资实践中总结出来的，其中一些规则早已成为普通投资者的基本投资理念。主要包括以下几条。

1）当所有人都看好这个市场时，你就该离开——记住：赚钱的永远是少数人；

2）不要把所有的鸡蛋都放在一个篮子里；

3）你想获得超额投资收益吗；

4）选择股票的最终标准是了解企业的团队；

5）"42码的脚不能穿进37码的鞋"；

6）危机往往蕴藏着投资机会；

7）资产净值是投资决策的一个有效依据；

8）了解游戏规则是进入投资市场的前提；

9）金子通常是埋在沙砾下面的；

10）技术分析往往并不是最重要的。

九、马克·墨比尔斯（Mark Mobius）

墨比尔斯拥有波士顿大学硕士以及麻省理工学院经济与政治学博士学位，1987年加入富兰克林邓普顿基金集团，曾任邓普顿新兴市场基金公司主席，素有"新兴市场教父"的美誉。他在全球新兴市场工作40余年，在富兰克林邓普顿任职期间，协助公司的资产管理规模从1亿美元扩张至40亿美元。他曾多次精准预测新兴市场的金融危机，包括1997年泰国固定汇率政策失守引发的亚洲金融危机，以及1998年俄罗斯金融危机导致的股市崩盘，并从中获取了惊人的收益。2018年，莫比尔斯自富兰德林邓普顿退休后，创办了墨比尔斯资本（Mobius Capital Partners）。

墨比尔斯职业生涯获奖无数：2017年获《全球投资人》杂志终身成就奖，2011年获评《彭博市场》杂志"五十位最具影响力人物"，2006年获《纽约时报》杂志评选的全球十大顶尖基金经理人称号，以及路透社、美国消费者新闻与商业频道和晨星公司评选的全球年度最佳基金经理人等称号。

墨比尔斯认为，新兴市场的财务报表透明度不高，除非亲自拜访上市公司，与公司管理阶层面对面谈话，否则不容易评估公司真正的内在价值。因此，即使面对变化莫测、瞬息万变的新兴市场，墨比尔斯仍然能够被称为"新兴市场教父"。

下面介绍墨比尔斯的几个投资法则。

1）新兴市场投资绝非易事，但采取逆势操作，终究能获得成功。"逆势操作"在新兴市场中占有重要地位。新兴市场未必是具有效率的市场，股价常常不能完全反映公司应有的价值。当价值与股价出现背离时，就是绝佳的投资机会。以1997年亚洲金融风暴发生后的一年时间为例，香港恒生指数大跌55%。但是，1998年9月低点以后的近一年，恒生指数大涨了85%。这说明那些能看到隧道终点亮光的人，终究是可以得到回报的。

2）以资产净值判断是否值得投资。要考量一个投资标的是否值得投资，可以利用该投资标的的资产净值进行判断。也就是说，可以利用该投资标的的总资产价值减去总负债所得的净值，除以发行在外的股数。如果这一数值高于当前股价，则表示该投资标的目前为低估，股价具有上扬潜力，反之则没有。

3）下跌的市场终究会回升，因此不要恐慌。投资报酬率的高低，受投资人"进出场时点选择"的影响要比受"基金表现好坏"的影响更大。根据 1984 年初到 1996 年底的资料统计，平均每位投资人的投资报酬率为 118.79%，而标准普尔 500 指数的涨幅达 589.63%，可见进出场时机的把握是有难度的，也是有风险的。如果投资人无法把握有利的进出场时机，还不如持续持股。这就是"风险的最终价值"——承担风险能提供回报。因为下跌的市场终究会回升，如果你有耐心，就不要恐慌。

4）市场重挫的时候，正是能找到最佳买点的时候。

5）逢低布局时，基金表现可能落后，但是也扩大了未来领先大盘涨幅的空间。

6）当每个人都想进场时，就是出场时点。

7）空头市场中，选股的重点就是流动性好的大盘股或蓝筹股。

十、瑞·达利欧（Ray Dalio）

达利欧是目前世界上最大的对冲基金公司桥水基金（Bridgewater Associates）的创始人兼首席执行官，1949 年出生于美国的一个意大利裔家庭，12 岁时在高尔夫球场打工，受到那些球客的耳濡目染，开始将赚来的钱拿来炒股。达利欧先后就读于长岛大学和哈佛大学，并取得金融学本科学位和工商管理硕士学位，毕业后他开始在纽约交易所进行大宗商品期货交易。1971 年，随着布雷顿森林体系崩溃，美元迅速贬值，但同时道琼斯工业指数和黄金价格双双飙涨。达利欧疑惑于这样的市场表现，并开始潜心研究美元贬值和市场大涨间的因果联系。他很快发现世界宏观经济像是一部精密的仪器，影响其运行结果的因素往往是多重的，某一个事件的发生从长期的历史维度来看都并不罕见。于是，达利欧试着将宏观经济划分成不同的状态，并分析它们随漫长时间变化的后果，这一分析逻辑就是桥水基金闻名于世的"全天候策略"(All Weather Strategy) 的前身。

1975 年，达利欧成立了桥水基金，主要提供资讯以及国内国际货币和利率风险管理业务。该公司出版的付费订阅研究报告——《每日市场观察》（Daily Observation）为其带来了早期的客户。随后，这项专业的宏观研报获得了世界银行的青睐，并获得了 500 万美元的固定收益投资管理权，公司的业务重点也逐渐转向机构投资者的全球债券和货币。20 世纪 90 年代，桥水公司开发了通货膨胀指数债券、货币叠加、新兴市场债务、全球债券和超长期债券等方面的创新产品，还开创了阿尔法和贝塔的分离投资，推出被称为"阿尔法叠加"的策略，涉及20个不相关的投资组合。1996年，桥水公司推出了全天候对冲基金，开创了风险平价的投资组合管理方法，公司管理的资产从90年代中期的50亿美元增长到2007年的500亿美元。

在2008年波及全球的金融危机中，桥水公司很早便开始对过度金融杠杆的风险敲响了警钟，公司旗下的纯粹阿尔法（Pure Alpha）基金避免了由于市场崩溃给投资者造成大幅损失。2018年桥水公司在中国证券投资基金业协会完成私募基金管理人登记，正式成为境内私募管理人，并于同年10月推出首只面向中国市场的私募产品——桥水全天候中国私募投资基金一号。

全天候投资策略的基本原则是，各类资产根据它们的现金流与经济环境的关系对环境变化做出反应。基于这些结构性特征来平衡资产组合，减小意外事件的影响。市场参与者可能遭遇意外的通胀涨跌或经济增长滑坡，但全天候投资组合依然能稳步前进，取得令人满意和相对稳定的回报。迄今为止，全天候投资是一种被动式策略，也就是说，这是在无须预测未来经济状况的情况下可创造的最佳投资组合。该策略认为，任何资产价格都和经济活动水平（增长、衰退）以及价格水平（通胀、通缩）有关，因此这两大因素构成的四种场景可以将复杂的经济环境大大简化，如下表所示。而在不同场景下，如何进行资产配置，就需要应用风险平价理论（Risk Parity），即在给定的条件下，构建一个风险最低的投资组合。对于全天候策略来讲，它构建的组合要在每种经济状态承担相同的风险，不管某种状态中有几种资产，持仓所带来的波动应该与另外三种状态下的波动相同。

市场预期	经济增长	通货膨胀
上升	25%的风险 股票 大宗商品 公司信用债 新兴市场债	25%的风险 通胀保护债券 大宗商品 新兴市场债
下降	25%的风险 国债和公司债 通胀保护债券	25%的风险 股票 国债和公司债

表5-1 桥水公司全天候投资策略

第二部分 证券投资基金运作的监管体系

第六章 证券投资基金运作法律规范体系

规范证券投资基金的法律体系分为法律和规章两个层次。《证券投资基金法》是证券投资基金法律体系的核心，对基金的发行、交易、禁止行为、法律责任等证券投资基金运作进行全方位的规范。《证券法》《公司法》《信托法》《刑法》《民法典》《会计法》等从不同的层次和程度上规范着基金的运作。除此之外，证券投资基金监管部门还出台了各类型的行政法规和部门规章，如《证券投资基金管理公司管理办法》《证券投资基金运作管理办法》《证券投资基金销售管理办法》等，对基金的设立、募集、交易、运作、监督管理以及违规处罚等方面做出了更详细的规定。

目前，已颁布的《证券投资基金法》与《公开募集证券投资基金运作管理办法》《基金管理公司管理办法》《基金托管业务管理办法》《证券投资基金销售管理办法》《基金信息披露管理办法》和《证券基金经营机构董事、监事、高级管理人员及从业人员监督管理办法》六项法规以及配套的规则、指引构成了我国基金业发展的核心法制框架。与公开募集证券投资基金有所不同，非公开募集基金整体运作更加灵活，因此监管政策也会适当放松以适应行业特点。

第一节 规范证券投资基金的相关法律

一、《证券投资基金法》（2015修正）

《中华人民共和国证券投资基金法》是我国证券投资基金法律体系的核心，2003年10月28日于第十届全国人民代表大会常务委员会第五次会议通过，并于2012年和2015年分别进行过两次修改。《证券投资基金法》共十五章一百五十四条，分别对基金管理人、基金托管人、基金的运作方式和组织、基金的公开募集、公募基金份额的交易、申购与赎回、公募基金的投资与信息披露、公募基金合同的变更与终止、基金财产清算、公募基金份额持有人权利及其行使、基金服务机构、基金行业协会、监督管理、法律责任等方面做出了规定。除了公募基金的相关规定外，也为基金中基金、私募基金和公司制基金预留了发展空间。

《证券投资基金法》的立法目的是规范证券投资基金活动，保护投资人及相关当事人的合法权益，促进证券投资基金和资本市场的健康发展。2015年修正过后的新基金法在不违背立法初衷的前提下，支持各类基金服务机构发展，允许基金管理人将投资决策之外的非核心业务外包，有利于基金行业各参与主体形成合理的专业化分工。基金管理人可以根据自身条件和特长开展差异化、特色化竞争，在产品创新、组织创新和机制创新方面寻求突破，为投资者提供更多更好的理财服务。同时，新基金法立足于防范业务风险、切实保护投资者合法权益的出发点，在行为要求、监督管理和责任追究等方面同步"收紧"，将基金管理人的股东及其实际控制人纳入监管范围，要求基金管理人和托管人计提风险准备金，有针对性地增加从业人员与持有人利益冲突的处理原则，进一步丰富监管措施，加大监管权力和责任，明确市场进入制度，提高处罚力度，增加违法成本，健全民事赔偿、行政处罚、刑事制裁相协调、全覆盖、多层次的责任体系。

二、《证券法》（2019修订）

《中华人民共和国证券法》于1998年12月29日经第九届全国人民代表大会常务委员会第六次会议通过，并在2019年12月28日第十三届全国人民代表大会常务委员会审议通过后修订，2020年3月1日起正式实施。

《证券法》的颁布旨在规范证券发行和交易行为，保护投资者合法权益，维护社会经济秩序和社会公共利益，促进社会主义市场经济的发展。2020年实施的新证券法做出了一系列新的制度改革完善，其目的在于全面推行证券发行注册制度，显著提高证券违法成本，完善投资者保护制度，按照顶层制度设计要求，进一步完善证券市场基础制度，体现市场化、法治化、国际化方向。

新《证券法》第二条明确规定，在中华人民共和国境内，股票、公司债券、存托凭证和国务院依法认定的其他证券的发行和交易，适用本法；政府债券、证券投资基金份额的上市交易，适用本法。因此，《证券法》中有关证券发行、上市、交易、持续信息公开、法律责任等方面的规定适用于证券投资基金。

三、《公司法》（2018修正）

《中华人民共和国公司法》于1993年12月29日经第八届全国人民代表大会常务委员会第五次会议通过，此后经历了5次修改。2021年12月20日，公司法修订草案提请十三届全国人大常委会第三十二次会议审议，并于2021年12月24日起开始向社会公众征求意见。

《公司法》总则第二条规定，本法所称公司是指依照本法在中国境内设立的有限责任公司和股份有限公司。因此，证券投资基金管理公司属于公司法规定的公司范畴，在公司设立，组织机构，公司董事、监事、高级管理人员的资格和义务，公司财务、会计，公司合并、分立、增资、减资，公司解散和清算，外国公司的分支机构，法律责任等方面均需遵循《公司法》的规定。

四、《民法典》《信托法》《会计法》及与税收相关的法律

《民法典》调整平等主体之间的财产关系和人身关系。规定民事活动应当尊重社会公德，不得损害社会公共利益，破坏国家经济计划，扰乱社会经济秩序。同时《第三编　合同编》中对委托合同做出了明确的规定，基于基金合同所形成的委托关系受到该编的规范和调整。

由于证券投资基金所募集的基金基于信托关系形成，因此，《信托法》的法律规范也适用于证券投资基金。

《会计法》及有关税收方面的法律，对基金公司的内部控制及财务、会计处理及税收问题进行规范。

第二节　规范证券投资基金的行政法规和部门规章

一、《公开募集证券投资基金运作管理办法》

《公开募集证券投资基金运作管理办法》是为了规范公开募集证券投资基金运作活动，保护投资人的合法权益，促进证券投资基金市场健康发展，在《证券投资基金法》及其他有关法律、行政法规基础上制定的。该《管理办法》在2014年3月10日由证监会审议通过，自2014年8月8日起正式施行。

《公开募集证券投资基金运作管理办法》由八章组成，核心内容包括：基金的募集、基金份额的申购、赎回和交易、基金财产的投资、基金收益的分配、基金份额持有人大会的召开，以及其他基金运作活动。

二、《证券投资基金管理公司管理办法》（2020修正）

《证券投资基金管理公司管理办法》的制定主要是为了加强对证券投资基金管理公司的监督管理，规范证券投资基金管理公司的行为，保护基金份额持有人及相关当事人的合法权益，是在《证券投资基金法》《公司法》和其他有关法律、行政法规的基础上制定的。

《证券投资基金管理公司管理办法》主要由七章组成，分别对基金管理公司的设立、变更、解散，基金管理公司子公司及分支机构的设立、变更、撤销，基金管理公司的治理和经营，对基金管理公司的监督管理等内容做出规定。

三、《证券投资基金托管业务管理办法》

《证券投资基金托管业务管理办法》主要是为了规范证券投资基金托管资格管理，维护证券投资基金托管业务竞争秩序，保护投资人及相关当事人合法权益，促进证券投资基金健康发展，根据《证券投资基金法》《银行业监督管理法》及其他相关法律、行政法规制定。

《证券投资基金托管业务管理办法》共六章四十二条，主要是对申请基金托管资格的商业银行及其他金融机构应当具备的条件，申请人应具备的安全保管基金财产的条件和能力，申请人应当具有的清算、交割业务制度，清算、交割系统，申请人基金托管营业场所、安全防范设施等与基金托管业务有关的其他设施和相关制度，托管职责的履行，托管机构内部控制制度规范等内容做出规定。

四、《公开募集证券投资基金销售机构监督管理办法》

2020年8月28日中国证监会发布《公开募集证券投资基金销售机构监督管理办法》及配套规则，包括《关于实施<公开募集证券投资基金销售机构监督管理办法>的规定》以及《公开募集证券投资基金宣传推介材料管理暂行规定》。该《销售监督管理办法》自2020年10月1日起正式实施，实施当日《证券投资基金销售管理办法》《关于实施<证券投资基金销售管理办法>的规定》《关于证券投资基金宣传推介材料监管事项的补充规定》等原有监管规定同步废止。

此次《公开募集证券投资基金销售机构监督管理办法》的新规是为了规范证券投资基金的销售活动，促进证券投资基金市场健康发展，在《证券投资基金法》及其他有关法律、行政法规基础上制定的。其内容共分为八章，其中第一章为总则，规定了该法规的适用范围、基金销售机构的定义、基金销售活动的范围等内容。第二章至第七章分别规定了基金销售机构的准入、备案、业务规范、信息披露、风险管理等方面的要求。第八章为附则，规定了该法规的解释和适用等内容。

五、《公开募集证券投资基金信息披露管理办法》（2020 修订）

《公开募集证券投资基金信息披露管理办法》是为了规范证券投资基金的信息披露活动，保护投资人及相关当事人的合法权益，在《证券投资基金法》的基础上制定的。由于金融行业天然存在信息不对称的问题，证券投资基金披露的各项信息就成为投资者了解基金实际运作情况的重要途径，这些信息必须保证真实、及时、准确、完整。因此，信息披露管理办法明确了公募基金信息披露义务人，对信息披露对象及披露渠道、各阶段需进行信息披露的内容、披露时间、信息披露资料的保存时效等问题都进行了详细的规定。

六、《证券基金经营机构董事、监事、高级管理人员及从业人员监督管理办法》

《证券基金经营机构董事、监事、高级管理人员及从业人员监督管理办法》是为规范包括证券公司、公募证券投资基金公司等证券基金经营机构董事、监事、高级管理人员及从业人员的行为，保护投资者及相关当事人的合法权益而制定的。《管理办法》共九章四十八条，结合机构监管实践，对从业人员执业要求、水平评价测试、培训、登记管理、信息管理、执业行为规范等方面，全面规定了证券基金经营机构人员的任职要求、执业规范和机构主体管理责任，核心内容包括：一是按照分类原则优化人员任职管理；二是强化执业规范，落实"零容忍"要求；三是压实经营机构主体责任，夯实行业发展根基。

七、其他基金监管法规和规章

其他证券投资基金监管的法规和规章还有《证券投资基金信息披露内容与格式准则》《证券投资基金上市规则（深圳证券交易所、上海证券交易所）》《上市开放式基金业务指引（深圳证券交易所、上海证券交易所）》《中国证券登记结算有限责任公司上市开放式基金登记结算业务实施细则》《证券投资基金交易和申购赎回实施细则（深圳证券交易所、上海证券交易所）》等。

第七章 证券投资基金监管主体

根据《证券法》及《证券投资基金法》的规定，中国证监会作为国务院证券监督管理机构，是依法对基金市场主体及活动具有监管职权的行政机关，行业自律性组织——中国基金业协会对基金市场的行业自律管理也是监管体系中重要的一环。此外，证券交易所负责组织和监督基金的上市交易，并对上市交易基金的信息披露进行监管。

第一节 中国证监会

中国证券监督管理委员会（简称"中国证监会"）是国务院直属机构，依照法律、法规和国务院授权，统一监督管理全国证券期货市场，维护证券期货市场秩序，保障其合法运行。其中，基金监管作为证监会的监管职能之一，其内部设有证券基金机构监管部及各地方派出机构，具体承担基金监管职责。

中国证监会依法履行的基金监管职责包括。

1）拟订证券期货经纪、证券承销与保荐、证券期货投资咨询、证券财务顾问、证券自营、融资融券、资产管理、资产托管、基金销售等各类业务牌照管理及持牌机构监管的规则、实施细则；

2）依法审核证券、基金、期货各类业务牌照资格及人员从事证券、基金、期货业务的资格，并监管其业务活动；

3）拟订公开募集证券投资基金的监管规则、实施细则；

4）依法审核公开募集证券投资基金募集注册申请；

5）拟订合格境外机构投资者的规则、实施细则；

6）依法审核合格境外机构投资者资格并监管其业务活动；

7）依法审核境外机构在境内设立从事证券、基金、期货经营业务的机构并监管其业务活动；

8）牵头负责证券、基金、期货机构出现重大问题及风险处置的相关工作；

9）拟订及组织实施证券、基金、期货行业投资者保护的规则、实施细则；

10）指导相关行业协会开展自律管理等。

根据《证券投资基金法》的规定，中国证监会依法履行职责，有权采取包括现场检查、调查取证、限制证券交易、做出行政处罚等监管措施。

第二节 中国基金业协会

中国证券投资基金业协会（简称"中国基金业协会"）是证券投资基金行业的自律性组织，接受证监会和民政部的业务指导和监督管理。根据《中华人民共和国证券投资基金法》，基金管理人、基金托管人应当加入协会，基金服务机构可以加入协会。

中国基金业协会的主要职责包括。

1）教育和组织会员遵守有关证券投资的法律、行政法规，维护投资人合法权益；

2）依法维护会员的合法权益，反映会员的建议和要求；

3）制定和实施行业自律规则，监督、检查会员及其从业人员的执业行为，对违反自律规则和协会章程的，按照规定给予纪律处分；

4）制定行业执业标准和业务规范，组织基金从业人员的从业考试、资质管理和业务培训；

5）提供会员服务，组织行业交流，推动行业创新，开展行业宣传和投资人教育活动；

6）对会员之间、会员与客户之间发生的基金业务纠纷进行调解；

7）依法办理非公开募集基金的登记、备案；

8）协会章程规定的其他职责。

中国基金业协会是由公募基金管理人、基金托管人、基金服务机构以及符合条件的私募基金管理人等主体构成的行业自律组织，负责基金行业层面的自律监管。它的使命在于促进行业健康发展，保护投资者利益，防范和纠正市场不正当行为，提高投资者风险意识和理财素质，为市场参与者提供及时、准确的市场信息和数据，并代表基金行业利益，在各主体之间展开协调工作。

第三节 证券交易所

证券交易所提供有价证券集中交易的场所和设施，集合交易的买卖双方，经过证券经纪人的居间撮合完成交易。作为证券市场的组织者，证券交易所需要对交易中的各方主体以及交易行为进行组织和监督，这其中监督对象也包括上市交易的基金。

证券交易所对基金投资的监管包括两个方面：一方面是对证券投资基金份额的上市交易进行监管，目前我国的沪深交易所均制定了《证券投资基金上市规则》，对在证券交易所挂牌上市的证券投资基金的上市条件、上市申请、上市公告书、信息披露的原则和要求、上市费用等做出了详细规定；另一方面是对投资者以及证券投资基金的投资交易行为的合法合规性进行监控和管理。投资者和证券投资基金以交易参与者身份进行证券买卖时，则必须遵守证券交易所交易规则，如价格申报、涨跌幅限制等。

作为特殊的证券市场主体，证券交易所本身也要接受证券监督管理部门的监管。

第四节 监管主体间的职责分工

基金监管职责分工的目的是在集中统一监管体制下，进一步明确监管系统各单位的基金监管职责，落实监管责任制，形成各部门、各单位各司其职、各负其责、密切协作的基金监管体系。

根据《证券投资基金监管职责分工协作指引》，各监管主体之间的职责分工如下。

中国证监会基金监管部主要负责涉及证券投资基金行业的重大政策研究；草拟或制定证券投资基金行业的监管规则；对有关证券投资基金的行政许可项目进行审核；全面负责对基金管理公司、基金托管行及基金代销机构的监管；指导、组织和协调地方证监局、证券交易所等部门对证券投资基金的日常监管；对证监局的基金监管工作进行督促检查；对日常监管中发现的重大问题进行处置。

各地方证监局负责对经营所在地在本辖区内的基金管理公司进行日常监管，主要包括公司治理和内部控制、高级管理人员、基金销售行为、开放式基金信息披露等活动的日常监管；负责对辖区内异地基金管理公司的分支机构及基金代销机构进行日常监管。

证券交易所负责对基金在交易所内的投资交易活动进行监管；负责交易所上市基金的信息披露监管工作。

中国基金业协会负责基金管理公司、基金代销机构、基金托管机构以及基金从业人员的自律管理。

在明确各主体职责分工的同时，也要建立顺畅的联系渠道，健全沟通制度，形成高效有序的监管机制。

中国证监会基金监管部负责总体协调各部门的监管关系，提供必要的组织支持；根据各监管单位上报的监管信息，建立共享的基金监管信息平台；组织有关证监局、交易所、基金业协会等各监管单位的联席会议，交流监管经验和信息。

各地方证监局每半年向基金监管部报送辖区内基金监管综合分析报告。对于辖区内监管中遇到的新情况新问题，可以在调研的基础上以专题报告的形式上报。证监局在日常监管中需要交易所协助的，由基金监管部统一协调。

交易所应根据监管职责，以定期监管报告和专项报告等形式向基金监管部报送基金投资交易监控情况和相关基金的信息披露情况。基金监管部负责建立初级的基金关联账户数据库，与交易所共享并共同更新维护；根据监管实际，定期或不定期召开联席会议，通报风险情况，完善监管措施。

基金监管部与基金业协会建立信息共享机制，前者定期向后者通报监管动态，后者根据监管情况及时更新行业诚信档案，定期向前者上报统计数据和自律监管规则的落实情况。

基金日常监管实行属地监管原则。各地方证监局根据分工对本辖区内的基金业务活动进行监管，发现问题直接向基金监管部报告。

第八章 对公开募集基金当事人的监管

第一节 基金管理人

基金管理人的主要业务是发起设立基金和管理基金。由于基金的持有人通常是人数较多的中小投资者，为保护这些投资者的利益，必须对基金管理人的资格做出严格的规定，使基金管理人更好地负起管理基金的责任。

一、准入资质

2022年5月20日，中国证监会发布《公开募集证券投资基金管理人监督管理办法》以及《关于实施〈公开募集证券投资基金管理人监督管理办法〉有关问题的规定》，对《证券投资基金管理公司管理办法（2020年修正）》等进行了全面的修订，以适应公募基金行业高质量发展需要。监管新规及其配套规则通过"准入–内控–经营–治理–退出–监管"全链条完善了公募基金行业监管制度，更加突出了放管结合的监管思路。

（一）可申请机构类型

公募基金管理人必须由基金管理公司或经中国证监会核准取得公募基金管理业务资格的其他资产管理机构担任。具体能够申请获得公募基金管理资格的机构类型包括：公募基金公司、证券公司资产管理子公司、保险资产管理公司、商业银行理财子公司、在中国基金业协会登记的私募证券类基金管理机构，以及中国证监会认可的其他机构。经核准取得公募基金管理业务资格的其他资产管理机构需在公司治理、内部控制、诚信合规、行业经验、基础设施、专业人员、约束机制等方面符合监管新规的要求。

（二）申请持牌数量

此前的《管理办法》中规定一家机构或者受同一实际控制人控制的多家机构参股基金管理公司的数量不得超过2家，其中控股基金管理公司的数量不得超过1家，即"一参一控"。新规则适当放宽了公募持牌数量的限制，允许同一集团下证券资管子公司、保险资管公司、银行理财子公司等专业资管机构申请公募牌照。即同一主体或者受同一主体控制的不同主体参股基金管理公司的数量不得超过 2 家，其中控制基金管理公司的数量不得超过 1 家。但下列情形不计入参股、控制基金管理公司的数量。

1）直接持有和间接控制基金管理公司股权的比例低于 5%；

2）为实施基金管理公司并购重组所做的过渡期安排；

3）基金管理公司设立从事公募基金管理业务的子公司；

4）中国证监会认可的其他情形。

（三）申请条件

虽然机构持牌限制有所放宽，但新规大幅提高了申请公募牌照的门槛，除针对私募证券基金管理人追加适用特别要求以外，对各类申请机构适用统一标准。具体而言，包括以下几种情况。

1）公司治理规范，内部控制机制健全，风险管控良好；管理能力、资产质量和财务状况良好，最近 3 年经营状况良好，具备持续盈利能力；资产负债和杠杆水平适度，具备与公募基金管理业务相匹配的资本实力。

2）具备良好的诚信合规记录，最近 3 年不存在重大违法违规记录或者重大不良诚信记录；不存在因故意犯罪被判处刑罚、刑罚执行完毕未逾 3 年；不存在因涉嫌重大违法违规正在被调查或者处于整改期间；最近 12 个月主要监管指标符合监管要求。

3）具备 3 年以上证券资产管理经验，管理的证券类产品运作规范稳健，业绩良好，未出现重大违规行为或者风险事件。

4）有符合要求的内部管理制度、营业场所、安全防范设施、系统设备和与业务有关的其他设施。

5）有符合法律、行政法规和中国证监会规定的董事、监事、高级管理人员和与公募基金管理业务有关的研究、投资、运营、销售、合规等岗位职责人员，取得基金从业资格的人员原则上不少于 30 人；组织机构和岗位分工设置合理、职责清晰。

6）对保持公募基金管理业务的独立性、防范风险传递和不当利益输送等，有明确有效的约束机制。其中，与公募基金管理业务相匹配的资本实力明确要求净资产不低于 10 亿元；3 年以上证券资产管理经验要求申请机构最近 3 年季均证券资产管理规模不低于 100 亿元，其中权益类规模不低于 50 亿元；与公募基金管理业务有关的研究、投资、运营、销售、合规等岗位职责人员,从业人数下限由原规定的 10 人提高到 30 人。

(四)股东准入资质

新规对于股东资质也进一步做出明确要求。监管新规根据持股比例和对基金管理公司经营管理的影响,将基金管理公司股东分为主要股东、持有 5% 以上股权的非主要股东、持有 5% 以下股权的非主要股东三类,通过明确股东分类扩大了主要股东范围,并对三类股东设置了差异化的准入要求,将持股 5% 以下股东、实际控制人等也明确地纳入了监管范围,并制定了较为严格的准入要求。对持股 5% 以下股东实行负面清单管理,对持股 5% 以上股东强化了财务稳健性要求,适当提高主要股东条件,明确实际控制人要求。

二、内部控制

基金管理机构内部控制是指公司为防范和化解风险,保证经营运作符合公司的发展规划,在充分考虑内外部环境的基础上,通过建立组织机制、运用管理方法、实施操作程序与控制措施而形成的系统。

公募基金管理人应当按照法律、行政法规和中国证监会的规定,建立组织机构健全、职责划分清晰、制衡监督有效、激励约束合理的治理结构,确保独立、规范运作。具体制度要点包括以下几方面。

1)对公募基金管理等业务实行集中统一管理,建立人员、业务、场地等方面的防火墙,保持经营运作合法、合规,保持内部控制健全、有效。

2)设置合规负责人(督察长),作为高级管理人员,直接向董事会负责。对基金管理公司或者其他公募基金管理人的公募基金管理部门、业务及其人员的经营管理和职业行为等的合规性进行审查、监督和检查。发现重大风险或违法违规行为的,应当告知总经理和其他有关高级管理人员,提出处理意见并督促整改,依法及时向董事会、中国证监会派出机构报告。

3)建立并完善涵盖授权、研究、决策、执行、评估、考核、监察、惩戒等环节的投资管理制度和流程。

4)设置关联交易审议程序、保证关联交易的公允性,建立信息隔离管理的相关制度,控制内幕信息及未公开信息的不当流动和使用,确保保密侧业务和公开侧业务在人员、办公场所、办公设备、信息系统等方面实现互相独立的逻辑隔离;规范内幕信息和未公开信息的管理;设置利益冲突防范机制,及时、妥善处理客户之间、不同客户之间、公司不同业务之间的利益冲突。

5）建立公募基金财务核算与基金资产估值制度和流程，严格遵守国家有关规定，真实、及时、准确、完整地反映基金财产的状况；确保相关资金或资产必须列入符合规定的本单位会计账簿；按照规定提取、使用风险准备金，并按照要求对特定业务实施特别分线准备金制度。

6）履行投资者适当性义务，保障销售资金安全，规范宣传推介活动，不得从事不正当销售或不正当竞争行为。

7）规范组织机构、部门设置和岗位职责，强化员工任职培训和职业道德教育，加强关键岗位人员离职管理，构建完善长效激励约束机制；建立科学的薪酬管理制度和考核机制，合理确定薪酬结构，规范薪酬支付行为，绩效考核应当与合规和风险管理等挂钩，严格禁止短期考核和过度激励，建立基金从业人员和基金份额持有人利益绑定机制。

8）对各类档案进行妥善保管和分类管理，对必要的业务环节如实记在，实行留痕管理；妥善保存基金管理业务活动的纪律、账簿、报表和其他相关文件资料，保存期不少于20年。

9）建立与公司发展和业务操作相匹配的信息技术系统，加强信息技术管理，保障充足的信息技术投入，对基金管理业务等活动依法安全运作提供支持。

10）就发生损害基金份额持有人利益、可能引起风险外溢或系统性风险、影响社会稳定等的突发事件制定相应原则及处理机制。

三、职责履行

依据我国《证券投资基金法》的规定，基金管理人的具体职责主要有以下几方面。

1）依法募集基金，办理基金份额的发售和登记事宜；

2）办理基金备案手续；

3）对所管理的不同基金财产分别管理、分别记账，进行证券投资；

4）按照基金合同的约定确定基金收益分配方案，及时向基金份额持有人分配收益；

5）进行基金会计核算并编制基金财务会计报告；

　　编制中期和年度基金报告；

）计算并公告基金资产净值，确定基金份额申购、赎回价格；

8）办理与基金财产管理业务活动有关的信息披露事项；

9）按照规定召集基金份额持有人大会；

10）保存基金财产管理业务活动的记录、账册、报表和其他相关资料；

11）以基金管理人的名义，代表基金份额持有人利益行使诉讼权利或者实施其他法律行为；

12）国务院证券监督管理机构规定的其他职责。

监管新规明确基金管理公司应当主要从事公募基金管理业务，经中国证监会批准或者认可，可以从事私募资产管理业务和其他相关业务，明确支持基金管理公司在经营公募基金主业的基础上实现差异化发展。基金管理公司在合理审慎构建和完善经营管理组织机构，充分评估并履行必要的决策程序的前提下，可以设立子公司或者分公司等中国证监会规定认可的分支机构。分支机构的性质不同，能开展的业务范围也有所不同。就全资子公司而言，可以开展公募基金管理（专门从事指数基金、基金中基金、养老投资产品等类型相关业务）、私募股权投资基金管理、投资顾问、养老金融服务、金融产品销售、份额登记、估值、核算以及其他证监会认可的资产管理相关业务。

基金管理人应当遵循《公司法》《证券法》《证券投资基金法》的有关禁止性条款的规定，依照基金合同及其他有关规章，按照诚实信用、勤勉尽责的原则管理和运用基金资产，不得为自己或任何第三人谋求利益，不得损害其他投资者的利益。

基金管理人在管理运作基金资产时，不得从事以下行为。

1）将其固有财产或者他人财产混同于基金财产从事证券投资；

2）不公平地对待其管理的不同基金财产；

3）利用基金财产或者职务之便为基金份额持有人以外的人牟取利益；

4）向基金份额持有人违规承诺收益或者承担损失；

5）侵占、挪用基金财产；

6）泄露因职务便利获取的未公开信息，利用该信息从事或者明示、暗示他人从事相关的交易活动；

7）玩忽职守，不按照规定履行职责；

8）法律、行政法规和国务院证券监督管理机构规定禁止的其他行为。

四、治理结构

公募基金管理机构所从事业务的特殊性决定了其在公司治理方面与一般公司所遵循的《公司法》"保护公司、股东和债权人的合法权益"原则有所不同。对于基金管理公司而言，必须坚持基金份额持有人利益优先原则。因此，公募基金管理人除了要建立包括股东（大）会、董事会、监事（会）、经理层等公司治理结构外，还要格外强调股权结构的稳定，完善风险管控、制衡监督和长期激励约束机制，加强对基金持有人的保护。

（一）股权锁定期

《管理办法》中明确要求公募基金管理机构股东应当保持公司股权结构稳定，股权相关方应当书面承诺在一定期限内不转让所持有的基金管理公司股权。具体锁定期规定包括：一般情形下，主要股东转让所持有的基金管理公司股权时间限制不短于48个月，5%以上股东不短于36个月；当基金管理公司从有限公司变更为股份公司时，主要股东以及5%以上股东在改制完成之日起12个月内不转让所持有的基金管理公司股权，且继续履行股权持有期承诺。其中，主要股东和持股5%以上非主要股东持有的基金管理公司股权包括其一致行动人、关联关系人以及受其或者其实际控制人控制的股东持有的基金管理公司股权。

（二）建立长效激励与约束机制

1）建立长期考核机制。公募基金管理人董事会对公司经理层应当实行3年以上的长周期考核，董事会对经理层的考核，应当关注基金长期投资业绩、公司合规和风险管理等保护基金份额持有人利益的情况，不得以短期的基金管理规模、盈利增长等作为主要考核标准。

此外，监管新规及其配套规则明确了公募基金管理人对投研、销售等关键岗位人员的考核，应当结合3年以上长期投资业绩、合规和风险管理、职业道德水平等情况，不得将规模排名、管理费收入和短期业绩等作为薪酬考核的主要依据。

2）设置薪酬递延制度。公募基金管理人应当建立实施薪酬递延支付和追索扣回等制度。"薪酬递延支付"包括但不限于递延支付年限不少于3年，向高级管理人员、基金经理等关键岗位人员递延支付的金额原则上不少于40%。

五、退出机制

公募基金管理人依法履行解散、破产清算等程序的，应当在中国证监会注销其公募基金管理业务资格后进行。当公募基金管理人违法经营或者出现重大风险，严重损害基金份额持有人利益或者危害金融市场秩序的，中国证监会或者其派出机构可以对其启动风险处置程序。

《管理办法》设置专章明确公募基金管理人退出机制，允许经营失败的基金管理公司主动申请注销公募基金管理资格或者通过并购重组等方式实现市场化退出。对于违法经营或者出现重大风险，严重损害基金份额持有人利益或者危害金融市场秩序的公募基金管理人，中国证监会或者其派出机构可以启动风险处置程序。并且在基金管理公司处于解散、破产、风险处置等不同的退出流程中时，明确托管人的共同受托责任。

公募基金管理人被取消或撤销公募基金管理业务资格的，基金份额持有人大会应当在6个月内选任新基金管理人；新基金管理人产生前，由中国证监会或者其派出机构指定临时基金管理人代为履行基金管理职责，并进行公示。临时基金管理人自动成为新基金管理人候选人。

公募基金管理人被采取风险处置措施、依法解散或者被依法宣告破产的，基金托管人应当承担共同受托责任，确保托管基金产品平稳有序运作，维护基金份额持有人利益，并在中国证监会或者其派出机构监督指导下履行下列职责。

1）考察、提名临时基金管理人，并向中国证监会及其派出机构报告；

2）在原基金管理人被采取取消或撤销公募基金管理业务资格决定生效之日起6个月内召开基金份额持有人大会并妥善处理相关事宜，由基金份额持有人大会选任新基金管理人；

3）公募基金管理人无法正常履行职责的，由基金托管人履行相应职责，必要时组织基金财产清算小组进行基金清算；

4）中国证监会或者其派出机构认定的其他职责。

六、监管措施

中国证监会对基金管理人的监管措施包括对基金管理人违法违规行为的监管措施、对基金管理人出现重大风险的监管措施以及对基金管理人职责终止的监管措施。具体措施包括限制业务活动、限制分配红利、限制转让固有财产或在固有财产上设定其他权利、责令停业整顿、指定接管、依法取消资格等。

第二节 基金托管人

为了充分保障基金投资者的权益，防止基金资产被挪作他用，基金通常会委托一个基金保管机构来监督基金管理机构的投资操作并保管基金资产，履行这一职责的机构就是基金托管人。基金托管人是基金资产的名义持有人和保管人，与基金管理人在平等自愿、诚信原则下签订托管协议，履行自己的职责并收取一定的报酬。

一、准入资质

在基金运行过程中，基金托管人与基金管理人一起，是投资者的共同受托人，对其所托管的基金财产承担资金保管、结算清算、监督管理、信息披露等职责，因此我国最初仅允许大型商业银行从事基金托管业务。不过，随着我国金融业的发展速度不断加快、开放程度不断提升，能够获得投资基金托管业务资格的金融机构种类不断扩充，但同时也提升了对于基金托管人净资产的准入标准，形成"高标准、宽准入、重服务、严监管"的监管思路。

我国《证券投资基金法》《基金托管业务管理办法》等法律法规规定，基金托管人由依法设立并取得基金托管资格的商业银行或其他金融机构担任。基金托管人与基金管理人不得为同一人，不得相互出资或者持有股份。

申请取得基金托管资格，应当具备下列条件，并经国务院证券监督管理机构和国务院银行业监督管理机构核准。

1）净资产不低于 200 亿元人民币，风险控制指标符合监管部门有关规定；

2）设有专门的基金托管部门，部门设置能够保证托管业务运营的完整与独立；

3）基金托管部门拟任高级管理人员符合法定条件，取得基金从业资格的人员不低于该部门员工人数的 1/2；拟从事基金清算、核算、投资监督、信息披露、内部稽核监控等业务的执业人员不少于 8 人，并具有基金从业资格，其中，核算、监督等核心业务岗位人员应当具备 2 年以上托管业务从业经验；

4）有安全保管基金财产、确保基金财产完整与独立的条件；

5）有安全高效的清算、交割系统；

6）基金托管部门有满足营业需要的固定场所、配备独立的安全监控系统；

7）基金托管部门配备独立的托管业务技术系统，包括网络系统、应用系统、安全防护系统、数据备份系统；

8）有完善的内部稽核监控制度和风险控制制度；

9）最近 3 年无重大违法违规记录；

10）法律、行政法规规定的和经国务院批准的中国证监会规定的其他条件。

对于商业银行与其他非银行金融机构，取得基金托管资格的准入标准和监管要求统一，而且将商业银行与其他金融机构的审批核准权限都放在证监会，证监会、银保监会依照法律法规和审慎监管原则，对基金托管人及其基金托管业务活动实施监督管理，避免由于多头监管造成监管漏洞。

此外，我国资本市场扩容使得外资参与的意愿不断增强，经过不断地修改完善，目前已经允许外资银行申请人单独申请证券投资基金托管资格，而不是把符合结算参与人资质要求作为从事托管业务的前提，对于促进基金托管行业进一步开放、内外资金融机构市场化竞争等方面尤为意义重大。

二、职责履行

根据《证券投资基金法》，基金托管人应当履行的职责包括以下几方面。

1）安全保管基金财产；

2）按照规定开设基金财产的资金账户和证券账户；

3）对所托管的不同基金财产分别设置账户，确保基金财产的完整与独立；

4）保存基金托管业务活动的记录、账册、报表和其他相关资料；

5）按照基金合同的约定，根据基金管理人的投资指令，及时办理清算、交割事宜；

6）办理与基金托管业务活动有关的信息披露事项；

7）对基金财务会计报告、中期和年度基金报告出具意见；

8）复核审查基金管理人计算的基金资产净值和基金份额申购、赎回价格；

9）按照规定召集基金份额持有人大会；

10）按照规定监督基金管理人的投资运作；

11）国务院证券监督管理机构规定的其他职责。

基金托管人是保管基金资产的机构，是基金持有人权益的代表，因此基金托管人应按照《证券投资基金法》、基金合同及其他相关规定，以诚实信用、勤勉尽责的原则保管基金资产和监督基金管理人的运作，不为自己或任何第三人谋取利益。我国《证券投资基金法》中规定，基金托管人不得从事以下行为。

1）将其固有财产或者他人财产混同于基金财产从事证券投资；

2）不公平地对待其管理的不同基金财产；

3）利用基金财产为基金份额持有人以外的第三人牟取利益；

4）向基金份额持有人违规承诺收益或者承担损失；

5）侵占、挪用基金财产；

6）泄露因职务便利获取的未公开信息，利用该信息从事或者明示、暗示他人从事相关的交易活动；

7）玩忽职守，不按照规定履行职责；

8）法律、行政法规和国务院证券监督管理机构规定禁止的其他行为。

三、退任和变更

基金托管人的退任，是指具备法定情形的基金托管人因其失去继续担任基金托管人的条件，经主管机关批准不再担任基金托管人的制度。实行基金托管人退任制度，旨在保护基金持有人的利益不受损害。我国《证券投资基金法》与基金合同对基金托管人更换及退任的条件及程序进行了严格的规定，与此相关的条款也必须在托管协议中订明。根据《证券投资基金法》，基金托管人退任的条件为：

1）被依法取消基金托管资格；

2）被基金份额持有人大会解任；

3）依法解散、被依法撤销或者被依法宣告破产；

4）基金合同约定的其他情形。

基金托管人职责终止的，基金份额持有人大会应当在6个月内选任新基金托管人；新基金托管人产生前，由国务院证券监督管理机构指定临时基金托管人。基金托管人职责终止的，应当妥善保管基金财产和基金托管业务资料，及时办理基金财产和基金托管业务的移交手续，新基金托管人或者临时基金托管人应当及时接收。

基金托管人职责终止的，应当按照规定聘请会计师事务所对基金财产进行审计，并将审计结果予以公告，同时报国务院证券监督管理机构备案。

四、监管措施

中国证监会对基金托管人的监管措施包括：责令整改、取消托管资格，以及对基金托管人职责终止的监管措施。具体措施包括限制业务活动、责令更换负有责任的专门基金托管部门的高级管理人员、取消托管资格、终止托管职责等。

第九章 对基金公开募集活动的监管

第一节 基金公开募集的管理制度

一、审批制、注册制与核准制

基金的发起设立，主要分为注册制和审批制两种基本管理制度模式，发达国家和地区一般采用注册制，我国在2014年《公开募集证券投资基金运作管理办法》及其实施规定发布后，公募基金产品的审查方式由核准制转为注册制。

审批制是指证券监管当局按照有关法律的规定，对基金的募集进行实质性审查，并决定是否同意设立该基金的制度。所谓实质性审查，既是对内容的真实与否进行审查，又是对程序和形式的合法性进行审查。

注册制是指基金的发起人只需向证券监管机关报送法律规定的有关材料，进行登记注册，即可发起设立开放式基金的制度。在注册制下，证券监管部门并不对有关材料作实质性审查，材料的真实性、准确性和完整性等实质性内容由独立的中介机构进行鉴证。如果发起人和中介机构存在舞弊、欺诈等违法行为，证券监管部门有权依法查处。

核准制是由审批制向注册制发展的一种过渡性安排，是在证券投资基金市场不断成熟的条件下，逐步放宽审核要求的做法。这种过渡性安排一方面有利于监管部门继续对基金进行监管，另一方面能够使基金的募集上市过程大大缩短，有利于提高效率，推动基金业的发展。

二、我国基金募集注册制改革

我国从证券投资基金市场发展之初起一直实行审批制。1997年中国证监会公布的《证券投资基金管理暂行办法》中规定，我国证券投资基金的发起设立实行审批制，对投资基金的设立进行实质性审查，内容包括申报文件是否全面，有无虚假陈述以及文件内容是否符合法律规定等。

在当时的历史条件下，审批制在保障基金的规范发展方面确实起到了重大促进作用，但也存在着诸多缺陷。2014年8月8日，证监会发布了《公开募集证券投资基金运作管理办法》及其实施规定，要求将公募基金产品的审查由核准制改为注册制，成为我国资本市场创新发展的一大重要进步。此后，证监会在监管方面不断强化，深入推进简政放权，公募基金产品注册机制也在不断优化。

目前，我国公募基金产品实行分类注册。在进行发行注册时，纳入快速注册机制的常规混合类、债券类基金产品，注册期限由原则上不超过 20 天缩短至 15 天；未纳入快速注册机制的常规主动权益类、被动权益类、混合类、债券类基金产品，注册期限由原则上分别不超过 30 天、30 天、45 天、45 天缩短至 20 天、20 天、35 天、35 天。加快注册期限的同时，证监会也加强了事中和事后监管，要求基金管理人严把申请材料质量关，对申请材料齐备性、真实、准确、完整性、合法合规性、风险揭示充分性承诺负责；始终坚持持有人利益优先的原则，优化产品设计，充分评估产品申报的必要性和可行性，切实加大高质量产品供给，更好地服务居民财富管理和实体经济金融需求；基金托管人加强对申请材料的复核把关，切实承担共同受托责任。

随着国内经济进入转型升级的重要时期，公募基金作为重要的组成部分，在注册制改革、吸引中长期资金入市、促进市场稳定运行、提高上市公司质量、养老体系改革等重大改革方面承担重任，在资本市场改革发展稳定中发挥着"压舱石"的作用。制度的不断优化将规范基金产品的发行运作，充分释放基金行业活力，支持行业提升服务投资者和实体经济的能力。

第二节 基金募集的条件和程序

一、基金募集的条件

《公开募集证券投资基金运作管理办法》要求拟募集的基金应当具备下列条件。

1）有明确、合法的投资方向；

2）有明确的基金运作方式；

3）符合中国证监会关于基金品种的规定；

4）基金合同、招募说明书等法律文件草案符合法律、行政法规和中国证监会的规定；

5）基金名称表明基金的类别和投资特征，不存在损害国家利益、社会公共利益，欺诈、误导投资人，或者其他侵犯他人合法权益的内容；

6）招募说明书真实、准确、完整地披露了投资者做出投资决策所需的重要信息，不存在虚假记载、误导性陈述或者重大遗漏，语言简明、易懂、实用，符合投资者的理解能力；

7）有符合基金特征的投资者适当性管理制度，有明确的投资者定位、识别和评估等落实投资者适当性安排的方法，有清晰的风险警示内容；

8）基金的投资管理、销售、登记和估值等业务环节制度健全，行为规范，技术系统准备充分，不存在影响基金正常运作、损害或者可能损害基金份额持有人合法权益、可能引发系统性风险的情形；

9）中国证监会规定的其他条件。

二、基金募集的程序

（一）产品设计研发

基金产品的设计会受到投资者需求变化、国家政策法规以及证券市场变动的影响。基金产品设计的思路主要有两种：理念导向型和营销导向型。理念导向型是投资决策成员、基金经理等专业人士凭借多年的投资经验和丰富的金融产品知识，结合对市场的分析判断，寻找可以成为投资品种的机会；营销导向型则主要来自市场拓展人员、分销机构和客户服务人员，他们在与基金持有人的长期交往中深入了解投资者需求，并有针对性地提出产品构思。随着国内基金市场快速发展，机构和个人投资者对基金的认可程度不断提升，基金产品不再只是单一的理念导向型或营销导向型品种，而是需要基金公司的产品部门、销售部门、投资部门和检查稽核部门共同对监管环境、市场发展趋势、投资者需求等共同做出探讨后，再由产品部门对具体方案和细节做出进一步明确的产品。

自1997年《证券投资基金管理暂行办法》出台以来，我国证券基金市场在规范化的轨道上不断积累，基金产品的创新取得了突飞猛进的发展。但由于我国金融工具及其衍生产品的种类仍然较少，规模也有限，基金产品的创新仍然受到一定制约。同时，基金管理人在真正以市场需求为导向进行市场细分和市场定位方面仍有不足，造成我国证券投资基金市场产品同质化严重。相比之下，国际上的基金投资领域从资本市场到货币市场，基金品种精细化程度更高，可供基金投资的金融产品更多，市场规模不断扩大，基金投资策略也在不断变化，这更加促使基金管理人开发越来越多的证券投资基金品种，以进一步满足投资者多样化的需求。国际成功案例表明，设计一个基金品种，首先要确定基金的投资群体，了解他们的风险收益偏好和收入预期，然后确定投资标的、投资地区和投资策略。可以预见，随着我国金融市场的不断发展，基金产品的多样性、细分化和差异化将成为必然的发展趋势。

根据《公开募集证券投资基金运作管理办法》，公募基金至少要进行下列类型区分：80%以上的基金资产投资于股票的，为股票型基金；80%以上的基金资产投资于债券的，为债券型基金；仅投资于货币市场工具的，为货币市场基金；80%以上的基金资产投资于其他基金份额的，为基金中基金；投资于股票、债券、货币市场工具或其他基金份额，并且股票投资、债券投资、基金投资的比例不符合以上规定的，为混合基金。

确定了拟发行产品的大类后，产品部门应就产品的具体开发思路、方案和细节做出进一步的明确，并在当前市场环境下可能获得的收益进行模拟测算。经过上述环节确认后，产品的初步设计思路会进入公司领导层或决策委员会的审核流程，经过内部审核通过后，产品将会正式进入具体方案设计和注册准备阶段。

(二) 产品注册

所有公开发行的基金产品必须经过中国证监会注册，因此基金管理人、基金托管人和相关中介机构必须提交相应的申请材料，证监会依法受理基金募集注册的申请，并进行审查。

注册公开募集的证券投资基金必须由拟任基金管理人向中国证监会提交下列文件。

1）申请报告；

2）基金合同草案；

3）基金托管协议草案；

4）招募说明书草案；

5）律师事务所出具的法律意见书；

6）国务院证券监督管理机构规定提交的其他文件。

其中，基金合同是基金的核心法律框架，是基金持有人与基金托管人和基金管理人之间的契约。它不仅载明有关基金运作情况的各项资料，提供基金投资目标、决策、行政及管理等方面的内容，而且还规定了基金各当事人的地位与责任，是制定其他文件的重要依据，其他相关的涉及基金合同当事人之间权利义务关系的任何文件和表述，均以基金合同为准。基金合同应当包括下列内容。

1）募集基金的目的和基金名称；

2）基金管理人、基金托管人的名称和住所及其他详细信息；

3）基金运作方式；

4）封闭式基金的基金份额总额和基金合同期限，或者开放式基金的最低募集份额总额；

5）确定基金份额发售日期、价格和费用的原则；

6）基金份额持有人、基金管理人和基金托管人的权利、义务；

7）基金份额持有人大会召集、议事及表决的程序和规则；

8）基金份额发售、交易、申购、赎回的程序、时间、地点、费用计算方式，以及给付赎回款项的时间和方式；

9）基金收益分配原则、执行方式；

10）作为基金管理人、基金托管人报酬的管理费、托管费的提取、支付方式与比例；

11）与基金财产管理、运用有关的其他费用的提取、支付方式；

12）基金财产的投资方向和投资限制；

13）基金资产净值的计算方法和公告方式；

14）基金募集未达到法定要求的处理方式；

15）基金合同解除和终止的事由、程序以及基金财产清算方式；

16）争议解决方式；

17）当事人约定的其他事项。

基金招募说明书是基金发起人将所有对投资者做出投资判断有重大影响的信息进行披露，协助投资者充分了解基金产品的法律文件。其内容应当包括：

1）基金募集申请的核准文件名称和核准日期；

2）基金管理人、基金托管人的基本情况；

3）基金合同和基金托管协议的内容摘要；

4）基金份额的发售日期、价格、费用和期限；

5）基金份额的发售方式、发售机构及登记机构名称；

6）出具法律意见书的律师事务所和审计基金财产的会计师事务所的名称和住所；

7）基金管理人、托管人报酬及其他有关费用的提取、支付方式与比例；

8）风险警示内容；

9）国务院证券监督管理机构规定的其他内容。

（三）注册申请的审查

中国证监会应当自受理公开募集基金的募集注册申请之日起6个月内，依照法律、行政法规及国务院证券监督管理机构的规定进行审查，做出注册或者不予注册的决定，并通知申请人；不予注册的，应当说明理由。

（四）公开募集

在完成注册后，公募基金即可进入募集阶段。根据《证券投资基金法》及《公开募集证券投资基金运作管理办法》的相关规定，基金管理人应当自收到准予注册文件之日起6个月内进行基金募集。超过6个月开始募集，原注册的事项未发生实质性变化的，应当报国务院证券监督管理机构备案；发生实质性变化的，应当向国务院证券监督管理机构重新提交注册申请。

公开募集基金份额的发售，由基金管理人或者其委托的基金销售机构办理，基金管理人应当在基金份额发售的3日前公布招募说明书基金合同及其他有关文件，这些文件应当真实、准确、完整。基金募集期限自基金份额发售之日期不得超过3个月，基金募集期间募集的资金应当存入专门账户，在基金募集行为结束前，任何人不得动用。在募集期间发生的信息披露费、律师费、会计师费及其他费用不得从基金财产中列支，基金收取认购费的，可以从认购费中列支。

（五）基金合同生效

基金募集期限届满，封闭式基金募集的基金份额总额达到准予注册规模的80%以上，开放式基金募集的基金份额总额不少于2亿份，基金募集金额不少于2亿元人民币，基金份额持有人的人数不少于200人的，基金管理人应当自募集期限届满之日起10日内聘请法定验资机构验资，自收到验资报告之日起10日内，向国务院证券监督管理机构提交验资报告，办理基金备案手续，并予以公告。

在基金募集过程中，基金管理人使用公司股东资金、公司固有资金、公司高级管理人员或者基金经理等人员资金认购基金的金额不少于 1000 万元人民币，且持有期限不少于 3 年的基金为发起式基金。发起式基金的成立不受上述最低募集份额总额及基金份额持有人人数限制。发起式基金的基金合同生效 3 年后，若基金资产净值低于两亿元的，基金合同自动终止。

当基金募集期限届满，不能满足法律规定条件，无法办理基金备案手续的，基金合同不生效，也即基金募集失败。此时管理人需承担下列责任。

1）以其固有财产承担因募集行为而产生的债务和费用；

2）在基金募集期限届满后 30 天内返还投资人已交纳的款项，并加计银行同期存款利息。

第十章 对公开募集基金销售活动的监管

我国现行基金销售监管体系对于基金销售行为的监管要求主要集中于宣传推介材料和投资者权益保护两方面。基金宣传推介材料必须真实、准确，与基金合同、基金招募说明书相符，禁止虚假记载、误导性陈述或者重大遗漏。投资者权益保护有两种主要渠道：一是落实投资者适当性原则，保证基金投资风险与基金投资人的风险偏好及风险承受能力相匹配；二是开展投资者教育活动，通过风险提示保证投资人对基金产品的风险有明确认识。

第一节 基金投资者适当性

金融证券领域由于高度专业性、金融产品的复杂性等原因，投资者往往由于信息不对称处于相对弱势的地位，因此，投资者适当性制度在市场的长期实践中逐步建立并得到完善，这是规范投资者与金融机构、金融产品销售机构之间权利义务关系的一项重要制度。这一制度的核心原则是"将适当的产品提供给适当的投资者"，即基金管理公司或基金销售机构在进行基金销售推介前，必须充分了解投资者的风险偏好及风险承受能力，明确每一只基金产品的风险等级及风险收益特征，根据投资者的风险承担能力提供与之相适应的不同风险等级的基金产品或服务。

投资者适当性原则起源于美国，最初只是规范证券经纪商行为的商业道德。2007年，美国金融行业监管协会（The Financial Industry Regulatory Authority，FINRA）成立并形成适当性管理统一的规则体系。2010年美国发布《多德—弗兰克法案》，进一步提升了认可投资者标准和投资者适当性管理义务。目前，美国《证券法》规定了参与私募证券认购的投资者资格，对投资者的净资产和专业知识进行了要求。美国期货业协会还要求，对于特定人群（如已退休人士、无期货期权投资经验者、年龄低于23周岁者等），期货经纪商除了要求客户签署风险揭示书外，还需要再签署一份附加风险揭示书。日本《金融商品交易法》在第40条规定了适当性制度的总体原则。金融机构进行金融商品交易行为，应参照客户的知识、经验、财产状况及签订金融商品交易合同的目的，不得进行损害或有可能损害投资者权益的不恰当劝诱行为，其中明确禁止中介机构劝诱75岁以上的人士从事期货交易。欧盟金融工具市场指令（Markets in Financial Instruments Directive，MiFID）从销售适当性的角度提出投资者保护规定，要求金融机构必须对客户的金融工具交易经验与知识进行评估，金融机构必须收集有关客户的经验、知识、财务状况及投资目标的相关信息，评估金融工具交易是否适合于客户。

我国最早于创业板开始实施投资者适当性制度，2009年6月发布的《创业板投资者适当性管理暂行规定》中就要求证券公司必须了解投资者身份、财产收入状况、证券投资经验、风险偏好等相关信息，证券公司必须向投资者充分揭示市场风险，并签订《创业板市场投资风险揭示书》；在投资者方面，要求投资者必须如实提供相应信息，否则证券公司可拒绝提供服务。2010年4月，股票指数期货业务和融资融券业务相继推出，这两项业务具有高杠杆特点，专业要求更高、风险更大，也更加不适合一般投资者广泛参与。《股指期货投资者适当性制度实施办法（试行）》中规定上述业务的投资者申请开户时保证金账户可用资金余额不得低于50万人民币，并通过相关测试，具备累计10个交易日、20笔以上股指期货仿真交易成交记录，或最近3年具有10笔以上商品期货交易的记录。

目前，我国已在多个金融产品市场建立了投资者适当性规则体系，银行理财、信托、证券、基金等都在不同层面出台了适当性的制度要求。以基金行业为例，《证券投资基金法》第九十八条明确提出，基金销售机构应当向投资人充分揭示投资风险，并根据投资人的风险承担能力销售不同风险等级的基金产品。证监会在2007年就出台了《证券投资基金销售适用性指导意见》，规范公募基金的适当性管理，并在此后陆续出台了规范基金销售机构、基金募集机构的各项适当性监管要求。2020年证监会对《证券投资基金销售管理办法》进行了修订，出台了《公开募集证券投资基金销售机构监督管理办法》及配套规则，突出强调基金销售行为的底线要求，细化完善投资者保护与服务安排，强化私募基金销售业务规范，严格落实销售适当性。

第二节 对基金销售机构的监管

公开募集证券投资基金在完成注册申请并获得中国证监会批准后，基金管理人通过自身的直销网络或与银行、证券公司、独立基金销售机构等代销机构合作向投资者销售基金份额，即新发基金面向投资者的首次认购；当募集期满，基金达到法定条件后基金合同生效，标志着基金正式成立，此后进入到基金的日常申购、赎回环节。因此，包括基金销售机构为投资人开立基金交易账户、宣传推介基金、发售基金份额、办理基金份额申购、赎回及提供基金交易账户信息查询等一系列基金销售活动，从基金尚未成立开始直到发生清算终止，便始终伴随着基金产品的运作，对基金销售的监管也覆盖了全部的业务流程。

一、准入要求

（一）一般要求

商业银行、证券公司、期货公司、保险公司、保险经纪公司、保险代理公司、证券投资咨询机构、独立基金销售机构均可以从事基金销售业务，但应当向住所地中国证监会派出机构申请注册基金销售业务资格，并申领《经营证券期货业务许可证》。注册基金销售业务资格，应当具备下列条件。

1）财务状况良好，运作规范；

2）有与基金销售业务相适应的营业场所、安全防范等设施，办理基金销售业务的信息管理平台符合中国证监会的规定；

3）具备健全高效的业务管理和风险管理制度，反洗钱、反恐怖融资及非居民金融账户涉税信息尽职调查等制度符合法律法规要求，基金销售结算资金管理、投资者适当性管理、内部控制等制度符合中国证监会的规定；

4）取得基金从业资格的人员不少于20人；

5）最近3年没有受到刑事处罚或者重大行政处罚；最近1年没有因相近业务被采取重大行政监管措施；没有因重大违法违规行为处于整改期间，或者因涉嫌重大违法违规行为正在被监管机构调查；不存在已经影响或者可能影响公司正常运作的重大变更事项，或者重大诉讼、仲裁等事项；

6）中国证监会规定的其他条件。

（二）金融机构准入要求

商业银行、证券公司、期货公司、保险公司、保险经纪公司、保险代理公司、证券投资咨询机构等申请注册基金销售业务资格，应当具备下列条件。

1）满足基金销售业务资格一般要求；

2）有负责基金销售业务的部门；

3）财务风险监控等监管指标符合国家金融监督管理部门的规定；

4）负责基金销售业务的部门取得基金从业资格的人员不低于该部门员工人数的1/2，部门负责人取得基金从业资格，并具备从事基金业务2年以上或者在金融机构5年以上的工作经历；分支机构基金销售业务负责人取得基金从业资格；

5）中国证监会规定的其他条件。

（三）独立基金销售机构准入要求

独立基金销售机构是指独立于基金公司、银行、证券公司等金融机构之外的基金销售机构，投资者可以通过独立基金销售机构搭建的平台申购、赎回基金。相对于基金公司、银行、券商等金融机构来说，独立基金销售机构对各种基金产品的销售态度可能更加中立，通常有费率优惠，而且随着我国移动互联网的兴起，独立基金销售机构依靠技术及平台优势迎来快速发展。这些机构致力于为投资者提供更有价值的投资咨询和丰富的产品选择，在一定程度上类似于国外的"基金超市"。但是，与传统金融机构相比，独立基金销售机构也存在资金实力、内控制度相对薄弱等问题。因此，《公开募集证券投资基金销售监督管理办法》中对于独立基金销售机构及其股东准入要求进行了优化，强化停止业务、吊销牌照等制度安排；借鉴成熟监管经验，对新注册机构引入基金销售业务许可证有效期延续制度，促进基金销售机构规范有序发展。

根据《销售办法》，独立基金销售机构需专门从事公募基金及私募证券投资基金销售业务，不得从事其他业务。申请注册为独立基金销售机构需具备下列条件。

1）满足基金销售业务资格一般要求；

2）为依法设立的有限责任公司、股份有限公司或者采取符合中国证监会规定的其他组织形式；

3）有符合规定的名称、组织架构和经营范围；

4）股东以自有资金出资，不得以债务资金、委托资金等非自有资金出资，境外股东以可自由兑换货币出资；

5）净资产不低于5000万元人民币；

6）高级管理人员取得基金从业资格，熟悉基金销售业务，符合中国证监会规定的基金行业高级管理人员任职条件；

7）中国证监会规定的其他条件。

对于独立基金销售机构的股东，应当具备下列条件。

1）股东为法人或者非法人组织的，如果是控股股东，其核心主业应当突出，内部控制完善，运作规范稳定，最近3个会计年度连续盈利，净资产不低于2亿元人民币，具有良好的财务状况和资本补充能力；资产负债与杠杆水平适度，净资产不低于实收资本的50%，或有负债未达到净资产的50%，没有数额较大的到期未清偿债务。如果是持有股权5%以上的股东，要求资产质量良好，除中国证监会另有规定外净资产不低于5000万元人民币；股权结构清晰，可逐层穿透至最终权益持有人；最近3年没有受到刑事处罚或者重大行政处罚；最近1年没有被采取重大行政监管措施；没有因重大违法违规行为处于整改期间，或者因涉嫌重大违法违规行为正在被监管机构调查。

2）股东为自然人的，如果是控股股东，要求个人金融资产不低于3000万元人民币；具备担任证券基金业务部门管理人员10年以上的工作经历或者担任证券基金行业高级管理人员5年以上的工作经历。如果是持有股权5%以上的股东，要求具备担任证券基金业务部门管理人员5年以上的工作经历或者担任证券基金行业高级管理人员3年以上的工作经历；从业期间没有被金融监管部门采取重大行政监管措施、没有因重大违法违规行为受到行政处罚或者刑事处罚。

3）对于控股股东需制定合理明晰的投资独立基金销售机构的商业计划，对完善独立基金销售机构治理结构、保持独立基金销售机构经营管理的独立性、推动独立基金销售机构长期发展有切实可行的计划安排；对独立基金销售机构可能发生风险导致无法正常经营的情况，制定合理有效的风险处置预案。

4）符合中国证监会规定的其他条件。

独立基金销售机构股东以及股东的控股股东、实际控制人参股独立基金销售机构的数量不得超过2家，其中控制独立基金销售机构的数量不得超过1家。此外，独立基金销售机构应当保持股权结构稳定。股权相关方应当书面承诺，独立基金销售机构取得基金销售业务资格3年内不发生控股股东、实际控制关系的变更。

二、业务规范

（一）规范基金销售机构与互联网平台的合作

随着互联网及电商的快速发展，第三方网络平台对金融产品销售的引流等作用越来越不可小觑。但在基金管理人、基金销售机构与网络平台的合作中，也存在相关第三方借助为金融机构提供信息技术服务的机会，混淆业务活动和技术服务的边界，违规开展金融业务，或非法截留、获取投资者开户、交易等敏感数据等问题。因此，《销售办法》明确做出以下规定。

1）基金管理人、基金销售机构租用第三方网络平台的网络空间经营场所，部署相关网络页面及功能模块，向投资人提供基金销售业务服务的，应向投资人明确揭示基金销售服务主体。同时，基金管理人、基金销售机构是向投资人提供基金销售服务的责任主体。

2）第三方网络平台仅限于提供网络空间经营场所等信息技术服务，不得介入基金销售业务的任何环节，亦不得收集、传输、留存投资人任何基金交易信息。

3）第三方网络平台作为从事信息技术系统服务的基金服务机构，应按规定向证监会备案；不符合规范要求的，应自《销售办法》实施之日起 1 年内完成整改。

（二）构建基金销售业务的长期考核机制

长期以来，基金销售的业务驱动主要源自基金的销售收入，导致部分销售渠道并未遵从投资者利益优先原则销售基金，鼓励、诱导腾挪资金、赎旧买新的现象屡见不鲜。为构建健康、有序发展的基金销售市场，坚持投资人利益优先原则与长期投资理念，基金销售新规要求基金管理人和基金销售机构应将基金销售保有规模、投资人长期投资收益等纳入基金销售业务人员考核评价指标体系，并不得将基金销售收入作为主要考核指标，不得实施短期激励，不得针对认购期基金实施特别的考核激励。

（三）细化向投资人提供的持续信息服务

基金管理人、基金销售机构应提供有效途径供投资人实时查询其所持基金的基本信息，包括基金名称、管理人名称、基金代码、风险等级、持有份额、单位净值、收益情况等；至少每年度向投资人主动提供其基金保有情况信息，包括基金名称、基金代码、持有份额等。

对于尚未实现或无法提供前述持续信息服务的基金管理人和基金销售机构，基金销售新规给予 1 年过渡期进行整改或调整。另外，该项内容也是未来基金销售协议的必备内容，即要求基金管理人、基金销售机构对此做好分工（该项内容在当前常见的基金销售协议中虽有体现，但或过于原则化）。

三、内部控制与风险管理

要求基金销售机构应当按照审慎经营的原则，建立健全并有效执行基金销售业务的内部控制与风险管理制度，完善内部责任追究机制，确保基金销售业务符合法律法规和中国证监会的规定。

第三节 对基金宣传推介材料的监管

基金宣传推介材料，是指为推介基金向公众分发或者公布，使公众可以普遍获得的书面、电子或者其他介质的信息，包括公开出版资料、宣传单、手册、信函、传真、海报、户外广告，电视、电影、广播、互联网资料等。此前的相关规范要求基金公司及基金销售机构必须对所使用的宣传推介材料进行事前备案。2020 年作为《公开募集证券投资基金销售机构监督管理办法》配套规则的《公开募集证券投资基金宣传推介材料管理暂行规定》（以下简称"《宣传推介材料规定》"）取消了此项规定，将对宣传推介材料的审查工作下放至基金管理人和基金销售机构的内部合规审查。

基金宣传推介材料必须真实、准确，与基金合同、基金招募说明书相符，不得有下列情形。

1）虚假记载、误导性陈述或者重大遗漏；

2）预测基金的证券投资业绩；

3）违规承诺收益或者承担损失；

4）诋毁其他基金管理人、基金托管人或者基金销售机构，或者其他基金管理人募集或者管理的基金；

5）夸大或者片面宣传基金，违规使用"安全、保证、承诺、保险、避险、有保障、高收益、无风险"等可能使投资人认为没有风险的或者片面强调集中营销时间限制的表述；

6）登载单位或者个人的推荐性文字；

7）中国证监会规定的其他情形。

一、规范历史业绩展示

基金产品的业绩展现是宣传推介材料的核心内容，但由于金融指标数量繁多且计算方法较为复杂，如果不当展示将对投资者产生误导。《宣传推介材料规定》要求基金宣传推介材料登载基金过往业绩时，基金合同生效应当超过 6 个月，并同时登载基金业绩比较基准表现。对于基金合同生效 6 个月以上不满 1 年的，应当从合同生效之日起计算业绩；基金合同生效 1 年以上但不满 5 年的，应包含自合同生效当年开始所有完整会计年度的业绩；基金合同生效 5 年以上的，应包含最近 5 个完整会计年度的业绩。此外，基金投顾服务涉及历史业绩展示的，应适用基金销售新规中有关宣传推介材料管理的相关规定，确定了"宣推投顾组合如同宣推基金"的基本规范思路。

二、加强风险提示

证券投资基金作为一种长期投资工具，其风险收益特征不同于银行储蓄或债券等能够提供固定收益预期的金融工具。投资人购买基金，既可能按其持有份额分享基金投资所产生的收益，也可能承担基金投资所带来的损失。因此《宣传推介材料规定》要求基金宣传推介材料有足够平面空间的，应当加入风险揭示书，其内容应当包含特殊风险揭示，以及包括本金损失风险、市场风险、管理风险、流动性风险、信用风险等各项的一般风险揭示。基金宣传推介材料的风险提示和警示性文字必须醒目、明确，方便投资人阅读。

三、规范新兴基金宣传推介行为

由于移动互联网的兴起，基金宣传推介形式从传统媒体不断向新媒体延伸。2020 年年初受疫情影响，基金管理人原有的传统营销模式无法正常开展，语音会议、视频路演、网络直播等线上模式迅速得到普及。但在这些新兴模式提高效率、拉近投资者与管理人距离的同时，也存在业务边界不清晰、合规内容环节薄弱等问题。

2021 年 5 月，中国基金业协会发布《公募基金直播业务专题讨论会会议纪要》，从四大方面对基金直播存在的问题进行规范，剑指基金直播娱乐化、红包发放不规范等长期存在的问题，强调直播须坚守专业和合规底线，并给出了实操意见。《纪要》要求直播内容为投资者教育或品牌宣传的，可选择相对轻松活泼的形式，但不宜过度娱乐化；而涉及基金产品宣传推介的，应注重体现基金行业专业性，严格遵守宣传推介相关法律法规；针对向不特定对象宣传推介具体基金产品的直播,也须严格遵守《证券期货经营机构投资者适当性管理办法》,可结合直播展业特点,建立健全内部审核流程与管控措施,在直播过程中做好分类分级管理,严格履行投资者适当性管理职责,加强相关风险提示。在合规内控方面,一是事前审核,由合规部门对直播涉及的宣传海报、演示文稿、直播文稿等内容进行合规审核。二是事中监督,由合规人员对直播过程进行实时跟踪控制,发现违规问题的视情况采取提醒纠正、增加风险提示、关闭直播等措施。三是事后抽查,对直播过程进行留痕存档,并定期抽查,发现违规问题的进行内部追责。

四、健全合规审查机制

基金管理人作为专业的财富管理机构,应始终坚持基金份额持有人利益优先理念,秉持专业精神开展基金管理、销售活动。在市场相对活跃时期,应自觉抑制追求规模增长的冲动,寻求管理规模与自身管理能力、后台支持能力的匹配,对投资者利益负责。在开展基金销售活动时,应坚持专业财富管理者的定位,理性、客观、专业、审慎地展开业务,避免使用夸张、夸大、不切实际的言行"博眼球"。

各公司应对基金销售行为进行全面自查梳理,找出薄弱环节和漏洞,有针对性地加强合规审查力度,避免发生违规事件。一是建立健全基金宣传推介材料合规审核机制,全面落实法规关于基金宣传推介材料的规范要求,制定科学的考核激励制度,审慎选择宣传用语。二是全面加强员工销售行为管理,正式发布、向销售机构提供、培训使用的宣传推介材料必须经过合规审核,严格规范员工通过自媒体宣传推介基金的行为。三是加强对公司各渠道发布信息的事后检查机制,及时发现和处置违规宣传推介行为。

第四节 对基金销售费用的监管

根据《基金销售管理办法》及《开放式证券投资基金销售费用管理规定》的相关内容,基金管理人应当在基金合同、招募说明书或者公告中载明收取销售费用的项目、条件和方式,在招募说明书或者公告中载明费率标准及费用计算方法。其中,基金销售费用是指基金销售机构在发售基金份额过程中收取的申购(认购)费、赎回费和销售服务费等各项费用。

一、申购(认购)费

基金管理人发售基金份额募集基金，可以收取认购费；对于已经正常存续的基金，基金管理人办理基金份额的申购，可以收取申购费。

认购费和申购费可以采用在基金份额发售或者申购时收取的前端收费方式，也可以采用在赎回时从赎回金额中扣除的后端收费方式。基金管理人可以对选择前端收费方式的投资人根据其申购（认购）金额的数量适用不同的前端申购（认购）费率标准。基金管理人可以对选择后端收费方式的投资人根据其持有期限适用不同的后端申购（认购）费率标准。对于持有期低于3年的投资人，基金管理人不得免收其后端申购（认购）费用。

二、赎回费

基金管理人办理开放式基金份额的赎回应当收取赎回费。对于除交易型开放式指数基金（ETF）、上市开放式基金（LOF）、分级基金、指数基金、短期理财产品基金等股票基金、混合基金以及其他类别基金，基金管理人可以参照下列标准在基金合同、招募说明书中约定赎回费的收取标准和计入基金财产的比例。

1）收取销售服务费的，对持续持有期少于30日的投资人收取不低于0.5%的赎回费，并将上述赎回费全额计入基金财产；

2）不收取销售服务费的，对持续持有期少于7日的投资人收取不低于1.5%的赎回费，对持续持有期少于30日的投资人收取不低于0.75%的赎回费，并将上述赎回费全额计入基金财产；对持续持有期少于3个月的投资人收取不低于0.5%的赎回费，并将不低于赎回费总额的75%计入基金财产；对持续持有期长于3个月但少于6个月的投资人收取不低于0.5%的赎回费，并将不低于赎回费总额的50%计入基金财产；对持续持有期长于6个月的投资人，应当将不低于赎回费总额的25%计入基金财产。

三、销售服务费

基金管理人可以从基金财产中计提一定的销售服务费，专门用于支付销售机构佣金以及基金管理人的基金营销广告费、促销活动费、持有人服务费等方面的费用。

四、增值服务费

若基金销售机构在销售基金产品的过程中，在确保遵守基金和相关产品销售适用性原则的基础上，向投资人提供除法定或基金合同、招募说明书约定服务以外的附加增值服务的，所收取增值服务费应符合下列要求。

1）遵循合理、公开、质价相符的定价原则；

2）所有开办增值服务的营业网点应当公示增值服务的内容；

3）统一印制服务协议，明确增值服务的内容、方式、收费标准、期限及纠纷解决机制等；

4）基金投资人应当享有自主选择增值服务的权利，选择接受增值服务的基金投资人应当在服务协议上签字确认；

5）增值服务费应当单独缴纳，不应从申购（认购）资金中扣除；

6）提供增值服务和签订服务协议的主体应当是基金销售机构，任何销售人员不得私自收取增值服务费；

7）相关监管机构规定的其他情形。

基金销售机构提供增值服务并以此向投资人收取增值服务费的，应当将统一印制的服务协议向中国证监会备案。

五、客户维护费

客户维护费，在行业内又称为"尾随佣金"，是基金管理人为保持基金总量，从所收取的基金管理费中支付给基金销售机构的费用。作为一种激励措施，客户维护费确实在保证基金销量方面起到了毋庸置疑的作用。但是，由于基金管理人面对不同销售渠道所掌握的议价权有所不同，有的中小型基金公司或大型基金公司中业绩表现不突出的基金产品支付给销售渠道的客户维护费比例往往非常高，甚至会出现"赔本赚吆喝"的情况。因此，《销售办法》经过修订，对客户维护费的收费上限进行了明确规定，即对于向个人投资者销售所形成的保有量，客户维护费占基金管理费的约定比率不得超过50%；对于向非个人投资者销售所形成的保有量，客户维护费占基金管理费的约定比率不得超过30%。同时，基金销售机构还应在投资人认购前以书面形式揭示所购基金客户维护费水平。这一限制在一定程度上缓解了基金管理人面对销售渠道时的成本压力，平衡了行业生态；另一方面也有助于建立健全基金销售机构内部考核机制，防止基金销售机构长期将基金销售收入作为主要考核指标。

第十一章 对公开募集基金研究、投资与交易行为的监管

作为资产管理机构，投资是基金管理公司的核心职能，研究和交易为投资业务提供支持，同时也对基金的合规运作形成有效制约。基金管理人应当建立科学、严格的岗位分离制度，合理设置各类资产管理业务之间以及各类资产管理业务内部的组织结构。

一、研究支持与内幕信息防控

基金管理人的研究工作主要是为公司旗下资产管理业务的投资决策、组合管理提供支持，协助发掘投资机会，识别重大投资风险。因此，投资研究工作应该保证独立客观，有效支持投资决策，同时也对投资决策形成必要的制约。

根据《证券投资基金管理公司内部控制指导意见》，基金管理公司研究业务控制主要包括以下内容。

1）研究工作应保持独立、客观；

2）建立严密的研究工作业务流程，形成科学、有效的研究方法；

3）建立投资对象备选库制度，研究部门根据基金契约要求，在充分研究的基础上建立和维护备选库；

4）建立研究与投资的业务交流制度，保持通畅的交流渠道；

5）建立研究报告质量评价体系。

基金管理公司应不断完善研究方法和投资决策流程，提高投资决策的科学性和客观性，确保各投资组合享有公平的投资决策机会，建立公平交易的制度环境。公司应建立客观的研究方法，任何投资分析和建议均应有充分的事实和数据支持，避免主观臆断，严禁将内幕信息作为投资依据。

防控内幕信息交易是投资运作环节监管的重要工作之一。基金管理公司应当禁止证券交易内幕信息的知情人和非法获取内幕信息的人利用内幕信息从事

证券交易活动；针对公司投资、研究活动建立全面的防控内幕交易机制，并纳入公司内部控制体系，结合基金行业特点和公司实际情况，制定专门的防控内幕交易制度，规范公司投资、研究活动流程，对公司投资、研究活动中可能接触到的内幕信息进行识别、报告、处理和检查，对违法违规行为进行责任追究。

二、投资限制与投资禁止

基金管理人运用基金财产进行证券投资，除中国证监会另有规定外，应当采用资产组合的方式。管理人应当通过严格的制度流程、授权管理和控制方法，保证组合资产严格遵守法律法规和基金合同关于投资范围、投资限制、投资比例等的有关规定和要求。

根据《公募基金运作管理办法》，基金类别可分为股票基金（80%以上基金资产投资于股票）、债券基金（80%以上基金资产投资于债券）、货币市场基金（仅投资于货币市场工具）、基金中基金（80%以上基金资产投资于其他基金份额）及混合基金（投资于股票、债券、货币市场工具或其他基金份额比例不符合其他类型）。基金名称中显示投资方向的，应当有80%以上的非现金资产属于投资方向确定的内容。基金管理人运用积极财产进行证券投资，不得有下列情形。

1）一只基金持有一家公司发行的证券，其市值超过基金资产净值的10%；

2）同一基金管理人管理的全部基金持有一家公司发行的证券，超过该证券的10%；

3）基金财产参与股票发行申购，单只基金所申报的金额超过该基金的总资产，单只基金所申报的股票数量超过拟发行股票公司本次发行股票的总量；

4）一只基金持有其他基金（不含货币市场基金），其市值超过基金资产净值的10%，但基金中基金除外；

5）基金中基金持有其他单只基金，其市值超过基金资产净值的20%，或者投资于其他基金中基金；

6）基金总资产超过基金净资产的140%；

7）违反基金合同关于投资范围、投资策略和投资比例等约定；

8）中国证监会规定禁止的其他情形。

完全按照有关指数的构成比例进行证券投资的基金品种可以不受前两项规定的比例限制。基金管理人运用基金财产投资证券衍生品种的,应当根据风险管理的原则,并制定严格的授权管理制度和投资决策流程。基金管理人运用基金财产投资证券衍生品种的具体比例,应当符合中国证监会的有关规定。中国证监会另行规定的其他特殊基金品种可不受上述比例的限制。

货币市场基金、避险策略基金、基金中基金、黄金ETF、商品期货ETF、管理人中管理人产品、公开募集基础设施证券投资基金等特定类型产品应当符合特定的投资范围与投资限制类合规要求。

根据《证券投资基金法》及《资管新规》等法律法规要求,公开募集证券投资基金的投资范围包括以下几种。

1）上市交易的股票、标准化债权类资产；
2）中国证监会规定的其他证券及其衍生品种。

基金财产不得用于下列投资或活动。

1）承销证券；
2）违反规定向他人贷款或者提供担保；
3）从事承担无限责任的投资；
4）买卖其他基金份额,但是国务院证券监督管理机构另有规定的除外；
5）向基金管理人、基金托管人出资；
6）从事内幕交易、操纵证券交易价格及其他不正当的证券交易活动；
7）法律、行政法规和国务院证券监督管理机构规定禁止的其他活动。

三、公平交易

公平交易原则要求基金管理人公平对待其管理的不同投资组合,确保各投资组合在获得投资信息、投资建议和实施投资决策等方面享有公平的机会,防止基金管理人或内部从业人员为追求自身利益最大化,通过不公平对待不同投资组合来进行利益输送。该原则应贯穿于授权、研究分析、投资决策、交易执行、业绩评估等投资管理活动相关的各个环节。在投资决策环节,各投资组合经理应在授权范围内独立进行投资决策和交易决策,基金管理公司应在投资管理人员安排方面保持公平原则。在交易执行环节,基金管理公司应通过相关工作制度、流程和技术手段等方式保证公平交易原则的实现,通过对投资交易行为的监控、分析评估、报告和信息披露来加强对公平交易过程和结果的监督。

根据《证券投资基金管理公司公平交易制度指导意见》《基金管理公司投资管理人员管理指导意见》等相关规范，基金管理人应当对交易行为监控和分析评估制定量化控制目标和要求，规定在某一时期内，同一公司管理的所有投资组合买卖相同证券（同向交易）的整体价差应趋于零；要求公司严格控制不同投资组合之间的同日反向交易，严格禁止可能导致不公平交易和利益输送的同日反向交易；禁止投资决策委员和投资总监等管理机构和人员对投资组合经理在授权范围内的投资活动进行干预；并特别强化基金公司公平交易信息披露和基金评价机构的监督作用。

自 2005 年起，济安金信承担设计、开发中国证监会基金部基金综合监管系统 (Fund and Institutions Regulatory and Surveillance Task，简称 FIRST 系统) 的搭建。2012 年，该系统正式上线，首次实现了以量化分析的方式对基金投资交易的结果进行主动核查并对异常进行预警，实现了针对基金公平交易行为的电子化监管。该系统为监管层提供了精准的实时监测工具，实现了分类监测同一基金公司管理的不同投资组合在交易过程中是否遵循公平交易原则，有效防止了不公平交易和利益输送行为的发生，保证基金运作的合法、合规性，为树立监管权威提供了重要的技术支持，荣获了 2011 年度证券期货科学技术奖。

四、限制风格漂移

公募基金作为一类信托资产，其资金的投资运作应该严格受到基金契约的限制，也意味着基金不但要遵守基金合同明确约定的投资范围和投资主题，且应该形成稳定持续的投资风格。因此，一旦出现基金的实际投资风格与基金合同中约定的契约风格不符的情况，那么就意味着基金产品发生了"风格漂移"。2022 年 4 月 26 日证监会发布的《关于加快推进公募基金行业高质量发展的意见》中明确提出，基金管理人应当"坚持长期投资、价值投资理念，采取有效监管措施，限制'风格漂移''高换手率'等博取短线交易收益的行为，切实发挥资本市场'稳定器'和'压舱石'的功能作用"。同时，随着我国基金监管的重心从机构监管向功能监管的转变，基金托管人也需要严格履行基金投资风格审查和监督责任。

济安金信基金评价中心作为中国基金业协会批准的独立第三方持牌基金评

价机构，在评级体系建立之初，就坚持强调重视基金产品运作的合规性，前瞻性地提出基金风格漂移审查，并应用于为中国证监会基金部综合监管系统提供的服务中。济安金信始终旗帜鲜明地反对基金"风格漂移"，建立了丰富的基金风格标签数据库，分别对基金产品的契约风格和投资风格进行审查，当基金实际运作风格与基金合同约定发生严重背离，或者虽然在合同允许的范围内，但出现了无法合理解释的急剧变化时，将进行基金"风格漂移"审查及预警，坚守对风格发生漂移的产品不予评级的原则底线。

第十二章 对公开募集基金运营的监管

第一节 基金估值与核算

基金资产净值是投资者与基金管理公司最为关注的指标，基金公司作为基金的实际管理者，对基金净值核算工作负有主要责任。基金投资组合中有价证券的价格是动态变化的，基金会计需要在每个交易日对基金净值以及基金资产进行估值与核算，尤其是在《资管新规》对资管产品提出净值化管理后，合理公允估值成为各类资管业务的管理人应尽的重要勤勉尽责工作内容。

基金管理人公司对所管理的基金应当以基金为会计核算主体，独立建账、独立核算，保证不同基金之间在名册登记、账户设置、资金划拨、账簿记录等方面相互独立。基金会计核算应当独立于公司会计核算。自2017年财政部陆续发布《企业会计准则第22号—金融工具确认和计量》（财会〔2017〕7号）、《企业会计准则第23号—金融资产转移》（财会〔2017〕8号）、《企业会计准则第24号—套期会计》（财会〔2017〕9号）、《企业会计准则第37号—金融工具列报》（财会〔2017〕14号）等《资管新规》的配套规则，各类资管产品自2022年1月起开始执行新金融工具相关会计准则。新会计准则统一了各类资管产品的会计核算和净值生成，增强了资管产品会计信息的可比性，也对持续经营假设的应用、主袋与侧袋的关系等规则予以明确，对持有投资的分类、确认、计量和管理人报酬的会计处理等也做出了更细致的规定。

第二节 基金的运营费用与税收

一、基金的运营费用

在基金的运作过程中，一些必要的费用可以从基金财产中列支，根据《公募基金运作管理办法》的相关规定，这些费用主要包括：基金管理人的管理费、基金托管人的托管费、基金合同生效后的会计师费和律师费、基金份额持有人大会费用、基金证券交易费用以及按照国家有关规定和基金合同约定，可以在基金财产中列支的其他费用，如基金的银行汇划费用、基金的开户费、账户维护费用等。基金管理人可以根据与基金份额持有人利益一致的原则，结合产品特点和投资者的需求设置基金管理费率的结构和水平。

（一）基金管理费

基金管理费是指基金管理人管理基金资产而向基金收取的报酬，收取模式可分为固定费率和浮动费率两种。固定费率模式主要是根据基金规模按基金合同约定好的管理费率收取基金管理费；而浮动费率模式下收取的基金管理费金额与考核周期内基金业绩表现密切相关。证监会曾在2001年发布的《关于证券投资基金业绩报酬有关问题的通知》中规定，基金管理人不得提取业绩报酬。但随后于2005年废止该文，直到2017年公募基金重启浮动管理费试点。目前，我国及海外公募基金的基金管理费收费模式仍以固定费率模式为主，仅少量基金采用浮动费率。

对于固定费率产品，基金管理费费率设定通常与基金规模成反比，与风险成正比。基金规模越大，基金管理费费率越低；基金风险程度越高，基金管理费费率越高。不同类别及不同国家或地区的基金，管理费率不完全相同。但从基金类型看，证券衍生工具基金管理费率最高，如认股权证基金的管理费率约为1.5%~2.5%；股票基金居中，约为0.8%~1.5%；其次为债券基金，约为0.3%~1.0%；货币市场基金为最低，约为0.25%~0.5%。从不同国家或地区看，基金行业费率处于整体下调的大趋势中，香港基金公会公布的其他几种基金的管理年费率为：债券基金年费率为0.5%~1.5%，股票基金年费率为1%~2%。

在美国等基金业发达的国家和地区，股票型基金年管理费率中值约为0.6%，固收类基金的年管理费率中值为0.4%左右。

基金管理费通常按照基金资产净值的一定比例逐日计提。在我国，基金管理费是按前一日基金资产净值的一定比例逐日计提。计算方法为如下。

$$H = E \times R / 365$$

H为每日计提的管理费；E为前一日的基金资产净值；R为管理费提取比例。

我国基金管理人的管理费通常采用每日计提并累计，按月支付的形式收取。由基金托管人于次月数个工作日内从基金资产中一次性支付给基金管理人，若遇法定节假日、休息日等，支付日期顺延。具体支付的时间要求在基金契约中列明。

（二）基金托管费

基金托管费指基金托管人为托管基金资产而向基金收取的费用。基金托管费收取的比例与基金规模、基金类型有一定关系，通常基金规模越大，基金托管费费率越低。目前我国托管费率最高的产品类型为 QDII 基金，平均托管费率为 0.27%；主动权益类基金（包括股票型、混合型等）次之，通常为 0.25%～0.3%；债券型以及货币市场基金的平均托管费率较低，分别为 0.1% 和 0.07%。而且，同类型的产品托管费率设定相差不大。

基金托管费按照前一日基金资产净值的一定比例逐日计提，计算方法如下。

$$H = E \times R / 365$$

H 为每日计提的托管费；E 为前一日的基金资产净值；R 为托管费提取比例。基金托管费逐日计提累计至每月月末，按月支付。由基金托管人于次月前数个工作日内从基金资产中一次性支付。具体支付的时间要求由基金契约规定。

（三）基金交易费的构成及比例

基金交易费指基金在进行证券买卖交易时所发生的相关交易费用。目前，我国证券投资基金在进行投资时产生的交易费用主要包括印花税、交易佣金、过户费、经手费、证管费等。交易佣金由券商按成交金额的一定比例向基金收取，具体比例由基金管理人与券商自行约定；印花税按照成交金额的 0.1% 收取；过户费按照成交面值的 0.002% 收取；上海基金份额经手费按成交金额的 0.004%、深圳基金份额经手费按成交金额的 0.004% 收取。

（四）基金的其他运营费用

基金的其他运营费用主要是维持基金正常运作的费用，包括审计费用、律师费用、上市年费、信息披露费、分红手续费、持有人大会费用、开户费、银行汇划手续费等。按照有关规定，发生的这些费用如果影响基金单位净值小数点后第五位的，即发生的费用大于基金净值十万分之一，应采用预提或待摊的方法计入基金损益。发生的费用如果不影响基金单位净值小数点后第五位的，即发生的费用小于基金净值十万分之一，应于发生时直接计入基金损益。

二、基金的税收

我国基金税收的政策法规主要体现在 2002 年发布的《关于开放式证券投

资基金有关税收问题的通知》、2004 年发布的《关于证券投资基金税收政策的通知》、2016 年发布的《关于全面推开营业税改征增值税试点的通知》和 2018 年发布的《关于资管产品增值税有关问题的通知》等文件中。这些政策法规对基金作为一个营业主体的税收问题、基金管理人和基金托管人作为基金的营业主体的税收问题与投资者买卖基金涉及的税收问题有明确的规定。

（一）基金产品的税收

1. 印花税

印花税是为涉及书据转让行为而征收的税种，证券投资基金在我国境内进行证券交易属于应税行为，须交纳印花税。目前，基金和股票交易实行单边征税，即卖出方承担税率为 0.1% 的印花税。

2. 所得税

证券投资基金属于企业所得税的课税人，但对基金买卖股票、债券差价等收入，享受免征企业所得税的优惠政策。不过对基金取得的股利收入、债券的利息收入、储蓄存款利息收入，由上市公司、发行债券的企业和银行在向基金支付上述收入时代扣代缴 20% 的个人所得税。

（二）基金管理人和基金托管人的税收

此前，依税法规定，对基金管理人、基金托管人从事基金管理活动取得的收入，依照税法的规定征收营业税。不过，自 2016 年 5 月 1 日起，我国在全国范围内推开营业税改征增值税，建筑业、房地产业、金融业、生活服务业等全部营业税纳税人，纳入试点范围。随后颁布的《关于资管产品增值税有关问题的通知》中规定，资管产品管理人运营资管产品过程中发生的增值税应税行为，暂采用简易计税方法，按照 3% 的征收率缴纳增值税。但附录中明确，证券投资基金（封闭式证券投资基金，开放式证券投资基金）管理人运用基金买卖股票、债券发生金融商品转让收入的属于免征增值税项目。另外，证券投资基金管理人运用基金买卖股票、债券的差价收入，暂不征收企业所得税。

基金托管人提供托管服务取得的收入，应该按照金融业，适用 6% 的税率，缴纳增值税。托管收入属于所得税应税收入，也应与其他收入一道，合并计算应纳税所得。

（三）基金持有人的税收

1. 增值税

投资人（包括单位和个人）取得的持有收益（含持有至到期）若属于保本型基金，按"贷款服务"缴纳增值税。其中，小规模纳税人（含自然人），于2017年12月31日前，月销售额不足3万元的，免征增值税。非保本型基金，不征增值税。

个人投资者转让基金份额（含通过基金互认买卖香港基金）以及对香港市场投资者（包括单位和个人）通过基金互认买卖内地基金份额免征增值税。境内单位投资者买卖基金（含通过基金互认买卖香港基金）取得的价差收入按"按金融商品转让"缴纳增值税。

2. 印花税

持有人买卖基金份额暂免征收印花税。

3. 企业所得税

1）对企业投资者从证券投资基金分配中取得的收入，暂不征收企业所得税；买卖基金（含通过基金互认买卖香港基金份额）取得的价差所得应并入所得总额征收企业所得税。

2）内地企业投资者通过基金互认从香港基金分配取得的收益，计入其收入总额，依法征收企业所得税。

3）对香港市场投资者通过基金互认从内地基金分配取得的收益，由内地上市公司向该内地基金分配股息红利时，对香港市场投资者按照10%的税率代扣所得税；或发行债券的企业向该内地基金分配利息时，对香港市场投资者按照7%的税率代扣所得税，并由内地上市公司或发行债券的企业向其主管税务机关办理扣缴申报。香港市场的企业投资者通过基金互认买卖内地基金份额取得的转让差价所得，暂免征收企业所得税。

4. 个人所得税

在收益分配环节：

1）对基金取得股票的股息、红利收入，债券的利息收入、储蓄存款利息收入，由上市公司、新三板企业、发行债券的企业和银行在向基金支付上述收入时代扣代缴个人所得税，其中股息红利所得可适用股息红利差别化待遇。对个人投资者从基金分配中取得的收入，暂不征收个人所得税。

2）对个人投资者从基金分配中获得的企业债券差价收入，应按税法规定对个人投资者征收个人所得税，税款由基金在分配时依法代扣代缴。

3）内地个人投资者通过基金互认从香港基金分配取得的收益，由该香港基金在内地的代理人按照 20% 的税率代扣代缴个人所得税。

4）对香港市场的个人投资者通过基金互认从内地基金分配取得的收益，由内地上市公司向该内地基金分配股息红利时，对香港市场投资者按照 10% 的税率代扣所得税；或发行债券的企业向该内地基金分配利息时，对香港市场投资者按照 7% 的税率代扣所得税，并由内地上市公司或发行债券的企业向其主管税务机关办理扣缴申报。该内地基金向投资者分配收益时，不再扣缴所得税。

对于基金份额买卖环节：

1）对个人投资者买卖基金份额取得的差价收入，在对个人买卖股票的差价收入未恢复征收个人所得税以前，暂不征收个人所得税。

2）对内地个人投资者通过基金互认买卖香港基金份额取得的转让差价所得，自 2015 年 12 月 18 日起至 2018 年 12 月 17 日止，三年内暂免征收个人所得税。

3）对香港市场的个人投资者通过基金互认买卖内地基金份额取得的转让差价所得，暂免征收个人所得税。

第三节　基金的变更与终止

一、基金合同的变更

按照基金合同的约定或者基金份额持有人大会的决议，基金可以转换运作方式或者与其他基金合并。

根据《证券投资基金法》的相关规定，封闭式基金扩募或者延长合同期限，应当符合下列条件，并报国务院证券监督管理机构备案。

1）基金运营业绩良好；

2）基金管理人最近 2 年内没有因违法违规行为受到行政处罚或者刑事处罚；

3）基金份额持有人大会决议通过；

4）法律规定的其他条件。

二、基金合同的终止与清算

（一）基金合同终止

投资基金的终止是指投资基金因各种原因不再经营运作，将进行清算解散。有下列情形之一的，基金合同终止。

1）基金合同期限届满而未延期；

2）基金份额持有人大会决定终止；

3）基金管理人、基金托管人职责终止，在6个月内没有新基金管理人、新基金托管人承接；

4）基金合同约定的其他情形。

（二）基金清算

基金终止时，应当组织清算小组对基金资产进行清算。清算小组做出的清算报告，必须经注册会计师审计、律师书面确认并报中国证监会备案后公告。中国证监会监督基金清算过程。

1. 基金清算小组

1）自基金终止之日起3个工作日内成立清算小组，基金清算小组在中国证监会的监督下进行基金清算；

2）基金清算小组成员由基金管理人、基金托管人、具有从事证券相关业务资格的注册会计师、具有从事证券法律业务资格的律师以及中国证监会指定的人员组成，基金清算小组可以聘用必要的工作人员；

3）基金清算小组负责基金资产的保管、清理、估价、变现和分配等各项具体工作。因清算活动的需要，基金清算小组可以依法进行必要的民事活动。

2. 清算程序

1）基金终止后，基金管理人依法组织清算组并向清算组办理移交手续，由清算组统一接管基金财产；

2）对基金资产进行清理、核查和确认，以查实和确定基金财产；

3）在对基金资产清理、核查和确认的基础上，编制基金财产账册，并对基金财产进行价值评估；

4）对基金资产进行变现，即将基金持有的股票、债券等证券产品卖出以变换成现金；

5）按照基金份额持有人所持份额比例，进行剩余基金财产的分配；

6）分配剩余基金财产后，清算组应当制作基金清算结果报告，该报告经会计师事务所审计、律师事务所出具法律意见书后，报中国证监会备案；

7）由清算组发布基金清算公告。

3. 清算费用

清算费用是指基金清算小组在进行基金清算过程中发生的所有合理费用，清算费用由基金清算小组从基金资产中支付。

4．基金剩余资产的分配

基金清算后的全部剩余资产扣除基金清算费用后，按基金持有人持有的基金单位比例分配给基金持有人。

5．基金清算的公告

基金终止并报中国证监会备案后5个工作日内由基金清算小组公告；清算过程中的有关重大事项将及时公告；基金清算结果由基金清算小组经中国证监会批准后3个工作日内公告。

6．清算账册及文件的保存

基金清算账册及有关文件由基金托管人保存15年以上。

第十三章 对基金信息披露的监管

公开募集的证券投资基金需要依照法律法规的相关规定向社会公众公开披露基金运作投资信息，并保证所披露信息的真实性、准确性和完整性，保证投资人能按基金合同约定的时间和方式查阅或者复制公开披露的基金信息。由于公开募集证券投资基金面向的投资者是不特定的社会公众，是普惠属性最强的金融工具，因此必须通过法定的信息披露制度降低管理人与持有人之间的信息不对称，保证基金产品运作的公开和透明，从而促进市场资源的合理配置，加强市场的公平性和有效性，更好地保护广大投资者尤其是中小投资者利益，推动整个证券投资基金行业健康发展。

公募基金的主要信息披露义务人是基金管理人和基金托管人，其在进行公开信息披露过程中应当严格遵守《中华人民共和国证券投资基金法》《公开募集证券投资基金信息披露管理办法》，符合《证券投资基金信息披露内容与格式准则》《证券投资基金信息披露编报规则》《公开募集证券投资基金运作管理办法》《公开募集证券投资基金销售机构监督管理办法》及其他法律法规、规范性文件等相关规定中关于信息披露的具体要求。特定基金信息披露事项和特殊基金品种的信息披露还应当符合中国证监会相关编报规则的规定。

上述监管规范要求公开披露信息不得存在虚假记载、误导性陈述或者重大遗漏；不得对证券投资业绩进行预测；不得违规承诺收益或者承担损失；不得诋毁其他基金管理人、基金托管人或者基金销售机构；不得登载任何自然人、法人和非法人组织的祝贺性、恭维性或推荐性文字；不得存在中国证监会禁止的其他行为。

一、信息披露的内容

公开募集基金信息披露所用的语句应准确严谨，对所披露的内容不得含糊，也不得存在有可能产生误导的陈述；信息披露对所需披露的所有事项要真实完整，不应遗漏或故意回避；信息披露应严格按照中国证监会及有关法律、法规的规定期限办理，不得无故拖延。披露前对所披露的信息应严格保密，在其他公共媒体披露信息不得早于指定媒介和基金上市交易的证券交易所网站，且在不同媒介上披露同一信息的内容应当一致。基金公开披露的信息应当包括：

1）基金招募说明书；

2）基金合同；

3）基金托管协议；

4）基金产品资料概要；

5）基金份额发售公告；

6）基金募集情况；

7）基金份额上市交易公告书；

8）基金资产净值、基金份额净值；

9）基金份额申购、赎回价格；

10）基金定期报告，包括年度报告、中期报告和季度报告（含资产组合季度报告）；

11）临时报告；

12）基金份额持有人大会决议；

13）基金管理人、基金托管人的专门基金托管部门的重大人事变动；

14）涉及基金财产、基金管理业务、基金托管业务的诉讼或者仲裁；

15）澄清公告；

16）清算报告；

17）中国证监会规定的其他信息。

二、信息披露的时间要求

管理人运用受托资金进行投资，应当依法计算并披露产品净值或者投资收益情况，确定申购、赎回价格。封闭式基金至少每周在指定网站披露一次基金资产净值和基金份额净值；开放式基金的基金合同生效后，在开始办理基金份额申购或者赎回前，至少每周在指定网站披露一次基金份额净值和基金份额累计净值；正常存续的开放式基金在不晚于每个开放日的次日，通过指定网站、基金销售机构网站或者营业网点披露开放日的基金份额净值和基金份额累计净值；在不晚于半年度和年度最后一日的次日，在指定网站披露半年度和年度最后一日的基金份额净值和基金份额累计净值。

基金管理人应当在基金份额发售的 3 日前公布招募说明书、基金合同及其他基金招募有关文件；基金合同生效后，基金产品资料概要的信息发生重大变更的，基金管理人应当在 3 个工作日内更新基金产品资料概要；其他情况下，基金管理人至少每年更新 1 次基金产品资料概要。基金管理人应当在基金合同生效的次日在指定报刊和指定网站上登载基金合同生效公告。基金管理人应当在每年结束之日起 3 个月内，编制完成基金年度报告；在上半年结束之日起 2 个月内，编制完成基金中期报告；在季度结束之日起 15 个工作日内，编制完成基金季度报告。基金年度报告、中期报告、季度报告应登载在指定网站上，各定期报告提示性公告应登载在指定报刊上。基金合同生效不足 2 个月的，基金管理人可以不编制当期季度报告、中期报告或者年度报告。

当基金合同终止时，基金管理人应当依法组织清算组对基金财产进行清算并做出清算报告。清算报告应当经过具有证券、期货相关业务资格的会计师事务所审计，并由律师事务所出具法律意见书。清算组应当将清算报告登载在指定网站上，并将清算报告提示性公告登载在指定报刊上。

基金发生可能对基金份额持有人权益或者基金份额的价格产生重大影响的事件，有关信息披露义务人应当在 2 日内编制临时报告书，并登载在指定报刊和指定网站上。所指重大事件包括：

1）基金份额持有人大会的召开及决定的事项；

2）基金终止上市交易、基金合同终止、基金清算；

3）基金扩募、延长基金合同期限；

4）转换基金运作方式、基金合并；

5）更换基金管理人、基金托管人、基金份额登记机构，基金改聘会计师事务所；

6）基金管理人委托基金服务机构代为办理基金的份额登记、核算、估值等事项，基金托管人委托基金服务机构代为办理基金的核算、估值、复核等事项；

7）基金管理人、基金托管人的法定名称、住所发生变更；

8）基金管理公司变更持有 5% 以上股权的股东、变更公司的实际控制人；

9）基金募集期延长或提前结束募集；

10）基金管理人高级管理人员、基金经理和基金托管人专门基金托管部门负责人发生变动；

11）基金管理人的董事在最近 12 个月内变更超过 50%，基金管理人、基金托管人专门基金托管部门的主要业务人员在最近 12 个月内变动超过 30%；

12）涉及基金财产、基金管理业务、基金托管业务的诉讼或仲裁；

13）基金管理人或其高级管理人员、基金经理因基金管理业务相关行为受到重大行政处罚、刑事处罚，基金托管人或其专门基金托管部门负责人因基金托管业务相关行为受到重大行政处罚、刑事处罚；

14）基金管理人运用基金财产买卖基金管理人、基金托管人及其控股股东、实际控制人或者与其有重大利害关系的公司发行的证券或者承销期内承销的证券，或者从事其他重大关联交易事项，中国证监会另有规定的情形除外；

15）基金收益分配事项，货币市场基金等中国证监会另有规定的特殊基金品种除外；

16）管理费、托管费、销售服务费、申购费、赎回费等费用计提标准、计提方式和费率发生变更；

17）基金份额净值计价错误达基金份额净值 0.5%；

18）开放式基金开始办理申购、赎回；

19）开放式基金发生巨额赎回并延期办理；

20）开放式基金连续发生巨额赎回并暂停接受赎回申请或延缓支付赎回款项；

21）开放式基金暂停接受申购、赎回申请或重新接受申购、赎回申请；

22）基金信息披露义务人认为可能对基金份额持有人权益或者基金份额的价格产生重大影响的其他事项或中国证监会规定的其他事项。

第十四章 基金持有人的权利行使

第一节 基金持有人的法定权利

基金持有人是基金份额的持有者，也是基金资产的最终所有人，享有基金资产的一切对应权益。相应的，持有人也要承担基金投资的亏损。

一般来说，基金持有人的权利包括财产性权利、知情权、追索权等。我国《证券投资基金法》对基金份额持有人享有的权利做出了明确规定。

1）分享基金财产收益；

2）参与分配清算后的剩余基金财产；

3）依法转让或者申请赎回其持有的基金份额；

4）按照规定要求召开基金份额持有人大会或者召集基金份额持有人大会；

5）对基金份额持有人大会审议事项行使表决权；

6）对基金管理人、基金托管人、基金服务机构损害其合法权益的行为依法提起诉讼；

7）基金合同约定的其他权利。

其中，基金份额的处分权、收益分配权、剩余财产分配权等与基金份额财产属性对应的权利属于基金持有人的财产性权利，也是与持有人利益最直接相关的权利。

在享有权利的同时，基金持有人还应承担一定的义务，包括：认真阅读并遵守《基金合同》；了解所投资基金产品，了解自身风险承受能力，自行承担投资风险；关注基金信息披露，及时行使权利和履行义务；缴纳基金认购、申购款项、赎回费用及法律法规和《基金合同》所规定的费用；在其持有的基金份额范围内，承担基金亏损或者《基金合同》终止的有限责任；不从事任何有损基金及其他《基金合同》当事人合法权益的活动；执行生效的基金份额持有人大会的决议；返还在基金交易过程中因任何原因获得的不当得利等。

第二节 基金持有人大会

基金持有人大会由全体基金持有人组成，是基金的最高权力机构。契约型基金作为我国普遍采用的基金运作形式，其持有人通过签署基金合同界定了自身权利的同时，也通过让渡部分权利给持有人大会从而对持有人大会赋权。《证券投资基金法》对基金持有人大会的权利和义务进行了明确的规定。

一、基金持有人大会的权利

根据《证券投资基金法》的规定，下列事项应当通过召开基金份额持有人大会审议决定。

1）基金扩募或者延长基金合同期限；
2）修改基金合同的重要内容或者提前终止基金合同；
3）更换基金管理人、基金托管人；
4）调整基金管理人、基金托管人的报酬标准；
5）基金合同约定的其他事项。

二、基金持有人大会的召集

《证券投资基金法》对基金持有人大会的召集方式做出了如下规定。

1）基金份额持有人大会由基金管理人召集。基金份额持有人大会设立日常机构的，由该日常机构召集；该日常机构未召集的，由基金管理人召集。基金管理人未按规定召集或者不能召集的，由基金托管人召集。

2）代表基金份额 10% 以上的基金份额持有人就同一事项要求召开基金份额持有人大会，而基金份额持有人大会的日常机构、基金管理人、基金托管人都不召集的，代表基金份额 10% 以上的基金份额持有人有权自行召集，并报国务院证券监督管理机构备案。

3）召开基金份额持有人大会，召集人应当至少提前 30 日公告基金份额持有人大会的召开时间、会议形式、审议事项、议事程序和表决方式等事项。基金份额持有人大会不得就未经公告的事项进行表决。

三、基金持有人大会的决议规则

基金份额持有人大会应当有代表 50% 以上基金份额的持有人参加方可召开。基金持有人大会主要有现场和通讯方式两种方式。

《证券投资基金法》对基金持有人大会的表决做出了如下规定。

每一基金份额具有一票表决权，基金份额持有人可以委托代理人出席基金份额持有人大会并行使表决权；基金份额持有人大会就审议事项做出决定，应当经参加大会的基金份额持有人所持表决权的 1/2 以上通过；但是，转换基金的运作方式、更换基金管理人或者基金托管人、提前终止基金合同、与其他基金合并，应当经参加大会的基金份额持有人所持表决权的 2/3 以上通过。基金份额持有人大会决定的事项，应当依法报国务院证券监督管理机构备案，并予以公告。

第十五章 对非公开募集基金的监管

非公开募集证券投资基金即私募基金，自2014年中国基金业协会发布《私募投资基金管理人登记和基金备案办法（试行）》以来，我国私募基金存量规模已增长至20万亿左右，是资本市场中较为重要的金融投资工具。在我国，由中国证监会及其派出机构担负对私募基金市场实施统一监管的职责，坚持适度监管、自律监管、底线监管的原则，以合格投资者制度为基础，通过建立健全私募基金发行募集、投资运作等监管制度，强化事中事后监管。

对于非公开募集基金的监管，其核心与公募基金一致，均坚持投资者利益优先原则。因此，私募基金管理人、私募基金托管人、私募基金服务机构以及私募基金从业人员同样需要遵守信义义务，防范利益输送和利益冲突。私募基金虽然面向特定的风险承受能力相对较高的投资者，但作为金融投资工具所获收益必然伴随风险，因此在加强"卖者尽责"的同时也要强调"买者自负"。投资者应当在充分了解私募基金的投资范围、投资策略和风险收益等信息的前提下，根据自身风险承担能力审慎选择，自主判断投资价值，自行承担投资风险。此外，中国证监会、中国基金业协会等监管主体还明确了"分类管理、扶优限劣"和"穿透核查"的监管原则，意在改善私募行业"多而不精、大而不强、鱼龙混杂"的情况以及"小、乱、散、差"的行业生态。

一、管理人登记

我国对于非公开募集基金的基金管理人没有行政审批限制，而是实行登记制度，允许各类发行主体在依法合规的基础上，向累计不超过法律规定数量的投资者发行私募基金。同时，对于管理人内部治理也没有强制性监管要求，这在一定程度上降低了私募基金管理人设立难度和设立成本，有利于私募基金的灵活运作。根据中国基金业协会发布的《私募投资基金登记备案办法》，私募基金管理人应当是在中华人民共和国境内依法设立的公司或者合伙企业，并持续符合下列要求：

1）财务状况良好，实缴货币资本不低于 1000 万元人民币或者等值可自由兑换货币，对专门管理创业投资基金的私募基金管理人另有规定的，从其规定；

2）出资架构清晰、稳定，股东、合伙人和实际控制人具有良好的信用记录，控股股东、实际控制人、普通合伙人具有符合要求的相关经验；

3）法定代表人、执行事务合伙人或其委派代表、负责投资管理的高级管理人员直接或者间接合计持有私募基金管理人一定比例的股权或者财产份额；

4）高级管理人员具有良好的信用记录，具备与所任职务相适应的专业胜任能力和符合要求的相关工作经验；专职员工不少于 5 人，对本办法第十七条规定的私募基金管理人另有规定的，从其规定；

5）内部治理结构健全、风控合规制度和利益冲突防范机制等完善；

6）有符合要求的名称、经营范围、经营场所和基金管理业务相关设施；

7）法律、行政法规、中国证监会和基金业协会规定的其他情形。

商业银行、证券公司、基金管理公司、期货公司、信托公司、保险公司等金融机构控制的私募基金管理人，政府及其授权机构出资并实际控股的私募基金管理人，不适用上述第三项的规定。

对私募基金管理人的股东、实际控制人、普通合伙人等要求必须具备从事资产管理、投资、相关产业等相关经验满 5 年，不得在非关联私募基金管理人任职，且最近 5 年内不得从事冲突业务。法定代表人、执行事务合伙人或其委派代表、负责投资管理的高管均应当具备基金从业资格且具备一定年限的相关工作经验，要求持有私募基金管理人一定比例股权或财产份额，且实缴出资合计最低为 200 万元人民币。私募证券基金管理人负责投资管理的高管应当具有最近 10 年内连续 2 年以上的作为金融机构基金经理或者投资决策负责人管理证券期货产品的投资业绩，单只产品管理规模不低于 2000 万元人民币。

二、募集行为

私募产品的完整募集流程包括了建立基金募集制度、确定募集方式、开立账户、进行产品等级划分、特定对象确认、私募基金推介、投资者适当性匹配、基金风险揭示、合格投资者确认、签署基金合同及缴款、投资冷静期及回访确认、记录资料保存及后续自查等。我国对于非公开募集基金的监管重点集中于募集阶段，私募基金的募集行为主要受到《证券投资基金法》《私募投资基金监督管理暂行办法》《关于加强私募投资基金监管的若干规定》《公开募集证券投资基金销售机构监督管理办法》《证券期货投资者适当性管理办法》《私募投资基金募集行为管理办法》《基金募集机构投资者适当性管理实施指引（试行）》《私募投资基金备案须知》《私募投资基金信息披露管理办法》《证券期货经营机构私募资产管理业务管理办法》等文件的规范。具体来看，私募投资基金募集环节的监管要点主要体现为严格遵守合格投资者制度、不得以公开方式向不特定对象推介、规范基金合同必备条款并强化违约责任等方面。

（一）合格投资者制度

私募基金因其高风险、高收益的特征，在国内外均实行严格的合格投资者制度。根据《证券投资基金法》《资管新规》《私募投资基金监督管理暂行办法》等相关法律法规规定，非公开募集基金应当向合格投资者募集，合格投资者累计不得超过200人。

合格投资者是指达到规定资产规模或者收入水平，并且具备相应的风险识别能力和风险承担能力、其基金份额认购金额不低于规定限额的单位和个人。我国目前对于合格投资者的认定包括三类：分别为专业投资机构、发行机构内部人员和高净值投资者。前两者为社会保障基金、企业年金等养老基金、慈善基金等社会公益基金、依法设立并在基金业协会备案的投资计划、投资于所管理私募基金的私募基金管理人及其从业人员，这些机构或个人将被视为当然的合格投资者，因为这些主体具备足够的金融知识及投资管理经验，且具有较为充分的信息获取渠道，可以合理地认为其应当具备足够的风险识别能力。

对于符合资产规模与收入水平标准的单位或个人合格投资者认定，针对法人单位合格投资者标准为最近1年末净资产不低于1000万元；针对个人合格投资者标准为具有2年以上投资经历，且满足家庭金融净资产不低于300万元，家庭金融资产不低于500万元，或者近3年本人年均收入不低于40万元，其中金融资产包括银行存款、股票、债券、基金份额、资产管理计划、银行理财产品、信托计划、保险产品、期货权益等。

相比于公募基金通过充分信息披露和全方位监管制度保障投资者利益，私募基金由于运作方式更为灵活、产品设计相对复杂等因素，监管要求相对有所放松，因此需要投资者自身具备更高的风险识别和风险承受能力，以此来达到保护投资者的目的，这也是投资者适当性原则在私募基金领域的具体体现。

（二）推介方式限定

私募投资基金非公开募集的本质决定了其在进行宣传推介时就应该限定于特定的合格投资者范围，而非不特定的社会公众。根据《证券投资基金法》和《私募基金监督管理办法》的相关规定，非公开募集基金，不得向合格投资者之外的单位和个人募集资金，不得通过公开媒介渠道进行宣传推介。具体包括公开出版资料；面向社会公众的宣传单、布告、手册、信函、传真；海报、户外广告；电视、电影、电台及其他音像等公共传播媒体；公共、门户网站链接广告、微博；未设置特定对象调查程序的公司官方网站、微信朋友圈等互联网媒介；未设置特定对象确定程序的讲座、报告会、分析会；未设置特定对象确定程序的电话、短信和电子邮件等通讯媒介等。对于违反法律法规，擅自公开或者变相公开募集基金的，应当承担相应的法律后果。这一规定同样适用于非公开募集基金份额的转让，基金份额持有人也不得采用公开宣传的方式向非合格投资者转让基金份额。

此外，私募投资基金同样不得以任何方式承诺投资者资金不受损失，或者以任何方式承诺投资者最低收益，包括宣传预期收益、预计收益、预测投资业绩等内容；不得夸大或者片面推介基金，违规使用安全、保证、承诺、保险、避险、有保障、高收益、无风险等可能误导投资者进行风险判断的措辞。在私募基金销售推介过程中，也不能使用欲购从速、申购良机等片面强调集中营销时间限制的措辞；不得登载个人、法人或者其他组织的祝贺性、恭维性或推荐性的文字；不得采用不具有可比性、公平性、准确性、权威性的数据来源和方法进行业绩比较，任意使用"业绩最佳""规模最大"等相关措辞。

在投资者签署基金合同之前，私募基金管理人和从事私募基金推介和募集业务的人员应当向投资者说明有关法律法规，须重点揭示私募基金风险，并与投资者一同签署风险揭示书。风险揭示书内容包括但不限于：

1）私募基金的特殊风险；

2）私募基金投资运作中面临的一般风险；

3）投资者对基金合同中投资者权益相关重要条款的逐项确认。

（三）合同条款规范

根据《证券投资基金法》的规定，非公开募集基金，应当制定并签订基金合同。基金合同应当包括下列内容：

1）基金份额持有人、基金管理人、基金托管人的权利、义务；

2）基金的运作方式；

3）基金的出资方式、数额和认缴期限；

4）基金的投资范围、投资策略和投资限制；

5）基金收益分配原则、执行方式；

6）基金承担的有关费用；

7）基金信息提供的内容、方式；

8）基金份额的认购、赎回或者转让的程序和方式；

9）基金合同变更、解除和终止的事由、程序；

10）基金财产清算方式；

11）当事人约定的其他事项。

按照基金合同约定，非公开募集基金可以由部分基金份额持有人作为基金管理人负责基金的投资管理活动，并在基金财产不足以清偿其债务时对基金财产的债务承担无限连带责任。以有限合伙方式组织的非公开募集基金，其基金合同还应载明：

1）承担无限连带责任的基金份额持有人和其他基金份额持有人的姓名或者名称、住所；

2）承担无限连带责任的基金份额持有人的除名条件和更换程序；

3）基金份额持有人增加、退出的条件、程序以及相关责任；

4）承担无限连带责任的基金份额持有人和其他基金份额持有人的转换程序。

三、投资运作

（一）基金备案

私募基金管理人应当自私募基金募集完毕，即私募基金的已认缴投资者已签署基金合同，且首期实缴募集资金已进入托管账户等基金财产账户后，20个工作日内，向协会报送下列材料，办理备案手续。

1）基金合同；

2）托管协议或者保障基金财产安全的制度措施相关文件；

3）募集账户监督协议；

4）基金招募说明书；

5）风险揭示书以及投资者适当性相关文件；

6）募集资金实缴证明文件；

7）投资者基本信息、认购金额、持有基金份额的数量及其受益所有人相关信息；

8）中国证监会、基金业协会规定的其他材料。

（二）投资组合

私募证券投资基金可以根据其基金合同明确投资范围，具体各类资产的配置比例尚无明确限制。但在我国对相似金融产品监管趋向一致的大背景下，参照目前《证券期货经营机构私募资产管理计划运作管理规定》关于投资组合的相关规定，私募证券投资基金组合的构建面临一定限制。

《证券期货经营机构私募资产管理计划运作管理规定》第十五条规定，一个集合资产管理计划投资于同一资产的资金，不得超过该计划资产净值的25%。除以收购公司为目的设立的资产管理计划、专门投资于未上市企业股权的资产管理计划外，同一证券期货经营机构管理的全部集合资产管理计划投资于同一资产的资金，不得超过该资产的25%。银行活期存款、国债、中央银行票据、政策性金融债、地方政府债券等中国证监会认可的投资品种除外。

全部投资者均为符合中国证监会规定的专业投资者且单个投资者投资金额不低于1000万元的封闭式集合资产管理计划，以及完全按照有关指数的构成比例进行证券投资的资产管理计划等中国证监会认可的其他集合资产管理计划，不受前款规定的投资比例限制。

同一证券期货经营机构管理的全部资产管理计划及公开募集证券投资基金合计持有单一上市公司发行的股票不得超过该上市公司可流通股票的30%。完全按照有关指数的构成比例进行证券投资的资产管理计划、公募基金，以及中国证监会认定的其他投资组合可不受前述比例限制。

此外，《资管新规》对于资管产品架构进行了限制，私募证券投资基金架构应当清晰、透明，不得通过设置复杂架构、多层嵌套等方式规避监管要求。产品应当设定负债比例（总资产/净资产）上限，每只私募产品的总资产不得超过该产品净资产的200%。计算单只产品的总资产时应当按照穿透原则合并计算所投资资产管理产品的总资产。

（三）运作管理

私募基金管理人的出资人不得有代持、循环出资、交叉出资、层级过多、结构复杂等情形，不得隐瞒关联关系或者将关联关系非关联化。同一单位、个人控股或者实际控制两家及以上私募基金管理人的，应当具有设立多个私募基金管理人的合理性与必要性，全面、及时、准确披露各私募基金管理人业务分工，建立完善的合规风控制度。

私募基金管理人不得直接或者间接将私募基金财产用于下列投资活动。

1）借（存）贷、担保、明股实债等非私募基金投资活动，但是私募基金以股权投资为目的，按照合同约定为被投企业提供1年期限以内借款、担保除外；

2）投向保理资产、融资租赁资产、典当资产等类信贷资产、股权或其收（受）益权；

3）从事承担无限责任的投资；

4）法律、行政法规和中国证监会禁止的其他投资活动。

私募基金管理人及其从业人员从事私募基金业务，不得有下列行为。

1）未对不同私募基金单独管理、单独建账、单独核算，将其固有财产、他人财产混同于私募基金财产，将不同私募基金财产混同运作，或者不公平对待不同私募基金财产；

2）使用私募基金管理人及其关联方名义、账户代私募基金收付基金财产；

3）开展或者参与具有滚动发行、集合运作、期限错配、分离定价等特征的资金池业务；

4）以套取私募基金财产为目的，使用私募基金财产直接或者间接投资于私募基金管理人、控股股东、实际控制人及其实际控制的企业或项目等自融行为；

5）不公平对待同一私募基金的不同投资者，损害投资者合法权益；

6）私募基金收益不与投资项目的资产、收益、风险等情况挂钩，包括不按照投资标的实际经营业绩或者收益情况向投资者分红、支付收益等；

7）直接或者间接侵占、挪用私募基金财产；

8）不按照合同约定进行投资运作或者向投资者进行信息披露；

9）利用私募基金财产或者职务之便，以向私募基金、私募基金投资标的及其关联方收取咨询费、手续费、财务顾问费等名义，为自身或者投资者以外的人牟取非法利益、进行利益输送；

10）泄露因职务便利获取的未公开信息、利用该信息从事或者明示、暗示他人从事相关的交易活动；

11）从事内幕交易、操纵证券期货市场及其他不正当交易活动；

12）玩忽职守，不按照监管规定或者合同约定履行职责；

13）法律、行政法规和中国证监会禁止的其他行为。

私募基金管理人的出资人和实际控制人，私募基金托管人、私募基金销售机构及其他私募基金服务机构及其出资人、实际控制人，不得有前款所列行为或者为前款所列行为提供便利。

目前，对于存续的公募基金来说，如果基金合同生效后，连续60个工作日出现基金份额持有人数量不满200人或者基金资产净值低于5000万元情形的，基金管理人应当向中国证监会报告并提出解决方案，如转换运作方式、与其他基金合并或者终止基金合同等，并召开基金份额持有人大会进行表决，而对于私募证券投资基金尚无类似的监管要求。不过2023年4月发布的《私募证券投资基金运作指引》（征求意见稿）拟参照公募基金的相关规定对私募基金的存续门槛做出强制性要求。

（四）信息披露

信息披露是私募基金实现自律管理的重要环节，也是投资者了解产品及管理人，并做出投资决策的重要依据。不过，私募基金由于面向特定投资者，其信息披露程度也低于公募基金。根据《私募投资基金信息披露管理办法》，私募基金管理人、托管人等信披义务人应当向投资者披露的信息包括以下几点。

1）基金合同；

2）招募说明书等宣传推介文件；

3）基金销售协议中的主要权利义务条款（如有）；

4）基金的投资情况；

5）基金的资产负债情况；

6）基金的投资收益分配情况；

7）基金承担的费用和业绩报酬安排；

8）可能存在的利益冲突；

9）涉及私募基金管理业务、基金财产、基金托管业务的重大诉讼、仲裁；

10）中国证监会以及中国基金业协会规定的影响投资者合法权益的其他重大信息。

私募基金在运作期间需要定期向投资者披露季度报告、年度报告、财务情况等基础信息，具体事项包括。

1）报告期末基金净值和基金份额总额；

2）基金的财务情况；

3）基金投资运作情况和运用杠杆情况；

4）投资者账户信息，包括实缴出资额、未缴出资额以及报告期末所持有基金份额总额等；

5）投资收益分配和损失承担情况；

6）基金管理人取得的管理费和业绩报酬，包括计提基准、计提方式和支付方式；

7）基金合同约定的其他信息。

基金管理运作过程中，发生以下重大事项的，私募基金管理人应当按照基金合同的约定及时向投资者披露。

1）基金名称、注册地址、组织形式发生变更的；

2）投资范围和投资策略发生重大变化的；

3）变更基金管理人或托管人的；

4）管理人的法定代表人、执行事务合伙人（委派代表）、实际控制人发生变更的；

5）触及基金止损线或预警线的；

6）管理费率、托管费率发生变化的；

7）基金收益分配事项发生变更的；

8）基金触发巨额赎回的；

9）基金存续期变更或展期的；

10）基金发生清盘或清算的；

11）发生重大关联交易事项的；

12）基金管理人、实际控制人、高管人员涉嫌重大违法违规行为或正在接受监管部门或自律管理部门调查的；

13）涉及私募基金管理业务、基金财产、基金托管业务的重大诉讼、仲裁；

14）基金合同约定的影响投资者利益的其他重大事项。

私募基金管理人应当根据基金业协会的规定，及时填报并定期更新管理人及其从业人员的有关信息、所管理私募基金的投资运作情况和杠杆运用情况，并保证所填报内容真实、准确、完整。发生重大事项的，应当在10个工作日内向基金业协会报告。

私募基金管理人应当于每个会计年度结束后的4个月内，向基金业协会报送经会计师事务所审计的年度财务报告和所管理私募基金年度投资运作基本情况。

信息披露义务人披露基金信息，不得存在以下行为。

1）公开披露或者变相公开披露；

2）虚假记载、误导性陈述或者重大遗漏；

3）对投资业绩进行预测；

4）违规承诺收益或者承担损失；

5）诋毁其他基金管理人、基金托管人或者基金销售机构；

6）登载任何自然人、法人或者其他组织的祝贺性、恭维性或推荐性的文字；

7）采用不具有可比性、公平性、准确性、权威性的数据来源和方法进行业绩比较，任意使用"业绩最佳""规模最大"等相关措辞；

8）法律、行政法规、中国证监会和中国基金业协会禁止的其他行为。

私募基金管理人、私募基金托管人及私募基金销售机构应当妥善保存私募基金投资决策、交易和投资者适当性管理等方面的记录及其他相关资料，保存期限自基金清算终止之日起不得少于10年。

第十六章 对基金从业人员的监管

一、从业资格取得

根据中国基金业协会发布的《基金从业人员资格管理办法》，以机构名义进行基金业务活动的从业人员均应注册取得从业资格。《管理办法》所称机构包括：

1）公募基金管理人及从事私募资产管理业务的证券期货经营机构；
2）经协会登记的私募基金管理人；
3）基金托管人；
4）从事基金销售、销售支付、份额登记、估值、投资顾问、评价、信息技术系统服务等业务的基金服务机构。

上述机构内，包括与机构建立劳动合同关系的正式员工及建立劳务关系或劳务派遣至机构的人员中，除行政、人事、后勤等不从事基金业务的岗位人员外，其他从业人员应当注册取得从业资格。具体人员范围如下表所示。

机构类别	人员范围	备注
公募基金管理人及从事私募资产管理业务的证券期货经营机构	基金销售、产品开发、研究分析、投资管理、交易、风险控制、份额登记、估值核算、清算交收、监察稽核、合规管理、信息技术、财务管理等专业人员，包括相关业务部门的管理人员	含正式员工、劳务人员、劳务派遣人员；其他不从事基金业务的人员无须取得从业资格
私募证券投资基金管理人		
基金托管人	账户管理、资金清算、估值复核、投资监督、信息披露、内部稽核监控等专业人员，包括相关部门的管理人员	
基金服务机构	基金销售、销售支付、份额登记、估值、投资顾问、评价、信息技术系统服务等专业人员，包括相关业务部门的管理人员	
私募股权（含创投）投资基金管理人	法定代表人、执行事务合伙人（委派代表）、合规风控负责人等高级管理人员	除高级管理人员外，其他员工无须取得基金从业资格，但应当遵守《管理办法》中基金从业人员行为规范的相关要求
证监会及基金业协会规定需要取得从业资格的其他人员		

表 16-1 基金从业机构及人员范围

上述从业人员取得从业资格的注册条件，需根据相应情况通过从业资格考试所设置科目一《基金法律法规、职业道德与业务规范》、科目二《证券投资基金基础知识》及科目三《私募股权投资基金基础知识》等科目。此外，应当具备下列条件：

1）品行良好，具有良好的职业道德；

2）已被机构聘用；

3）最近3年未因犯罪被判处刑罚；

4）不存在《证券投资基金法》第十五条规定的情形；

5）最近5年未被中国证监会撤销基金从业资格或者被协会取消基金从业资格；

6）未被金融监管部门或者行业自律组织采取禁入措施，或者执行期已满；

7）法律法规、中国证监会和协会规定的其他条件。

此外，对部分从业人员，在通过基金从业资格考试科目一并具备一定条件的，可以认定为符合从业资格注册有关条件。适用人员包括公募基金管理人的董事长、高级管理人员及其他从事业务管理工作的董事、监事；公募基金托管人的专门基金托管部门的高级管理人员；私募基金管理人的高级管理人员；通过证券从业资格相关资格考试或者完成证券业从业人员登记的基金从业人员；在内地从事基金业务的香港专业人员、台湾同胞；境外基金专业人才。

《管理办法》规定，从业人员出现下列情形之一的，机构应当在情形发生5个工作日内为其办理从业资格注销。

1）从业人员由于离职、工作调动等原因不再从事基金业务的；

2）从业人员受到刑事处罚、受到金融监管部门或者行业自律组织采取禁入措施、被认定为不适当人选、受到不适合从事相关业务的纪律处分，或者不再持续具备从业资格注册条件的；

3）法律法规、中国证监会及协会规定的其他情形。

二、机构管理责任

机构在开展基金业务的同时，也需要对其从业人员包括从业资格注册、从业资格信息变更、后续职业培训管理、诚信信息管理和从业资格注销等内容进行管理。具体来看，机构有下列主体责任。

（一）建立规章制度

机构应当建立健全包括正式员工、劳务人员、劳务派遣人员在内的全体从业人员的资格管理等方面的内部管理制度，规范岗位职责。

（二）从业人员资格管理

机构需指定专人担任资格管理员，负责从业资格注册、从业资格信息变更、后续职业培训管理、诚信信息管理和从业资格注销等工作。资格管理员需以机构名义操作从业人员管理平台、负责从业资格管理有关材料的审核并为从业人员提供从业资格有关的咨询服务。机构应当在指定或者更换资格管理员5个工作日内向协会报备。

（三）职业培训

机构应当制定年度培训工作计划，加强对从业人员的法律法规培训，组织职业道德规范及案例警示教育，督促从业人员参加各项专业技能培训（从业人员每年度完成后续职业培训不少于15学时，其中职业道德方面的培训不少于5学时）。

（四）诚信信息管理

机构应当负责从业人员诚信信息管理工作，应当按照有关规定查询拟聘任从业人员诚信信息。从业人员在从事基金业务中违反有关法律法规、监管规定、自律规则，被金融监管部门处罚、采取监管措施或者被行业自律组织处分、采取管理措施的，应当及时向机构报告。具有下列情形之一的，机构应当按照有关规定在5个工作日内记入从业人员诚信信息。

1）从业人员因违反有关法律法规、监管规定、自律规则被金融监管部门处罚、采取监管措施或者被行业自律组织处分、采取管理措施的；

2）从业人员因违反有关法律法规、监管规定、自律规则受到机构处分的；

3）从业人员因严重违反机构规章制度受到机构处分的，或者因违法失信行为被机构开除的；

4）中国证监会及协会规定应当记入诚信信息的其他情形。

（五）监管报送

公募基金管理人及从事私募资产管理业务的证券期货经营机构应当按照中国证监会的规定，于每年1月31日前向协会报送上一年度从业人员激励约束机制、投资行为管理和廉洁从业制度的制订情况和执行情况。

三、执业行为规范

随着基金行业日益发展壮大，基金行业机构及从业人员数量持续增长，加强从业人员执业行为规范不容忽视。从业人员在从事基金业务活动中应当坚持遵守忠实、审慎、守法合规、利益冲突管理、信息披露、适当性、公平竞业以及保密义务。特别是应当自觉维护个人职业声誉以及所在机构和行业的声誉，践行社会公德、商业道德，相互尊重、公平竞争，廉洁从业。

四、自律管理

中国基金业协会作为行业自律监管机构，《证券投资基金法》赋予其制定和实施行业自律规则，监督、检查会员及其从业人员的执业行为的职责，协会可以对机构及从业人员的从业资格管理进行定期或者不定期的现场及非现场自律检查。在从业资格管理中机构或者从业人员有下列情形之一的，可以暂停受理其从业资格注册、从业人员信息变更、从业资格注销等。

1）经公安、检察、纪检监察等有关机关提出协助执法需求的；

2）拒绝、阻碍监管人员或者自律管理人员依法依规行使监督检查、调查职权或者自律检查权的；

3）违反本规则的规定被协会采取暂停受理相关业务纪律处分的；

4）其他涉嫌严重违法违规行为的。

暂停受理情形消失后，经协会确认之日起5个工作日内予以恢复受理。机构违反相关规定聘用未取得从业资格的人员或者从业资格被注销、被暂停的人员从事基金业务的，或在进行从业资格管理中不按规定履行从业资格管理职责的，对机构采取责令改正、谈话提醒、书面警示等纪律处分；情节严重的，对机构采取暂停受理相关业务等纪律处分；对直接责任人员采取谈话提醒、书面警示、要求参加合规教育等纪律处分。

第三部分 证券投资基金运作管理流程

第十七章 基金产品设计流程

产品设计就是从最初的产品概念设计到最终产品上市发布所经历的全过程。不同于一般的有形产品，证券投资基金是附有一定规则的金融服务契约，且具有现代金融产品组成复杂、功能复杂以及行为复杂的特性，属于复杂非实体产品，因此基金产品设计的流程也更加复杂。

在进行基金产品设计时，需要基于市场细分的需求将概念转化为高质量或低风险的产品，最大限度地满足客户投资需求的同时，尽可能实现各参与方的共赢。这个过程并不是简单地将各方需求进行拼装，而是需要立足于资管平台的专业能力，与不同参与主体沟通协调后形成的金融服务解决方案。其中涉及的业务部门也不仅仅是基金管理公司的产品部，还包括投资研究部门、市场营销部门、合规风控部门、网络运营部门等，这是整个基金产品生命周期中涉及业务链条最长的阶段。根据基金产品设计流程中的不同职能，主要可以划分为产品研发、产品文档、产品报备和产品管理四个阶段。

一、产品研发

在进行产品的初步设计前，设计团队首先需要对市场进行调研和需求分析，一方面了解市场的现状和未来发展趋势，从而更好地结合基金公司内部产品线建设以及资源分配情况进行产品设计；另一方面要了解投资者的投资需求，寻找到目前投资者尚未获得充分满足的需求，并有针对性地进行基金工具的设计和开发。

基于市场调研结果，设计团队将初步制定基金产品的投资框架，包括产品类型、投资风格、投资目标收益和风险等。这一过程不仅需要设计团队的参与，更需要将公司的投研团队也纳入产品设计过程中，围绕拟管理产品的投资风格进行充分沟通，再结合产品部门的调研结果以及专业经验进行综合分析，最终形成产品的初步框架设计。在产品策略初步确定后，设计团队及投研团队需要建立产品模型进行测试，基于历史数据和回测技术评估策略表现。同时，还要评估和控制策略风险。回测的结果能够帮助设计团队优化策略和参数设置，也能够不断修正产品的设计形态。

经过以上环节之后，产品的初步设计思路应当可以进入公司领导层或者决策委员会的审核流程，经过内部审核通过后，产品将会进入更为细致的设计和材料准备过程。

二、产品文档

一般而言，一个证券投资基金产品的设立，至少需要准备产品方案说明书，就产品方案的可行性、产品类型、投资方案、产品投资策略等内容进行说明。这项材料的制作与产品研发过程可能需要不断地重复和论证，不断寻找到既能够满足投资者合理需求又能够属于产品投资可实现边界的交叉点。

在核心内容得到确认后，就需要对产品的各项要素进行细化落实，包括相关法律文书的制作、产品申购和赎回及估值清算等常规运营流程的确认等，这一过程不仅需要设计团队逐一确认，通常还需要经过投资部门、法律合规部门、清算部门、市场渠道部门和托管银行等内外部机构的讨论和修改，最终确立可以正式提交给监管部门的申报材料。

三、产品报备

根据我国《证券投资基金法》的相关规定，公开募集基金应当经证监会注册，未经注册不得公开或者变相公开募集基金；非公开募集基金募集完毕，基金管理人应当向基金行业协会备案。对于监管较为严格的公募基金，基金管理人在进行募集申请注册时，需要提交下列文件。

1）承诺函；

2）申请报告；

3）基金合同草案；

4）基金托管协议草案；

5）基金招募说明书草案；

6）律师事务所出具的法律意见书；

7）有关情况的说明；

8）基金流动性风险评估报告；

9）中国证监会规定提交的其他文件。

申请报告包括但不限于以下内容。

1）基金符合注册条件的说明；

2）基金管理人流动性风险管理内控体系的准备情况说明；

3）基金管理人流动性风险评估与检测相关岗位的人员配备及报告路径的说明；

4）基金与本公司已获批产品及行业同类产品的差异，以及对基金投资运作和投资者的影响评估；

5）其他需要监管机构特别关注的事项。

对于复杂或者创新产品，中国证监会将根据基金的特征与风险，要求基金管理人补充提交证券交易所和证券登记结算机构的授权函、投资者适当性安排、技术准备情况和主要业务环节的制度安排等文件。

如存在下列情况，基金管理人需要就相关问题进行详细说明。

1）基金管理人获批超过6个月未募集的基金产品（分级基金等中国证监会认定的特殊产品除外）数量，以及占公司已批复未募集基金产品总数的比例；

2）基金管理人近1个月内申报产品的数量，以及拟申请募集的产品与已批复未募集的产品是否存在同质化情况，已批复未募集的同质化产品数量；

3）基金管理人管理的资产净值低于5000万元的产品数量及产品类型（须逐一列明）；

4）基金管理人近1年内被中国证监会采取行政监管措施的情况（包括时间、事由、具体处罚措施等）；

5）基金经理管理产品的相关情况（逐一说明每名基金经理管理的产品数量、类型，以及公司所有基金经理人均管理的产品数量），对于基金管理人短时间内大量申报基金产品、存在较多同质化基金产品未募集而再次申报同类型产品的情形，公司应论证其合理性及必要性；

6）对于采用摊余成本法进行核算的货币市场基金和单笔认申购基金份额采用固定期限锁定持有的理财债券基金，月末资产净值合计占公司风险准备金月末的比例。

在中国证监会受理了申报材料后，管理人需要等待反馈意见并修改完善材料，才能够完成注册流程。这一过程中，产品设计团队需要不断与监管部门进行沟通，跟踪产品注册进度，并协调各方反馈意见。目前，为了优化常规的基金产品注册机制，公募基金产品注册分为简易程序和普通程序。对于纳入快速注册机制的常规混合类、债券类基金产品，注册期限原则上不超过 15 天；未纳入快速注册机制的常规主动权益类、被动权益类、混合类、债券类基金产品，由于监管部门在进行意见反馈前需要召开评审会，因此注册期限原则上不超过 20 天、20 天、35 天、35 天。

四、产品管理

在完成注册并成功募集后，一只基金的生命历程才刚刚开始，此时产品设计人员并不是功成身退，产品运作过程中的市场反馈及市场中同类产品的优劣势也需要产品设计人员不断关注。而且，一旦基金在运作过程中发生了变更，如需要进行类型变更、运作形式转换甚至清盘终止上市等，也需要产品团队不断地协调跟进。

第十八章 基金投资管理流程

基金的投资管理是对基金的资金或资产进行管理，以实现投资目标的过程。因此，也可称之为投资组合管理或资产管理。投资管理不仅仅是投资决策的制定与执行，后者只关注投资环节本身，而投资管理是以投资为核心和基础，结合客户财务特征与投资目标等多方面因素进行的管理实践过程。

投资组合管理过程主要包括以下几项活动：设定投资政策、进行证券分析、构建投资组合、对投资组合的绩效进行评估以及调整投资组合。具体的基金投资管理流程见图18-1所示。

一、设定投资政策

投资政策是指投资者为指导其投资活动而制订和实施的原则、方针性措施，内容包括：确定投资目标、投资规模和投资对象，以及应采取的投资策略和措施。投资政策反映了投资者的投资理念、投资目标以及投资策略，为投资过程提供了行动指南。

二、证券分析

证券分析是分析现行和未来的金融、经济、政治和社会条件对投资政策中确定的大类资产类别（股票、债券等）与细分资产类别的影响，找出具有投资价值的具体证券，并对证券的预期收益率、风险和协方差加以预测。证券分析是投资组合管理过程中的一项基础性工作，其质量直接关系到资产组合最优化结果的可靠性。可以说，基金经理之间真正的竞争就在于证券分析。

三、构建投资组合

构建投资组合是投资组合管理中最重要的一环。简言之，就是选择纳入投资组合的证券、确定资金在具体投资品种上的配置比例，以使证券投资组合具有理想的风险和收益特征。在实践中，构建投资组合一般通过资产配置和时机选择两步来完成。

在资产配置过程中，包括大类资产配置和细类资产配置。大类资产配置决策包括类别资产选择、资产混合比例以及对类别资产和比例的适时调整；细类资产配置是确定大类资产在具体的某些股票或者债券上的配置比例和比例的适时调整。

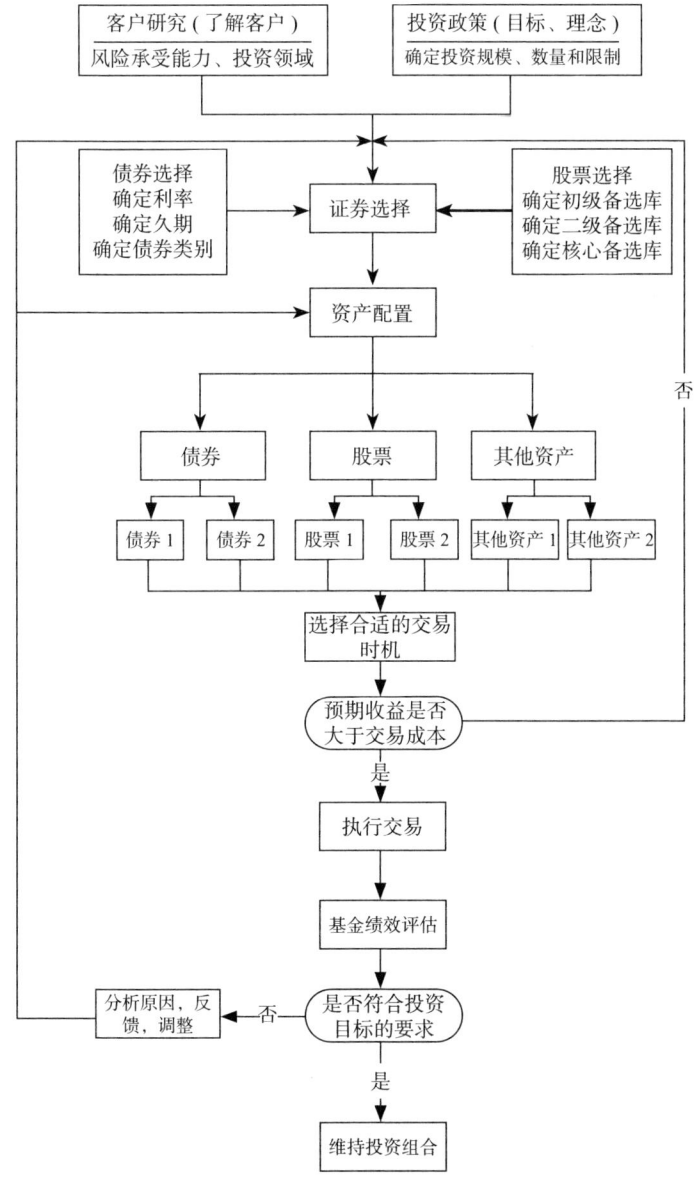

图 18-1 基金投资管理流程图

选择合适的交易时机执行交易，是投资组合的动态构造过程。通过对单个证券执行交易，获取投资组合收益。在这一过程中要考虑到包括执行成本、机会成本等各项在内的交易成本，因为交易成本的高低与交易效率也直接影响投资管理的最终绩效。

四、投资组合绩效评估

投资组合绩效评估即对投资组合的运行状况进行评价，是投资组合管理者在构建了投资组合后首先要面对的问题。投资者过去通常将投资风险与收益分开来考虑，根据风险的测量值（如收益率方差），将投资组合按照风险等级进行分组，然后在同一风险等级内比较各个投资组合的收益率。投资组合管理要求同时考虑组合收益的高低和组合所承担的风险大小，即通过风险调整收益率来衡量投资组合的绩效。基于风险调整思想而建立的专门用于评价投资组合绩效的工具，主要有以下几种指数：特雷诺比率（Treynor Ratio）、夏普比率（Sharpe Ratio）、詹森指数（Jensen Index）、信息比率（Information Ratio）等这些绩效评估指标将会在本书中具体介绍。

经风险调整的收益并不是资产组合绩效评估的唯一目的，投资组合的绩效评估更多是投资组合管理过程中的反馈与控制机制，不仅评价过去一个时期组合业绩，还关系到下一个时期的组合管理方向。

五、投资组合的调整

当市场环境或者投资者对风险、回报偏好发生变化，现有投资组合已不能很好地符合投资目标时，投资者需要对现有组合进行调整，以确定一个新的最佳组合。调整包括重新选择证券和调整资金的配置，以适应新的市场条件和投资要求。

第十九章 投资政策设定

证券投资基金的投资政策是指导基金进行证券投资活动而制订和实施的原则、方针性措施。投资政策应具有以下基本内容。

1）保持基金的类型：确定基金中所包含的证券类型，如普通股、优先股、债券等，或者是平衡组合这些证券，这反映了投资者的目标。

2）明确投资分散化的程度：根据基金持有的证券种类和不同类型证券的比重来评估投资分散化的程度。

3）评估投资组合质量：基金所持证券能否实现投资目标是评估基金投资组合质量的依据。

4）明确充分投资的程度：管理人根据追求当期固定收入或资本增长的程度，在货币市场、债券和股票之间进行资本转移。

5）资本增值的主要来源构成：管理人注重证券的收入稳定性还是证券的增值。前者选择防御型证券，追求稳定利息和股利收入；后者选择进攻型证券，追求买卖利润和长期资本增值。

因此，设定基金的投资政策包括明确投资理念、设立投资目标和制定投资策略三个部分。

第一节 投资理念

投资理念即基金运用何种思维来确定基金的投资目标及策略，这是基金运作的核心问题。不同的投资理念会使基金投资组合呈现不同的收益和风险特征。根据基金投资目标的不同，可以将其投资理念大致分为四类：价值型、成长型、收入型和均衡型。

一、价值型

价值型投资理念主张基金经理基于对公司基本面的细致分析，使用适当的估值模型来量化股票的内在价值，并与其市场价格进行比较。通过发掘被市场低估的股票，构建价值型投资组合，并对该组合进行长期投资。

要构建价值型的投资组合,就要求基金经理在选股的过程中,对上市公司进行尽可能深入的研究和分析,并尽可能准确地计算和预测上市公司的盈利能力和业绩增长潜力,挖掘其核心竞争力等优势。

价值投资理念是一种合乎逻辑、有理有据、有别于仅依靠技术分析或资金炒作的理性投资方式,在国外得到广泛认可,在我国的基金经理中也备受推崇。随着基金市场的开放和完善,价值投资的内容不断丰富,价值判断的标准也在不断地演变。它要求基金经理不但要具备熟练的价值评估技巧,还要对上市公司的商业运作有更深刻的洞察,对管理人的研究能力提出了很高的要求。

二、成长型

成长型投资理念主张基金的投资需要追求资本的最大效用,为获取最大利得,应当从事股票的短期交易或投资于发展前景良好的股票,利用股票的估值上升或短期交易差价获取利润。成长型基金通常不太注重当期收入,同时,当成长型基金获得收益后,也很少进行利润分配,而是将所得收益用于再投资,以追求基金资本的增长。因此,成长型基金一般为喜欢冒险的投资者所青睐。

三、收入型

收入型投资理念强调基金当期收入的最大化和基金价格的增长。收入型基金的投资对象主要是绩优股,以及利息较高的债券、可转让大额定期存单等收入相对较高且较稳定的证券。为了分散风险,收入型投资理念注重投资组合的多元化,投资决策相对稳健。因此,收入型基金通常持有相对较高比例的现金类资产,并且较为重视证券当期收入的稳定性和经常性。为了满足投资者对收益的要求,收入型基金一般会坚持按时派发股息。

坚持收入型投资理念,可以降低投资者本金遭受损失的风险,但也会使基金丧失投资于风险较大但更具有成长潜力的有价证券的机会。收入型基金一般适合保守型投资者,他们对风险的承受能力低,难以承受本金出现损失。

四、均衡型

均衡型投资理念主张投资组合要合理平衡投资者的投资本金、支付当期收入、资本与收入的长期成长等需求。均衡型基金既具备成长型基金的特点,又具备收入型投资基金的特点,所体现的风险与收益状况介于成长型和收入型之间。因此,证券组合要同时包括收入型证券和成长型证券。具体地讲,主要包括债券、收入型股票和一定的成长型股票,债券和收入型股票能够提供一定的当期收益，而成长型股票则能够保证投资组合的成长性。此类基金一般适合于较保守的投资者。

第二节 投资目标

在实际的基金投资中，投资者选择基金的目的因人而异。有些投资者偏向冒险，关注基金的发展潜力；有些投资者则更保守，注重基金是否能提供稳定收入。为满足不同投资者的需求，基金的投资目标也存在差异。

一般说来，基金投资目标主要涉及投资者对预期收益率（Required Return）和风险承受能力（Risk Tolerance）的权衡考量。这一目标是基金成立的宗旨，体现了基金投资所涉及的风险与收益状况。因此，基金在募集时，必须在基金招募说明书中对投资目标加以明确，以便投资者充分了解。

开放式基金的投资目标大致可分为三类：成长型基金注重长期资本增值，对当前股利和利息收入不太关注；收入型基金追求稳定经常性收入，并争取一定的收益；平衡型基金兼顾长期资本增值和当前收入，实现利息和股利分配的同时获得一定资本利得。

不同性质的投资基金具有不同的风险与收益特性，因此它们的投资目标也存在明显差异。在投资管理过程中，应根据各自的目标采取不同的投资策略。下面以企业年金、社保基金、私募、保险等不同资金主体的证券投资基金为例进行说明。

一、企业年金基金

企业年金基金是指根据依法制定的企业年金计划筹集的资金及其投资运营收益形成的企业补充养老保险基金。其投资目标应以保值增值为基础，在控制风险的前提下，追求期望或更高的收益水平，以提高企业职工退休后的养老金替代率。企业年金基金投资目标设定主要遵循生命周期原理，即员工在年轻时可追求较高的投资收益，以实现基金资产的增值；而在接近退休时则注重安全稳健，以确保能按时足额领取退休金。

企业年金基金投资的风险具有长期性、多样性、自主承担的特征，因而可以通过承担一定风险追求合理收益，但也应注重投资组合运行的稳健性，不单纯追求较高收益，而是在合理控制风险的基础上，按照投资管理合同的要求进行投资，达到发起企业、参与员工或者受托人所规定的收益目标。所以从长期来看，企业年金基金的投资更注重安全性，会更多地投资于固定收益类资产。

二、社保基金

社保基金是全国社会保障基金理事会负责管理的由国有股转持划入资金及股权资产、中央财政拨入资金、经国务院批准以其他方式筹集的资金及其投资收益形成的由中央政府集中的社会保障基金。其投资目标主要从收益要求和风险承受能力两方面来衡量。作为国家社会保障储备基金，社保基金的投资运作要求就是要按照审慎投资、安全至上、控制风险、提高收益的方针进行长期投资、价值投资，以获得基金资产的保值增值。

从社保基金的投资期限较长这一点上来说，它应该能够承受平均水平的风险。但由于我国近年来人口结构老龄化问题不断加剧，部分省份已经出现较大的养老金支付压力，而全国社保基金作为发挥"托底"作用的储备基金强调安全性、流动性，说明其承受风险的意愿不强，投资风格较为保守，因此，收益与增长并重的投资策略较为合适。

三、私募基金

面向特定投资者非公开发售的私募证券投资基金，其持有人必须满足合格投资者的资产和投资门槛限定，因此，相对于普通的公募基金持有人，其风险识别能力和风险承受能力要更强一些，投资目标设定也会相对更积极。通常私募证券投资基金主要投资于上市公司股票、债券、期货、期权、基金份额以及中国证监会规定的其他证券及其衍生品种的私募产品。

四、保险基金

对于保险资金的运用，国际通行的准则是：安全性、收益性、流动性和多样性。因此，保险基金的投资必须符合国家法律法规的要求，以实现保险资金的长期保值和增值，满足偿付能力要求和财务稳健性要求。

保险资金的收益性不仅要求有足够的累计量来满足越来越高的保险成本，更需要未来现金流保持长期的稳定性，以使资金收益折现价值最大化。作为风险厌恶者，保险基金更加偏好低风险的投资品种，重点关注和青睐固收类资产，以及经营业绩稳定、财务状况健全、盈利能力强、具有持续稳定的分红派息率、治理结构健全、内控机制完善、依法合规运作、抗周期性强、在行业中处于龙头地位、流动性好的大盘绩优蓝筹股公司，或其他风险回报特征相对稳健的金融产品。

第三节 投资策略

投资策略是投资目标的具体化，表述了基金将在选择股票、债券以及其他金融工具时的具体方法。例如，基金选择股票的标准是小型快速成长的公司还是大型绩优公司？持有债券的种类是国债还是企业债？各类资产的投资比例如何限定？目前基金投资策略主要包括积极型和消极型。

一、积极型投资管理策略

积极型投资策略是基金经理经过长期的实践和摸索逐步建立的多样化投资策略的集合表现，其中包含多种基础理论和具体操作方法。当基金经理认为其投资研究体系能够对未来的资本市场运行趋势形成一定预判，并有机会系统地超越市场，获得超额收益时，他通常会选择积极型的投资策略。

（一）积极型股票组合投资管理策略

对于股票的投资管理，奉行积极型投资策略的基金经理可能会采取"自上而下"（Top-down）或"自下而上"（Bottom-up）的投资管理方式。

通过"自上而下"的方法，基金经理从评价宏观经济环境和判断近期前景开始，进一步决定投资组合在股票市场不同部分的资金分配，以及现金及其等价物形式（即短期货币市场工具）资产的持有比例。对于被允许购买债券的投资者，他们需要首先确定投资组合在股票、债券和现金之间的资金分配，这一过程是大类资产分配阶段。

在组合资金分配到股票市场的总额决定后，基金经理需根据对经济前景的预期对股票市场进行分析，选择出相对获得最高收益的市场部分和行业。一旦确定了在每个市场区域和产业的金额后，基金经理将搜寻投资组合中的个股。图 19-1 描述了这一过程。

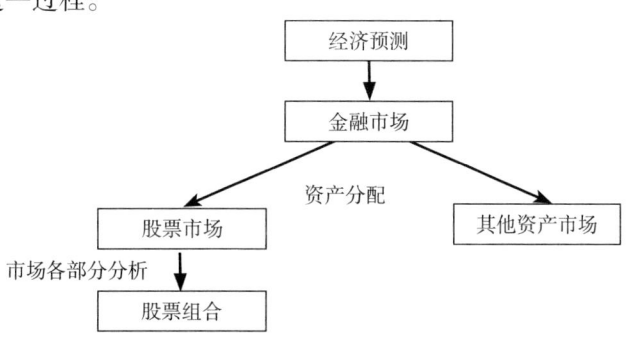

图 19-1 "自上而下"法投资过程

相反地，采用"自下而上"方法的股票组合管理者主要关注对单只股票的分析，通常不会过于关注宏观经济和市场周期。该类基金经理主要使用证券基本分析工具，通过分析获得可能购入的股票集合。这些股票满足被基金经理认为是具有投资吸引力的某些特征，如较低的市盈率或较小的市值。

（二）积极型债券组合投资管理策略

对于债券的投资管理，奉行积极型投资策略的基金经理主要采用利率水平分析、债券互换和骑乘收益率曲线等策略进行投资。

利率水平分析是基于未来利率预期的债券组合管理策略。在这种策略下，基金经理根据对未来利率水平的预期来调整债券资产组合，以使其保持对利率变动的敏感性。

债券互换是指同时买入和卖出具有相近特征的两个以上债券品种，从而获取利差收益的策略。

骑乘收益率曲线策略，又称收益率曲线追踪策略，是利率水平分析的一种特殊形式。在债券收益率曲线倾斜向上的常规环境下，投资人可以买入期限位于收益率曲线陡峭处的债券，随着债券剩余期限缩短，收益率水平较投资期初有所下降，通过债券收益率的下滑而获得资本利得收益。组合头寸的建立和调整能够以债券收益率曲线形状变动的预期为依据。

二、消极型投资管理策略

消极型的投资管理策略是指一旦选定了投资组合后，不论市场发生何种变化，均不主动改变所选定投资组合的策略。消极型投资策略是以有效市场假说为理论基础。如果股票市场是有效市场，即股票价格反映了所有影响它的信息，那么股票市场上不存在所谓的"低估"或"高估"证券，因此无法通过寻找"错误定价"来获得超出市场平均水平的收益。在这种情况下，基金经理的目标是努力获取市场平均水平的收益并降低交易成本。消极型基金管理者一旦确定了投资组合，就不再进行主动的股票买入或卖出，且不关注买入或卖出的时机，最典型的例子就是普通指数型基金。

（一）消极型的股票组合投资管理策略

在股票投资中，消极型投资策略可分为简单型和指数型两类。

1. 简单型消极投资策略

简单型消极投资策略是在确定了适当的股票组合后，在持有期间（通常为

3～5年）不再进行买入或卖出操作的投资策略。简单型消极投资策略具有最小化交易成本和管理费用的优势，但由于不进行时机选择也不进行主动操作，同时也意味着放弃了从市场环境变化中获取收益的可能性。这种策略适用于资本市场环境和投资者偏好变化不大，或者投资组合的成本大于收益的情况。

2. 指数型消极投资策略

在实际操作中，通常使用股票价格指数来代表"市场投资组合"。因此，基金管理人在实际进行资产管理过程中，会构建股票投资组合以复制某个选定的股票价格指数的波动，这就是通常所说的指数化消极投资策略。

在指数化策略中，具体的股票价格指数选择因投资范围和投资目标的不同而有所差异。从国外证券市场的实践来看，指数型投资基金的收益水平总体上高于非指数型基金，这主要得益于两方面。一方面是市场的高效性。创建指数型基金的理论基础是建立在有效市场假说基础上的随机漫步理论，这一理论认为市场上大多数投资者（包括专业投资者）都无法战胜市场，这也是导致大部分主动策略基金收益率不及指数型基金的主要原因。另一方面是成本较低。由于指数型基金根据现有指数的构成创建投资组合，无须基金经理花费太多精力进行市场研判和个股筛选，并且指数型基金的操作策略是买入并持有，不需要频繁交易，因此管理成本和交易成本都较低。

复制的投资组合的波动可能无法完全与选定的股票价格指数的波动一致。即使在构建的股票组合中包括目标指数的所有成分股，由于公司合并、股票拆细和股票红利派发、新股发行和股票回购等原因，成分股的权重也会发生变动。但是复制的投资组合无法对此自动调整，更不用说复制组合中可能包含的股票少于指数成分股的情况，所以跟踪误差的产生难以避免。

为了尽量减少跟踪误差，需要动态维护复制的股票组合，并为此支付相应的交易费用。一般来说，复制的组合中股票数目越少，跟踪误差越大，调整所需的交易就成本也就越高，因此，基金管理人往往需要在组合的股票数目和交易成本之间进行权衡。

（二）消极型的债券组合投资管理策略

在债券的投资管理过程中，消极型投资策略通常将市场价格视为均衡交易价格，并不试图寻找低估的品种，而更关注于债券组合的风险控制。通常使用的几种消极投资管理策略包括：指数策略、免疫策略、现金流匹配策略和买入并持有策略。

1. 指数策略

债券指数化投资策略的目标是使债券投资组合的表现尽量接近某个特定指数。这种策略一般可以达到预期的市场平均收益，但可能放弃了获取更高收益的机会，或无法满足投资者对现金流的需求。

在成熟的发达国家金融市场上，不仅有众多股票指数，也存在着各种不同的债券指数，投资者或基金管理人可以根据自身的投资范围等条件选择合适的指数作为参照物。指数化的方法包括分层抽样法、优化法和方差最小化法等，与股票的消极型投资策略一样，跟踪误差也是衡量债券消极型投资策略的标准之一。

2. 免疫策略

免疫策略最早由F.M.雷丁顿（F.M.Reddington）于1952年提出。具体而言，由于债券价格波动风险与再投资风险存在替代关系，为确保投资者至少实现目标收益，应能够构建买入这样一种债券：当市场利率下降时，债券价格上升的价差收益增加在抵消票息再投资收益下降的损失之后还有剩余；当市场利率上升时，债券的票息再投资收益的增加在抵消债券价格下降导致的损失之后还有盈余。这样不，论市场利率如何变化，债券组合都能获得固定报酬。

根据投资组合偿付债务要求的不同，免疫策略主要分为满足单一负债要求的投资组合免疫策略和多重负债下的组合免疫策略。这些策略要求组合满足不同的条件。满足单一负债要求的投资组合免疫策略旨在最大限度地避免市场利率变化的影响，要求债券组合满足两个条件：组合的久期与负债的久期相同；组合的现金流现值与未来负债的现值相等。多重负债免疫策略要求投资组合无论利率如何变化，必须可以偿付不止一种预定的未来债务。因此，需要满足上述单一负债组合要求的同时，组合内各券种的久期分布必须比负债的久期分布更广。在上述条件满足的情况下下，可以通过数学规划的方法求得风险最小化的债券组合。

3. 现金流匹配策略

现金流匹配策略是按偿还期限从长到短的顺序选择一系列债券，使票息收入等现金流入与各个时期的现金流需求相等。这种策略没有任何免疫期限的限制，也不承担市场利率风险，但成本通常较高。

4.买入并持有策略

买入并持有策略（Buy and Hold Strategy）是买入到期期限与预定的投资期限接近的债券构建组合，以获得到期收益为目的长期持有该组合。这是最简单的一种债券组合管理策略，不是通过积极的交易策略来获取高额收益，而是通过在投资组合构建时尽量降低购券成本和再投资风险来实现长期稳定的收益。

在决定采用哪种债券投资管理策略时，基金管理人需要根据市场的实际情况与产品定位来进行判断。经过研究市场有效性，如果管理人认为市场效率较高，可采取指数化的投资策略；如果产品定位于满足投资者对未来现金流的需求，可采用免疫和现金流匹配策略；当管理人认为市场效率较低，且投资人对未来现金流没有特殊需求时，可采取积极的投资策略。

第二十章 证券分析选择

第一节 证券投资分析理论

一、股票分析理论

投资分析理论是西方市场经济学发展的一项重要成果,对于证券投资基金的投资及其运作具有重要的指导意义。目前主流的投资分析理论共有四大流派:基础分析流派、技术分析流派、心理分析流派、学术分析流派。这四大流派都从不同的角度,在一定程度上揭示了证券投资活动中的基本规律,因而都有其存在的合理性。

(一)基础分析

基础分析法(fundamental analysis)又称基本面分析法,是通过分析能够决定证券内在价值及价格的基本要素,从而对证券投资价值和合理价位进行评估判断的方法。

事实上,从 300 年前股票交易刚刚诞生之时,基础分析的思路原形便已在投资者的思考中形成了,只是还未像后来的理论家们归纳分析得那么严密精确。而且,投资者们似乎对"内在价值"的分析与论证远没有理论家们那么热心,而是更直接地关心那些能使自己的股票价格变动的供求关系。

从该理论的基本观点来看,基础分析的所有内容都是建立在这样一个假设前提下的:股票具有"内在价值"。1934 年格雷厄姆与大卫·多德(David Dodd)合著的《证券分析》对此理论进行了全面阐述。他们认为证券中有反映其发行主体经营实绩的内在价值,价格是不能长期脱离价值的,所以分析者必须仔细地研究有关发行主体的财务数据及其他资料,努力去发现该证券的内在价值。因此,基础分析法的理论基础可以表述为。

1)任何投资对象都存在内在价值为其固定基准,且这种内在价值可以通过对该投资对象的现状和未来前景进行分析获得;

2)市场价格与内在价值之间可能出现偏差,但这种差距最终会被市场所纠正。因此，市场价格低于（或高于）内在价值之日，便是买（卖）机会到来之时。

基础分析具有下列优点。

1）更容易直观地理解和把握。相对而言，由于基础分析的理论依据大都符合日常常识，经济景气状况、国家政策、公司业绩报表等材料都实实在在地摆在眼前，因而显得更易直观地被理解和把握。且基础分析理论已经形成相对成熟的分析体系，应用起来相对规范和简单，在初入市者的眼中看来是很好懂又很实在的方法，至少他们想当然的感觉中是如此。

2）适合于扬长避短。对于那些在某方面学有所长的人来说，基础分析正可以发挥他们的长处。许多人在涉足股票、期货之前，都曾在某些行业中奋斗过，甚至是该行业的专家。而他们在这方面的知识和判断力往往要比一些专业分析师的见解还要高明。这样的长处不充分利用，而去追捧自己根本不了解的股票或品种，实在是有些可惜。而市场中也的确不乏这方面的成功之例，不少退了休的老专家、工程师炒股票，专炒自己的本行，买了股票才睡得着觉，一年只几次买卖，收益不菲。当然就更不用说那些整天在报表里转的会计出身的人了。

3）适合于没有时间盯盘的投资者。有利于培养投资者理智分析、耐心等待的投资理念和心理品质。

从长期来看，基础分析法是一种有用的分析工具，"股神"巴菲特的投资业绩就是非常直观的证据。但它在考虑诸多影响市场经济因素的短期变化时不够灵活和及时，对政治、经济因素产生影响的分析经常有滞后性。因此，基础分析的主要缺点就是预测的时间跨度相对较长，需要投资者具有非常完备的资料信息及分析框架，对短期的实际交易指导作用较弱。

（二）技术分析

在股票市场中，通过对反映市场状况的资料（例如成交价、成交量或成交金额）进行分析，判断整个股市或个别股价未来的变化趋势，以探讨股市里投资行为的可能轨迹，这就是所谓的技术分析（technical analysis）。

技术分析是一种完全根据市场行情变化来进行分析的方法。200年来，各式各样的理念、方法、技术不断地融入其中，使得今天的技术分析不仅是一种思想体系，而且是一种操作体系。理论上，技术分析不关心市场趋势形成及转化的原因，只注重价格走势的最终结果。它是强调对市场本身行为的研究，而非对市场交易的研究。

技术分析理论认为市场行为涵盖一切，并且相信"历史往往重演"。所谓市场行为包括市场的价格、成交量、达到这些价格和成交量所用的时间，也就是所谓的"价、量、时、空"。

采用技术分析的投资者都遵循供需关系决定市场走势这一原则：如果供不应求，价格会上升；反之，如果供过于求，价格就会下跌。这种关系是进行预测的基础。从这种必然的关系上，技术分析人士推出一个"逆定理"：无论什么原因，如果价格上涨，需求必定超过供给，体现在股市上就是整个股市为多头市场，反之亦然。

此外，价格依据趋势移动这一结论也是技术分析成立的前提。它包含三层意思。

1）在技术分析中认为趋势是存在的；

2）价格按照市场趋势运行的方向而变动；

3）正在进行中的趋势将持续下去，直至反转。

由于技术分析更加关注市场价格变动的结果而不是造成价格波动的原因，因此其分析以数学方法为基础，注重数量与形态的变化，研判股市走势。技术分析方法不仅可以使投资者知道如何判断大势，避免逆势操作，而且可以指导操作者按其个性化的投资理念，赚多赔少。虽然技术分析方法不可能百发百中，但也因其分析方法清晰、明了、科学性强，尤其受短线投资者的青睐。

技术分析法有如下特点。

1）量化指标。技术分析能提供量化指标，可以指示出行情转折之所在。

2）趋势追逐。技术分析指示操作者如何去追逐趋势，并非是创造趋势或引导趋势。

3）真实直观。技术分析所提供的各类图形，是历史轨迹的记录，无虚假与臆断的弊端。尤其是现代信息技术的发展为技术分析提供了更大的发展空间。

但同时，技术分析的关注点只局限与股票的市场交易行为，范围较为狭窄，对宏观经济政策、市场的长远趋势不能进行有益的判断。而且，技术分析很难把握市场发生实质性变化的界限。往往事后看来，观点很清晰明确，但在事件发生当时来看便会难以抉择。因此，建立在单一技术分析方法上的投资决策系统失误率往往较高，需要同时使用多种技术分析方法，但这又会使投资决策系统的效率降低。

技术分析与基础分析是股票市场中的两类经典分析方法，两者各有其理念，不过本质上讲，技术分析已经蕴涵了一部分基本因素，基本因素已反映在投资者所认可的价格之中，同时基本分析也包含了一些技术分析手段，二者可以互为线索、相互参照。

（三）心理分析

心理分析法是基于市场心理分析股价运行的规律，强调市场心理是影响股价的最主要因素。其分析主要涉及个体心理和群体心理两个方面。个体心理分析基于"人的生存欲望""人的权利欲望"和"人的存在价值欲望"三大心理分析理论，主要解决投资者在投资决策过程中产生的心理偏差问题。群体心理分析基于群体心理理论与逆向思维理论，旨在解决投资者如何在研究投资市场过程中保证正确的观察视角。该理论流派认为促成股价变动的因素，主要是市场对于未来股票市场信心的强弱。若投资者普遍对股票市场持乐观心态，那么买入行为会增加，从而推动股价上升；若投资者过渡乐观，则股价可能超越其合理水平上涨至极端高估的位置。相反，若投资者普遍对股票市场持悲观态度，那么市场信心转弱将导致卖出行为增加，股价因此下跌；如果市场情绪达到过渡悲观甚至恐慌的程度，投资者将会不计成本地抛售股票，造成股票价格跌至明显低于其合理价格的低估区间。

现代投资心理分析基于丹尼尔·卡内曼（Daniel Kahneman）等人发展的非线性效用理论而建立。其中，行为金融学（Behavioral Finance）就是通过引入心理学关于投资者行为的一些观点来解释金融产品交易的异常现象而发展而来的学派。行为金融学对有效市场假说（Efficient Markets Hypothesis，EMH）的3个假设提出了质疑。

1）投资者都是理性的；

2）即使有一些非理性的投资者存在，但由于投资者的非理性行为是随机发生的，所以自然而然也就彼此抵消掉了；

3）即使投资者的非理性行为并非随机而且是具有相关性的，但是在套利和市场竞争的作用下，理性交易者会很迅速地消除非理性交易者引起的价格偏离现象。

通过对市场交易者各种行为的研究，行为金融理论认为，要用投资者的正常行为取代理性行为假设,而正常行为并不等于理性行为;非理性投资者的决策并不总是随机的,常常会朝着同一个方向发展;套利不仅有条件限制,套利本身也是有风险的,因此不能发挥预期作用。

市场投资者基于不同的投资动机、不同风险偏好会呈现出不同的投资行为,这些行为也会体现为下列群体性心理倾向。

1)羊群心理。羊群心理是指个体在面对不确定的情况时,倾向于跟随群体的行为或决策,而不是基于自己的判断和经验进行独立的决策。在投资领域,羊群心理指的是投资者在做出投资决策时,受到其他投资者的行为和情绪的影响,导致整个市场出现了大规模的买入或卖出行为,产生所谓的"羊群效应"。羊群效应可能源于投资者的恐惧或贪婪心理,当其他投资者开始出现抛售行为时,会引发更多人跟随卖出,进而造成股价的大幅下跌或上涨。羊群效应使投资者容易被市场情绪所左右,导致盲目的交易行为,从而增加了投资风险。

2)过度自信。投资者倾向于高估自己的能力和知识,在做出投资决策时对信息采集和分析过程存在偏差,导致过度交易和错误决策。

3)损失厌恶。投资者对损失的敏感度高于对盈利的敏感度,倾向于采取保守的投资策略,避免面临潜在的损失。

4)锚定效应。投资者对某一特定信息或参考点产生过度依赖,将其作为决策的基准,忽视其他相关信息,从而影响投资决策的准确性。例如,投资者往往会将购买股票时的价格而非其内在价值作为锚定点。如果股价低于买入价格,投资者可能会认为它是一个好的投资机会,而如果价格高于买入价格,投资者可能会认为它被高估了。一旦投资者设定了一个锚定点,他们可能会难以适应和调整。即使在获得新的信息或市场变化后,投资者仍然会倾向于以锚定点为基准进行判断和决策,而忽略其他可能的影响因素。

(四)学术分析

理论界通过分析研究投资活动在微观上、宏观上所表现出来的各种现象、联系和规律,形成了一系列理论成果,并将其进一步运用于指导投资实践,从而形成了学术分析流派。就所研究的问题、对象来看,投资学术理论可以大致分为两类。

第一类是资产理论,包括风险与报酬理论、复利与现值理论、证券组合理论以及在此基础上发展起来的资本资产定价理论、套利价格理论、期权定价理论、投资组合绩效理论等；

第二类是市场运行理论，包括效率市场理论以及以此为基础的随机漫步理论、宏观管理理论等。

一些有关证券分析的研究成果，尽管它们为证券分析提供了一系列的方法和工具，但仍属于具体的、操作性的东西，具有较强的实务性，就其广度、深度和严谨性而言，一般不作为具有高度概括性、自成体系的学术理论。投资学术理论对投资基金的运作有着重要的作用。随着证券投资的发展和证券市场的成熟，证券估价和证券组合日益成为投资分析的核心，而这正是投资学术理论的主攻方向。在西方发达国家，投资学术理论已成为指导投资基金运作的重要理论分析工具。

1. 证券投资风险与收益

现代投资理论的发展是基于对"风险"概念的重新理解。通常意义上，风险一般是指使人们受到损失或伤害的可能性及其程度。在现代投资理论中，风险一般被定义为投资收益的不确定性，即投资收益的波动程度和可能性。

按照引起风险的具体因素，可以把证券投资风险分为财务风险、利率风险、管理风险、市场风险、购买力风险、外汇风险、政治风险等类型，它们共同组成了证券投资的总风险。

（1）财务风险（Financia Risk）

财务风险是指由于证券发行者的财务能力（Financial Strength）变动而引起的投资收益的变动，又称违约风险（Default Risk）。财务风险的大小既与证券发行者的财务状态有关，也与证券的种类有关。发行者的财务状况主要取决于其资本结构，可以通过一系列的财务指标来衡量。很明显，发行者的财务状况好，支付能力强，证券（尤其是债券）的风险也就小。证券种类不同，证券持有者要求发行者支付其收益的先后权利就有差别。一般地，按照公司税后利润分派的次序，普通股财务风险最大，优先股次之，无担保债券较小，而有担保债券更低。财政公债几乎没有财务风险，这一特征在现代投资理论分析中经常用到。

（2）利率风险（Interest Risk）

利率风险是由于市场利率水平的变动而引起的投资收益的变动。利率变动对固定收入证券的收益有较大的影响。利率风险的大小除其本身变动幅度外主要取决于证券的种类。对于债券来说，利率风险是除财务风险外的主要风险。

利率的变动，影响证券发行公司的资金成本，导致公司盈利的变动从而影响股票的股息。另一方面，股票的估计价值是其未来现金股利的现值，即使股息不变，股票的市场价格也会涨跌。因此，股票也存在利率风险。相比较而言，债券的利率风险较大，优先股次之，普通股较小。

（3）管理风险（Management Risk）

一般来说，证券投资者并不参与实际资产的经营。管理风险就是投资者所聘请的资产管理人员做出的管理决策引起的投资收益变动。管理风险的大小取决于管理人员的知识水平和经验阅历。影响财务风险的因素主要是公司的清偿能力，主要表现为在证券到期时发行者不履行或延期履行收益的支付，一般不影响投资本金，故称拖欠风险。而影响管理风险的主要是公司的盈利能力，主要表现为投资收益的减少甚至资本的损失（即形成负收益）。可见，财务风险与管理风险是有区别的。

（4）市场风险（Market Risk）

市场风险是由于证券市场总体价格变动而引起的投资收益的变动。当熊市和牛市交替出现时，市场风险往往较大。值得注意的是，个别证券的市场价格涨跌与市场总体趋势并不一定相同。经济周期是诱发牛市和熊市交替出现的重要原因。

（5）购买力风险（Inflation Risk）

购买力风险是由于价格总水平的变动而引起的投资收益的变动。价格总水平的变动（通常就是通货膨胀）使得同样数量的一笔货币在不同时期的购买能力产生差异，一定资产的市场价值在不同时期也不相同，实际投资收益也随之出现涨落。

（6）外汇风险（Exchange Risk）

外汇风险是由于本国货币和外国货币之间市场汇率的变动而引起的投资收益的变动。当投资者投资于外国证券时，就要承受外汇风险。

（7）政治风险（Political Risk）

政治风险是由于意外政治事件的发生而引起的投资收益的变动。

上述风险类型一般情况下在一项证券投资的总风险中所占比重依次递减。其中，财务风险、管理风险都源于所有权与经营权的分离并与实际经营者相关，有时候又合称为企业风险；利率风险、购买力风险、外汇风险都与货币有关，所以有时候又合称为货币风险。

除前面已列举出的一些风险因素外，还存在其他一些风险因素。例如，与交易市场相关的证券流动风险、证券回购风险、证券转换风险等。

风险因素对不同证券的影响程度不同。一些因素可能只影响特定公司或证券，而整体价格水平变动会影响市场上所有证券的实际收益。根据其影响范围和是否可以分散的特征，证券投资的风险可以划分为系统性风险（Systematic Risk）和非系统性风险（Nonsystematic Risk）。系统性风险指的是市场上所有证券都受到影响的因素导致的投资收益波动，无法通过证券多样化来消除，故又称不可分散风险（Undiversifiable Risk）。非系统性风险指的是只影响市场上部分证券（某一种或某一类）的因素导致的投资收益波动，可通过证券多样化来消除或减小，又称可分散风险（Diversifiable Risk）。

风险是投资收益的不确定性，主要指未来收益。在效率市场的假设下，证券市场价格已经包含了各种影响因素的预期值，并将其反映在市场上。因此，投资者需要关注的是未来收益的风险，而不是过去或现在的收益。此外，虽然证券的名义收益和实际收益可能受到不同因素的影响，但证券市场的高效运作已将这些因素的影响融入市场价格中。因此，投资收益已不再存在名义收益和实际收益之间的差异。

从本质上说，风险是一种基于概率分布的不确定性。这里隐含着这样一个假定：即使从现在到未来的过程完全是一个"黑箱"，未来会出现哪样的结果也是明确的，即结果的状态是清晰的，其概率分布是可以清晰描述的。如果结果是模糊的或者概率分布（如果有）是模糊的，那么现有证券组合理论就不再适用了。尽管未来结果是无法预知的，但投资者可以通过列举有限可能的结果，并估计每种结果发生的概率，将模糊的不确定性转化为清晰的确定性。然后，可以使用数学方法定量研究风险问题，并进行风险管理和决策。

2. 证券投资风险的计量

20世纪初，穆迪公司首次发布债券评级公告并设立了一套反映债券质量的等级标志，随后逐步形成了证券（仅指债券、股票，但主要是债券）资信评级制度。最主要的评级机构是穆迪公司、标准普尔（Standard&Poor's）公司和惠誉国际（Fitch Group）。证券发行者的财务能力是证券评级的主要依据。证券等级越低，该证券所包含的财务风险越大。证券发行者的财务能力分析属于基本分析的范畴,证券评级制度也属于宏观管理的范畴,这里不再多叙。需要指出的是,证券评级并没有精确的数学公式,评级机构在确定证券等级时加入了大量的主观因素,因此,尽管证券的等级为衡量证券的风险提供了一种参照物,但证券评级并没有解决精确计量证券投资风险的方法和尺度的问题。

1952年,亨利·马科维茨(Harry Markowitz)发表了题为《证券组合选择》的论文,标志着现代投资理论的诞生。按照他的理论,风险是未来收益与期望收益的偏差,风险可以用未来收益的标准差来衡量。这就给出了风险的计量方法,同时也给出了在一般情况下衡量风险的尺度——标准差。当然,有时候,还可以采用其他一些尺度如 β 系数。

3. 收益与收益率

收益一般指人们支付一定的代价从事经济活动所获得的报酬,以货币直接表现的价值量。通常所说的收益是指净收益(Net Returns),即所得(产出)与所付(投入)之间的差额。

在证券投资中,投资者依据(并不是唯一的)对收益的预期来做出投资决策,从深层次来看,是依据对收益率(Returns Ratio)的预期来做出判断的。实际上,证券投资的风险也是基于收益率来计算的。

马科维茨认为,投资者在期初($T=0$)购买的是一组证券,投资者的决策等同于从各种可能的证券组合中选择一个最佳的结合。因此,这种决策就被称为证券组合选择,马科维茨理论则是关于证券投资组合的理论。

马科维茨理论使用时有两个前提:一是所有证券都是风险证券,即证券的未来收益和收益率都是不确定的;二是不允许使用金融杠杆(Financial Leverage),即不允许投资者利用借入的资金来购买有价证券。

马科维茨理论的假设为:投资者根据他们对收益与风险的预期做出决策投资行为;投资者喜好收益,即在其他条件一样时,选择 $E(r_p)$ 较高的证券组合;投资者厌恶风险(Risk Averse),即在其他条件一样时,选择 $\delta(r_p)$ 较小的证券组合。

假定一种证券的收益率 r 是一个离散型随机变量,即所有可能的取值为:$r_1, r_2, r_3, \cdots\cdots, r_n$ 相应取各值的概率为

$$P_1, P_2, P_3, \cdots\cdots, P_n$$

则

$$E(r_p) = r_1 p_1 + r_2 p_2 + \cdots\cdots + r_n p_n$$

方差为：

$$\delta(r_p) = [r_1 - E(r_p)]^2 \cdot p_1 + \cdots\cdots + [r_n - E(r_p)]^2 \cdot p_n \quad （20-1）$$

该理论可以推广到两种或两种以上有价证券或资产组合中去。详细讨论可以参阅附录里相应的参考文献，这里不再赘述。

马科维茨理论假定，投资者在当前支付一定数量的货币，购买证券并持有一段时间，然后在持有期结束时出售证券，获得货币收入用于消费或再投资。因而马科维茨理论被认为是关于单一时期的投资理论。在投资活动中，投资者可能对一组证券中的各种证券资产持有期限并不一致，并且在这些证券的共同持有期内产生的现金流量大小和发生时点也不尽相同。因此，在应用马科维茨理论时，需要首先将各种或各组证券的各种形式的收益率换算为同一基准的收益率，如年内部收益率。

4. 资本市场理论（Capital Market Theory）

资本市场理论是在马科维茨的证券组合理论基础上发展起来的关于证券投资和资本市场的理论，其核心是资本资产定价模型（The Capital Asset Pricing Model，CAPM）。

相关学者探讨了收益率与风险之间的关系，统计数据表明二者存在某种关系。而关键问题是，如何确定证券资产的价格以及如何找到合适的风险衡量尺度？威廉·夏普（William Sharpe）、约翰·林特纳（John Lintner）、简·莫辛（Jan Mossin）几乎同时独立地研究了这些问题，并发现了资本资产定价模型。

资本市场理论展开的前提是资本市场处于均衡状态。具体而言，其前提假定如下。

1）每位投资者根据对证券行为的预期进行投资决策，考虑因素包括期望收益率、收益率的标准差及相关关系，并选择符合期望的证券组合；

2）在其他条件相同时，投资者将选择期望收益率较高的证券组合；

3）在其他条件相同时，投资者选择标准差较低的证券组合；

4）每位投资者都可以任意借入或贷出货币，利率均为同样的无风险利率；

5）资产可以无限分割，即任意资产的所有权均可以利用证券分割开来，而投资者能够按任意的比例购买其所期望的资产；

6）每位投资者都可以免费、不断地获得有关信息；

7）所有投资者对证券的收益率、标准差和相关关系有相同的预期；

8）不存在税收和交易成本；

9）市场上存在众多投资者，他们中任意一人的行为都不会控制市场价格；

10）投资者都有相同的持有期。

尽管这些假定不是完全独立的，资本市场理论的基本结论仍具有普遍意义。因此，在证券估价、风险与收益分析、投资绩效评价等方面，资本市场理论具有广泛的影响。

5. 因素模型与套利定价理论

（1）因素模型

证券收益的因素模型（Factor Model），或者称指数模型（Index Model），是证券收益率与因素之间的关系以及证券收益的产生方式的抽象表达。在因素模型中，认为每种证券的收益率都与同一种或几种因素的水平有关，而证券之间的关系则是由各种证券与这些因素之间的关系来反映的。

a. 单因素模型

单因素模型将所有证券的收益率变动归结为一个因素，这样的因素或者说事件分为三类。

1）宏观事件。如国民生产总值或通货膨胀等，这些事件对全市场所有企业进而对所有证券都会产生影响，只不过不同企业、不同证券受到的影响程度不同而已。

2）微观事件。它属于一个企业内部的事件，只影响本企业所发行证券的收益率，而对其他企业和其他证券都不产生影响。

3）行业事件。它只对某一行业的企业和证券产生影响。

如果证券收益的产生只涉及一种因素，这种因素模型就是单因素模型。其表达式为：

$$r_i = a_i + b_i F + \xi_i \qquad (20\text{-}2)$$

其中：r_i 是证券 i 的收益率，F 是因素水平，b_i 是证券 i 对因素 F 的灵敏度，ξ_i 是随机误差项，$\text{cov}(\xi_i, F) = 0$，而且假定 $E(\xi_i) = 0$，并有 $\text{cov}(\xi_i, \xi_j) = 0, (i \neq j)$，同时一般认为 ξ_i 服从正态分布。a_i 是与 F 无关的常数项。

b. 多因素模型

单因素模型把所有证券的收益率变动都归结为一个因素，但实际上对证券会产生影响的因素显然不止一个，例如国民生产总值的增长率、市场利率、通货膨胀率、企业或行业内部特定事件等可能同时对某一证券或某类证券产生的收益率水平产生影响，因此更接近于现实的还是多因素模型（Multi-factor Model）。

记有 N 个因素，则多因素模型表达为

$$r_i = a_i + b_{i1}F_1 + b_{i2}F_2 + \cdots + b_{iN}F_N + \xi_i \tag{20-3}$$

公式中的符号及参数含义同前，假设也同前。

（2）套利定价理论

1976年，斯蒂芬·罗斯（Stephen Ross）发表了《资本资产定价的套利理论》，标志着套利定价理论（Arbitrage Pricing Theory，APT）的诞生。

同传统的资本资产定价模型类似，套利定价理论也是一个均衡资产定价模型。但与前者相比，后者无须严格的假设条件，因而具有更普遍的适用性。

APT的假设条件包括：投资者具有相同的预期；投资者厌恶风险且追求最大效用；市场是完善的，没有交易费用和其他市场障碍。

罗斯认为，在整个经济活动中存在一些普遍的因素 F，它们对各种证券的收益产生不同程度的影响。对某一特定的证券来说，其收益包括三部分：在没有这些因素时的期望收益、由这些因素产生的收益以及证券的个别风险收益。因此，证券的收益率可以通过因素模型来确定。

但是APT模型并没有指出有多少因素以及这些因素是什么。这一特点一方面有助于使投资者不把目光仅局限于证券及证券市场本身，另一方面也为APT的运用带来了一定的不确定性。

二、债券分析理论

投资者在进行组合投资时，并不仅限于普通股作为组合对象。证券投资基金可以选择普通股、债券、货币市场工具、金融衍生品等作为投资对象。在实践中，前文所讨论的证券组合及资产定价理论主要应用于对普通股的投资，但这些理论所揭示的基本原理也适用于其他资产的组合管理。鉴于债券与债券组合的风险收益属性，本节将以债券资产的组合管理为研究对象，进行专题论述。其中所涉及的一些思想方法，也可推广应用于一般的资产组合管理。

（一）利率的期限结构

债券可以按照从利息支付方式分为贴现债券和附息债券，按照利率形式可分为固定利率债券和浮动利率债券。尽管债券的种类繁多，但在本节中不会被区别对待，因为它们在本质上差异并不大。例如，对于贴现债券和附息债券，

只是现金流入流出的时点、流量存在差别;对于固定利率债券和浮动利率债券,只要预测出市场利率,利率形式的差别也就无关紧要了。本节所阐述的内容用普遍形式,具体应用时需注意各公式、符号的具体含义。

在资本资产定价模型(CAPM)和套利定价理论(APT)中,主要讨论的是证券的风险与其收益率之间的关系,这种关系可以称为利率的风险结构(Risk Structure of Interest Rate,RSIR)。

本部分主要讨论利率的期限结构(Term Structure of Interest Rate,TSIR)。所谓利率的期限结构是指债券的到期期限与到期收益率之间的关系。严格来说,债券的风险大小与债券的期限长短是直接相关的,债券利率的期限结构只是风险结构的一种特殊形式而已。债券的到期期限(Term to Maturity)是指债券到期所需的年限,即从现在持有某种债券开始算起,到该债券最后一次偿付完毕为止所需的年份。债券的到期收益率(Yield to Maturity)是在到期期限内债券的平均收益率,即投资者从现在开始直到债券连本带息全部收回为止所获得的平均收益率。需要明确的是,债券利率的期限结构是用于描述那些违约概率相同、税收暴露程度相同的债券的。

1. 到期收益率

按照假定条件的不同,到期收益率有 3 种不同的计算方法。

(1) 算术平均到期收益率

算术平均到期收益率是不考虑收益再投资时的到期收益率(对债券而言,这里的收益即利息收入)。要计算算术平均到期收益率,首先需要计算到期期限内各期的收益率。

记第 t 期债券期初价格为 p_{t-1},期末价格为 p_t,该期内债券净现金收入为 I_t,则该期收益率为

$$r_t = \frac{p_t - p_{t-1} + I_t}{p_{t-1}} \tag{20-4}$$

对债券来说,I_t 就是第 t 期内的利息。一般所说的"期"是以年来计算,如果 r_t 为其他时间频率,应折算到"年期"。记年收益率为 r,不考虑收益再投资时,$r = r_t \cdot n$,其中,n 是 1 年所包含的期数。如果考虑收益再投资,一般运用复利公式进行年收益率的折算:

$$r = (1 + r_t)^{n-1} \tag{20-5}$$

有时需将名义收益率（名义利率）转化为实际收益率（实际利率），此时，实际收益率等于名义收益率与通货膨胀率之差。以下假设每期收益率都是换算为同一标准的年收益率。计算得到各期收益率后，算术平均到期收益率为

$$\bar{r} = \frac{1}{N}\sum_{t=1}^{N} r_t \quad (20\text{-}6)$$

其中：N 为到期期限。

（2）几何平均到期收益率

几何平均到期收益率是考虑收益（利息）再投资时的到期收益率，计算公式为

$$r = [(1+r_1)(1+r_2)\cdots(1+r_n)]^{\frac{1}{n}} - 1 \quad (20\text{-}7)$$

（3）内部到期收益率

一般情况下，内部到期收益率是指使得计算期内各年现金流量的现值总和为 0 时的折现率。其计算可简化为

$$p = \sum_{t=1}^{N} \frac{I_t}{(1+y)^t} + \frac{P_N}{(1+y)^N} \quad (20\text{-}8)$$

其中：p 代表债券现在的市场价格，I_t 为第 t 年的利息收入，P_N 第 N 年未收回的金额，y 为到期内部收益率。

精确计算内部到期收益率相当于求解一个数学方程，可使用夹逼定理和牛顿迭代法求解。而通常所说的债券到期收益率就是内部到期收益率，即能使债券未来的约定现金流量的现值等于债券当前市价的贴现率。如果债券可以被提前赎回，可以使那时现金流量的现值等于当前债券市价的贴现率。上述计算实际上并未考虑风险，但在考虑风险时，这些方法是计算债券收益率的基础。

2. 利率期限结构理论

如前所述，利率期限结构是描述市场利率与债券到期期限之间关系的理论。债券的到期收益率与到期期限之间的关系可以用收益率曲线（Yield Curve）来直观表示。收益率曲线是指不同到期日的债券的到期收益率的图形，曲线的形状多种多样，一般情况下表现为向右上方爬升，表明债券到期期限越长，到期收益率越高。

解释利率期限结构的理论主要有三种：市场预期理论、流动性偏好理论和市场分割理论。

(1) 市场预期理论（The Market Expectation Theory）

市场预期理论最早由欧文·费雪（Irving Fisher）提出，并经阿莱达·卢茨（Aleda Lutz）和约翰·希克斯（John Richard）等人予以发展和完善。该理论将金融市场视为一个整体，认为不同期限的证券可以相互替代。该理论的主要假设是：金融市场是完善的且无进出壁垒；金融市场有效；无交易成本；投资者追求利润最大化；投资者对未来利率变动持相同预期。

根据市场预期理论，市场对未来利率变动的预期是决定期限结构的唯一因素。远期利率反映了投资者对未来相应时期的即期利率的共同认识。简而言之，一个几年期债券的到期收益率等于这几年内各年的1年期债券到期收益率的平均值。在市场预期理论中，通货膨胀率是影响投资者预期的主要因素，投资者对实际利率和通货膨胀率的预期发生变化，按名义利率计算的未来即期利率就发生变化，从而影响期限结构。例如，投资者预计通货膨胀率将会下降，那么收益率曲线将会向右下方倾斜。逻辑上说，按照市场预期理论，收益率曲线向右上方爬升和向右下方倾斜的可能性是相当的。但实证结果表明，收益率曲线向右下方倾斜的情况较少。流动性偏好理论为此给出了补充解释。

(2) 流动性偏好理论（Liquidity Preference Theory）

流动性偏好理论认为不同期限的证券不能相互替代。影响利率期限结构的因素除市场预期外，还包括投资者对流动性的偏好，即投资者更愿意购买短期债券的倾向。投资者的流动性偏好主要来自两个方面：一是投资者意识到自己可能很快或随时就有对资金的需求；二是投资者认为购买短期证券所面对的风险较小。因此，投资者的流动性偏好就要求长期资金的借款人提供更高的预期收益率。远期利率和未来预期利率之差被称为流动性溢价（Liquidity Premium），也译为流动性升水。

简言之，根据流动性偏好理论，收益率曲线上升可能是由流动性偏好引起的，只有当上升幅度较大时，才可能是由于市场预期的即期利率上升引起的，而收益率曲线下降只有在预期未来即期利率大幅下降时才会发生。因此，收益率曲线上升的情况要更为常见。

(3) 市场分割理论（The Market Segmentation Theory）

市场分割理论认为投资者和借款人都受到法律、偏好或习惯的限制，不同的投资者有自己的投资范围，整个金融市场中不同期限的债券市场被分割开来，各期限的市场都有各自的投资者,资金在这些市场间的流动存在障碍。因此,即期利率取决于不同市场各自的资金供求状况,收益率曲线的形状取决于不同期限债券的供求关系。

(二)债券免疫

债券免疫是对债券投资组合进行管理的一种消极策略,其目的在于构建低风险的被动债券组合,一般将利率风险为零的债券组合称为免疫债券组合。债券免疫在养老基金中比较流行,因为养老基金需要定期向退休职工支付一定的年金,希望通过组合的现金流匹配来实现,即每年投资债券所得的现金流入与支付年金的流出相匹配。对一般的投资基金,债券免疫也是必要的,它对于抵御利率变动风险、保证现金支出具有重要作用。构建免疫债券组合,需要先计算债券的持续期限。

(1)持续期限

持续期限,也称久期(Duration),是债券一系列货币支付的平均到期时间。进一步地讲,它是债券对剩余的所有货币支付额进行支付所需时间的加权平均。债券的持续期限 D 一般可用下述公式计算:

$$D = \frac{\sum_{t=1}^{N} PV_t \times t}{P} \tag{20-9}$$

其中:PV_t 是以债券到期收益率为贴现率计算出来的在时间 t 可以收到的现金流的现值,P 是债券现行市场价格,t 为债券余下的到期时间。

因为债券的市场价格等于其以到期收益率为贴现率计算的各现金流入的总现值,即:

$$P = \sum_{t=1}^{N} PV_t \tag{20-10}$$

从而上式可以改写为:

$$D = \frac{\sum_{t=1}^{N} PV_t \times t}{P} = \sum_{t=1}^{N} \frac{PV_t \times t}{P} \tag{20-11}$$

很显然,贴现债券的持续期限等于到期期限,附息债券的持续期限小于到期期限。

实际应用中,测定持续期限的方法主要有麦考利久期、费雪-韦尔久期、

考克斯 – 英格索尔 – 罗斯模型等。

（2）构造免疫债券组合

构造免疫债券组合的原理很简单：首先计算约定现金支出的持续期限，然后选择一组债券，使其具有相同的持续期限。需要注意的是，债券组合的收益率和持续期限应以整个组合为单位进行计算，而不是将各债券的内部收益率和持续期限按组合系数来加权平均求出，除非期限结构是平的。此外，具有相同持续期限的债券组合并不止一种，因此，可以计算出具有较大（甚至最大）内部收益率的免疫债券组合。

然而，免疫债券组合也可能失效，这主要来自以下几个原因。

1. 拖欠和提前赎回

债券免疫是在确保债券约定的现金流量能够支付的前提下进行的，假定债券没有提前赎回风险和拖欠风险。为防止出现这种失效，操作时可使债券组合的持续期限略小于负债支出的持续期限。

2. 利率期限结构变动

为便于操作，通常假设收益率曲线是平坦的，而且未来的变动也是平行移动。在这种情况下，可以按各债券持期限以组合系数加权平均来计算债券组合的持续期限。然而，如果利率发生复杂变动，原先的免疫债券组合将失去免疫能力。为防止这种情况，应将债券组合视为一个整体，根据市场利率的变动进行持续的再免疫组合。

（三）主动债券组合管理

主动债券组合是一般投资组合理论的具体应用。在债券组合中，投资者持有债券的期限与债券的到期期限并不相同，这一点在计算债券组合的期望收益率、方差和协方差时需要特别注意。在持有期 t 内债券的收益率为：

$$r_t = \frac{p_t - p_{t-1} + I_t}{P_{t-1}} \quad (20\text{-}12)$$

其中：第 t 期债券期初价格为 p_{t-1}，期末价格为 p_t，该期内债券净现金收入为 I_t，p_t 和 I_t 都是随机变量。债券收益率期望值为：

$$E(r_t) = \frac{EI_t + EP_t}{P_{t-1}} - 1 \quad (20\text{-}13)$$

对于利率债来说，EI_t 是确定的，即 $EI_t = I$。对信用债来说，I_t 有违约

的可能，因此

$$EI_t = 承诺的利息支付 \times (1-违约概率) \quad (20\text{-}14)$$

p_t 的计算就涉及内部收益率的问题。先按前面所叙方法，求出该债券的到期内部收益率 y。假定从持有期末为新起点，把 y 作为 p_t "现在"的市场价格，列出新的到期内部收益率公式，只不过现在的内部收益率已求出，把 p_t 作为未知数，求解即得。估计 p_t 时所使用的 y 从本质上说是一个"远期利率"，实际上需要依据市场利率的期限结构进行调整。因此，此时求出的 p_t 是不"准确"的，投资者对它的期望值可以大于或者小于解出的 p_t。

估算持有期内收益率的方差或协方差比较困难。一般可以将整个持有期分成若干"期"的区间，如每期可按月计。计算出按月的（更一般的是按期）收益率 r_t，再利用此时间序列样本估算方差和协方差。

如果持有债券为利率债券，那么首先依据利率期限结构计算出各期期初、期末时的到期收益率 y_1、y_2，由于期限结构并不是平的，所以得出的 y_1、y_2 并不相等，第 t 期的收益率为：

$$r_t = y_1 + \frac{1-D}{t'}(y_2 - y_1) \quad (20\text{-}15)$$

其中：t' 是一期的时间长度，若为月，则 t' 取 1/12，余类推；D 是该期期初为起点，以该债券到期内部收益率计算的麦考利持续时间。

利率的期限结构或者说收益率曲线方程一般具有如下形式：

$$y = (d_1 + d_2 T) e^{-d_3 T} + d_4 \quad (20\text{-}16)$$

其中：d_1，d_2，d_3，d_4 均为系数。实际上，上式中 d_4 代表了长期利率，d_1 是长期利率与短期利率的差额，d_2，d_3 决定着收益率曲线的形状。y，T 分别代表到期收益率和到期期限，这是显而易见的。上述收益率曲线方程可供在估算 y_1，y_2 时参考。

对信用债券，可以参考利率债进行方差和协方差的估计。如果能直接描述持有期内收益率 r 的概率分布，那么可以直接使用前面几节中所介绍的方法来操作。

债券组合也需要考虑寻找被错误定价的债券的问题。基本思路是，投资者估计债券的内在价值并与市场价格进行比较，或者估算债券的内在到期收益率并与市场价格决定的到期收益率进行比较。通过找出那些被错误定价的债券，抛出被市场高定价债券，购入被低定价债券，可以获取超过一般水平的更大收益。估计债券的内在价值属于基本分析的范畴，投资者根据债券的本息大小、到期期限、流动性、税收待遇、提前赎回规定、拖欠风险等来估计债券的内在价值，所采用的基本方法是"资本化定价方法"。

在选择证券时，首先应该分析现行和未来的金融、经济、政治和社会条件对投资政策中确定的大类资产类别与细分资产类别的影响，这样可以找出具有投资价值的具体证券，并对证券的预期收益率、风险等进行预测和分析。证券分析与选择是投资组合管理过程中的基础工作之一，其质量直接关系到资产组合最优化结果的可靠性。可以说，基金经理之间真正的竞争就在于复杂的证券分析与选择。

第二节 股票选择流程

股票资产的选择，在长期的发展过程中形成了不同的理论和操作方法。为了成功实施股票选择战略，投资机构需要具备评判单只股票的能力，即能够区分相对具有吸引力和无吸引力的股票。因此，投资机构需要一些衡量或评价股票的方法。

图 20-1 展示了股票投资过程的必要要素，并显示了这些要素如何结合在一起以形成所期望的战略，特别限定于股票选择战略。

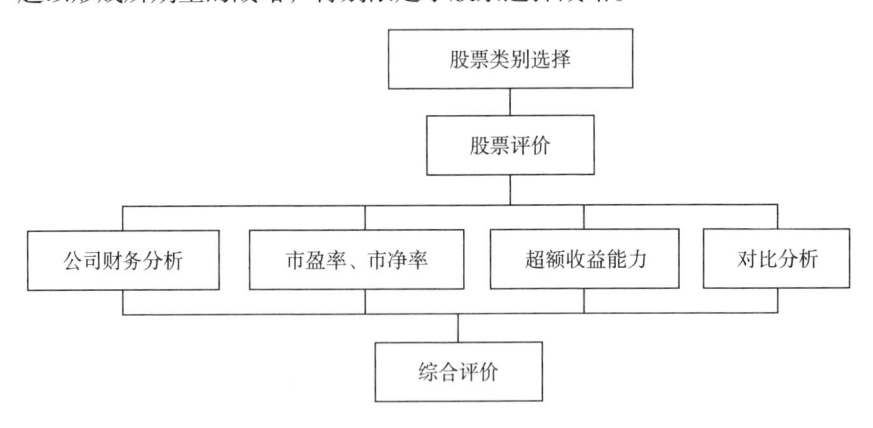

图 20-1 股票选择流程图

一、股票类别选择

股票的分类可以根据不同原则进行，例如行业、地区、公司规模等，这是应用股票评价方法的前期工作。因为股票对应的是上市公司，不同类别的上市公司具有不同的特征，所以在应用某些评价方法前，对股票进行分类是必要的。

（一）行业选择

按行业分类是最常见的股票分类方法之一。行业经济活动是介于宏观经济活动和微观经济活动之间的经济层面，是中观经济分析的主要对象之一。不同的行业为公司投资价值的增长提供不同的空间。因此，行业是直接决定公司投资价值的重要因素之一。

在行业分类的基础上进行行业分析，主要是界定行业本身所处的发展阶段和在国民经济中的地位。同时，对不同的行业进行横向比较，以确定最终的投资对象，并提供准确的行业背景。行业分析的重要任务之一是挖掘最具投资潜力的行业，并基于此选择最具投资价值的上市公司。

（二）地域选择

地域选择提供了一种股票分类方法。上市公司的生产与销售等与所属行业紧密相关，同时也受所在地区经济发展状况的影响。因此，在股票选择中应考虑对上市公司进行地域选择。

（三）公司规模选择

公司规模的大小在一定程度上反映了公司的发展潜力与生存能力。规模较大的公司通常经营稳健，业务流程规范，融资能力较强，投资风险相对较小。而规模较小的公司通常更具有灵活性，具备快速增长的潜力，但投资的风险也相对较高。

二、股票评价方法

（一）上市公司财务资质选股

上市公司财务分析，也称为财务报表分析，通过对上市公司财务报表的数据进行汇总、计算、比较，综合分析和评价公司的财务状况和经营成果。投资者可以运用比率法、比较法等分析方法对上市公司的财务报表进行分析和解释，了解该公司的财务情况和经营效果，进而了解财务报告中各项变动对股票价格的影响，最终准确判断投资某只股票是否有利且安全。因此，财务分析一般被认为是基本分析的重要组成部分，它是对企业历史资料的动态分析，是在研究过去的基础上预测未来，以做出正确的投资决策。

上市公司的财务报表向各种报表使用者提供了反映公司经营情况及财务状

况的各项数据和相关信息，但不同的报表使用者在阅读报表时会有不同的侧重点。股东通常关注公司的盈利能力，如主营业务收入、每股收益等，而发起人股东或国家股份股东更关注公司的偿债能力，普通中小股东或潜在的股东则更关注公司的发展前景。

在股票市场中，上市公司的经营状况是决定股价长期的、重要的因素，而经营状况信息可以通过财务报表反映出来。因此，分析和研究财务报表，也就是通常所说的基本面分析部分，就显得尤为重要。通过对上市公司进行财务分析，投资者能够比较直观和客观地判断企业财务状况的总体水平，评估其所面临的风险和未来的成长空间。从事股票投资时，应了解资产负债表、损益表和现金流量表上面各项数字的含义，通过简单的财务比率分析，就能更加了解发行公司的营运情况、财务情况及盈利情况，并了解上述信息对股票价格涨落的影响。这些都是投资者做出决策的重要依据。

尽管公司的财务报表提供了大量可供分析的第一手资料，但它只是一种历史性的静态文件，只能概括地反映一个公司在某一段时间内的财务状况与经营成果。这种概括的反映尚不足以成为投资者做出投资决策的全部依据，必须对报表的数据及相应指标进行横向或纵向比较，否则意义并不大。因此，进行财务报表分析不能单一地关注某些科目，而应结合宏观经济与公司财务报表进行综合判断，通过纵向深度比较公司历史数据，横向宽度比较同行业数据，排除其中偶然的、非本质的因素，以得出与决策相关的实质性信息，确保投资决策的正确性与准确性。

1. 财务分析的对象

财务分析的对象是财务报表，主要包括资产负债表、损益表和现金流量表。从这三类报表中应着重分析公司的收益性、安全性、成长性和周转性四个方面的内容。

1）公司的获利能力。公司利润额及利润额增速是其有无活力、管理效能优劣的标志之一。作为投资者，购买股票时，当然首先考虑选择利润丰厚的公司进行投资。所以，分析财务报表先要着重分析公司当期投入资本的收益性。

2）公司的偿债能力。对公司偿债能力进行分析的目的在于确保投资的安全。具体可以从两个方面进行：一是分析公司短期偿债能力，看其有无能力偿还到期债务，这一点须从分析、检查公司资金流动状况来进行判断；二是分析公司长期偿债能力,这一点是通过分析财务报表中不同权益项目之间的关系、权益与收益之间的关系,以及权益与资产之间的关系来进行检验的。

3)公司扩展经营的能力。即进行成长性分析,这是投资者选购股票进行长期投资最为关注的问题。

4)公司的经营效率。主要是分析财务报表中各项资金周转速度的快慢,以评估上市公司各项资金的利用效果和经营效率。

2. 财务分析方法

一般来说,财务分析的方法主要有以下五种。

1)比较分析。说明财务信息之间的数量关系与数量差异,为进一步的分析指明方向。这种比较可以是实际与计划相比,可以是本期与上期相比,也可以是与同行业的其他企业相比。

2)趋势分析。揭示财务状况和经营成果的变化及其原因、性质,帮助预测未来。用于进行趋势分析的数据既可以是绝对值,也可以是比率或百分比数据。

3)因素分析。分析几个相关因素对某一财务指标的影响程度,一般要借助差异分析的方法。

4)比率分析。通过对财务比率的分析,了解企业的财务状况和经营成果,往往要借助比较分析和趋势分析方法。

5)差额分析。也称为绝对分析法,通过分析财务报表中有关科目绝对数值的差额,据以判断公司的财务状况和经营成果。

上述各方法之间有一定程度的重合,在实际工作当中,比率分析方法应用最广。

一般进行财务分析的主体分为两类:一类是外部分析者(例如投资人、债权人、证券分析机构),他们是与企业有一定利益关系的个人或集团,但并不直接参与企业的实际运营管理。因此,他们一般较少对企业的财务状况进行全面的分析,只是侧重某一方面的考察,如获利能力或者偿付能力等。这类主体通常采用比较分析法,将相关的部分指标与同类企业进行横向比较。另一类是企业内部经营管理者,一般将企业看作一个系统,通过各种财务指标分析综合评估企业的整体运行情况时,更多的是利用企业的历史资料,将当前财务指标与过去进行比较,而较少直接与其他企业对比。

通过财务比率分析可以了解掌握公司的经营状况和业绩,对公司股票的内在价值做出比较客观的判断。然而，财务比率分析属于静态分析，所使用的数据为账面价值，不考虑物价水平的影响。因此，在实际分析中不能机械地以数字大小得出结论，应考虑不同行业特点，综合考虑公司在同行业的水平和地位、财务特点等因素，将财务比率与同行业其他公司相比较，以深入了解该公司的财务状况和运营情况。

3. 财务状况综合分析

财务报表分析的最终目的是全面、准确、客观地提示企业财务状况和经营情况，并对企业经济效益进行合理评价。单纯计算少数财务比率，或将一些孤立的财务分析指标进行堆砌，是无法得出正确合理的综合性结论的。只有将企业偿债能力、营运能力、盈利能力及发展趋势等各项分析指标有机地联系起来，形成一套完整的体系，相互配合，做出系统的综合评价，才能从总体上把握和评估企业财务状况和经营情况的优劣。常用于上市公司综合财务分析的方法有杜邦财务分析法、沃尔评分法、公司财务状况综合评分法等。

（1）杜邦财务分析法

杜邦财务分析法是利用几种主要财务比率之间的内在联系，综合分析企业财务状况的一种方法。这种分析体系是美国杜邦公司首先创造并使用，故称杜邦分析法。

杜邦财务分析法的核心指标是净资产收益率（也称为权益净利率），其高低由销售净利率、资产周转率和资产负债率这三个因素决定。净资产收益率反映企业整体盈利能力的表现，其中销售净利率体现的是企业在一段时间内获取销售收入的能力；资产周转率反映了企业运用资产以产生销售收入的能力；资产负债率反映了公司利用财务杠杆进行经营活动的程度。

对于销售净利率，销售额和销售成本是主要影响因素，销售额高且销售成本低将提高销售净利率，反之将降低。对于资产周转率，需要分析各个因素对资产周转的影响，以判明主要问题或优势所在。对于资产负债率，其数值越高权益乘数越大，意味着公司负债程度越高，可能有较高的杠杆利益，但也伴随较高的风险。

杜邦财务分析法对企业财务状况进行的自上而下的综合分析，通过主要财务指标之间的关系，直观明了地反映出企业的偿债能力、营运能力和盈利能力，为经营者提供解决财务问题的思路，也为企业提供财务目标的分解和控制途径。

这种分析方法所提供的财务信息可以帮助决策者明确采取具体措施的方向，优化经营结构和理财结构，提高企业偿债能力和经营效益。它提示，要提高净资产报酬率，其根本途径在于扩大销售，改善经营结构，节约成本费用，合理配置资源，加速资金周转，优化资本结构等。

在具体应用杜邦分析法时，需要注意的是这一方法并非另外建立新的财务指标，而是一种对已有财务比率进行分解的方法。它既可以通过净资产收益率的分解来说明问题，也可通过分解其他财务指标（如总资产收益率）来说明问题。总之，杜邦分析法和其他财务分析方法一样，关键不在于指标的计算，而在于对指标的理解和运用。

（2）沃尔评分法

沃尔评分法（如表20-1示）的发明者是亚历山大·沃尔（Alexander Wole）。他在20世纪初出版的《信用晴雨表研究》和《财务报表比率分析》中提出了信用能力指数的概念，把若干个财务比率用线性关系结合起来，以评价企业的信用水平。他选择了7种财务比率，分别给定了其在总体评价中所占的比重，总和为100分。然后确定标准比率，并与实际比率相比较，评出每项指标的得分，最后求出总评分作为对企业业绩的评价。

财务指标	占总评价的比重	财务指标	占总评价的比重
流动比率	25	净资产/负债	25
资产/固定资产	15	销售成本/存货	10
销售额/应收账款	10	销售额/固定资产	10
销售额/净资产	5	总计	100

表20-1 沃尔评分法

从理论上说，沃尔的比重评分法并未证明为什么要选择这7个指标以及每个指标所占比重的合理性。从技术上来说，沃尔的比重评分法有一个问题，即某一个指标严重异常时，会对总评分产生不合逻辑的重大影响，这是由于相对比率与比重相乘引起的。尽管沃尔评分法在理论上还有待证明，在技术上也不完善，但在实践中还存在一定的应用。

（3）公司财务状况综合评分法

随着时代的发展，现代社会对公司财务的分析和评价有了更加全面和深入的理解。现代公司财务评价一般认为评价的主要内容应包括公司的盈利能力、偿债能力和成长能力，三者之间可大致按 5：3：2 的比重进行分配。

其中，盈利能力的主要指标是总资产利润率、销售利润率和资本利润率，比重分配为 2：2：1。偿债能力主要有 4 个指标：自有资本比率、流动比率、应收账款周转率和存货周转率，4 个指标权重各占 8%。成长能力主要有三个指标：销售增长率、利润增长率和人均利润增长率，这 3 个指标各占 6% 的权重。公司财务综合评分的总评分仍以 100 分为准，评分的标准和分配分如表 20-2 所示。

指标	评分值	标准比率（%）	行业最高比率（%）	最高评分	最低评分	每分比率的差（%）
盈利能力						
总资产利润率	20	10	20	30	10	1
销售利润率	20	4	20	30	10	1.6
资本利润率	10	46	20	15	5	0.8
偿债能力						
自有资本比率	8	40	100	12	4	15
流动比率	8	150	450	12	4	75
应收账款周转率	8	600	1 200	12	4	150
存货周转率	8	800	1 200	12	4	100
成长能力						
销售增长率	6	15	30	9	3	5
利润增长率	6	10	20	9	3	3.3
人均利润增长率	6	10	20	9	3	3.3
合计	100			150	50	

表 20-2 公司财务状况综合评分标准

4. 财务分析中应注意的问题

在运用比率分析时，一要注意将各种比率有机地联系起来进行全面分析，不可单独使用某个或某类比率，否则便难以准确地判断公司的整体情况；二要注意审查公司的性质和实际情况，而不应仅局限于财务报表；三要注意结合差额分析，这样才能对公司的历史、现状和将来有一个详尽的分析了解，以达到财务分析的目的。

1）分析公司短期偿债能力时，应将流动比率指标与公司性质、行业特点结合起来。例如，流动比率高，说明有较多的流动资产保证流动负债清偿，即公司的短期偿债能力强。但流动比率的高低，受流动资产中的应收账款比重和存货周转速度的影响比较大。同时，公司性质和其他经营环境因素也对短期偿债能力存在影响。

2）分析公司长期偿债能力时，应将资产负债率指标与资产报酬率指标结合起来分析。资产负债率反映了公司长期偿债能力。这一比率越低一般说明公司债务负担越小，财务状况越稳定。但如果同时公司资产报酬率比较高，说明资产的利用效率好，盈利能力强，适度举债经营反而对股东来说是有利的，这种公司的资产负债率可相对高一些。

3）分析公司盈利能力时，应将每股盈利指标和资产收益率指标结合起来。每股盈利和净资产收益率并不一定同时高，需要综合考虑两个指标，尤其在公司股票存在溢价发行的情况下，净资产收益更能反映公司的总体盈利水平和资本运用能力。

4）分析公司分红方案时，需要区分利润分配和用公积金（尤其是用资本公积金）送股。公司分红派股既可以用税后利润，也可以用公积金实施。公司在经营业绩较好的情况下，用税后利润派发红利或送股，是对投资者的回报；而资本公积金一般来自股票溢价发行或资产重估增值，用其转增股本与当期公司业绩无关，这两种回报方式的意义是不同的。

5. 财务分析结果的调整

在公司所处的经济环境和经营条件发生变化时，因为财务数据反映的基础发生了变化，原有的财务数据与新情况下的财务数据就不具有直接可比性。所以，在对公司财务指标进行比率分析并得出结论时，必须对公司经营环境可能发生的变化加以预测，对财务分析结果进行调整。

1）对会计政策影响的调整。对于同一会计事项的账务处理，不同会计准则所使用规则和程序不同，例如，存货计价是采用先进先出还是采用后进先出法，折旧是采用平均年限还是双倍余额递减法等都会导致分析产生不同结论。因此，需要根据财务报表附注说明的会计政策选择进行财务比率的调整。。

2）对比较基础的调整。比较基础作为评价公司当期数据的参照标准，包括上市公司的历史数据、同业数据和计划预算数据。同一时期的不同公司间横向比较时，应选择一组具有代表性的公司，求其平均数作为同业标准，而不是整个行业的平均。同一家公司不同时期纵向比较，进行趋势分析，往往以本公司的历史数据作为比较基础。

（二）α系数选股

α系数是比较通用的衡量证券或证券投资组合相对于市场整体收益状况的指标。利用α系数可以判断投资回报中有多少是由市场增长带来的，有多少是得益于基金管理人的选股能力。它反映了非市场因素所带来的回报，即基金经理取得的超过市场的那一部分价值。如果α系数大于0，表明基金经理增加了价值；小于0，表明基金经理减少了价值。α系数越大，说明证券或证券投资组合相对于市场的超额收益越大。

（三）聚类分析选股

聚类分析（Cluster Analysis）是一种将基础分析与技术分析综合起来的方法，通过对选择的指标进行计算，将数据结构类似的上市公司进行归类。分类问题可以分为两种：一种是已知当前研究对象的类别及分类情况，需要将一些未知类别的个体正确归入某一类，这属于判别分析的范畴；另一种是事先不知道所研究的对象应该分为几类及其具体的分类情况，而是需要通过对观测数据的分析处理，确定分类数目并建立一种分类方法，根据所研究对象的性质，把性质相似的归成一类，把不同性质的归为不同类，这种分类就是聚类分析要解决的问题。

聚类分析是一种研究对事物（样品或指标）进行分类的多元统计分析方法。在证券投资领域，聚类分析在识别具有投资价值的公司和高风险上市公司方面都是很有效的方法。通过选择不同的聚类核，对指定范围内的上市公司按所选定的指标数值进行相似度排序，既能够识别出具有投资价值的公司，又能够识别出存在高风险的上市公司。在技术分析层面，聚类分析可以发现与所选择的聚类核股票在某些技术指标数值（或变化趋势）上相似的上市公司。在基础分析层面，聚类分析可以发现与所选择的聚类核股票在财务指标数值（或变化趋势）上相似的上市公司。

在有计算机软件辅助的情况下，这是一种很有效且易于操作的方法。一旦选定了聚类核，投资者就可以通过聚类分析，找出与之相类似的其他上市公司，帮助投资决策。

三、综合评价

股票评价方法包含识别相对具有吸引力和不具吸引力股票的多种方法。当各信息来源都有预测内容并相互补充、不存在过多冗余时，运用多种信息来源选择股票比仅依靠单一方法要好。股票选择流程图中方框"综合评价"表明，应该将这些单个预测在一种最优方式下结合在一起，以期预测价值最大化。

第三节 债券选择流程

在债券选择上，利率趋势分析是基础。通过对利率期限结构的分析，确定债券的久期，选择与久期匹配的券种，并通过多种评价方法进行分析，最后综合评价找到有投资价值的债券。图20-2提供了一种债券选择的流程框架。

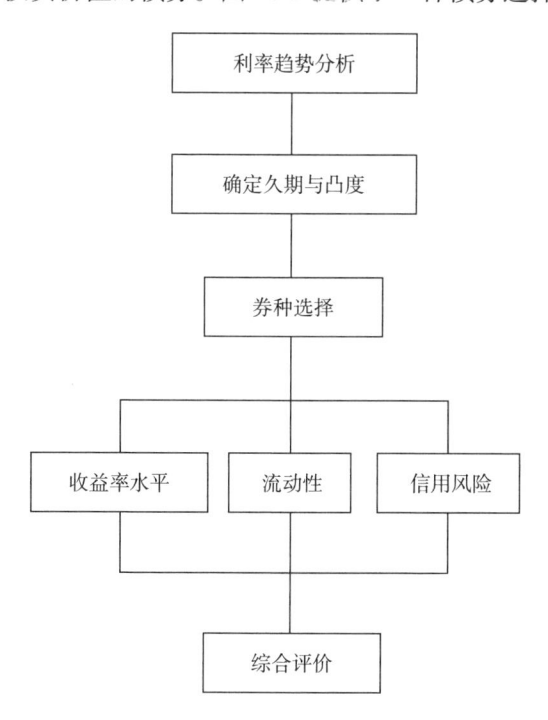

图 20-2 债券选择流程图

一、利率趋势分析

利率趋势分析是选择债券的基础，因为利率波动是影响债券价格变化的最重要因素。这里所提到的利率是指基准利率，即投资者所要求的最低利率，一般使用无风险的国债收益率作为基准利率的代表。

二、久期分析与券种选择

在对利率趋势进行分析后，可以根据对利率走势的判断，匹配与其相适应的债券的投资期限，确定债券的久期。

在债券分析中，久期已经超越了持续期间的概念，更多的是衡量债券价格变动对利率变化的敏感度。通常久期越大，债券价格对利率变动就越敏感，收益率上升所引起的债券价格下降幅度就越大，反之也是同理。可见，在其他要素相同的条件下，久期短的债券比久期长的债券在利率上升时抗风险能力更强，但同时利率下降时收益能力更弱。因此，当判断利率水平存在上升可能时，可以集中投资于短期品种，缩短债券久期；判断利率水平存在下降可能时，则应拉长债券久期，加大长期债券的投资。

久期的概念不仅能够应用于个券分析，也广泛应用在债券的投资组合分析中。一个长久期的债券和一个短久期的债券可以组合为一个中等久期的债券投资组合，这样，增加某一类债券的投资比例，可以使该组合的久期向该类债券的久期倾斜。所以，当进行大资金运作时，准确判断未来的利率走势后，就是确定债券投资组合的久期目标，并根据该目标灵活调整各类债券的权重。

三、个券评价方法

在确定了债券的久期以及与之相匹配的券种后，还需要对这些个券进行多方面评价，进一步缩小选择的范围，最终做出选择。在对个券进行评价时，通常需要考虑以下几个方面。

（一）债券的收益率水平

1）债券票面利率。债券票面利率越高，持有债券获得的债息也就越高。形成利率差别的主要原因是：市场利率、剩余期限、发行者的信用度和市场性等。

2）价格与面值的差额。当债券价格高于其面值时，债券收益率低于票面利息率；反之，则高于票面利息率。

3）剩余期限。剩余期限是债券距离最终还本付息的时间期限，剩余期限越长，到期收益率越高。

4）供求、货币政策和财政政策。市场供求、货币政策和财政政策对债券价格产生的影响，会直接反映在投资者的成本上，相同条件下成本越低则收益率越高。所以除了利率差别会影响投资者的收益之外，市场供求、货币政策和财政政策也是考虑投资收益时不可忽略的因素。

（二）债券的流动性

债券的流动性强意味着能够以较快的速度将债券转换为货币，同时以货币计算的价值不受过多损失。影响债券流动性的主要因素是债券的期限和债券类型。一般期限越长的债券，流动性越弱；期限越短，则流动性越强。不同类型债券的流动性也有所不同，如国债、政策性金融债等利率债券，由于有国家信用背书因此安全性较高，流动性较强；企业债券的流动性与其发行主体的信用有密切关联，资信卓著的大公司或规模小但经营良好的公司，他们发行的债券流动性较强；反之，那些规模小、经营差的公司所发行的债券，流动性要差得多。

（三）债券的信用风险

一般来说，由政府发行的国债几乎没有信用风险，因为国债的还本付息有国家财政作为保障。但企业债券由于存在发行企业违约的风险，投资企业债券时就要考虑到信用风险。

为了防范信用风险，选择债券时必须对发行的主体公司进行调查，通过财务报表分析，了解其盈利能力、偿债能力和信誉等，尽量避免投资经营状况不佳或信誉不好的公司债券。在持有债券期间，也应定期对公司经营状况进行跟踪了解，以便及时做出决策。不过，也正是因为存在信用风险，企业债券的收益率往往更高，那么对于投资者而言，需要在收益和风险之间进行权衡。

四、综合评价

债券评价方法中提出了识别相对具有吸引力和不具吸引力债券的多种方法，应当将这些评价方法在一种最优方式下结合在一起，选择出具有价值的投资品种。

第四节 基金选择流程

目前，我国对于基金管理公司构建投资组合时投资其他证券投资基金的监管态度逐渐放开。2016年9月23日证监会发布的《公开募集证券投资基金运作指引第2号——基金中基金指引》，使公募基金中基金（FOF）的运作有了明确的监管依据。2018年发布的《资管新规》中严格限制资管产品多层嵌套。但公募证券投资基金属于可以投资的底层资产之一，因此明确的基金选择流程无论对于个人投资者还是机构投资者都具有现实意义。

基金选择流程可以用图20-3加以说明。

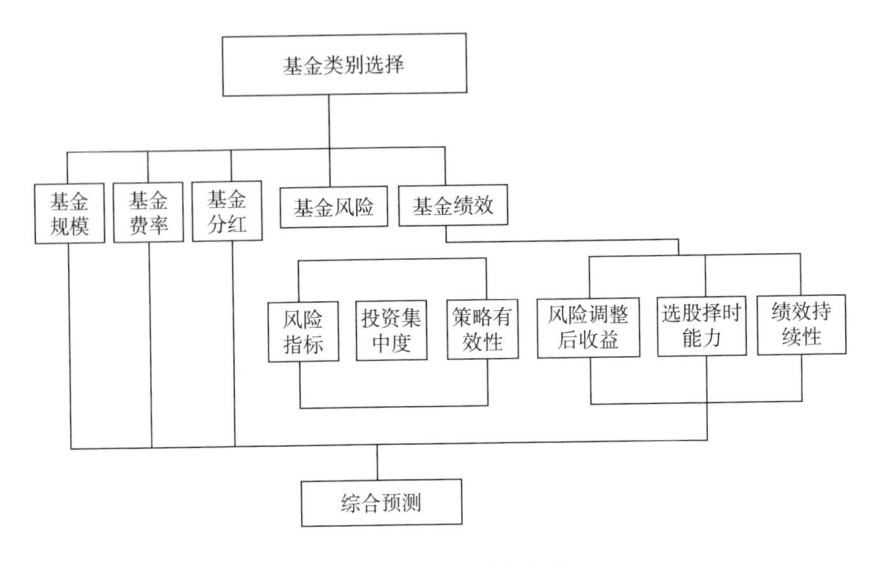

图 20-3 基金选择流程

一、基金类别选择

证券投资基金的一大特色就是数量众多、品种丰富，不同的基金类型具有不同的风险和收益特征。因此，在选择基金时，应根据对风险与收益的偏好确定投资的基金类型，再从相应类别的基金中进行更细致的选择。常见分类及依据可以详见本书第一部分关于基金分类的说明。

二、基金评价方法

（一）基金绩效评估

基金绩效评估不仅是对基金业绩进行的事后评价，也是在基金选择时需要分析的重要方面。有许多方法可以用于基金评价，本部分从基金选择的角度出发，重点介绍基金的风险调整后收益和选股择时能力两个方面。

1. 基金风险调整后收益

基金的风险调整后绩效是衡量基金业绩的重要参考依据。此处介绍几个比较经典的风险调整后收益指标，包括夏普比率、特雷诺比率、索丁诺比率（Sortino Ratio）、詹森指数、信息比率和 M2 测度（M2 Measure）。

1）夏普比率是反映风险和回报关系的比率，用于测量组合回报中的风险部分。夏普比率将高于无风险回报的部分除以某一时间段内的标准差，从而得出每一单位风险所产生的超额回报。夏普比率越高，说明调整风险后的回报越高。

2）特雷诺比率以基金收益的系统风险作为基准进行基金绩效调整，反映基金在承担单位系统风险时所获得的超额收益。特雷诺指数值越大，表示承担单位系统风险所获得的超额收益越高。

3）索丁诺比率与夏普比率类似，不同之处在于索丁诺比率以下跌偏离作为风险的衡量，即用投资组合偏离其平均跌幅的程度来区分波动的好坏。索丁诺比率越高，表示承担单位风险所获得的收益越好。

4）詹森指数的计算基于基金收益率与具有相同风险的投资组合在证券市场线上的收益率之差。詹森指数反映基金相对于市场组合（即平均收益水平）获得的超额收益率，指数值越大表示超额收益越高。

5）信息比率测量单位跟踪误差所带来的超额收益，信息比率越高，说明超额收益越高。

6）M2测度反映资产组合同相应的无风险资产混合以达到与市场组合具有同样的风险水平时，混合组合的收益高出市场收益的大小，M2测度值越大，表示超过市场组合收益的能力越强。

2. 基金选股与择时能力

基金的超额收益来自基金经理在两方面的贡献：一个是选择具有潜在价值的股票，另一个是把握市场时机，在股票低位买入高位卖出。在选股能力相同的情况下，择时能力的差异将带来明显的超额收益差异。

评价基金的选股与择时能力有多种模型，常用的几种模型将在后文详细讲解。当多种模型同时验证同样的结果时，该结果更有说服力。

（二）基金风险分析

对基金的风险进行分析是基金选择时需要考虑的重要方面之一。基金风险分析有多种方法，在此介绍比较常用的几种。

1. 基金动态价值分析

基金是基于股票、债券以及金融衍生品的投资组合，其中各个品种的市场特征决定了基金的市场特征，各个品种的价值也决定了基金整体的投资价值。基金动态价值评估是在分析基金投资组合中各个品种的市场特征和价值基础上，确定其投资组合的风险与价值。

此处介绍一种创新的动态价值分析方法就是济安动态定价。济安动态定价主要是基于股票最新的财务数据和交易信息，结合证券市场整体运行和上市公司基本面特征的变化状况,利用模糊聚类、分形计算、遗传算法等方法,确定最新股价与实际价值之间的差异。将该方法应用到基金动态价值分析过程中,需要以基金投资组合中各品种的动态定价为基础确定该基金投资价值。济安动态定价试图表现"动态均衡价值"的位置,偏离程度则反映基金计算日价格与动态定价之间的偏离。由于济安动态定价涉及复杂的数学计算,因此必须以计算机平台作为辅助来实现,投资者能够通过"济安金信组合管理与绩效评估系统"来获得济安基金动态价值分析的数据。

具体而言,如果一只基金的市值水平与济安基金动态定价的正向偏离度越大,则其风险越高;如果市值水平与济安基金动态定价的负向偏离度越大,则其风险越低。

2. 基金风险价值(Value at Risk,VaR)分析

基金的 VaR 分析通常有三种方法,包括一般性 VaR 分析、结构性 VaR 分析和增量 VaR 分析。后两种分析方法是对基金组合进行的分析,因此此处只对一般性 VaR 分析进行介绍。一般性 VaR 分析计算指定基金在设定参数下的 VaR 值,即基金资产组合在一定置信度水平下面临的最大损失。由于一般性 VaR 计算的是资产组合的潜在损失,计算结果均为负值,其绝对值越大,则基金组合的风险越大。

3. 基金风险指标分析

风险指标分析是通过各种具体的指标对基金资产组合的风险进行评估和分析。可计算的指标包括:标准差和年化标准差、β 系数、变异系数、下限风险、投资分散度和跟踪误差等。这些指标的绝对数值通常不能直接作为风险评估的依据,而是通过与同类基金进行比较,在类别基金中进行相对风险评价。

1)标准差和年化标准差用于反映基金面临的总波动性风险,数值越大表示波动性风险越大。基金的波动性大代表基金收益的波动幅度大,波动性小则表明基金业绩相对更加平稳。

2)β 系数用于反映组合与指数基准之间的回报率的敏感性,数值越大说明组合收益率相对于指数的波动程度越敏感,存在的不确定性越大。

3)变异系数反映单位期望收益所承担的风险代价。变异系数越大,说明取得单位期望收益所承担的风险越大。

4)下限风险测量与目标回报率的反向偏差。下限风险越大,说明基金组

合回报向下或向坏的风险越大，可以作为对 β 系数的额外补充。

5）投资分散度反映组合面临的风险中系统性风险所占比例。投资分散度越接近 1，说明组合回报率可以通过市场回报率解释的程度越大；投资分散度越低，说明组合回报率与市场回报率的关系越小。

6）跟踪误差测量基金回报率与具有相应风格的被动组合回报的差异。跟踪误差越大，说明基金组合收益率与基准组合收益率之间的差异越大。

4. 基金投资集中度分析

基金投资集中度指基金资产组合中投资规模居前的行业及股票占组合总市值及资产的比重。集中度越大，则该基金资产组合面临的非系统性风险越大。

5. 基金投资效率分析

基金投资效率是对基金各类费用占组合资产的比例及其在不同报告期的变化情况进行分析。从成本角度来看，这个比例越低越好。如果某项费用（如交易费）在某一期间大幅增加，则说明可能出现了值得关注的风格变动或存在关联交易或利益输送的道德风险。

6. 基金投资策略有效性分析

基金的投资策略有效性分析是评估基金经理在资产配置、行业配置与个股选择三个方面能力的一种方法。

资产配置能力主要考察基金经理在股票、债券、现金等大类资产比例配置上获得超越基准组合业绩的能力。资产配置效应越明显，说明基金经理在大类资产配置上越具有把握时机的能力。

行业配置能力考察基金经理在股票资产内对各个行业的投资比例配置中获得超越基准组合业绩的能力。行业配置效应越明显，说明基金经理在行业资产配置上越具有行业选择的能力。

个股选择能力考察基金经理在股票资产内个股投资的比例配置中获得超越基准组合业绩的能力。个股选择效应越明显，说明基金经理越具有个股选择能力。

（三）基金投资成本

基金投资的成本即包括申购和赎回费用与持有基金时管理人所收取的运营费用，这些成本以基金费率的形式体现。费率高低直接影响到投资人的投资成本，在同等基金业绩的情况下，较低的费率可以节省投资人的成本。费率的总水平受行业竞争的限制，一般来说各基金间的差距不会很大，而费率结构则受到投资者偏好的制约，应根据投资的需求来确定。

1. 申购和赎回费用

基金申购和赎回费用是指投资者在获得或赎回基金份额时需要支付的费用，这些费用会采用"内扣法"从投资者申购或赎回金额中直接扣除。

1）申购费。申购费是投资者为购得开放式基金而需支付的一次性费用，它由投资人直接支付给基金管理人或基金销售机构。根据申购费收取的时间不同，可以分为前收费和后收费。

2）赎回费。赎回费是当投资者从基金公司赎回资金时基金公司收取的费用，一般是用一定的金额或占赎回价格的百分比来表示。

2. 运营费用

所有基金都要支付运营费用，用于支付管理人运营基金和提供服务所需的费用。这些费用都会在基金的招募说明书中予以说明，一般用占基金净资产的百分比来表示。

1）管理费。管理费是运营费用中的主要组成部分，用于支付基金管理人管理基金资产和选择证券投资组合的费用。

2）托管费。支付给托管人的费用。

3. 影响基金费率水平的因素

（1）影响申购和赎回费用的因素

随着基金行业竞争的加剧，申购和赎回费用有降低的趋势。影响这部分费用的主要因素是基金的品种和费率安排等。

（2）影响运营费用的因素

影响基金运营费用的因素有包括基金资产规模、存续时间、基金的品种、周转率等。

1）基金资产规模和基金存续时间：一般随着基金资产规模的增长和基金存续时间的推移，基金管理的规模效应越显著，管理人的管理成本降低，因此有一定空间和动力降低运营费用的收取。

2）基金的投资方向：不同投资方向的基金费率水平也存在差异。一般来说，股票基金的费率高于债券基金，债券基金的费率一般也高于货币市场基金。

3）基金的种类：在其他情况相同的条件下，指数基金的运营费率一般低于主动投资基金。

4）所投资证券的数量和投资组合的周转率：研究表明，基金所投资的证券数量越多，周转率越快，运营费率也越高。

（四）基金分红水平

基金分红是基金将实现的投资收益分配给投资人的行为。一般来说，基金可以选择任何时间进行分红，但实际中基金通常都会先积累一定数量的收益后再进行分红。基金的收益分配政策也会有所不同，除了符合法规要求外，也有出于自身情况的考虑，应关注招募说明书中的关于收益分配条款的细则。例如关于收益分配次数的约定，不同基金也有所不同：有的基金只要满足净值大于1元的条件，而有的基金必须满足基金当年实现收益。普通货币市场基金的收益分配比较特殊，其净值固定为1元，每日进行收益分配，多数基金则会选定某个具体日期集中支付收益。

对于获得的分红，投资人可选择现金分红或红利再投资。一般情况下默认为现金分红，但投资者可以选择改变分红形式。

对于封闭式基金的投资者而言，投资封闭式基金可以从两个方面获利：一是基金的分红；二是基金在二级市场价格波动的差价。对于基金投资期限较长的投资者来说，基金的分红也是获得现金流的重要途径。因此，要仔细研究各只基金的运作情况和分红能力，首选管理水平高、持续分红能力强的基金。

三、基金评级

基金评价方法中提出了识别相对具有吸引力和不具吸引力基金的多种方法，应该将这些方法在一种最优方式下结合在一起，选择出最具价值的基金投资品种。对此，具有评级资质的基金评级机构通过系统的评级体系，对基金产品进行综合分析比较后给出的基金评级结果，可以作为进行基金选择时的重要参考。济安金信作为市场最权威的独立第三方基金评价机构，其基金评级体系将在后文进行详细介绍。

第二十一章 构建投资组合

第一节 资产配置

资产配置（Asset Allocation）是指投资者基于投资目标，在对证券进行分析和选择后，决定如何将资金在不同地域和不同资产类型间进行分配的过程。资产配置是投资过程中最重要的环节之一，通过资产的合理配置，减少投资人对非必要的收益风险忧虑，是决定投资组合相对业绩的主要因素。随着投资领域从单一资产扩展到多类型资产，从国内市场扩展到国际市场，资产配置的重要意义与作用也将越发凸显。

资产配置的目标在于根据资产类别的历史表现与投资人的风险偏好，确定不同资产类别在投资组合中所占的比重，以及在不同的具体标的间的配置，以提高投资收益并消除额外的非系统性风险。

要使资产配置在任一有效的时间内都能取得令人满意的效果，就应该以适当的比例对具有适当特性的适当资产类别进行配置。资产配置过程可分为以下几个有序的步骤。

第一步，寻找最佳的资产组合。这一步骤是根据基金的投资理念和投资目标，在满足所面对的限制因素的条件下，选择最能够与投资者构想及目标相匹配的各种资产类别，构建在一定的风险下能够带来最大收益的资产组合，或在给定的收益水平下带来的风险最低。通常考虑的主要资产类型有货币市场工具、固定收益证券、股票等。

第二步，建立长期的资产配置策略，也称为战略性资产配置。围绕未来资产组合预期变动的趋势，确定资金在各资产类别上的配置比例（一级资产配置）以及在具体资产上的配置比例（二级资产配置）。这一步骤应反映出长期最优化的标准，包括最理想的长期资产组合、投资政策和预期投资年限等。

第三步，执行战术性资产配置决策。根据各类资产的市场前景，利用合适的执行工具对一级资产配置和二级资产配置进行动态调整，以落实战略性资产配置原则。

第四步,定期再平衡。根据战略性资产配置框架,定期调整资产组合,以确保符合当前的市场环境、心理状态和对金融市场的预测,同时考虑与再平衡相关的税收和交易成本。

在进行资产配置的过程中,主要考虑的因素有以下几个方面。

1)影响投资者风险承受能力和收益目标的各项因素,包括投资周期、资产负债状况、财务变动状况与变动趋势、资产净值、风险偏好等。

2)影响各类资产风险收益状况以及相关关系的资本市场环境因素,包括国际经济形势、国内经济状况与发展动向、通货膨胀、利率变化、经济周期波动、监管政策等。

3)资产的流动性特征与投资者的流动性要求是否相匹配。

4)投资期限的安排,根据不同资产的到期日进行选择。

5)税费因素,因为任何一个投资策略的业绩都是由其税后收益来进行评价的,税费的影响对投资决策也具有重要意义。

一、战略性资产配置与战术性资产配置

从时间跨度和风格类别上看,资产配置过程可分为战略性资产配置和战术性资产配置。前者根据投资目标和投资限制构造长期的资产配置构架;后者根据投资环境的变化,适时改变长期配置的资产权重,以增加投资组合的获利机会,是对战略性资产配置确定的配置状态的动态调整。

(一)战略性资产配置

战略性资产配置原则与战略有关,"战略"(Stratagem)一词来源于希腊语单词"Strategos",意为军队的总指挥官。其中包含了资产配置和投资行为的基本方向和主要目的,对于投资的最终结果起着决定性作用。

战略性资产配置过程通常涉及以下问题。

1)投资者如何获得、配置、增加或减少权重,舍弃和再平衡广泛的资产类别、资产管理者和特定投资品种?

2)不同的投资方法是否适用于各种投资?

3)应该追求和避免哪些行为和投资策略?

4)在不同投资场景和突发事件中,应该采取何种投资动机和行为?

因此,战略性资产配置过程就是根据各项资产在持有期间或计划范围内的预期风险、收益及相关关系,在可承受的风险水平上构建能够提供最优回报率的投资组合。战略性资产配置的构成包括以下三个核心要素。

1)根据投资者的风险承受能力和效用函数,确定投资组合中合适的资产;

2)确定这些资产在持有期内或计划范围内的预期回报率和相关关系;

3)在可容忍的风险水平上选择能提供最优回报率的投资组合(在有效边界上)。

1. 确定投资者的风险承受能力与效用函数

资产管理中最重要的一条规则,就是在投资人的风险承受能力范围内运作。尽管测度投资人的风险承受能力是一项相当困难的工作,但遵循这条规则可以帮助投资者在投资策略经历暂时性困难时保持应有的耐心。否则,如果资产管理人的运作超出投资人风险承受能力范围进行运作,投资人很可能因为波动超出其承受范围而失去信心,甚至要求资产管理人放弃预定的投资战略,这对投资组合绩效将是最大的打击。

风险也可以定义为对投资过程中任何不利后果的脆弱性。对于不同的投资人来说,只有那些可能导致长期策略发生变动的风险才是真正不受欢迎的。因此,资产管理人和投资者必须明确哪些风险导致的结果是不能容忍的,而在此之外的风险结果是应该被有耐心的投资人容忍的。

同时,只有在充分理解客户的基础上,资产管理人才能够平衡不同风险所带来的可能相互冲突的压力。不同投资者对不同风险的容忍和承受能力是不同的,其中包括投资组合整体的波动性、资产与负债的波动性匹配、组合实际收入的波动性等。甚至对于一些投资者来说,过分保守本身也是一种风险,因为过于保守的投资战略虽然可以减少投资组合的波动性,但也会导致长期报酬下降,从而不能与通货膨胀保持同步或增加长期投资成本。

2. 确定各项资产在持有期间或计划范围的预期风险、收益及相关关系

确定资产类别收益预期的主要方法包括历史数据法和情景分析法两大类。

(1)历史数据法

历史数据法假设未来与过去相似,根据长期历史数据能够推测资产类别未来的收益。历史数据包括各类资产的收益率、以标准差衡量的风险水平以及不同类型资产之间的相关性等数据,并假设上述历史数据在未来仍然可以继续保

持。更复杂的历史数据可以结合当时的经济周期来进一步分析,即考察在不同经济周期下各类资产的风险收益及相关性。这样结合对当前和未来一定时期内的经济趋势前瞻,可以预测各类资产的风险收益状况和相关性。

(2)情景分析法

与历史数据法相比,情景分析法在预测过程中的难度较大,预测的适当时间范围也有所不同,因此,要求更高的预测技能,所得到的预测结果在一定程度上也更具有价值。一般来说,情景分析法的预测期间在3~5年左右,这样可以超越季节性因素和周期性因素的影响,更有效地关注社会政治变化趋势及其对股票价格和利率的影响,同时也为短期投资组合决策提供适当角度,为战术性资产配置提供运行空间。

3. 在可承受的风险水平上构建能够提供最优回报率的投资组合

在对各项资产的回报率和风险进行估计后,管理人可以运用最优投资组合的求解技术,在每一个风险水平上找到可以取得最高收益的投资组合,通过这种方式,选出在投资者可承受的风险水平下最优的投资组合构成。

总之,战略性的资产配置是系统化的资产配置过程,它基于投资者的风险承受能力、最低长期成本以及能够切实运作的投资组合进行理想化预测,它将风险控制和收益增加结合在一起,是长期资产配置决策的核心。

(二)战术性资产配置

战术性资产配置是在战略资产配置框架下,根据资本市场环境和经济条件的变化,对资产配置状态进行动态调整,以增加投资组合价值。"战术"(Tactics)一词来源于希腊语单词"Tattein",意为"有条理地安排或放置"。相对于"战略"的总体性来说,战术通常用来描述所有的个人活动或微观活动。

战术性资产配置通常涉及以下几方面。

1)处理突发事件,投资组合的操作细节及如何挑选特殊投资品种;

2)有关买卖、评价、回报率测算、波动性及具体投资与具体资产管理者相关性的技术特征;

3)执行投资组合策略的操作指令;

4)评估投资活动的有效性。

战术性资产配置主要有以下几个特征。

1)采用客观、量化的分析工具,包括回归分析或优化决策等;

2）受到某种资产类别预期收益率的客观测度驱动，因此属于以价值为导向的过程。可能的驱动因素包括综合现金收益、长期债券到期收益率水平计算股票的预期收益，或按照股票市场股息贴现模型评估股票预期收益变化等；

3）能够利用规则识别被市场忽视的资产类别，并引导投资者进入。因为不受市场关注的投资类别通常需要提供更高的预期收益率才能够吸引资本的流入；

4）依靠"回归均衡"的原则，这是战术性资产配置中的主要利润机制。

大多数战术性资产配置过程具有相同原则，但结构与实施准则有所差异。战术性资产配置的目标是在不增加系统性风险或投资组合波动性的前提下提高长期回报，尽管这与效率市场假说中的"风险与回报匹配"的原则看似矛盾。但通过区分长期回报的改善和投资者的"效用"提高，可以发现不同类型的投资者能够实现效用最大化的不同资产配置策略。

对于许多投资者而言，战术性资产配置可以提高长期回报而不增加投资组合的潜在风险，但可能会以低舒适度和低效用为代价。只有当战术性资产配置成为许多投资者可接受的舒适战略时，回报的改善才不会导致投资组合风险的相应增加。

（三）战略性资产配置与战术性资产配置的结合与比较

战略性资产配置和战术性资产配置彼此协调，共同影响整个投资组合。战略性和战术性原则的发展有助于投资者思想的成型和集中，并促进跨时空的交流，培养投资者深入思考和提前计划的习惯，避免在投资过程中草率做出决策。

从前文对战略性资产配置和战术性资产配置的描述可以看出，战略性资产配置是根据投资者的财务目标、风险承受能力制定的长期平衡模式。这种模式，正如前文所说，是建立在对较长时期资产收益率和风险的估计基础之上。这些资产的长期收益率和风险通常不会与其短期的收益率和风险相同。常见的情况是，各种资产的短期收益率（或风险），在某些特定时期内可能高于长期收益率（或风险），而在其他时期，这些短期收益率（或风险）又可能低于长期收益率（或风险）。在这种短期收益率变化与长期收益率变化不一致的情况下，积极进取型投资者可以利用战术性资产配置策略，在短期收益率（或风险）变化的有利时机下，部分调整既定的长期战略性资产配置，以获得更好的收益。

但是，在结合使用战略性资产配置和战术性资产配置的过程中，必须清楚这两种配置策略之间的差异，取长补短，才能使两种配置策略相得益彰。

1. 配置目的不同

战略性资产配置的目的是确定投资组合中长期政策性的资产权数，使证券组合的收益波动性风险与投资者的风险厌恶程度相匹配，通过管理风险来实现对长期资产收益的管理。而战术性资产配置则是在实际的市场条件下，通过适时改变长期配置的资产权重，以增加投资组合的获利机会，其重点是短期投资决策，通过减少投资收益低的资产来降低风险，目的在于管理预期短期收益的资产风险。

2. 配置机制不同

战略性资产配置是通过运用历史收益率信息产生的有效边界，选择最适合投资者需求的资产构成，形成具有周期性再平衡机制的固定资产配置构成。这种再平衡机制可以调整投资组合中具体资产的权数。而战术性资产配置建立在"均值回归"这一前提下，即认为不论某种证券最近的收益率如何，最终都会回归其长期平均价值，同时假设投资者的风险承受度和投资限制条件在期间内是固定不变的。这种方法下的投资者总是购买目前至少是相对不受欢迎的资产种类，卖出市值最高的资产种类，采取反向的投资方法。

3. 调整方案不同

战略资产配置关注长期的资产配置，且不经常进行调整。组合管理人通过对来自资本市场和投资者的信息进行最优化处理，来确定最适合特定投资者的长期资产配置。一旦资产构成被确立，组合管理人就不能根据市场和投资者条件的暂时改变而不断调整资产配置。而战术性资产配置则不同，它经常调整投资组合中的资产类型，以从不断变化的市场中获利。在战术性资产配置中，管理人只要察觉到各种资产类别的相对价值发生变化，就会进行相应的调整。

战略性资产配置为投资者的资产配置搭建了一个框架，但在构建投资组合的过程中应该注意到，投资者的目标和限制条件及资本市场都会发生变化。因此，需要根据更新的投资者需求和资本市场的预期，随时利用战术性资产配置对组合进行微调，抓住市场中各种资产类型的收益机会，以达到投资回报最大化的目的。

二、一级资产配置与二级资产配置

证券投资基金主要是股票、债券和现金等资产构成的投资组合，不同类型的基金在不同的资产类别上配置的资金比例也有所不同，基金投资人要通过建立由不同基金类型构成的组合来实现投资在各类型资产上的分布。

对于单只证券投资基金，其资产配置一般可以按照配置步骤分为三个层面：最基本的层面是将资产按适当的比例分配在股票、债券和现金这些大类资产上，称为一级资产配置。更深一步的层面是将所确定的资产进一步细分在具体的股票、债券上，称为二级资产配置。有些基金的配置过程中还涉及在不同的行业、地域之间的配置，称为三级资产配置。通常一级资产配置和二级资产配置是基金资产配置过程的主要环节。

（一）一级资产配置

一级资产配置是资金在大类资产之间的配置，具体的配置比例应当根据投资者的投资目标、风险承受能力、投资金额、投资策略等来确定。

1）对于投资周期大于10年、能够承受较大的风险的投资者，可以采取激进型的投资策略，追求较高的长期投资收益。在这种情况下，应将大部分资产投资在股票上。

2）对于投资周期大于10年、只能够承受一般水平风险的投资者，可以采取稳健型的投资策略，以保持稳定的投资收益。在这种情况下，可以将资产在股票和债券之间进行平衡配置。

3）对于投资周期小于5年、较为风险厌恶、注重保持现有资产价值的投资者，可以采用保守型的投资策略，即将大部分资金配置在债券和现金上。

（二）二级资产配置

二级资产配置是将投资金额分散到具体股票、债券等资产上，以实现风险分散。在进行二级资产配置时，资产管理人需要考察所选择的具体股票和债券的属性，将资产进一步分散在不同风格、不同行业、不同地域的股票和不同久期、不同信用素质的债券上，通过调整投资组合中各属性资产间的配置比例及持仓量，达到预期的投资目标。

随着宏观经济变化和金融市场的波动，投资组合中的各个资产表现也会有所变化，从而导致投资组合面临的风险增大。为规避投资风险，基金管理人可以在现有的投资政策下，选择科学的投资组合配置方法对原有的资产配置状态进行优化。资产配置优化是寻找到在既定的风险水平下能够产生最高可能预期收益，或者在给定的收益水平下具有最低可能的风险度的投资组合。这一过程的本质是一个带有约束的最优化问题，不同的优化目标和限制条件会导致投资决策选择及投资的范围和领域有所不同。

1. 投资目标与模型

在金融领域，投资决策的目标通常是对投资收益和风险的综合考虑。针对这些目标，常见的模型如下。

（1）均值-方差最优化模型

均值-方差最优化（Mean-variance Optimization，MVO）是金融资产配置的经典模型，最早由经济学家马科维茨在20世纪50年代早期开发，并首先应用于股票投资组合。

该模型以资产收益率的均值描述投资组合的期望收益，以收益率的方差描述风险。使用该模型进行资产配置优化的目标是尽可能使收益率的均值最大，方差最小。均值方差模型给出了投资组合最基本的框架，是目前投资理论和投资实践中最主流的方法之一。

（2）资本资产定价模型

夏普等人的资本资产定价模型（CAPM）是对马科维茨的均值-方差模型进行了简化和扩展后的一种方法。该模型仍然采用了原模型对风险的定义，但使用了 α 系数和 β 系数来度量收益和风险。其中，α 系数反映了一种证券超过其均衡模型（例如 CAPM 模型或 APT 模型）预测的非常规收益率或超额收益。在风险一定的情况下，α 系数越大，投资组合的收益越高。β 系数反映了证券收益对市场行情变化的敏感程度。在收益一定的情况下，β 系数越小，则投资组合的风险越小。因此，使收益最大，风险最小的投资决策目标可以表述为：使 α 系数最大化，β 系数最小化。对 α 系数和 β 系数的优化方法也是证券投资组合管理中比较成熟的一种方法。

（3）基于 VaR 的优化模型

随着金融理论的不断发展，一些学者认为马科维茨对风险的定义有一定的缺陷，因此提出了一些新的投资组合优化模型，其中比较有影响的就是使用风险价值（VaR）来定义风险。VaR 是指在一定的概率水平下，市场正常波动时，某一金融资产或证券组合在未来特定时间段内的最大可能损失。由于 VaR 值可以简明地表示市场风险的大小，因此当投资收益给定时，投资决策的目标就是选择使 VaR 值最小的投资组合。

（4）风险平价的优化模型

基于经典的马科维茨均值 - 方差模型所给出有效前沿而构建的投资组合，因为对收益与风险都高度敏感，往往在实际操作中的优化结果会向某一类资产集中，导致风险的失衡。例如，采用 50/50 的比例构建的股票 + 债券组合，从资金角度确实进行了资产类别的分散；但从风险的角度，由于股票资产的价格波动通常远高于债券资产，这一 50/50 投资组合的绝大部分风险可能仍是由股票资产的涨跌决定，实际上并没有真正达到分散投资风险的配置目的。为修正这样的偏差，磐安资产（PanAgora Asset Management）首席投资官钱恩平提出了"风险平价"的概念，知名的桥水基金全天候策略产品是较早践行这一策略的基金产品。

风险平价理论的核心在于优化投资组合的风险权重分配，让每类资产在组合中的风险贡献基本均衡，从而有效地减少某类资产波动对组合的影响，使组合表现更加稳健。风险平价模型的应用主要有两类：一类是直接对资产进行风险平价配置，即基于资产的风险平价策略；另一类是对影响资产价格变动的因子进行风险平价配置，即基于因子的风险平价策略。目前，该策略较多地为 FOF 投资所采用。

（5）基于财务指标的优化模型

公司的财务指标也是投资者考虑投资收益和风险的重要因素之一。对于大多数投资者来说，财务指标评估法是一种比较直观且易于掌握的风险评估方法，主要用来评估股票的非系统性风险。它利用企业财务报表和市场价格提供的信息，反映企业的经营状况和所发行股票的质量。在此基础上，通过比较和动态的分析，并结合评估者的主观判断，确定股票的风险度。对于股票型基金来说，通常情况下，基金投资的各股票所属公司的财务结构越稳健，公司股票的收益会越稳定，面临的非系统性风险越小。因此，在实现收益最大化和风险最小化的投资组合目标的基础上，通过使股票加权的财务指标达到最优，可以使投资组合的价值最大化。

在实际的投资过程中，不同的投资者有不同的投资目标。对于倾向于冒险的投资者，他们关心的是投资组合的发展潜力是否无限，因此其投资目标在于追求资本的最大效用，即在一定的风险水平下获得最大的收益，或者在一定的收益水平下使组合风险最小。这类投资者可以选择前三类模型进行资产配置优化。对于偏向保守的投资者，他们更加关注该投资组合能否保住本金并获得稳定的收入。他们的投资目标就是确保投资本金的安全性、支付当期收入和实现资本与收入的长期成长。这类投资者更注重被投资企业能否稳定发展，以带来较长期可持续的投资收益。因此，他们可以选择第四类模型进行资产配置优化。

2. 其他投资限制条件

除投资目标外，还有其他限制条件也会影响投资者的投资计划，主要包括以下几类。

1）流动性需求。若一项资产能以接近市价的价格迅速变现而不使价值过于减损，则称该资产具有较好的流动性。在制定投资计划时，必须要考虑投资者对流动性的需求。

2）投资时限。投资者的投资时限与其对流动性的需求和风险承受能力密切（但不完全）相关。投资时限较长的投资者通常对流动性需求较低，能够承受较高的投资组合风险；而投资时限较短的投资者往往更倾向于低风险投资。因此，投资时限也是投资者制定投资计划的重要限制条件。

3）税务因素。税收法规使投资计划变得复杂，投资者需要考虑税收因素对投资组合的影响。

4）法规限制。由于金融市场和基金投资过程会受到较为严格的监管和法规限制，因此，法规因素会影响个人或机构投资者的投资策略。

5）特殊需求和偏好。这类限制指与投资者个人有关的因素，例如，某些投资者可能基于个人偏好而不愿涉足某些投资领域。

上述这些投资目标和投资限制条件可以通过建立数学模型转化为多目标规划问题中的目标函数和约束条件。通过求解这样的规划问题，可以得出最优的资产配置比例，以此指导投资者的资产配置计划。投资者或者基金管理人可以根据得到的优化资产配置方案，对基金中的具体标的进行增持和减持，以实现基金的投资目标。

资产配置的决策选择决定了投资期内大多数投资组合的收益率和风险水平。正如前面所述，投资策略的风险和收益取决于投资者的目标和投资限制。在众多机构投资者和个人投资者中，每个投资者都有其典型的投资目标和限制条件，特定的投资目标、限制条件和投资策略必须根据具体的情况进行个体化处理。

第二节 时机选择

本节侧重于介绍股票资产的时机选择，主要依据基础分析和技术分析两种分析方法。这两种方法都有各自的代表人物和代表理论。本节将两种方法结合起来，综合判断买卖的时机，而不是将其割裂开来或仅使用其中一种。由于中国股票市场的做空机制尚在发展中，因此对大势走向的判断是时机选择中最重要也是最先考虑的因素。一般来说，对大势的研判包含在基础分析的过程中，并在大势走向分析的基础上，对行业周期、股票价格与价值的偏离情况等进行分析，最后从技术角度对买卖的临界点进行判断。时机选择流程如图21-1所示。

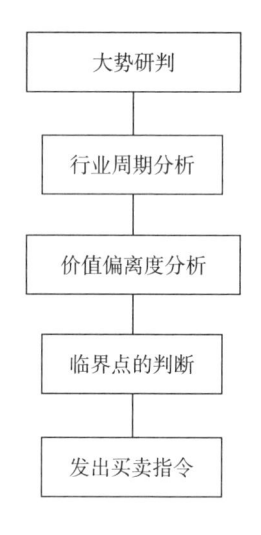

大势研判 → 行业周期分析 → 价值偏离度分析 → 临界点的判断 → 发出买卖指令

图 21-1 时机选择流程图

一、大势研判

大势研判是时机选择的基础，股票投资讲究顺势而为。所谓"势"指对宏观经济运行情况、影响股票综合指数波动的政策因素等进行分析，判断大盘的运动方向。由于中国股市做空股票数量有限，近似一个单边市，一般来说，大盘处于涨升阶段是买入股票的时机，而下降阶段则是卖出股票的时机。

其中，宏观经济运行分析是指对开放经济体的各项总量和经济变量之间的相互关系及运动规律的分析，主要内容包括经济增长、经济周期和就业情况。通货膨胀、利率水平、汇率水平及国际经济和金融市场情况等因素也会影响宏观经济的运行。因此，诸如财政政策、货币政策、汇率政策等宏观政策变量及其变化趋势，均属于宏观经济分析的范畴。通过对各主要宏观变量影响股市运行的分析研究，投资者或基金管理人可以预测股市运行趋势并选择投资时机。

（一）经济周期及其对股市的影响

经济周期（Business Cycle）一般是指由实际国内生产总值（Real Gross Domestic Product，Real GDP）衡量的经济活动总水平扩张与收缩交替的现象。经济周期分为四个阶段：繁荣时期，即经济活动扩张或向上的阶段；萧条时期，即经济活动收缩或向下的阶段；衰退时期，即经济由繁荣转向萧条的过渡阶段；复苏时期，即经济由萧条转为繁荣的过渡阶段。

判断整体经济处于哪个阶段，主要依据的是一个国家的投资规模、工业产量、销售量、资本借贷量、物价水平、利息率、利润率以及就业率等经济指标的变动。

股票市场是整个国民经济的重要组成部分，股市的运行与宏观经济运行应当一致。宏观经济从衰退、萧条、复苏到繁荣的周期性变化决定了股市牛熊市的转换。股市牛熊市通过上市公司股票价格及其交易量表现出来，因此股票价格及其交易量也受经济周期的影响并呈现明显的规律性。在经济衰退和萧条时期，股价不断下跌，交易量逐渐萎缩；经济复苏到繁荣时期，股价逐步上升，交易量也随之放大。这样的周期性变化不仅表现在宏观经济整体的变化，对于某一具体行业也存在着这样的兴衰交替，而且可能并不同步于宏观经济整体。

投资者应当结合经济周期的变化规律和行业的特点进行操作，在股价反映未来景气变动前预测到未来景气的变动趋势，在经济不景气（萧条）的末期买入股票，在景气的中、末期卖出股票。这样，可以实现大方向上的低价位买入，高价位卖出。

（二）通货膨胀及其对股市的影响

通货膨胀（Inflation）是指流通中的货币量超过实际需要量所引起的货币贬值的经济现象。通货膨胀最直观的表现就是物价（商品和劳务）总水平的普遍和持续上涨。

通货膨胀是影响股票市场和股票价格的重要宏观经济因素。通货膨胀的产生主要是由于货币供应量过多导致的。货币供应量与股票价格一般呈正比关系，即货币供应量增大，物价上涨，股票价格上升。反之，货币供应量缩小，则股票价格下降。

按通货膨胀率的高低及其影响来划分通货膨胀的类型，可以把通货膨胀分为以下四种类型：爬行的通货膨胀、温和的通货膨胀、飞奔的通货膨胀及恶性通货膨胀。

通货膨胀	相应地对股票价格的影响
初期的税收效应、负债效应、存货效应、波纹效应	刺激股价上涨
温和的、稳定的通货膨胀	对股价影响较小
通货膨胀在可容忍范围内持续，经济处于景气阶段	股价将持续上升
严重的通货膨胀	股票价格下跌
通货膨胀造成的相对价格变化	获利公司股票价格上涨，受损失公司股票价格下跌

表 21-1 通货膨胀对股票价格的影响

（三）国内生产总值（GDP）及其对股市的影响

国内生产总值是反映宏观经济总量的指标，表示一个国家或地区范围内的全部常住居民在一定时期内（通常是一年）所生产最终产品和提供劳务价值的总和。

GDP 的增长会使国民收入增加，国民经济主体的经济活动变得活跃，从而带动产品市场及资本市场的繁荣，包括股票市场在内。从长期来看，在上市公司的行业结构与该国产业结构基本一致的情况下，股票平均价格的变动与 GDP 的变化趋势是相吻合的。但是，不能简单地认为 GDP 增长必然导致股票市场上升，实际上有时情况恰恰相反。

GDP 变动	股票市场相应变动	GDP 变动对股票市场的影响机制
持续、稳定、高速的 GDP 增长	股票价格上涨	公司经营效益上升；投资者信心上升；居民收入上升
高通胀下的 GDP 增长	股票价格下跌	企业经营困难，居民收入降低
宏观调控下的 GDP 减速增长	股票市场平稳渐升	经济矛盾得到缓解，为进一步增长创造了有利条件
转折性的由负增长向正增长转变	股票市场由下跌转为上升	恶化的经济环境逐步得到改善
恶化的经济环境逐步得到改善，向高增长 GDP 变动	股票价格快速上涨	新一轮经济高速增长已经来临

表 21-2 GDP 变动与股票市场变动的相关关系

（四）技术分析与大势研判

1. 道氏理论

股票价格有着总体演变进而形成的趋势，其中最重要的是主要趋势，即基本趋势。基本趋势代表着大规模的上升或下降运动，通常持续时间超过一年，并导致股价上涨或下跌的幅度超过20%。基本趋势在其演进过程中穿插着与其方向相反的次等趋势，这是由于基本趋势暂时推进过快时所发生的回撤或调整。次等趋势由小趋势或者每日的波动组成，而次等趋势与被间断的基本趋势一同被划分为中等趋势。

（1）基本的上升趋势

通常可分为三个阶段：第一阶段为建仓或积累阶段。在熊市即将结束、牛市即将开始之际，所有经济方面的坏消息已经被市场消化，此时聪明的投资者已经预见到，尽管现在市场还很萧条，但趋势即将反转，因而开始买进股票，并逐渐抬高其卖出价以刺激抛售。在第二阶段，大多数投资者机械地顺应趋势，跟进买入，从而推动价格快速上涨。这是一个稳定上涨的阶段，交易量随着经济的好转不断增加，上市公司的盈利也开始受到关注。在这一阶段，高明的投资者通常能够获得较大的收益。最后，在投资者蜂拥而上之际，市场迎来第三阶段，即市场的高峰。此时，所有消息都令人乐观，价格惊人地上扬并不断刷新历史新高，新股也趁势大量发行上市。同时，媒体上充斥着好消息，经济数据不断传来利好，大量投资者积极入市，投机性交易增加。从市场角度看，没有人愿意卖出手中的股票，然而，那些当初在熊市的底部买进股票的精明的投资者开始"派发"，逐步抛出股票。此时，涨势可能已经持续很长的时间，市场泡沫已经形成并濒临破碎。这一阶段的末期，交易量惊人增长，空头交易也频繁出现，垃圾股开始疯涨，绩优股上涨势头减缓。

（2）基本的下跌趋势

通常也可以分为三个阶段：第一阶段是出仓或派发阶段，实际上这一阶段开始于前一轮牛市的后期。聪明的投资者感到获利已经很高，因此开始在最后的涨势中逐渐抛出所持有的股票。这一阶段初期，尽管行情升势逐渐减弱，但交易量仍然很高，市场交易活跃。然而，随着预期利润逐渐消失，行情开始转弱。第二阶段是恐慌阶段。买方减少导致卖方变得急躁，市场跌势开始加速。当交易量达到最高值时，股价几乎直线下跌至最低点。恐慌阶段通常与当时的市场环境相去甚远。之后，可能出现一个相当长的次等回调或整理阶段，进入第三阶段。那些在恐慌阶段仍持有股票坚持过来的投资者，此时因信心不足而抛出所持股票，或由于目前价位比前期更低而买入股票。此时经济信息开始恶化，但股市持续跌势可能还不是很快。在熊市的最后一个阶段，一些投资者因变现需要而不得不抛出所持股票，加之坏消息得以证实，多数投资者预计行情将继续下跌时，这一轮熊市就结束了，而且常常是在所有坏消息公布之前就已经结束了。

然而，并不是每一轮熊市或牛市都完全相同。市场可能缺少三个阶段中的某一个，而且任何一个阶段都没有确定的时间期限。例如，牛市的第三阶段，这是一个绝好的投机机会，市场交投非常活跃。这一阶段可能持续一年，也可能只持续一两个月甚至一两周。同样，熊市的恐慌阶段也可能在几天或几周之内就结束。

通常来说，只有当反转信号明确出现时，才意味着一轮趋势结束。对于那些过于急躁的投资者来说，这无疑是一个警告，不要过快地改变立场，以免招致损失。

2. 艾略特波浪理论

波浪理论是技术分析大师拉尔夫·艾略特（Ralph Elliott）提出的一种关于价格趋势的分析理论。该理论基于大海的潮汐及波浪变化规律，描述了股票和商品价格的波动规律性及其走势。投资者可以根据波浪理论来预测股票价格未来的走势。波浪理论是一套完全依靠观察得出的规律，可以用于分析股市指数和期货价格的走势。如图21-2所示。

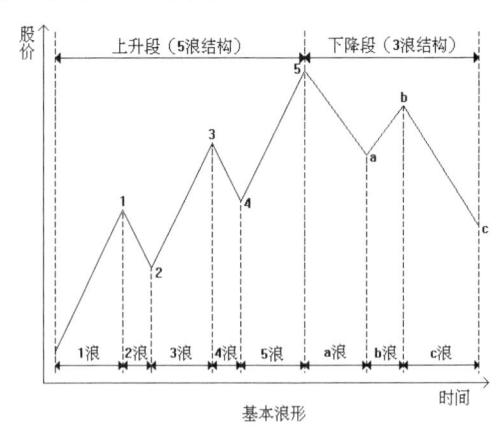

图21-2 艾略特波浪理论图示

推动浪（与大势走向一致的波浪）和调整浪是价格波动的两个最基本形态。推动浪可以进一步细分成5个小浪，一般用第一浪、第二浪、第三浪、第四浪和第五浪来表示；调整浪也可以划分成3个小浪，通常用a浪、b浪和c浪来表示。在上述八个波浪（5个上升浪、3个下降浪）完成之后，一个循环即告完成，走势将进入下一个八波浪循环。

二、行业周期分析

行业经济活动是介于宏观经济活动和微观经济活动中间的经济层面，是中观经济分析的主要对象之一。不同的行业为公司投资价值的增长提供不同的空间，因此，行业是直接决定公司投资价值的重要因素之一。行业周期分析主要用于界定行业所处的发展阶段，并结合大势研判，为最终确定投资对象的买卖时机提供参考。

通常，每个行业都要经历从成长到衰退的发展演变过程，这个过程也称为行业的生命周期。行业的生命周期可分为四个阶段：幼稚期、成长期、成熟期和衰退期。

在幼稚期，新产品刚刚上市，消费者了解不多，市场需求量小，只有少数创业公司投资于该新兴的产业。这些创业公司投入高额研发费用，但产品市场需求狭小，财务亏损普遍，甚至随时面临破产风险。因此，这一行业阶段中的企业更适合投机者而非投资者。

在成长期的新行业，产品逐渐赢得市场广泛的欢迎或偏好，需求开始上升，新行业也随之繁荣起来。外部厂商开始大量增加对于这一新产业的投资，产品也从单一、低质、高价向多样、优质和低价发展，市场竞争加剧。随着行业的不断发展，产品供给快速提升，市场需求逐渐趋于饱和。行业内的生产厂商不能再单纯地依靠扩大生产量、提高市场份额来增加收入，而是必须转向提高生产技术水平，降低成本，以及研制和开发新产品的方法来争取竞争优势、战胜竞争对手，维持企业的生存。这一过程中，经营不善或财力、技术较弱的企业不断被资本和技术力量雄厚、经营管理有方的企业兼并，垄断市场开始逐渐形成。总体来看，这一时期行业内的企业利润虽然增长很快，但所面临的竞争风险也不断增大，破产率与兼并率较高。

在成熟期，少数在竞争中生存下来的大厂商垄断了整个产业市场，但产品需求增长乏力，市场进入存量竞争阶段。厂商之间的竞争手段逐渐从价格手段转向各种非价格手段，如提高质量、改善性能和加强售后服务等；行业的利润因垄断格局而达到很高的水平，同时风险因技术也已较为成熟、市场份额稳定、新企业难以进入等原因较低。此时买方市场已经形成，但行业整体增速放缓，甚至完全停止乃至下降；行业内的厂商为了寻找新的利润增长点可能进行一定的技术创新，但新产品以及产品的新用途开发较为困难。

衰退期时，突破原有框架的新技术出现，消费者的消费习惯与消费兴趣随着新产品和大量替代品的出现而转移，原行业的市场需求开始逐渐减少，产品的销售量和企业利润也随之下降。当行业内厂商的利润空间枯竭或已投入资产折旧完毕后，整个行业便逐渐解体。至此，完成了一个行业生命周期的循环。

行业生命周期概括了众多产业的增长形态，因此了解某一行业所处的生命周期阶段对证券投资具有重要的指导意义。投资者在选择投资时机时，要仔细地审度和慎重地考虑，在产业成长期和进入成熟期前买入，在衰退期前退出。

判断行业发展趋势的具体方法包括行业增长比较分析法和行业未来增长率预测法。通过将行业增长与国民经济增长进行比较，从中发现增长速度快于国民经济的行业，这就是行业增长比较分析法。利用行业销售额、盈利额等历史数据分析过去的增长情况，并预测未来的发展趋势，这就是行业未来增长率预测法。

行业内公司的成长受制于其所属行业整体兴衰的约束，例如电子工业、精细化工产业属成长型产业，其发展前景较好，对投资者的吸引力较大；反之，若公司属于棉纺业等夕阳产业，行业整体发展前景欠佳，投资收益上限就会受到压制。因此，公司所属行业的性质对股价影响显著。

三、上市公司价值分析

在明确了所要投资股票的行业周期后，需要对上市公司的价值进行具体客观的分析。股票的价格每日都在波动，但支撑股价的主要因素还是市场对上市公司未来的盈利能力，即对上市公司价值的判断。价值分析时需考虑的因素包括公司的财务资质、投资群体的偏好变化等。通过设定一定的周期，对股票的动态价值（济安动态定价）进行评定，并根据动态价值（济安动态定价）以及公司的实际交易价格的对比变化确定买卖时机。

以下是股票价值与价格变化的几种情况。

1）市场价格上涨的同时，股票的价值也处于上升趋势，此时应考虑买入该股票。

2）市场价格上涨的同时，股票的价值却下降，此时应准备卖出该股票。

3）市场价格下降的同时，股票的价值也处于下降趋势，此时应坚决卖出该股票。

4）市场价格下降的同时，股票的价值却上升，此时可以保持观望，寻找机会买入该股票。

四、临界点的判断

在进行证券市场分析时，使用不同的技术指标可能会产生相互矛盾的结果，尤其是在判断临界点时。某些技术指标发出卖出信号，但另一些技术指标却发出买入信号；出现上升的技术形态但股价却下跌，而出现下降的技术形态股价却上涨。为了剔除虚假信号，把握住真正的变化趋势，就需要采用组合技术分析并遵循相互验证原则。

由于指标技术分析与形态技术分析都只是从单一方面对证券市场进行分析，要对证券市场进行全面正确的分析，就需要综合研究各个方面。需将不同的技术指标和技术形态组合起来，利用相互验证的原理来进行立体全方位的分析。组合技术分析可以分成三类基本方法。

（一）不同时域技术指标的组合

技术指标均需要考虑时间因素，因此根据选取时间间隔的长短，可以将技术指标分为短期技术指标、中期技术指标和长期技术指标。短期技术指标最为灵敏，但也容易出现虚假信号；长期技术指标反应迟钝，但发出的信号更为准确。在进行证券市场分析时，短期、中期、长期技术指标三者相结合，利用长期技术指标分析研判大势，利用中、短期技术指标指导操作。

（二）不同类型技术指标的组合

技术指标一般分为趋势类、能量类、摆动类和其他类四个大类。从重要性来看，趋势类指标最为重要，能量类指标次之，摆动类指标居第三。例如趋势类指标中的指数平滑异同移动平均线 MACD（Moving Average Convergence and Divergence），摆动类指标中的随机指标 KDJ（Stochastic Indicator），能量类指标中的相对强弱指标 RSI（Relative Strength Index）等。在分析过程中可以从每类技术指标中选取一个或多个，并综合分析这些指标发出的信号。根据相互验证原则，在各类指标同时出现买入或卖出信号时，比仅依赖某一类技术指标信号的准确性要高得多。

（三）指标分析与形态分析的组合

由于指标技术分析与形态技术分析都只是从单一方面对证券市场状态进行分析，所以需要将它们组合起来，通过相互验证和相互背离的原则，综合分析数量（指标分析）和图形（形态分析），从而形成完整的判断。

技术分析以数学方法为基础，完全根据市场行情变化来进行分析，通过数量与形态的变化研判市场走势。随着金融市场的不断发展，各种理念、方法、技术不断融入技术分析之中，使其成为既有思想体系又有操作体系的方法。其中，关于临界点的判断就是非常重要的一环。

在判断临界点时，主要应用了证券技术分析中的一些指标和技巧，并结合组合技术原理。下面介绍两个非常重要的临界点判断指标。

1. 活跃因子（Active）

活跃因子是为数不多的测涨指标，主要是基于量价配合的原理发挥作用。该模型设计的基本思想是认为低位放量是股价上升前的明显标志，在股价下跌结束阶段，往往伴随着低位突然放量，活跃因子受激发而向上跳动，发出买入信号。

只有当活跃因子向上跳动时才发出买入信号，如果在"0"线附近波动或呈现向下反向跳动，均不表示发出信号。活跃因子指标适用于大盘及个股分析，虽然发出信号频率较低，但准确度较高。如图 21-3 所示。

2. "太阳黑子"（Sunspot）

从图 21-4 可以看出，"太阳黑子"是为数不多的临界反转预警指标，该指标依据窄幅高频震荡原理制作而成。"太阳黑子"常常领先于指数或个股股价下跌提供提示信号，预警机构或庄家的有序出货行为。一般来说，"太阳黑子"越大、越密集，临界反转下跌的可能性越大。

图 21-3 活跃因子向上跳动时发出买入信号
（分析工具：济安金信证券分析系统）

图 21-4 "太阳黑子"发出临界反转预警
（分析工具：济安金信证券分析系统）

第二十二章 基金绩效评估流程

基金的绩效评估过程是以基金的绩效衡量与风险衡量为基础，对投资组合的收益进行风险调整，从而评判基金经理的绩效与能力，进而分析投资组合超额收益的来源，并对基金经理的投资行为提出评价与建议。

投资者需要根据基金经理的投资表现，了解基金在多大程度上实现了投资目标，监测基金的投资策略，并获得进一步投资的决策依据；投资顾问需要依据基金的投资表现，向投资者提供有效的投资建议；基金公司一方面为吸引基金投资，会利用其业绩表现进行市场销售宣传，另一方面会根据绩效衡量提供的反馈机制进行投资监控，并为改进操作提供帮助。因此，绩效评估是基金投资管理过程中的一个重要环节，它不仅是投资管理过程结束后的总体评价，也是以动态的方式对基金经理的行为进行实时评估。评估的结果将反馈于基金投资管理过程的各个环节，使基金经理能够不断修正自己的投资管理模式，从而改进投资组合的总体表现，以期更好地达到投资目的。

在对基金的绩效评估方面，尽管各种方法和技术层出不穷，但至今仍没有一个被各方广泛认可的方法。为了对基金绩效做出有效的评估，必须考虑以下因素。

1）基金的投资目标。基金的投资目标不同，其投资范围、投资策略及所受的投资限制也就不同。例如，债券型基金与股票型基金由于投资对象不同，在基金绩效评估上就不能进行直接比较。因此，在绩效比较中，必须注意投资目标对基金绩效评估的影响。

2）基金的风险水平。现代投资理论表明，投资收益是由投资风险驱动的，而投资组合的风险水平会深刻影响组合的投资表现。因此，为了对不同风险水平的基金的投资表现做出合理的评价，必须考察该基金所获得的收益是否足以弥补其所承担的风险水平，即需要在风险调整的基础上对基金的绩效加以衡量。

3）比较基准。不同投资风格的基金可能受市场周期性因素的影响，在不同阶段表现出不同的群体特征。因此，在基金的相对比较上，必须合理地选择比较基准。

4）比较区间。在基金的绩效比较中，计算的开始时间和区间长度不同，衡量结果也会有所不同。因此，必须注意时期选择对绩效评估可能造成的偏差。

5）基金组合的稳定性。基金操作策略的变化、资产配置比例的再平衡，以及基金经理的更替等，都会影响投资组合的稳定性。因此，在实际评价中，必须要对这些问题加以考虑。

通常来讲，一个完整的绩效评估过程实际上是由绩效衡量（Performance Measurement）、绩效评估（Performance Evaluation）和归因分析（Performance Attribution）三部分构成。绩效衡量主要是计算绩效指标，包括收益指标、风险指标、风险调整后收益指标等；绩效评估主要是评价基金业绩表现的好坏，包括对投资集中度、投资策略有效性、基金经理的选股择时能力和基金的持续性等方面评价，这一过程中动态价值评估和星号评级都是非常有效的工具；归因分析则在于寻找导致业绩表现好坏的原因，包括分析基金的收益贡献度和风险归属等。

第一节 收益水平分析

投资者进行基金投资的最主要的目的是获得良好的收益。因此，对基金的收益水平进行分析就显得尤为重要。衡量基金收益水平的标准是一段时间内基金净值的涨跌幅度，即基金净值增长率，也被称为净值收益率。如果基金经理的操作得当，基金的资产增值幅度会领先于其他同类基金，反映在净值上即涨幅会更大，说明在该时间段内基金的绩效表现也较为优秀。

一、基金净值增长率

（一）简单净值增长率

简单净值增长率的计算不考虑基金分红再投资的时间价值影响，即采用现金分红时的收益计算方式，其计算公式为：

$$R = \frac{\mathrm{NAV}_t + D_t - \mathrm{NAV}_{t-1}}{\mathrm{NAV}_{t-1}} \qquad (22\text{-}1)$$

其中：R 是简单净值增长率；NAV_t、NAV_{t-1} 表示期末、期初的单位基金净值；D_t 为考察期内的单位基金分红。

（二）时间加权净值增长率（复权净值增长率）

简单净值增长率由于没有考虑分红的时间价值，因而是基金净值增长率的一种近似计算。相比之下，时间加权净值增长率能够更准确地衡量基金的真实投资表现。

时间加权净值增长率假设采用红利再投的收益分配方式，即红利以除息前一日的单位净值减去每份基金分红后的单位净值，之后立即进行了再投资。其计算公式为：

$$R = (1+R_1)(1+R_2)\cdots(1+R_n) - 1 = \frac{NAV_1}{NAV_0} \frac{NAV_2}{NAV_1 - D1} \cdots \frac{NAV_n}{NAV_{n-1}} - 1 \quad (22\text{-}2)$$

其中：R_1 为第一次分红之前的净值增长率；R_2 为第二次分红之前的净值增长率；NAV_0 表示基金期初的单位净值，NAV_1，$\cdots NAV_{n-1}$ 分别表示除息前一日的单位基金净值；NAV_n 表示基金期末的单位净值；$D_1, D_2, \cdots D_{n-1}$ 为单位净值的分红。

时间加权净值增长率反映了1元投资在不取出的情况下（分红再投资）的净值增长率，其计算将不受分红多少的影响，可以更加准确地反映基金经理的真实投资表现。

（三）算术平均增长率与几何平均增长率

在对多期收益率进行衡量和比较时，常常要用到平均收益率指标。计算平均收益率有两种方法。

（1）算术平均增长率

计算公式为：

$$\overline{R}_A = \frac{\sum_{t=1}^{n} R_t}{n} \quad (22\text{-}3)$$

其中：R_t 为各期净值增长率；n 表示期数。

（2）几何平均增长率

计算公式为：

$$\overline{R}_G = \sqrt[n]{\left[\prod_{t=1}^{n}(1+R_t)\right]} - 1 \quad (22\text{-}4)$$

其中：R_t 为各期净值增长率；n 表示期数。

一般而言，算术平均增长率要大于几何平均增长率，每期的净值增长率差距越大，两种平均方法的差距也随之增大。

几何平均增长率可以更为准确地衡量基金的实际收益情况，因此常用于对基金过去净值增长率的评估。算术平均增长率一般是对净值平均增长率的无偏估计，更多地用于对未来收益率的估计。

根据对基金绩效评估时间范围的不同，基金净值增长率可分为周度、月度、季度、年度、近 2 年、近 3 年和成立以来等不同区间的净值增长率。之所以将基金的净值增长率划分为如此多的区间段来考察，是因为基金的短期表现与长期表现常常并不一致。通常来说，基金投资是一项长期投资，投资者更应重视基金在长期的持续表现，但实际上短期表现往往更受到投资者的关注。

以中国证券市场上的股票型基金为例，利用"济安金信基金评价服务系统"，计算各只基金不同期限的净值增长率（这里的净值增长率指的是复权净值增长率），计算时间为 2021 年 12 月 31 日，计算结果如图 22-1 所示。

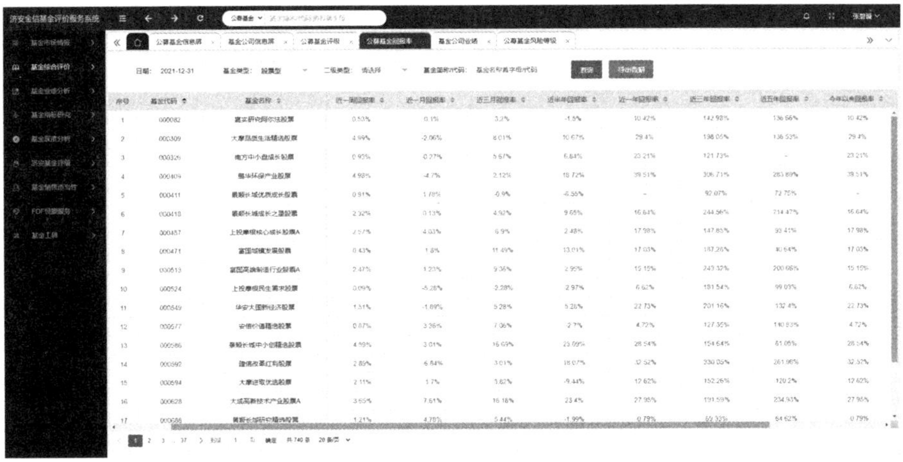

图 22-1 股票型基金的净值增长率
（分析工具：济安金信基金评价服务系统）

二、基金净值增长率的衡量

净值增长率给出了基金经理的绝对表现，然而投资者无法仅凭此判断基金经理投资业绩表现的优劣。基金表现的优劣只能通过相对表现的比较才能做出判断，分组比较与基准比较是两个最常用的比较方法。

（一）分组比较法

分组比较法就是根据资产配置、投资风格、投资区域等差异，将具有可比性的相似基金进行业绩的相对比较，结果通常以顺序、百分位或星号等形式呈现。相比于未分组的比较，分组比较更能够提供有意义的衡量结果。

分组比较的基本思路是，通过恰当的分组方式，尽可能地消除类型差异对基金经理人相对业绩产生的不利影响。例如，由于股票市场周期性波动的影响，成长型基金可能在较长时间内表现普遍好于价值型基金。如果将它们分在同一组进行比较，价值型基金的相对表现就会普遍较差；如果把它们放在不同组进行比较，才能获得对价值型基金的表现具有实质意义的比较结果。这种由于市场原因而导致的业绩的相对变动会妨碍对基金经理投资能力的准确评估。

（二）基准比较法

基准比较法是通过为被评价的基金确定一个市场基准组合，比较基金净值增长率与基准组合收益率的差异来衡量基金表现的方法。基准组合必须是可投资的、未经管理的，且与基金具有相同风格的组合。

一个良好的基准组合首先要具有明确的组成成分，即构成组合的成分证券或基金的名称和权重非常清晰；其次，基准组合要具可投资性，而且其收益率可以计算；第三，基准组合与被评价基金要具有相同的风格与风险特征，并且基准组合的构建要先于被评估基金的设立。基准组合可以是市场宽基指数或风格指数，也可以是由不同指数组合而成的复合指数。

第二节 风险水平分析

任何基金投资都是在承担一定投资风险的前提下获取收益，因此在评估基金业绩时，必须同时考虑基金所承担的风险，在科学度量基金所承受的风险的背景下来评价基金。

传统的风险度量指标主要包括标准差和年化标准差（总风险）、α 系数、β 系数等。在现代基金风险管理中，常常使用以下的风险指标：下限风险、信息比率、投资分散度、跟踪误差、变异系数、风险价值（VaR）等。

一、标准差与年化标准差

基金收益率的标准差衡量了其净值增长率（收益率）的波动程度。其计算公式为：

$$\sigma = \sqrt{\frac{1}{n-1}\sum_{i=1}^{n}(R_i - \overline{R})^2} \quad (22\text{-}5)$$

其中：R_i 为基金 i 的净值增长率；n 为计算所用样本个数；$\overline{R}$ 为样本净值增长率的均值。

由于标准差的绝对数值受到计量周期长度的影响，不能直接用于比较。因此，通常会使用年化标准差来进行比较，这就涉及年化标准差的计算。年化标准差的公式为：

$$\sigma_{年} = \sigma\sqrt{k} \qquad (22\text{-}6)$$

其中：σ 为基金净值增长率的标准差；k 为一年期内交易日（周、月、季）的数量。如果 R_i 是日净值增长率，则 $k=252$；如果 R_i 是周净值增长率，则 $k=52$；如果 R_i 是月净值增长率，则 $k=12$；如果 R_i 是季净值增长率，则 $k=4$。

标准差和年化标准差都表示了是基金的总体风险水平。一般说来，标准差和年化标准差越大，表明基金的净值增长率偏离均值的波动性越大，即风险越高。

以我国基金市场上的股票型开放式基金为例，利用"济安金信基金评价服务系统"计算各只基金 100 天的日净值增长率的标准差和年化标准差，计算时间为 2021 年 12 月 31 日，计算结果如图 22-2 所示。

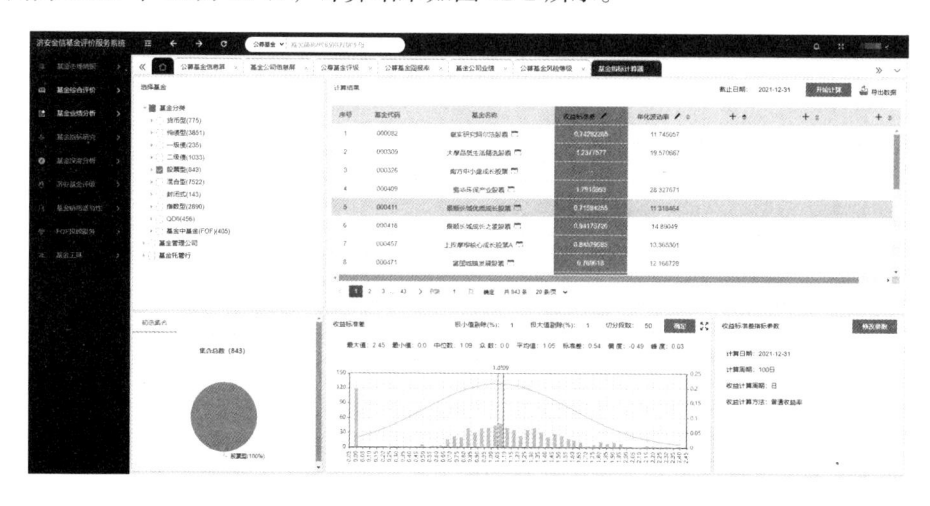

图 22-2 股票型基金净值增长率的标准差和年化标准差
（分析工具：济安金信基金评价服务系统）

二、β 系数

在马科维茨所做的研究基础上，20 世纪 60 年代，夏普等学者基于资产组合理论建立了资本资产定价模型（CAPM），该模型用于预测证券的风险与期望收益率之间的关系,是测量风险、估价证券的基准和评价投资绩效的标准。CAPM 模型在一系列的假设条件下,给出了如下的模型形式:

$$E(R_i) = R_f + \beta_i[E(R_M) - R_f] \tag{22-7}$$

其中:$E(R_i)$ 表示任一证券组合或单一证券的期望收益率;斜率 $E(R_M) - R_f$ 称为风险价格;R_f 为无风险收益率;β_i 表示该证券组合或证券的系统风险,也被称为证券或证券组合的 β 系数。

该模型认为,任何证券或证券组合的收益率都是市场收益率的线性函数,斜率 β_i 表示了证券或证券组合相对于市场组合 i 收益率变动的反应程度,即系统风险。

β 系数是度量资产系统性风险的指标,在国内外金融市场中被广泛应用于测定某种证券或证券组合的相对风险水平。在实际的证券投资中,β 系数的重要性在于它代表了证券价格对未来市场变化的敏感程度。若某种证券的 β 系数越大,说明该证券在市场发生变化时,价格波动越剧烈,风险越高。

在基金投资中,β 系数由某只基金的净值增长率和市场基准组合收益率的协方差相对于市场组合方差的比值计算而来。其计算公式为:

$$\beta_i = \frac{COV(R_i, R_M)}{\sigma_M^2} \tag{22-8}$$

其中:β_i 为基金 i 的 β 系数;R_i 为基金 i 的净值增长率;R_M 为市场组合的回报率;σ_M^2 表示市场组合的方差;$COV(R_i, R_M)$ 为基金 i 的净值增长率和市场组合收益率的协方差,其计算公式为:

$$COV(R_i, R_M) = \frac{1}{n-1} \sum_{t=1}^{n} (R_{ti} - \overline{R}_i)(R_{tM} - \overline{R}_M) \tag{22-9}$$

其中:$\overline{R}_i$ 为基金 i 的样本净值增长率的均值;$\overline{R}_M$ 表示市场组合的收益率均值;n 为样本数。

β 系数可以直接反映基金所承担的风险水平,同时可用于横向和纵向比较,以及其他因素分析。当 $\beta > 1$ 时,基金所面临的系统风险高于市场基准组合风险;当 $\beta = 1$ 时或接近于 1 时,基金的系统风险与市场基准组合风险相当;当 $\beta < 1$ 时,基金的系统风险低于市场基准组合的风险。β 系数计算简单且易于分析,使其在基金的分析与投资决策中得到广泛应用。

首先,通过 β 值的大小可以反映基金的类型。例如,主要投资于公用事业、食品工业的股票组合属于保守型基金,其 β 系数一般小于 1.0;主要投资于高科技行业、网络行业、传媒产业的股票组合属于激进型基金，其 β 系数往往大于 1.0，甚至大于 1.5。

其次，对投资基金的投资者来说，由于不同的基金公司可能经营不同类型的证券，有的倾向于高风险投资，有的具有低风险特性，所以在选择基金时，应该注重选择经营业绩良好的、自己愿意且能够承担潜在风险的基金，而不是盲目选择高收益的基金。如果投资者对收益有较高的期望，同时也有能力并愿意为之承担较大的风险，可以选择市场上具有较高 β 系数的基金加入投资组合中。反之，则可以选择 β 系数较小的基金。

另外，由于 β 值反映了证券或基金对市场的敏感性，在能够较为确定牛市即将来临时，应选择具有较大 β 值的证券或基金，它将放大市场收益率，为投资者带来高额回报；相反，在熊市即将到来时，投资者应该选择具有较低 β 值的证券或基金来调整投资结构以抵御市场风险，避免损失，最为理想的是在投资组合中尽可能地添加一些负 β 值的证券或基金。若投资组合的重心是规避非系统风险，那么可以在相应的市场走势下选择 β 值接近 1 的证券或基金进行投资。

下面以我国基金市场上的股票型基金为例，利用"济安金信基金评价服务系统"计算所选基金的 β 系数。计算时间为 2021 年 12 月 31 日，所取样本时间周期为 100 天的基金日净值收益率，计算结果如图 22-3 所示。

图 22-3 股票型基金的 β 系数计算结果
（分析工具：济安金信基金评价服务系统）

三、α 系数

夏普于 1963 年提出的市场模型认为,资产的收益率等于常数项 α 与资产的 β 系数乘以市场基准收益率之和,再加上随机项 ε,用等式可以表示为:

$$R_i = \alpha_i + \beta_i R_M + \varepsilon_i \qquad (22\text{-}10)$$

其中:R_i 表示基金 i 的净值增长率;α_i 为基金 i 的 α 系数;β_i 为基金 i 的 β 系数;R_M 为市场组合的回报率。

由上面的等式(22-10)可以看出,α 系数描述了基金收益率与市场基准收益率相差的程度,也称为超额收益率。它描述了基金相对于市场基准指数的波动性。在这里,α 系数测量了基金相对于经过 β 系数调整的市场基准收益率的超额业绩或不足业绩。如果基金的收益率高于通过 β 系数调整的市场基准收益率,则 α 系数为正,称为正 α;反之,称为负 α。有些投资者将 α 系数称为残余风险或者选择性风险。

α 系数是根据上面的叙述通过 β 系数估计出来的,公式为:

$$\hat{\alpha}_i = R_i - \beta_i R_M \qquad (22\text{-}11)$$

$\hat{\alpha}_i$ 表示 α 系数的估计值。α 系数越大,表示基金收益率超过市场基准收益率的幅度就会越大,其超额收益率就会越大,则其残余风险或选择性风险就会越低。

1968 年,迈克尔·詹森(Michael Jensen)在其论文中以 CAPM 模型为基础,将 α 进一步细化为:

$$\alpha = (R_i - R_f) - \beta_i (R_M - R_f) \qquad (22\text{-}12)$$

四、下限风险

马科维茨(1952)提出了衡量投资组合收益和风险的标准,其中将标准差视为组合的总体风险,描述了组合收益率高于或低于平均收益率的波动程度。在实际投资中,投资者往往会对收益和风险做出权衡。与收益率高于基准部分所带来的回报相比,投资者可能更关注低于基准部分的下跌风险,即下限风险。马科维茨后来也意识到,用下限风险衡量组合风险比使用标准差更为合适。因为当组合的收益率满足正态分布时,下限风险和标准差都能给出正确的衡量。但是,当收益率不满足正态分布时,只有使用下限风险来衡量组合风险,才能帮助投资者做出正确的决策。

第三部分 证券投资基金运作管理流程

在基金投资中，下限风险是指基金净值增长率在目标回报率或者期望回报率下方的标准差，测量的是基金组合在下行市场或不利情况下的风险水平，用公式表示为：

$$DR_i = E(\min\{R_i - \overline{R}_i, 0\})^2 = \frac{1}{n-1}\sum_{t=1}^{n}(\min\{R_{it} - \overline{R}_i, 0\})^2 \quad （22\text{-}13）$$

其中：DR_i 表示基金 i 的下限风险；$\min\{R_{ti} - \overline{R}_i, 0\}$ 表示样本中低于平均值的基金净值增长率；n 为样本数。

一般来说，下限风险越大，说明基金组合回报向下产生负回报的风险越大。继承上例，以我国基金市场的股票型基金为例，利用"济安金信基金评价服务系统"计算各基金的下限风险。计算时间为 2021 年 12 月 31 日，对各只基金利用 100 个日净值增长率样本进行计算，结果如图 22-4 所示。

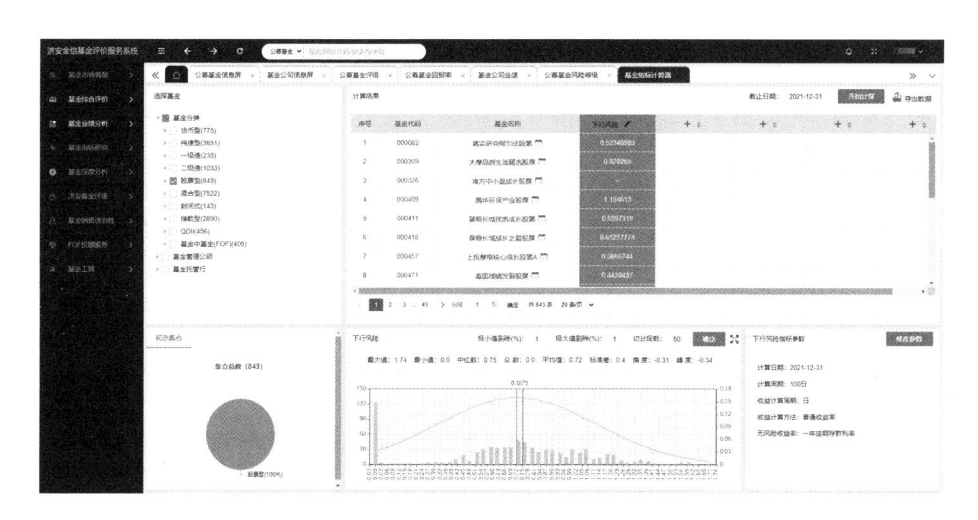

图 22-4 股票型基金的下限风险

（分析工具：济安金信基金评价服务系统）

五、跟踪误差

跟踪误差（Tracking Error）是组合收益率与基准收益率（通常为大盘指数收益率）之间差异的收益率标准差，反映了积极管理的风险。罗纳德·瑞安（Ronaldj Ryan）认为，跟踪误差可以衡量组合相对于投资者真实投资目标而言的风险水平，因此是一种有效的风险衡量方法。

基金的净值增长率和基准收益率之间的差异收益率称为跟踪偏离度（Tracking

Difference）。跟踪误差的计算基于跟踪偏离度，这两个指标都是衡量基金收益与目标指数收益之间差异的重要指标。

（一）跟踪偏离度

$$TD_{ti} = R_{ti} - R_{tM} \qquad (22\text{-}14)$$

其中：TD_{ti} 表示基金 i 在时间 t 内的跟踪偏离度；R_{ti} 为基金 i 在时间 t 内的净值增长率；R_{tM} 为基准组合在时间 t 内的收益率。

（二）跟踪误差的计算

$$TE_i = \sqrt{\frac{1}{n-1}\sum_{t=1}^{n}(TD_{ti} - \overline{TD_i})^2} \qquad (22\text{-}15)$$

其中：TE_i 表示基金 i 的跟踪误差；$\overline{TD_i}$ 表示基金 i 的跟踪偏离度的样本均值；n 为样本数。

跟踪误差越大，说明基金的净值增长率与基准组合收益率之间的差异越大，同时也意味着基金经理主动投资的风险越大。通常，跟踪误差在 2% 以上就代表着差异比较显著。

以我国基金市场的股票型基金为例，利用"济安金信基金评价服务系统"计算各基金的跟踪误差。计算时间为 2021 年 12 月 31 日，各基金所取样本为 100 个日净值增长率，这里的基准组合收益率取为上证指数收益率。计算结果如图 22-5 所示。

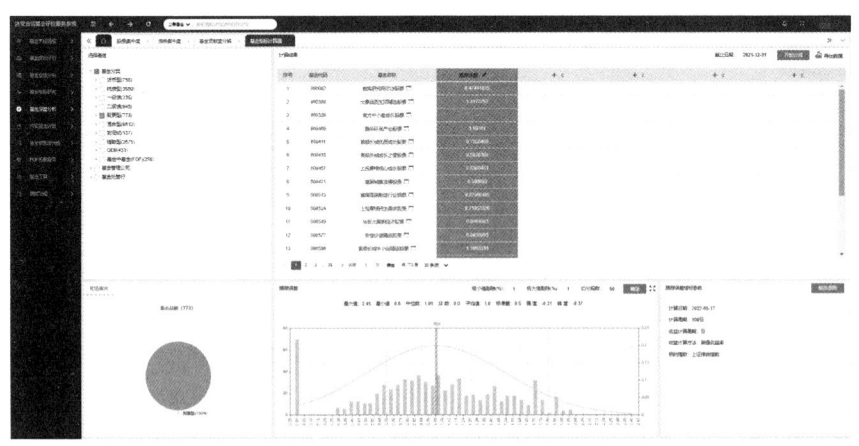

图 22-5 股票型基金的跟踪误差
（分析工具：济安金信基金评价服务系统）

六、信息比率

信息比率以马科维茨的均异模型为基础,用于衡量基金的主动管理能力。其含义为每单位主动风险所带来的超额收益,其计算公式为:

$$\mathrm{IR}_i = \frac{\overline{\mathrm{TD}_i}}{\mathrm{TE}_i} \qquad (22\text{-}16)$$

其中:IR_i 表示基金 i 的信息比率;$\overline{\mathrm{TD}_i}$ 表示基金 i 的跟踪偏离度的样本均值;TE_i 为基金 i 的跟踪误差。

信息比率从主动管理的角度描述风险调整后的收益,它不同于后面将要介绍的从绝对收益和总风险角度来描述的夏普比率。通常信息比率越高,说明基金经理通过单位跟踪误差所获得的超额收益越高,因此,信息比率较高的基金的表现要优于信息比率较低的基金。

投资者在选择基金时,基金公司能否提供明确的业绩预期是一项重要的考虑因素。也是基于这一原因,信息比率对于评估基金经理的绩效具有非常重要的意义,因为它奖励的是持续稳定的业绩,而不仅仅是绝对业绩。合理的投资目标应该是在承担适度风险的情况下追求高信息比率,而不是单纯追求高信息比率。过高或不足地承担主动性风险都不是采用主动投资策略的基金经理的理性选择。

以我国基金市场的股票型基金为例,利用"济安金信基金评价服务系统"计算各基金的信息比率。计算时间为 2021 年 12 月 31 日,各基金所取样本为 100 个交易日净值增长率,这里的基准组合收益率取为上证指数收益率。计算结果如图 22-6 所示。

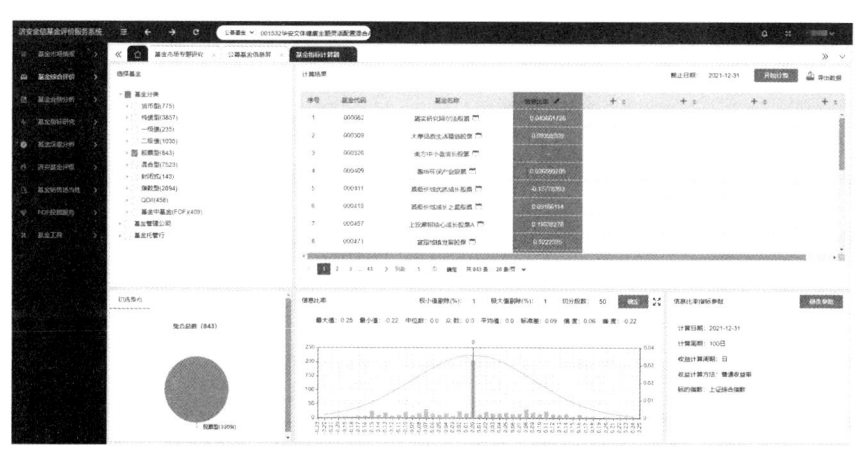

图 22-6 股票型基金的信息比率
(分析工具:济安金信基金评价服务系统)

七、投资分散度

投资分散度反映投资组合面临的总风险中系统性风险所占的比例。如前文所介绍的，基金的标准差衡量的是总风险，β系数衡量的是系统风险，因此，投资分散度就是基金的β系数和标准差的比率，其计算公式为：

$$\text{投资分散度} = \frac{\beta \text{系数}}{\text{标准差}} = \frac{\beta_i}{\sigma_i} \qquad (22\text{-}17)$$

其中：β_i表示基金i的β系数，σ_i表示基金i的标准差。

基金的投资分散度越大，说明在其所面临的总风险中，系统性风险占比越大，基金回报率可通过市场回报率解释的程度越高。换言之，投资分散度越低，说明基金投资组合回报率与市场回报率的相关程度越低。

八、变异系数

在基金投资中，如果基金的实际收益和预期收益之间偏差太大的话，会直接影响到投资者的投资信心，进而影响基金业绩的持续性。为了衡量基金净值增长率波动性，即基金净值增长率分布的离散程度，通常会采用统计上的变异系数法来进行测量，其计算公式为：

$$CV_i = \frac{\sigma_i}{E(R_i)} = \frac{\sigma_i}{\frac{1}{n}\sum_{t=1}^{n} R_{ti}} = \frac{n\sigma_i}{\sum_{t=1}^{n} R_{ti}} \qquad (22\text{-}18)$$

其中：CV_i表示基金i的变异系数；$E(R_i)$为基金i的期望净值增长率；σ_i为基金i的标准差；n为样本个数。

变异系数反映了单位期望报酬率所承担的风险代价，也指基金净值增长率的每1%上下波动的平均幅度。例如某基金份额在一段时间内的变异系数为0.2，说明该基金每1%的期望净值增长率的上下变动幅度平均为0.2%。也就是说，变异系数越大，取得单位期望报酬所需要承担的风险越大，收益的稳定性越差；反之，变异系数越小，基金收益的稳定性越好。

利用"济安金信组合管理与绩效评估系统"计算我国基金市场上封闭式基金的变异系数，结果如图22-7所示。

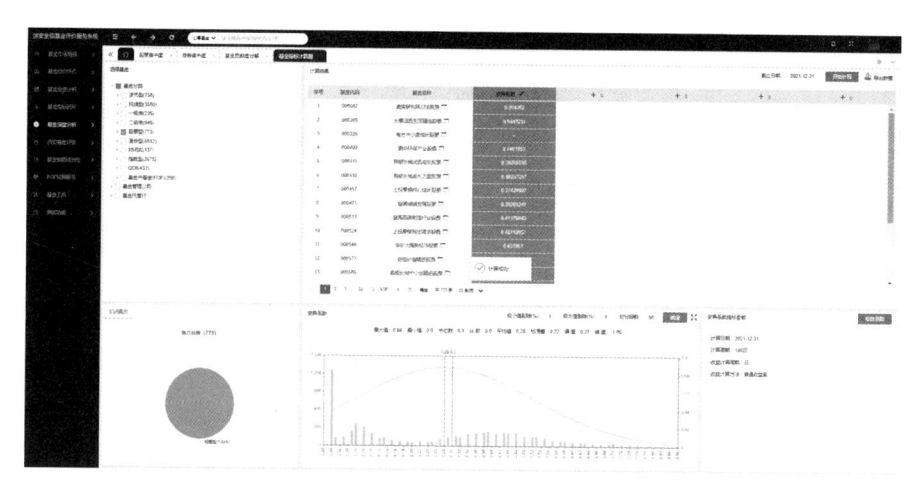

图 22-7 封闭式基金的变异系数
（分析工具：济安金信基金评价服务系统）

九、风险价值法

风险价值（VaR）是由摩根大通（JP Morgan）公司率先提出的一种风险测量方法。摩根大通公司总裁要求每日市场交易结束后，在 16 点 15 分提交一份一页式报告，说明公司在未来 24 小时总体上的潜在损失。为了满足这一要求，摩根大通的风险管理团队开发了一种能够测量不同交易和业务部门市场风险，并将这些风险集成为一个数值的方法，即 VaR。

（一）VaR 的概念和特点

风险价值（VaR）是指在未来一段特定的资产持有期内，在给定的置信水平下，资产或资产组合可能遭受的最大损失金额。

根据上述定义可知，确定 VaR 需要考虑两个因素：基本时间间隔的选择；置信区间的确定。这两个因素的选取在一定程度上具有较强的主观性。

例如，在某资产管理公司的风险控制记录中显示，在一个交易日的持有期内和 99% 的置信水平下，某投资组合的 VaR 为 100 万元。这意味着：

1）在正常的市场条件下，以 99% 的概率，该投资组合在一个交易日的持有期内损失不会超过 100 万元；

2）在正常的市场条件下，该投资组合在一个交易日的持有期内损失不超过 100 万元的概率是 99%。

VaR 方法能够简明地表示市场风险的大小，单位是产品或组合的计价货币，易于投资者理解。且指标值在事前即可计算，不仅能够让投资者了解发生损失的潜在规模，而且能够了解发生损失的可能性大小。此方法不仅可以计算单个金融工具的风险，还可以衡量由多个金融工具组成的投资组合风险。

（二）常用的 VaR 度量方法

VaR 的度量方法大体上可以分为两类：第一类是以局部估值为基础的分析类方法，第二类是以完全估值为基础的模拟方法，包括历史模拟法（Historical Simulation）和蒙特卡洛模拟法（Monte Carlo Simulation，MCS）。

在具体计算 VaR 值时，不同方法可能采用不同的假设，但有两个基本假设是一以贯之的，即：1）投资组合在持有期内保持不变；2）历史上的变化对未来变化有影响。下面分别简要介绍这几种方法。

1. 分析类方法

（1）组合 - 正态模型

假定资产组合回报服从正态分布，即 $\Delta P \sim N(\mu_p, \sigma_p^2)$，则组合的 VaR 为组合回报的标准差与置信度下分位数的乘积，在持有期 Δt 时间内为：

$$\text{VaR} = -Z_\alpha \sigma_p \sqrt{\Delta t} \qquad (22\text{-}19)$$

其中：符号"—"代表损失；Z_α 表示置信度 α 对应的分位数；σ_p 为资产组合价值回报的标准差；Δt 表示资产持续期。

（2）资产 - 正态模型

假设头寸的回报服从正态分布，则组合的回报也服从正态分布。与组合 - 正态模型一样，资产组合的 VaR 为资产组合的回报的标准差和置信度对应的分位数的乘积为：

$$\text{VaR} = -Z_\alpha \sigma_p \sqrt{\Delta t} \qquad (22\text{-}20)$$

其中：符号"—"代表损失；Z_α 表示置信度对应 α 的分位数；σ_p 是用一系列资产组合头寸的权重 w 和头寸回报的协方差矩阵 Σ 来计算的，$\sigma_p = \sqrt{w'\Sigma w}$；$\Delta t$ 为资产持续期。

（3）Delta- 正态模型

Delta- 正态模型通过映射把大量的头寸映射为有限数量的基本市场因子，通过市场因子来计算，从而减少了计算的难度。此外，采用市场因子，可以在公共市场上获得历史信息，减少了机构对不同金融工具有关信息的搜集和储存。

假设证券组合的价值函数取一阶近似（即 Delta），且市场因子服从多元正态分布，在此假设基础上，证券组合的回报服从一元正态分布。资产组合的 VaR 为资产组合的回报的标准差和置信度对应的分位数的乘积为：

$$\text{VaR} = -Z_\alpha \sigma_p \sqrt{\Delta t} \quad (22\text{-}21)$$

其中：符号"—"代表损失；Z_α 表示置信度 α 对应的分位数；σ_p 为资产组合价值回报的标准差；Δt 为资产持续期。

（4）Delta-加权正态模型

Delta-加权正态模型又称为风险矩阵（Risk Metrics）方法。与 Delta-正态模型一样，它也使用市场因子变化的协方差矩阵来计算 VaR，但市场因子变化的模型不同：Delta-加权正态模型（WTN）使用加权正态模型估计市场因子回报的协方差矩阵，计算时采用指数加权移动平均（EWMA）来计算，即计算 $\sigma_{i,j(t)}$ 时残差平方的权重为 $w_k = \lambda^k(1-\lambda)$，而在 Delta-正态模型中，采用的是相等的权重 $1/N$。对于大样本而言，w_k 之和为 1，且越近期权重越大。这样的权重能够迅速地对市场因子的变化做出反应，比常数权重显然要好。资产组合的 VaR 为资产组合的回报的标准差和置信度对应的分位数的乘积为：

$$\text{VaR} = -Z\sigma_p \sqrt{\Delta t} \quad (22\text{-}22)$$

其中：符号"—"代表损失；Z_α 表示置信度 α 对应的分位数；σ_p 为资产组合价值回报的标准差；Δt 为资产持续期。

（5）Delta-GARCH 模型

假设证券组合的价值函数取一阶近似（即 Delta），Delta-GARCH 模型使用广义自回归条件异方差（Generalized Autoregressive Conditional Heteroscedasticity，GARCH）模型估计市场因子的运动，在此假设基础上，证券组合的回报服从一元正态分布。所以 Delta-GARCH 模型与 Delta-正态模型和 Delta-加权正态模型的区别仅在于协方差 Σ 的计算上。资产组合的 VaR 为资产组合的回报的标准差和置信度对应的分位数的乘积为：

$$\text{VaR} = -Z\sigma_p \sqrt{\Delta t} \quad (22\text{-}23)$$

其中：符号"—"代表损失；Z_a 表示置信度 α 对应的分位数；σ_p 为资产组合价值回报的标准差；Δt 为资产持续期。

2. 历史模拟法

历史模拟法假定回报为独立同分布，并且市场因子的未来波动与历史波动完全一样。其核心在于根据市场因子的历史样本变化模拟证券组合的未来损益分布，利用分位数给出一定置信度下的 VaR 估计。历史模拟法用给定历史时期上所观测到的市场因子的变化，来表示市场因子的未来变化；在估计模型中，历史模拟法采用的是全值估计法，即根据市场因子的未来价格水平对头寸进行重新估值，计算出头寸价值的变化；最后，将组合的损益从小到大排序，得到损益分布，通过给定置信水平下的分位数求得 VaR。比如说有 1000 个可能损益情况，95% 的置信水平对应的分位数为组合的第 50 个最大损益值。

在历史模拟法中，将组合的损益从小到大排序得到损益分布，通过给定置信度下的分位数求出 VaR。其计算步骤为：

1）映射，即首先识别出基础的市场因子，收集数据，并用市场因子表示出证券组合中各个金融工具的盯市价值。

2）根据市场因子过去 N+1 时期的价格时间序列，计算市场因子过去 N+1 个时期价格水平的实际变化。

3）利用证券定价公式，根据模拟出的市场因子的 N 种未来可能价格，求出证券组合的 N 种未来盯市价值，并与当前市场因子的证券组合价值比较，得到证券组合的 N 个潜在损益。

历史模拟法概念直观，计算简单，实施方便，容易被风险管理者接受；它作为一种非参数法，不需要假定市场因子变化的统计分布，可以有效处理非对称和厚尾问题。这是一种全值估计方法，可以较好地处理非线性、市场大幅波动的情况，有利于捕捉各种风险，因此，历史模拟法是目前基金风险管理中比较常用的一种方法。

3. 蒙特卡洛模拟法

蒙特卡洛模拟法亦称随机模拟法，其基本思想是，为了求解科学、工程技术和经济金融等方面的问题，首先建立一个概率模型或随机过程，使它的参数等于问题的解，然后通过对模型或过程的观察，计算所求参数的统计特征，最后给出所求问题的近似值，解的精度可用估计值的标准差表示。

蒙特卡洛模拟法的基本步骤如下：

1）针对实际问题建立一个简单且便于实现的概率统计模型，使所求的解恰好是所建模型的期望值；

2）对模型中的随机变量建立抽样分布，在计算机上进行模拟试验，抽取足够的随机数，对有关的事件进行统计；

3）对模拟试验结果加以分析，给出所求解的估计及其精度（方差）的估计；

4）必要时，还应改进模型以提高估计精度和模拟计算的效率。

蒙特卡洛模拟方法可以产生大量的情景，比历史模拟方法更精确和可靠；它是一种全值估计方法，可以处理非线性、大幅波动及厚尾问题。但由于其计算量大，计算时间长，比分析类方法和历史模拟方法更复杂。

由于蒙特卡洛模拟方法的全值估计、无分布假定等特点及处理非线性、非正态问题的强大能力和实际应用中的灵活性，近年来被广为应用。许多研究致力于改进传统的蒙特卡洛模拟法，试图提高其计算速度和准确性。

现以开放式基金中的股票型基金为例，利用"济安金信基金评价服务系统"，用历史模拟法计算各只基金的 VaR。计算时间为 2021 年 12 月 31 日，所取置信水平为 95%，计算结果如图 22-8 所示。通过工程化的方法，可以很直观地对同一类型基金的 VaR 值进行对比分析，评估其风险值的相对大小。

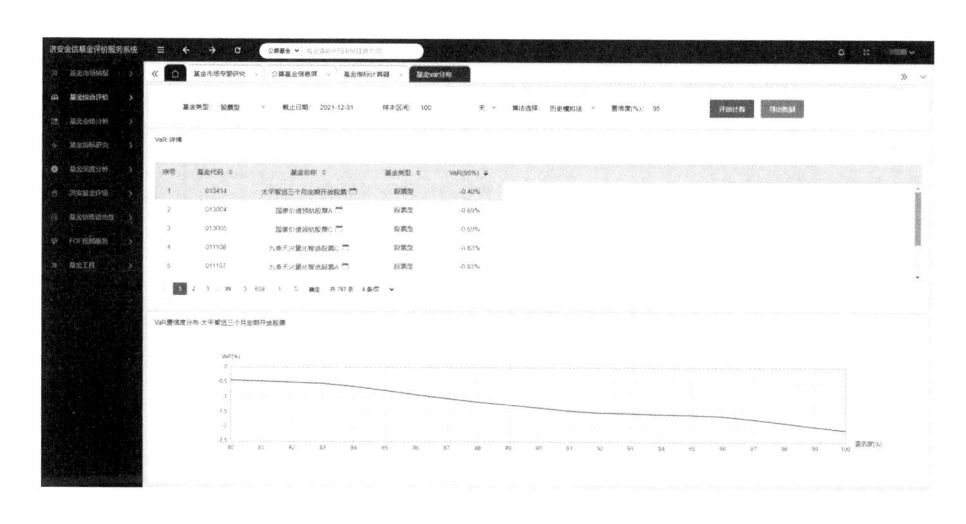

图 22-8 股票型基金的 VaR 及其分布
（分析工具：济安金信基金评价服务系统）

上述 9 种衡量风险的方法大多彼此相关，但也存在一定差别。在使用时，应视具体情况选择适当的风险衡量方法。一般来说，标准差可以较好地评估经过合理多样化的投资组合；对于一个含有多种资产的更大投资组合来说，使用系数评价投资组合的系统风险更加合适；但如果要考虑投资组合的风险所能带来的收益，则应采用系数和信息比率来评估风险；如果更关注组合潜在的损失作为考察投资组合时的风险，则可以用下限风险和 VaR 来评估风险；如果通过考察基金中资产的分散程度来衡量基金的风险，则需要使用投资分散度；如果要通过市场基准组合的表现来考察基金的表现，则可以使用跟踪误差等。除单独使用某一分析指标外，也可以利用一些综合评价的方法（如层次分析法 AHP 等），对各种风险指标赋以权重，将这些指标综合起来考虑。

第三节　风险调整后收益分析

现代投资理论认为，风险水平在决定组合的表现方面具有基础性的作用。仅以收益率评估基金绩效存在很大问题，因为它并不能将风险和收益结合起来进行考察。一只表现出色的基金可能是由于承担了较高的风险，并不意味着基金经理在投资方面具有较高的技巧；相反，一只表现不佳的基金可能是选择了较小的风险暴露，并不意味着基金经理的表现不尽如人意。因此，为了排除风险因素对绩效评价的不利影响，风险调整衡量方法通过对收益加以风险调整，所得指标可以同时对收益与风险加以考虑。

一、特雷诺比率

特雷诺比率也称为特雷诺指数，是由杰克·特雷诺（Jack Treynor）在 1965 年发表的《如何评价投资基金管理》一文中提出的一种风险调整衡量方法。特雷诺利用美国 1953 年至 1962 年间 20 只基金（含共同基金、信托基金与退休基金）的年收益率数据进行了基金绩效评估的实证研究，他认为，充足的证券组合可以消除单一资产的非系统性风险，那么系统性风险就可以较好地反映基金的风险。因此，特雷诺比率的计算公式为：

$$T_i = \frac{\overline{R}_i - \overline{R}_f}{\beta_i} \quad (22\text{-}24)$$

其中：T_i 表示基金 i 的特雷诺指数；$\overline{R}_i$ 为考察期内基金 i 的平均回报率；$\overline{R}_f$ 为样本期内的平均无风险收益率；β_i 为基金 i 的系统风险。$\overline{R}_i - \overline{R}_f$ 是基金 i

在样本期内的平均风险溢价。

特雷诺指数表示的是基金在承受每单位系统风险时所获得的风险收益的比例。其评估方法是：首先计算样本期内各种基金和市场的特雷诺指数；然后进行比较，较大的特雷诺指数意味着较好的绩效。特雷诺指数评估法隐含了非系统风险已被全部消除的假设。在此假设前提下，特雷诺指数反映的是每单位系统风险的收益，体现了基金经理的市场调整能力。不论市场处于上升阶段还是下降阶段，较大的特雷诺指数总是表示较好的绩效。但是，如果非系统风险未被全部消除，当基金组合投资分散程度提高时，β值并不会随组合中所包含的证券数量的增加而降低，根据计算公式特雷诺指数也不会变大，此时指标变化无法准确评估基金经理分散和降低非系统风险的能力，甚至会给出错误信息。

二、夏普比率

美国经济学家夏普于1966年发表的《共同基金的业绩》一文，通过对美国1954年至1963年间34只开放式基金的年收益率数据进行绩效的实证研究，提出了一种以基金单位总风险所带来的超额收益作为衡量基金业绩的风险调整指标，即夏普比率。夏普比率通过基金投资组合的风险溢价与基金收益率的标准差之间的比值来衡量基金的绩效。其计算公式为：

$$S_i = \frac{\overline{R}_i - \overline{R}_f}{\sigma_i} \quad (22\text{-}25)$$

其中：S_i表示基金i的夏普比率；$\overline{R}_i$为考察期内基金i的平均回报率；$\overline{R}_f$为样本期内的平均无风险收益率；σ_i为基金i收益率的标准差。

夏普比率的理论基础是资本资产定价模型（CAPM），以资本市场线（Capital Market Line，CML）为评价的基点，如果基金证券组合的夏普比率高于市场基准组合的夏普比率，则该基金组合位于CML之上，表明其表现优于市场；反之，如果基金投资组合的夏普比率低于市场基准组合的夏普比率，则该基金证券组合就位于CML之下，表明其表现不及市场。因此，可以认为，夏普比率越高，基金绩效就越好；反之，夏普比率越低，基金绩效就越差。

从几何上看，夏普比率就是基金的收益率和无风险收益率连线的斜率。如图22-9所示，基金A的夏普比率大于资本市场线的斜率，其绩效优于市场基准组合的绩效；相反，基金B的绩效劣于市场组合的绩效。

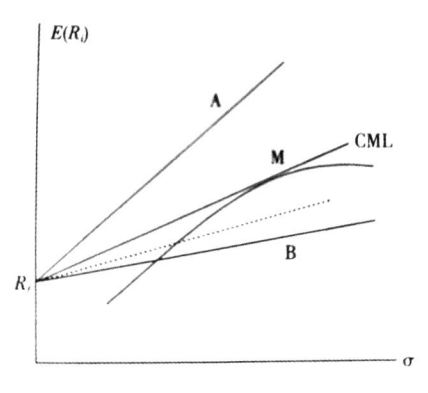

图 22-9 Sharpe 比率图示

当采用夏普比率进行评估时，首先需计算市场上各种基金在样本期内的夏普比率，然后进行比较，较大的夏普比率表示较好的绩效。夏普比率和特雷诺比率一样，能够反映基金经理的市场调整能力。但与特雷诺比率不同的是，特雷诺比率只考虑系统风险，而夏普比率同时考虑了系统风险和非系统风险，即总风险。因此，夏普比率还能够反映基金经理分散和降低非系统风险的能力。如果证券投资基金已完全分散了非系统风险，则理论上夏普比率和特雷诺比率的评估结果是一样的。

三、詹森指数

1968年，美国经济学家迈克尔·詹森（Michael C. Jensen）在其论文《1945—1964年间共同基金的业绩》中提出了以资本资产定价模型（CAPM）为基础的业绩衡量指数，即詹森指数（Jensen Index）。该指标通过比较基金的实际收益超过其所承受风险对应的预期收益的部分来评估基金相对于基准的绩效优劣，这个差额部分就是与基金经理业绩直接相关的收益。詹森指数是测定证券组合经营绩效的一种指标，具体含义为证券组合的实际期望收益率与位于证券市场线（SML）上的证券组合的期望收益率之差。用公式可以表示为：

$$\begin{aligned}J_i &= E(R_i) - \{R_f + \beta_i[E(R_m) - R_f]\} \\ &= \overline{R}_i - [R_f + \beta_i(\overline{R}_m - R_f)]\end{aligned} \quad (22\text{-}26)$$

其中：J_i 表示基金的詹森指数；$\overline{R}_i$ 为样本期内基金 i 的平均回报率；R_f 为样本期内的无风险收益率；$\overline{R}_m$ 为样本期内市场基准组合的平均回报率；β_i 为基金承担的系统风险。

詹森指数是一个绝对绩效指标，衡量基金的投资组合收益率与相同系统风险水平下市场投资组合收益率的差异。当詹森指数大于0时，表示基金的绩效优于市场投资组合绩效，此时不同基金之间詹森指数为正且数值越大越好；若詹森指数小于0，则表明基金的绩效未能达到市场投资组合绩效，整体表现较差。

詹森指数模型是基金绩效评估的重要理论基础，也是目前使用最为广泛的指标之一。但是，使用詹森指数评估基金整体绩效时隐含了一个假设，即基金的非系统性风险已经通过投资组合的充分分散而消除。因此，该模型只反映了收益率和系统性风险因子之间的关系。如果基金并没有完全消除掉非系统性风险，则詹森指数可能给出错误信息。

投资者可以参考詹森指数来比较基金投资的期望收益与证券市场的期望收益。一只基金可能在某一段时期的收益是负值，但这并不表示这只基金不好。只要在这一阶段该基金的詹森指数为正，即使基金收益为负，仍可以认为该基金是优秀的；相反，即使某一段时期投资者所购买的基金有正的净值增长，但如果其詹森指数为负，那么就表示这只基金表现不佳。由于综合考虑了基金收益与所承担的风险，詹森指数相对于不考虑风险因素的绝对收益率指标更具有科学性和可比性。将詹森指数的概念运用于基金投资中，追求詹森指数的最大化，也就是追求基金超额收益的最大化，是基金投资业绩超越市场组合的最佳体现。

综合来看，特雷诺比率、夏普比率和詹森指数是三个比较经典的衡量风险调整后收益的指标，在对它们进行比较时要注意以下两点。

1）在实际运用中，夏普比率与特雷诺比率都是相对绩效度量方法，而詹森指数是基于风险调整的绝对绩效度量方法，因而相对衡量指标和绝对衡量指标在对基金的排序上可能得出不同的结论。特雷诺比率和詹森指数在对基金绩效进行评估时，均以β系数来测定风险，忽略了基金投资组合中所含证券的数量（即基金投资组合的广度），仅考虑获得超额收益的大小（即基金投资组合的深度）。而在衡量基金投资组合绩效时，广度和深度应该同时考虑。

2）在指标模型的选择上，夏普比率和特雷诺比率对基金绩效的评估较具客观性，詹森指数能够较好地衡量基金实际收益的差异。在夏普比率和特雷诺比率这两种模型的选择上，则要取决于所评估基金的类型。如果基金是能够充分分散投资的基金，投资组合的β值能更好地反映基金的风险，因而特雷诺比率模型是较好的选择；如果评估的基金是主要投资于某一行业或主题的基金，相应的风险衡量指标为投资组合收益的标准差，那么运用夏普比率比较适宜。

四、其他风险调整衡量方法

前述三大经典风险调整衡量方法均建立在 CAPM 模型之上，为有效评估基金的绩效表现提供了方法和途径。在此基础上，根据对风险的不同计量或不同调整方式，一些其他的风险调整衡量方法也被提出并且得到广泛的应用。

（一）索丁诺比率

索丁诺比率是由弗兰克·索丁诺（Frank Sortino）在 20 世纪 80 年代初提出的衡量风险调整后收益的指标，可表示为：

$$SR_i = \frac{\overline{R}_i - \overline{R}_f}{DR_i} \quad (22\text{-}27)$$

其中：SR_i 表示基金 i 的索丁诺比率；$\overline{R}_i$ 为考察期内基金 i 的平均回报率；$\overline{R}_f$ 为样本期内的平均无风险收益率；DR_i 为基金 i 收益率的下限风险。

索丁诺比率和夏普比率采取了相同的计算方法，只是在对风险的衡量上，前者使用的是下限风险，而后者使用的是系统风险。索丁诺认为，只有收益低于最低可接受收益率（The Minimal Acceptable Return）时的波动，才能被看作风险，高于最低可接受的波动，应当被看作回报而非风险，因而使用下限风险来衡量风险更为合适。这种有关风险的概念与投资者对风险的看法较为一致，因此在实践中的应用也越来越广泛。

（二）卡玛比率

卡玛比率最早出现于 1991 年的商业杂志《期货》中，作为评估商品交易和对冲基金的绩效衡量标准。该指标的计算方法是将投资组合的年化回报率除以其最大回撤，计算公式为：

$$CR_i = \frac{R_i^*}{MDD_i} \quad (22\text{-}28)$$

其中，R_i^* 表示考察期内基金 i 的区间年化回报率，MDD_i 表示基金 i 在考察期内所发生的最大回撤幅度，即投资组合的资产净值从峰值下跌至后续低点的最大百分比。

卡玛比率中使用最大回撤作为风险的衡量，反映了投资组合承受每一单位回撤所能够获得的收益水平。相较于夏普比率等侧重整体风险调整后收益指标，卡玛比率平滑了投资组合业绩表现中的超额收益和业绩欠佳，更加突出展现最坏的情况下投资组合的绩效表现，能够更好地衡量基金经理的回撤控制能力以及评估具有重大尾部风险的投资策略。通常卡玛比率越高，意味着投资组合回报大幅下降的风险越低。不过需要注意的是，卡玛比率对所选择的考察区间非常敏感，因为不同时间区间可能产生不同的最大回撤，这会改变卡玛比率的数值。而且，最大回撤可能会受到极端事件或异常值的显着影响，这将导致卡玛比率过分强调单一风险事件的负面作用，从而扭曲整体风险调整绩效的评估。

（三）信息比率

这里的信息比率与第二节中介绍的信息比率在表示方法上有所不同。利奥·古德温(Leo Goodwin)指出，如果将风险收益率作为衡量基准，夏普比率实际上可以看作是一种特定情况下的信息比率，因此，这里的信息比率是通过詹森指数给出的，计算公式为：

$$IR_i = \frac{J_i}{\sigma_\varepsilon} \qquad (22\text{-}29)$$

其中：IR_i 表示基金 i 的信息比率；J_i 为基金 i 的詹森指数；σ_ε 表示基金的非系统性风险，即残差的标准差。

这种形式的信息比率又被称为估价比率，最早由特雷诺和费希尔·布莱克（Fischer Black）于1973年提出。该比率表示，在同等可分散风险的情况下，詹森指数较高的基金具有更高的信息比率；在詹森指数相同的情况下，可分散风险较低的组合具有更高的信息比率。

该形式下的信息比率可用于衡量积极组合对整体组合的夏普比率的贡献，作为一个有效的指标来解决积极组合与被动组合的最优组合问题。若一只基金的信息比率越大，说明该基金与被动组合结合之后组合整体的夏普比率提高得越多。

（四）M2测度

M2测度是由摩根士丹利公司的李亚·莫迪利亚尼（Leah Modigliani）及其祖父弗兰科·莫迪利安尼（Franco Modigliani，1985年诺贝尔经济学奖得主）对夏普测度进行改进后引入的。其计算公式为：

$$\mathrm{M2}_i = \overline{R_i^*} - \overline{R_m} = S_i\sigma_m + R_f - \overline{R_m} = \frac{\sigma_m}{\sigma_i}(\overline{R_i} - R_f) - \overline{R_m} + R_f \quad (22\text{-}30)$$

其中：$\mathrm{M2}_i$ 表示基金 i 的 M2 测度；$\overline{R_j}$，$\overline{R_i^*}$ 分别为样本期间内基金 i 分别在 σ_i，σ_m 水平上的平均收益率；σ_i，σ_m 分别为样本期间内基金 i 和市场组合的收益率标准差；R_f 为无风险收益率。

M2 测度也是对总风险进行调整，它反映资产组合同相应的无风险资产混合以达到与市场组合具有同样的风险水平时，混合组合的收益高出市场收益的程度。其目的在于纠正投资者只考虑基金原始业绩的错误倾向，鼓励他们应同时注意基金业绩中的风险因素，从而帮助投资者挑选出能带来真正最佳业绩的投资基金。同夏普比率相比，M2 测度指标也把全部风险作为风险的度量。这种风险的调整方法很容易解释为什么相对于不同的市场基准指数会有不同的收益水平。M2 测度与夏普比率对基金绩效表现的排序是一致的。M2 测度越大，基金的业绩表现越好，反之，基金表现越差。

（五）晨星风险调整收益系数（Morningstar Risk-Adjusted Rating）

晨星公司是美国最具影响力的基金评级公司之一，它对共同基金所做的星级评价就是建立在对基金业绩风险调整基础之上的一种评价体系。其中，主要的评价指标就是晨星风险调整收益系数。其计算公式为：

$$\mathrm{MRAR}(\gamma) = \left[\frac{1}{T}\sum_{t=1}^{T}(1+R_{Gt})^{-\gamma}\right]^{-\frac{12}{\gamma}} - 1 \quad (22\text{-}31)$$

其中：γ 为描述风险厌恶程度的系数，依据晨星评级的全球标准取 $\gamma=2$；T 表示评价期内的月份数；R_{Gt} 为第 t 个月份的几何超额收益率，定义为 $R_{Gt} = \frac{1+R_t}{1+R_f} - 1$；$R_t$ 是第 t 个月份基金的月回报率；R_f 为第 t 月的无风险收益率，目前取国内一年期银行定期存款利率。晨星风险调整收益率越大，表示基金的绩效越好；反之，基金表现越差。

下面以我国开放式基金中的股票型基金为例，时间周期为 100 个交易日，计算各个风险调整后收益指标。无风险利率的利率基准为银行间 7 天质押式回购利率（R007），平均的天数为 30 天。计算结果如图 22-10 所示。

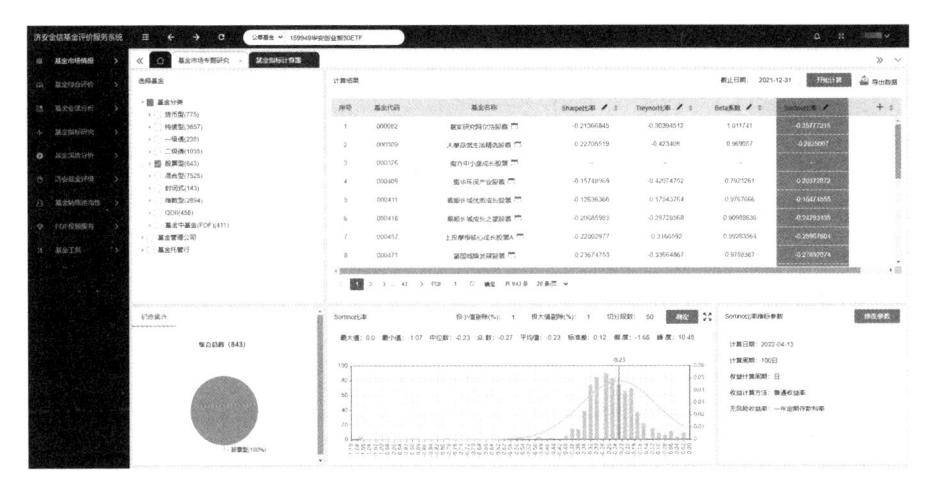

图 22-10 基金的风险调整后收益指标
（分析工具：济安金信基金评价服务系统）

第四节 投资策略有效性分析

投资策略是否奏效关系到基金的成败。因此，考核其策略有效性，往往通过衡量以下三大效应来实现。

1）资产配置效应。主要考察基金经理通过对股票、债券、现金等大类资产进行配置从而取得超越基准组合业绩的能力。

2）行业配置效应。主要考察基金经理在股票资产内通过对各个行业进行配置从而取得超越基准组合业绩的能力。

3）个股选择效应。主要考察基金经理在股票资产内通过对个股投资进行配置从而取得超越基准组合业绩的能力。

评估基金投资策略的有效性，就是要把基金业绩分解到不同层次，以考察基金经理在每一个层次的选择能力，这一分析思路也可应用于对基金业绩的来源进行归属分析。

一、资产配置能力和个股选择能力的衡量

基金在不同资产类别上的实际配置比例对政策规定比例的偏离，代表了基金经理在资产配置方面所进行的积极选择。因此，不同类别资产实际配置权重与政策规定或市场组合比例之差乘以相应资产类别的市场指数收益率的和，就可以作为基金资产配置能力的衡量指标。同样地，基金在不同类别资产上的实际收益率与相应类别资产指数收益率的不同，则反映了基金经理在个股选择方

面进行积极操作的贡献。因此，基金在不同类别资产上的实际收益率与相应类别资产指数收益率的差乘以基金在相应资产的实际权重的和，就可以作为个股选择能力的一个衡量指标。

假设在一个考察期内，基金 p 包括了 N 类资产，基金在第 i 类资产上事先确定的正常（参照基准）的投资比例为 w_{bi}，而实际的投资比例为 w_{pi}。第 i 类资产所对应的基准指数的收益率为 R_{bi}，基金在该类资产上的实际投资收益率为 R_{pi}。根据投资组合收益率的计算公式，在考察期内，基金 P 的实际收益率为：

$$R_p = \sum_{i=1}^{N} w_{pi} R_{pi} \quad (22\text{-}32)$$

基准组合的收益率为：

$$R_b = \sum_{i=1}^{N} w_{bi} R_{bi} \quad (22\text{-}33)$$

因此，$R_p - R_b$ 代表了基金收益率超过基准组合收益率的超额收益率。

资产配置效应（贡献）为：

$$T_p = \sum_{i=1}^{N} (w_{pi} - w_{bi}) R_{bi} \quad (22\text{-}34)$$

当 $T_p > 0$，说明基金经理在资产配置上具有良好的能力；反之，则说明基金经理在资产配置上不具有良好的选择能力。资产配置实际上反映了基金经理对各个市场走势的预测能力和在宏观上的择时能力。

同时，证券选择效应（贡献）为：

$$S_p = \sum_{i=1}^{N} (R_{pi} - R_{bi}) w_{pi} \quad (22\text{-}35)$$

同样，$S_p > 0$ 表示基金经理具有良好的个股选择能力。

很容易看出，$R_p - R_b = T_p + S_p$，这意味着：基金的超额收益率 = 资产配置效应 + 个股选择效应

二、行业配置效应的衡量

与考察基金资产配置能力的方法类似，可以对基金在不同资产类别内部的细类资产的选择能力进行进一步的衡量。这里仅在股票投资上对基金在行业或部门上的选择能力进行说明。

假设在一个考察期内，基金 p 在第 j 个行业上的实际投资比例为 w_{bj}，而第 j 个行业在市场指数中的权重为 w_j，第 j 个行业的行业指数在考察期内的收益

率为 R_j，那么，行业或部门选择能力可以用式（22-36）加以衡量。

$$I_p = \sum_{j=1}^{N}(w_{pj} - w_j)R_j \qquad (22-36)$$

如果 $I_p > 0$，说明基金经理具有行业选择的能力，则基金的行业配置效应为正。

下面选择我国基金市场的混合型基金，利用"济安金信基金评价服务系统"对各只基金进行投资策略的有效性分析。计算时间为 2021 年 12 月 31 日，所用样本为这些基金的连续 4 个季报的数据，银行利率设置为 0.99。分析结果如图 22-11 所示。

图 22-11 混合型基金的投资策略有效性分析
（分析工具：济安金信基金评价服务系统）

第五节 基金选股与择时能力分析

在基金的绩效评估过程中，评估基金经理的投资能力至关重要。一般说来，基金经理的投资能力体现在以下几个方面。

1）证券选择能力（Stock Selection Ability），即基金经理识别价格被低估的证券并构造最优证券组合的能力。

2）时机选择能力（Market Timing Ability），即基金经理判断市场行情发展趋势的能力。通常，基金经理会使用两种择时技术来提高组合的绩效表现：一是在成功预测市场变化的基础上，通过调整股票、债券和现金在投资组合中的比例来实现对市场时机的选择；二是通过调整组合的 β 值来正确应对市场的变化。

3）分散化程度（Diversification），分散化程度既是基金经理在进行证券选择和时机选择时要考虑的因素之一，又是这两种选择所造成的直接结果，它反映了基金因承担可分散风险而获得的相应收益或损失。

一位出色的基金经理可以在基金管理过程中为基金投资组合表现带来正向的影响，因此，评估和考察基金经理的选股和择时能力也是绩效评估的重要环节。传统的整体绩效衡量方法，如詹森指数，只反映了基金的选股能力。而在考虑择时能力的情况下，择时模型可以同时评估基金的选股能力与择时能力。

一、T-M 模型

特雷诺和凯·玛佐（Kay Mazuy）最早利用二次项回归模型对资产管理人把握市场时机的能力进行了评估。他们认为基金经理应具备在市场趋势上升时通过提高投资组合的风险敏感度（β）获得高收益的能力；反之则应减少持有而降低风险敏感度（β）。因此，对于一个成功的资产管理人而言，其风险水平 β 为：

$$\beta_{ti} = \beta_i + \gamma_i (R_{tm} - R_f) \tag{22-37}$$

正值的 γ_i 可以表明，基金经理能随着市场的涨（跌）而提升（降低）其组合的系统风险。将式（22-37）代入单因素詹森指数模型，就可以得到一个带有二次项的、可以将詹森的整体衡量分解为选股能力 α 和市场时机选择能力 γ_i 的模型：

$$R_i - R_f = \alpha + \beta_i (R_m - R_f) + \gamma_i (R_m - R_f)^2 + \varepsilon_i \tag{22-38}$$

对式（22-37）进行非线性回归，并对回归系数进行检验。如果 α 显著大于 0，则说明基金经理具有成功选股的能力，且 α 越大，基金经理的选股能力越强；反之，基金经理不具备良好的选股能力。同样，如果 γ_i 显著大于 0，则表示当市场收益率提高时，基金的收益率提高得更快；而当市场收益率降低时，基金收益率降低的幅度则要小一点。这说明基金经理能够正确预测市场变化，成功地把握住市场时机；否则，就缺少把握市场时机的能力。

以我国基金市场中的混合型基金为例，在"济安金信基金评价服务系统"中，利用 T-M 模型来计算各只基金的选股能力和择时能力。计算时间为 2021 年 12 月 31 日，所用样本为该日期前各基金连续 100 日的日净值增长率，设定检验的显著性水平为 5%（置信水平为 95%，在系统中可调），计算结果如图 22-12 所示。

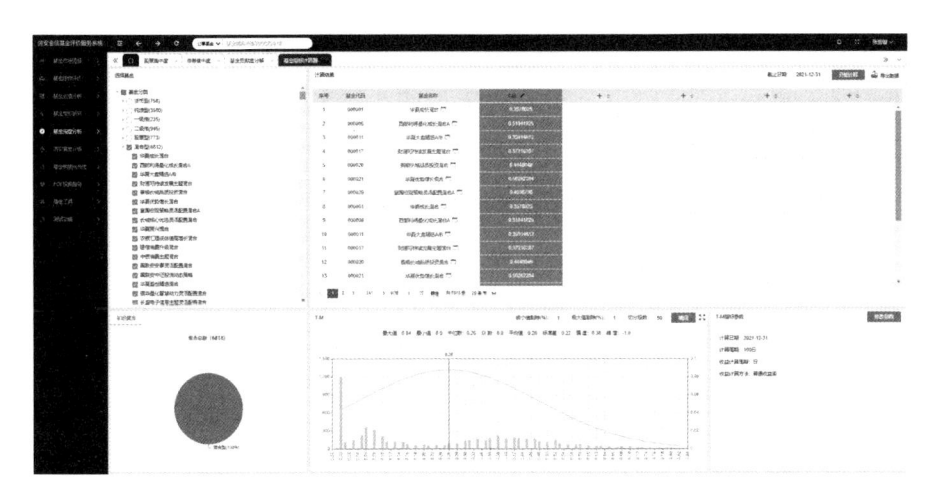

图 22-12 混合型基金的选股择时能力分析（T-M 模型）
（分析工具：济安金信基金评价服务系统）

在所列示的结果中，只有选股能力系数大于 0，且通过显著性检验的基金，才具有成功选股的能力；同样，只有择时能力系数大于 0，且通过检验的基金，才具有成功择时的能力。

二、H-M 模型

罗伊·亨里克森（Roy Henriksson）和罗伯特·默顿（Robert Merton）在 1981 年提出了一种与 T-M 模型相似却更为简单的对选股择时能力进行衡量的二项式参数检验模型，简称 H-M 模型。他们将择时能力定义为基金经理预测市场收益与风险收益之间差异大小的能力。根据这种差异，基金经理能够将资金有效率地分配于证券市场。具备择时能力的基金经理可以预先进行资金配置调整，以减少市场收益小于无风险收益时的损失。具体而言，假设基金经理在具有择时能力的情况下，资产组合的 β 值只取两个值：市场上升时期取较大的值，市场下降时取较小的值。该模型通过在一般回归方程中加入一个虚拟变量来对择时能力进行估计，模型表达式为：

$$R_i - R_f = \alpha + \beta_{i1}(R_m - R_f) + \beta_{i2}(R_m - R_f)D + \varepsilon_i \quad (22-39)$$

其中：D 是一个虚拟变量，当 $R_m > R_f$ 时，$D=1$；当 $R_m < R_f$ 时，$D=0$。

于是，投资组合的 β 值在 $R_m > R_f$ 时为 $\beta_{i1} + \beta_{i2}$，在 $R_m > R_f$ 时为 β_{i1}。如果通过样本数据的回归分析得到系数的估计值 β_{i2} 显著大于 0，则表示在市场上涨的牛市行情中，基金经理会主动调高 β 值，在市场下跌的熊市行情中会调低 β 值，这正体现了基金经理的时机选择能力。β 的涵义和 T-M 模型相同，表示基金的选股能力。

T-M 模型和 H-M 模型关于选股和市场时机选择的表述很像，只是对组合的证券市场线 SML 的非线性做了不同的处理。

承接上例，用 H-M 模型衡量我国基金市场中的混合型开放式基金的选股择时能力。计算时间为 2021 年 12 月 31 日，所用样本为该日期前各基金连续 100 日的日净值增长率，设定检验的显著性水平为 5%（置信水平为 95%，在系统中可调），计算结果如图 22-13 所示。

图 22-13 混合型基金的选股择时能力分析（H-M 模型）
（分析工具：济安金信基金评价服务系统）

三、C-L 模型

常士杉（Eric Chang）和威尔伯·卢埃林（Wilbur Lewellen）在 1984 年对 H-M 模型进行了改进，建立的模型为：

$$R_i - R_f = \alpha + \beta_{i1}(R_m - R_f)D_1 + \beta_{i2}(R_m - R_f)D_2 + \varepsilon_i \quad (22-40)$$

式（22-39）中 D_1，D_2 的都是虚拟变量，当 $R_m>R_f$ 时，$D_1=D_2=1$；当 $R_m<R_f$ 时，$D_1=D_2=0$。β_{i1} 为多头市场时（即市场形势看好时，买盘大于卖盘）的基金 β 值，β_{i2} 为空头市场时（即市场形势看坏时，卖盘大于买盘）基金的 β 值。通过

$β_{i2}-β_{i1}$ 的验证，可以判断基金经理的择时能力。若 $β_{i2}-β_{i1}>0$，表示基金经理具备择时能力。$α$ 的意义和前面两个模型相同，表示基金经理的选股能力。

C-L 模型具有较强的适用性。该模型的优点在于能够分别得出基金在空头和多头市场的 $β$ 值，即使在基金不具有择时能力时（$β_{i1}<β_{i2}$），也能够通过 $β_{i1}$ 和 $β_{i2}$ 的值分析基金的特点。而相同情形下 T-M 模型和 H-M 模型的分析结果通常都不显著，这与模型的自身因素有关。

下面在上例的基础上，利用 C-L 模型分析所选定混合型开放式基金的选股择时能力，分析结果如图 22-14 所示。

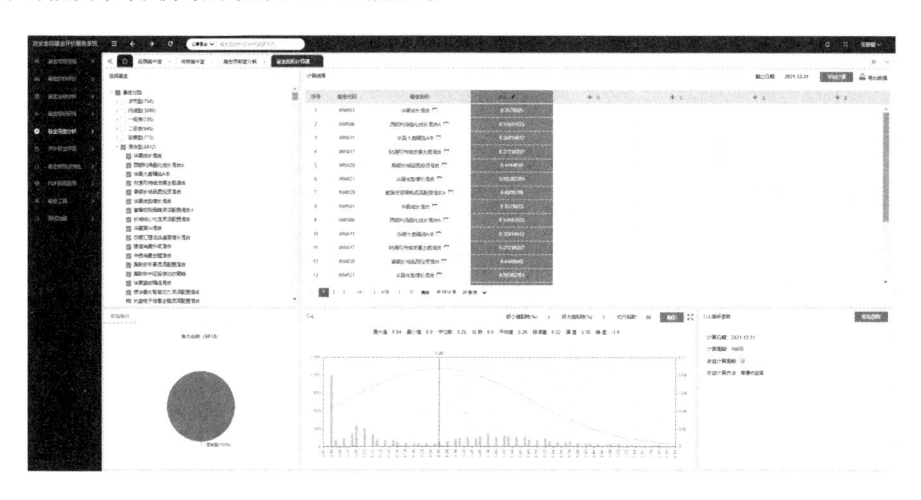

图 22-14 混合型基金的选股择时能力分析（C-L 模型）
（分析工具：济安金信基金评价服务系统）

关于上述基金经理的择时能力和证券选择能力评价模型方法的运用，主要是针对开放式证券投资基金进行的。随着我国证券投资基金市场的不断发展与完善，基金的品种越来越丰富，对基金经理的择时能力和证券选择能力的分析评价，对于基金的绩效评估来说将会越来越重要。

第六节 基金投资集中度分析

各国法律对基金投资都有一定的限制性规定，但即使在这样的框架下，单只基金的持股数量以及投资比例也会由于基金经理的不同决策表现出很大的不同。有些基金经理倾向于将较大比例的基金资产集中投资于少数几只证券上，而另外一些则倾向于在不同风格和类型的证券上进行较为均衡的分散投资。前者被称为集中投资策略，后者则被称为分散投资策略。

这里主要依据基金在季度投资组合报告中列示的重仓股票（一般为前10名）市值占基金净值或资产的比例，以及重点投资行业股票市值占基金净值或资产的比例为基础，对基金的投资策略加以考察。一般而言，这两个值越大，说明持股集中度越高，基金经理更倾向于采取集中投资策略，基金可能面临的市场风险也越大。

一、持股集中度分析

（一）股票投资集中度

目前公募证券投资基金在季度投资报告中，均会列示按公允价值占基金资产净值比例排名前10位的股票名称、持股数量、对应的持有市值以及占基金净值的比例。可以根据具体情况，用这些重仓股占基金资产投资比例指标来衡量基金的股票投资集中度，以前3位重仓股统计为例，用公式可以表示为：

$$股票集中度 = \frac{基金前3大重仓股市值}{基金净值} \times 100\% \quad （22\text{-}41）$$

（二）行业投资集中度

行业投资集中度是衡量基金所投资的股票在相同行业上集中的程度。证券投资基金一般是按照证监会发布的《上市公司行业分类指引》进行行业划分。与分析股票投资集中度类似，这里用重仓股所属行业市值占基金资产的比例来衡量各基金的行业集中度，仍以前3为重仓股为例，用公式表示为：

$$行业投资集中度 = \frac{投资居前3位的行业市值占基金净值合计比例}{股票市值占基金净值比例} \times 100\%$$
$$（22\text{-}42）$$

股票投资集中度和行业投资集中度反映了基金的集中投资策略。这两个指标越高，表明基金经理更倾向于采取集中投资策略，基金所面临的风险越大。尽管这可能伴随较好的收益状况，然而，一旦市场政策对特定股票或行业产生了前所未有的影响，过高的配置比例可能会导致基金遭受巨大损失。

下面以我国开放式基金中的股票型基金为例，利用"济安金信基金评价服务系统"对这些基金进行持股集中度分析。根据具体情况，这里统计的是基金中前3名重仓股和投资居前3位的行业的投资集中度（这个数目是可以根据自己的需要来设定的）。计算日期为2021年9月30日，所用数据为2021年第三季度的季报数据。分析结果如图 22-15 所示。

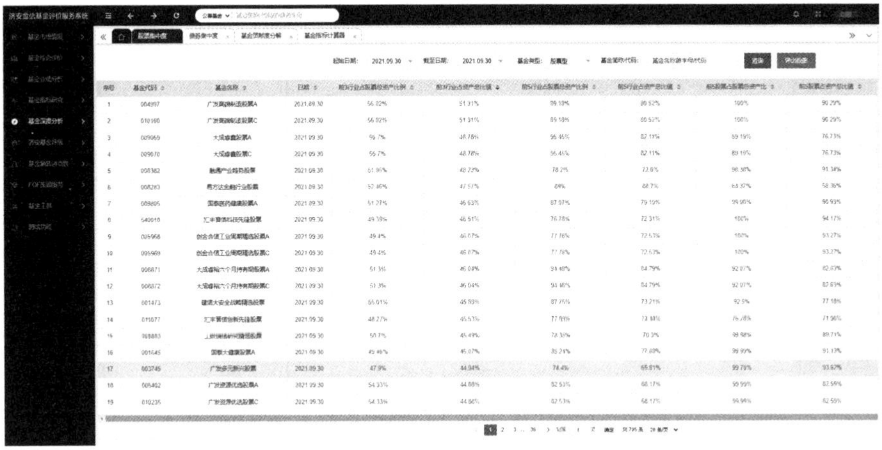

序号	基金代码	基金名称	日期	前3行业占股票总资产比例	前3行业占资产总比值	前5行业占股票总资产比例	前5行业占资产总比值	前5股票占股票总资产比	前5股票占资产总比值
1	004997	广发高端制造股票A	2021.09.30	56.82%	51.31%	89.18%	80.52%	100%	90.29%
2	010160	广发高端制造股票C	2021.09.30	56.82%	51.31%	89.18%	80.52%	100%	90.29%
3	009069	大成睿鑫股票A	2021.09.30	56.7%	48.78%	96.45%	82.11%	89.19%	76.73%
4	009070	大成睿鑫股票C	2021.09.30	56.7%	48.78%	96.45%	82.11%	89.19%	76.73%
5	008382	融通产业趋势股票	2021.09.30	51.96%	48.23%	78.2%	72.8%	98.38%	91.34%
6	008283	易方达金融行业股票	2021.09.30	57.46%	47.57%	89%	88.7%	64.37%	58.36%
7	009805	国泰医药健康股票A	2021.09.30	51.27%	46.63%	87.07%	79.19%	99.90%	90.93%
8	540010	汇丰晋信科技先锋股票	2021.09.30	49.39%	46.51%	76.78%	72.31%	100%	94.17%
9	005968	创金合信工业周期精选股票A	2021.09.30	49.4%	46.07%	77.76%	72.53%	100%	93.27%
10	005969	创金合信工业周期精选股票C	2021.09.30	49.4%	46.07%	77.76%	72.53%	100%	93.27%
11	008871	大成睿裕六个月持有期股票A	2021.09.30	51.3%	46.04%	94.48%	84.79%	92.07%	82.63%
12	008872	大成睿裕六个月持有期股票C	2021.09.30	51.3%	46.04%	94.48%	84.79%	92.07%	82.63%
13	001473	建信大安全战略精选股票	2021.09.30	55.01%	45.99%	87.75%	73.21%	92.5%	77.18%
14	011077	汇丰晋信创新先锋股票	2021.09.30	48.27%	46.53%	77.89%	73.18%	76.78%	71.96%
15	008883	[illegible]	2021.09.30	50.7%	45.49%	78.36%	70.3%	99.98%	89.71%
16	001645	国泰大健康股票A	2021.09.30	49.46%	45.07%	85.24%	77.60%	99.99%	91.17%
17	003745	广发多元新兴股票	2021.09.30	47.9%	44.94%	74.4%	65.81%	99.79%	93.67%
18	005402	广发资源优选股票A	2021.09.30	54.33%	44.88%	82.53%	68.17%	99.99%	82.59%
19	010235	广发资源优选股票C	2021.09.30	54.33%	44.88%	82.53%	68.17%	99.99%	82.59%

图 22-15 股票型基金的持股集中度分析

（分析工具：济安金信基金评价服务系统）

根据分析的结果，能够很清晰地看出各只基金的行业集中度（包括行业占资产比重、行业占市值比重），以及各只基金的股票集中度情况（包括股票占资产比重、股票占市值比重）。

由于不同基金的投资风格和投资策略不同，单纯对基金的持股集中度进行横向比较，有时并不能带给投资者有效的投资建议。要全面了解某只基金的投资状况和分散化投资策略，追踪其股票投资集中度和行业集中度的历史变化至关重要，这有助于洞察基金的成长和发展历程。

二、债券集中度分析

与基金的持股集中度分析相对应，对基金的债券集中度进行分析是考察基金集中化投资策略的另一个方面。分析可在各大类资产比例上进行选择的基金的债券集中度，在某些程度上可以反映基金投资的保守程度。

债券集中度的衡量是计算基金资产组合中投资规模居前的各类型债券占资产组合整体的比重，其计算公式为：

$$债券集中度 = \frac{基金前3大重仓债券市值}{基金净值} \times 100\% \tag{22-43}$$

下面以二级债基金为例，利用“济安金信基金评价服务系统”分析各基金的债券集中度情况。系统可以对债券的数目进行设定，债券类型包括：国债、金融债、企业债、可转债及央行票据等。分析结果如图 22-16 所示。

图 22-16 二级债基金的债券集中度分析（横向比较）
（分析工具：济安金信基金评价服务系统）

第七节 基金绩效持续性分析

基金业绩的持续性分析是一种按照时间顺序研究基金过去与未来表现之间关系的方法，用以对基金的业绩进行分析评价。这有助于检验前期表现优秀的基金是否能够保持出色的表现，以及前期表现不佳的基金是否仍然没有提升空间，这是对单基金业绩表现的动态分析。对投资者而言，如果一只基金的绩效持续性较高，那么基于其过去表现的信息，对投资者就更具有参考价值。

早在夏普和詹森提出基金业绩分析指标时，有关基金绩效的持续性分析就已经展开。国内外对基金业绩持续性的实证研究成果颇多，主要用到的研究方法包括以下三种：绩效二分法、回归系数检验法和斯皮尔曼等级相关系数检验法。

一、绩效二分法（Winner-Winner，Winner-Loser）

这种方法以每一时期基金业绩表现的中位数为基准，将绩效高于中位数的基金标记为"赢家"（Winner，用 W 表示），绩效低于中位数的基金标记为"输家"（Loser，用 L 表示）。若基金在前后两个时期均为"赢家"（WW）或"输家"（LL），则认为该基金绩效具有持续性；若一只基金在两个时期内的一期表现为"赢家"，而另一期表现为"输家"，即出现 WL 或 LW，则认为绩效不具有持续性。这就是考察基金绩效持续性的绩效二分法。关于绩效二分法的检验，可以根据交叉乘积比率（Cross Product Ratio，CPR）和列联表（Contingency

Table）方式下的卡方独立性检验进行统计检验。这种方法在实际的基金投资中用得并不是很多，因此不进行详细介绍。

二、回归系数法

回归系数法一般将整个样本期分为两个相等的子样本期，分别计算前期和后期的绩效指标，然后对前后期绩效指标进行回归分析并进行回归系数的 T 检验。当回归系数为正时，表示前后期绩效指标具有正相关关系，即基金绩效持续性较高；当回归系数为负时，则表明基金绩效不具有持续性。

三、斯皮尔曼等级相关系数检验法

斯皮尔曼等级相关系数（Spearman Rank-Order Correlation Coefficient）又被称为"秩相关系数检验""顺序相关检验"，是一种用于测定指标之间相关关系的较简易且不需要严格数据分布的非参数分析方法。尤其是对于等级型或半定量数据，此时不宜使用线性相关回归分析，使用斯皮尔曼等级相关系数检验法进行两个指标等级（秩次）之间的相关关系的测定更加有效。

斯皮尔曼等级相关系数检验法是最早被应用于检验基金绩效持续性的一种方法，目前仍被广泛使用。该方法同样是将基金的整个样本期分为两个相等的子样本期，计算前和后期绩效指标，然后对基金前后期绩效的排名顺序进行检验，以确定是否具有持续性。

斯皮尔曼等级相关系数的计算公式为：

$$r_i = 1 - 6\sum_{k=1}^{N} \frac{d_{ki}^2}{N(N^2-1)} \qquad （22-44）$$

其中：r_i 表示基金 i 的斯皮尔曼等级相关系数；N 为子样本的样本个数；d_{ki} 表示基金 i 的两个子样本期内相应变量的排名之差。

如果斯皮尔曼等级相关系数显著大于 0，即前后期绩效排名具有显著正相关关系时，表明基金绩效具有较高的持续性；反之，基金绩效不具有持续性。

基金的绩效可以用多种方法加以衡量，相应地，基金绩效持续性也就可以针对不同的绩效指标加以考察。同时，绩效持续性也可以从不同角度进行分析，包括短期与长期、两期、多期等。需要注意的是，不同的检验方法有时会得出不一致的结论，因此，需要结合多种方法来全面评估基金绩效的持续性。

第八节 基金收益贡献度分析

投资者在对基金进行评估时，不仅要关心基金的整体业绩增长，还应了解基金业绩的构成情况，也就是要考察哪些因素为基金的业绩增长做出了贡献。通常，可以将基金业绩增长的贡献因素划分为三类：资产贡献、行业贡献和个股贡献。资产贡献是指不同资产类别（如股票、债券、现金等）的良好表现对基金净值增长的贡献；行业贡献是指不同行业内的表现良好的资产对基金净值增长的贡献；个股贡献是指由于基金经理选取的个股的良好业绩对基金净值增长的贡献。这三个贡献因素的大小分别反映了基金在宏观、中观和微观层面上的具体收益表现。投资者可以充分利用这些信息来制订科学的投资决策。

对基金收益贡献度的分解主要分为以下三个步骤：

首先，计算基金投资组合中各大类资产（如股票资产、债券资产）的加权收益率，分析它们对基金净值增长率的贡献程度。

其次，计算不同大类资产中所属不同行业的资产的加权收益率，并将其与基金净值增长率进行比较，分析不同行业对基金净值增长率的贡献程度。

最后，具体到各只股票或者债券，计算它们各自的收益率，以分析哪些证券对基金的收益率有最大的正向贡献，或者哪些证券对基金的收益率产生最大的负向影响。

投资者可以根据收益贡献度的分析结果深入了解基金的投资结构，选择那些收益结构良好且业绩表现优秀的基金进行投资。基金经理也可以根据这些分析结果来调整基金投资组合，增加那些对基金业绩增长有积极贡献的行业和个股权重，并减少那些风险相对较高且对基金业绩产生负面影响的行业和个股权重，以此提高基金的整体收益。

第九节 基金绩效归属分析

对基金绩效优劣加以衡量，只是基金投资者考虑问题的一个角度。另一方面，投资者对基金绩效的来源也很感兴趣。基金的业绩有多大程度是来自于基金经理高超的投资技巧及选择证券的能力，有多大程度来自对投资风险的补偿，这就是绩效归属分析所要回答的问题。

目前主流的业绩归因分析方法分为两大类，分别是基于净值的(Returns-Based)业绩归因和基于持仓的(Holdings-Based)业绩归因。

基于净值的业绩归因是通过将基金或投资组合的收益序列对不同的风格因子进行回归拟合，根据回归结果考察各风格因子对组合收益的贡献，无法解释的部分（即截距项）则为管理人主动管理能力对组合收益的贡献。由法玛在1972年最早提出的业绩分解模型，将组合的超额收益分解为"选择回报"和"风险回报"，并逐渐演化成为法玛-弗伦克三因子、卡哈特四因子、法玛-弗伦克五因子和侯学章四因子等常见的多因子模型。

基于持仓的业绩归因方法主要是对投资组合在不同时点上的实际持仓进行分析。加里·布林森(Gary Brinson)等人提出了基于资产配置的分析模型，该模型强调将组合收益与基准组合收益进行比较，并进一步将组合的超额收益分解为超额资产配置收益、超额股票选择收益和交互收益三项。此后，又有不同学者从不同角度对基础布林森模型进行了拓展。例如，美国学者巴拉·罗森伯格（Barra Rosenberg）1974年提出的巴拉分解。经过近50年的发展，它逐渐形成了将权益投资组合收益拆解为国家因子、行业因子、风格因子和特质因子的分析架构。

一、法玛分解

（一）对基金总超额收益率的分解

1972年，法玛在《投资绩效构成》一文中对基金的业绩进行了分解，最早提出了基金的绩效归属模型，也称为法玛分解模型。他将基金的超额收益率分解为"选择回报"（Selectivity）和"风险回报"（Risk）两个组成部分，如图22-17所示。用公式可以表示为：

$$R_i - R_f = (R_i - R_{\beta_i}) + (R_{\beta_i} - R_f) \quad (22\text{-}45)$$

其中：R_i 表示基金 i 的净值增长率；R_f 为无风险收益率；R_{β_i} 表示证券市场线（SML）上与基金 i 具有相同系统风险组合的收益率，且 $R_{\beta_i}=\beta_i(R_m-R_f)$；$R_i-R_{\beta_i}$ 表示基金的选择回报，它是基金收益率超过和基金组合具有相同系统风险的波动组合收益率的部分，即詹森指数，该部分回报是不能为基金系统风险和市场风险溢价所解释的收益。既然该部分收益不能为风险所解释，就被冠之以基金的股票选择回报；$R_{\beta_i}-R_f$ 表示基金的风险回报，它给出了基金组合由于承担系统风险而获得的风险补偿收益。公式（22-45）说明：超额收益率＝选择收益率＋风险收益率。

（二）选择回报的进一步分解

选择收益率被法玛进一步分解为"可分散回报"（Diversification）与"净选择回报"（Net Selectivity）两部分。为获得较高的收益率，基金经理通常会放弃一些分散性，即以提高可分散性风险为代价，这样基金的可分散风险就会较高。根据资本市场线（CML）计算出的基金在总体风险 σ_i 下的期望收益率为：

$$R_{\sigma_i} = R_f + \frac{\sigma_i}{\sigma_m}(R_m - R_f) \tag{22-46}$$

基金总体风险期望收益率 R_{σ_i} 与承担的系统风险期望收益率 R_{β_i} 之差，即为与可分散风险匹配的"可分散收益率" R_D，可表示为：

$$R_D = (R_m - R_f) \times (\frac{\sigma_i}{\sigma_m} - \beta_i) \tag{22-47}$$

选择收益率减去"可分散收益率"，就是所谓的"净选择收益率" R_N，可表示为：

$$R_N = (R_i - R_{\beta_i}) - (R_{\sigma_i} - R_{\beta_i}) = R_i - R_{\sigma_i} \tag{22-48}$$

如果基金是一个完全可分散型的组合，"可分散回报"就等于 0。可分散风险可以通过被动投资组合（在资本市场线 CML 上）与基金总体风险的期望收益率之间的比较解决，需要注意的是，前者与基金的总体风险相等，但不包含可分散化风险的完全分散化投资。

（三）风险回报的进一步分解

如果投资者对基金设置了目标风险水平，那么在基金的总体风险中，一部分风险就可以被看作是投资者（目标或属意）风险，另一部分则可以看作经理人（附加或额外）风险。这样，风险回报就被法玛进一步分解为"投资者风险回报"（Investor's Risk）与"经理人风险回报"（Manager's Risk）两部分。投资者风险回报 R_I 等于投资者目标风险 β_I 下的期望风险收益：

$$R_I = \beta_I \times (R_m - R_f) \tag{22-49}$$

经理人风险回报 R_M 就等于总体风险回报与投资者风险回报的差值：

$$R_M = R_R - R_I = (\beta_i - \beta_I) \times (R_m - R_f) \tag{22-50}$$

根据以上对法玛分析框架的叙述，可以用图示直观地描述法玛分解模型，如图22-17所示。

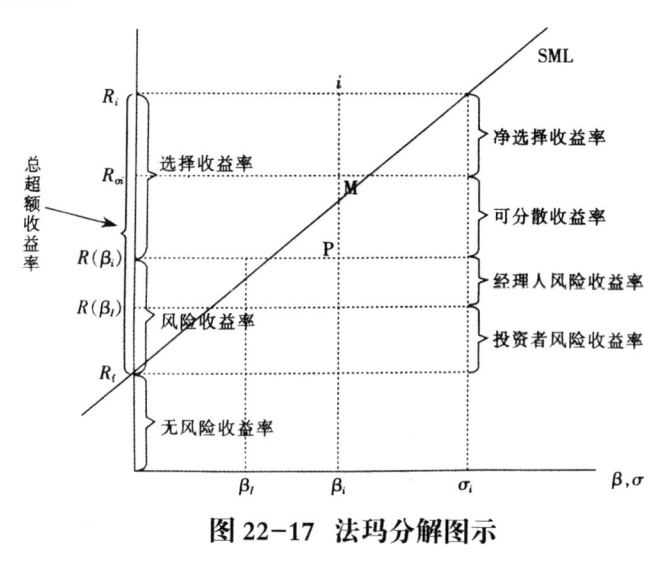

图22-17 法玛分解图示

在图22-17中，连接无风险收益率 R_f 和市场组合 M 构成的 SML 直线为衡量基金所实现的收益率是否与面临的风险相匹配提供了基准。基金 i 是某一假设组合，其收益率与 SML 直线上相同风险水平的 P 点的期望收益率之差 $R_i - R(\beta_i)$，就是该基金的选择收益率。基金 i 的总的超额风险为 $R_i - R_f$，那么 $R(\beta_i) - R_f$ 就是基金的风险收益率。

大家知道，基金的总风险是系统风险和非系统风险之和，因此总风险 σ_i 总是大于系统风险 β_i 的。根据 CML 计算出的基金 i 在总体风险水平下 σ_i 的期望收益为 R_{σ_i}，则根据定义知道，$R_{\sigma_i} - R(\beta_i)$ 就是与可分散风险相匹配的要求附加回报率，即可分散回报，而 $R_i - R_{\sigma_i}$ 就是净选择收益率。

假设基金经理人将组合的风险水平设定为 β_i，而投资者愿意承担的风险水平为 β_I（一般来说，投资者比基金经理更厌恶风险，因此可以认为 $\beta_I < \beta_i$）。β_I 下投资者期望的风险溢价收益率可以表示为 $R_{\beta_I} - R_f$，这是基于投资者愿意承担的风险水平下的期望收益率，即投资者风险收益率。基金的风险收益率 $R(\beta_i) - R_f$ 减去投资者愿意承担的风险的回报 $R(\beta_I) - R_f$ 的剩余部分 $R(\beta_i) - R(\beta_I)$，就是基金经理人风险收益率。

二、布林森分解

布林森等人认为，持有资产类别不变的情况下，组合通过改变各类资产权重而产生的超过基准的收益率，体现了组合在各类资产间的配置能力。保持各类资产权重不变的情况下，组合通过选择具体标的而产生的超越基准的收益率，体现了组合在各类资产上的标的选择能力。

根据上述原理，布林森模型被广泛应用于各类基金产品的绩效归因分析。如果用于混合型基金（组合配置了股票、债券、商品、现金等多种大类资产），模型可以衡量基金经理在大类资产上的配置能力和在每种大类资产中选择具体标的的能力。如果用在股票型基金上（组合主要配置的是股票资产），模型可以衡量基金经理在行业上的配置能力与每个行业内选股的能力。

（一）单期模型

1986年，布林森、伦道夫·胡德（Randolph Hood）和吉尔伯特·比鲍尔（Gilbert Beebower）提出一种基于布林森模型的超额收益拆分方法（简称BHB模型）。该模型通过构建资产配置组合与标的组合这两个虚拟组合，将基金或组合的超额收益分解为配置收益（Allocation Return, AR）、个股（券）选择收益（Selection Return, SR）和交互收益（Interaction Return, IR）。进行具体计算前，可构建模型框架如下：

Q_1：实际组合；

Q_2：积极资产配置组合（大类资产内部标的权重与基准一致，但会在不同资产类别间进行超配或低配）；

Q_3：积极个股（券）选择组合（大类资产间权重与基准一致，但在各类型资产内部进行个股或个券的超配或低配）；

Q_4：基准组合。

上述各组合的计算，可以用下列矩阵进行描述：

	组合资产 i 收益（r_i^P）	基准资产 i 收益（r_i^B）
组合资产 i 权重（w_i^P）	$Q_1 = \sum_{i=1}^{n} w_i^P r_i^P$	$Q_2 = \sum_{i=1}^{n} w_i^P r_i^B$
基准资产 i 权重（w_i^B）	$Q_3 = \sum_{i=1}^{n} w_i^B r_i^P$	$Q_4 = \sum_{i=1}^{n} w_i^B r_i^B$

其中：w_i^P 为实际组合中资产 i 的权重，r_i^P 为实际组合中资产 i 的收益；w_i^B 为基准组合中资产 i 的权重；r_i^B 为基准组合中资产 i 的收益。

则有：

1）实际组合收益：

$$R^P = Q_1 \tag{22-51}$$

2）基准组合收益：

$$R^B = Q_4 \tag{22-52}$$

3）资产配置收益：

$$AR = Q_2 - Q_4 = \sum_{i=1}^{n}(w_i^P - w_i^B) \times r_i^B \tag{22-53}$$

由于管理人的目标是超配收益良好的资产，低配收益不佳的资产，因此，固定基准组合里各大类资产的收益率 r_i^B 不变（不改变个股或个券配置比例），将基准组合中大类资产权重调整为实际组合的大类资产权重，此时所得到的加权总收益率，反映的是仅做资产配置而不做标的选择时的组合收益率，即积极资产配置组合收益率。此时该组合与基准组合的收益率之差，反映了资产配置行为所产生的超额收益。

4）个股（券）选择收益：

$$SR = Q_3 - Q_4 = \sum_{i=1}^{n} w_i^B \times (r_i^P - r_i^B) \tag{22-54}$$

对于标的的选择，若固定基准组合中大类资产权重不变，而通过超配收益良好的个股（券），低配收益不佳的个股（券），使资产收益率由 r_i^B 变为 r_i^P，此时所得到的加权总收益率反映的是仅做标的选择而不做资产配置的组合收益率，即积极个股（券）选择组合收益率。此时该组合与基准组合的收益率之差，反映了标的选择行为所产生的超额收益率。

5）交互收益：

$$IR = Q_1 - Q_2 - Q_3 + Q_4 = \sum_{i=1}^{n}(w_i^P - w_i^B)(r_i^P - r_i^B) \tag{22-55}$$

总超额收益中减去配置收益 AR 和选择收益 SR 后的剩余收益即为交互收益，反映的是资产配置与标的选择的协同效应。

因此，总超额收益：

$$ER = R^P - R^B = Q_1 - Q_4 = AR + SR + IR \tag{22-56}$$

为保持内部一致性，每期组合中的各类资产分类权重总和必须为1，各类资产收益综合必须等于总组合收益，即存在如下约束条件：

$$\sum_{i=1}^{n} w_i^P = 1 \quad (22\text{-}57)$$

$$\sum_{i=1}^{n} w_i^B = 1 \quad (22\text{-}58)$$

（二）多期模型

单期布林森模型实现了持仓固定的投资组合在特定区间的业绩归因，但对于一般的主动投资组合来说，持仓经常处于较为频繁的变动之中，即使能够灵活地进行不同子区间的单期划分，但也无法像组合收益率一样进行跨期复合计算。即在给定的时间段 t 中，组合的复合收益率为：

$$R^P = (1+r_1^P)(1+r_2^P)\cdots(1+r_t^P) - 1 \quad (22\text{-}59)$$

同时基准收益率为：

$$R^B = (1+r_1^B)(1+r_2^B)\cdots(1+r_t^B) - 1 \quad (22\text{-}60)$$

则此时组合的复合超额收益并不等于各期超额收益的和，即：

$$R^P - R^B \neq (r_1^P - r_1^B) + (r_2^P - r_2^B) + \cdots + (r_t^P - r_t^B) \quad (22\text{-}61)$$

对于持仓不发生变化的投资组合，多期可以简化为一个单期。但对于持仓出现变动的投资组合，则需要根据布林森模型原理将总超额收益按一定算法归因于资产配置、个股选择及交互收益这三种效应中。

斯蒂芬·伯尼（Stephen Burnie）、詹姆斯·诺尔斯（James Knowl）和托马斯·捷杰尔（Toomas Teder）三人提出 BKT 模型，将原布林森模型归因效应的表达式通过几何归因重新定义为：

$$\frac{1+R^P}{1+R^B} = (1+\text{AR})(1+\text{SR})(1+\text{IR}) \quad (22\text{-}62)$$

则经过几何归因法重新定义的单期可以在多期归因时像收益率一样进行复合计算。

为了克服前述 BKT 方法需要重新定义归因公式的问题，戴维·卡里诺（David Carino）提出了一种算术归因法，通过演算，直接推导出与单期对应的多期归因效应公式。其核心思想是将多期收益采用对数形式进行展开，即对投资组合有：

$$\ln(1+R^P) = \ln(1+r_1^P) + \ln(1+r_2^P) + \cdots + \ln(1+r_t^P) \quad (22\text{-}63)$$

对基准组合有：

$$\ln(1+R^B) = \ln(1+r_1^B) + \ln(1+r_2^B) + \cdots + \ln(1+r_t^B) \quad (22\text{-}64)$$

则对应的组合差额收益为：

$$\ln(1+R^P) - \ln(1+R^B) = \sum_{t=1}^{T}(k_t \mathrm{AR}_t + k_t \mathrm{SR}_t + k_t \mathrm{IR}_t) \quad (22\text{-}65)$$

其中：k_t 为调整因子。其作用在于调整上式，使其单期形式与标准的单期布林森归因模型吻合，则定义为：

$$k_t = \frac{\ln(1+r_t^P) - \ln(1+r_t^B)}{r_t^P - r_t^B} \quad (22\text{-}66)$$

若组合收益与基准收益相同时，即 $r^P - r^B = 0$，则：

$$k_t = \frac{1}{1+r_t} \quad (22\text{-}67)$$

全部区间的期间因子为：

$$k = \frac{\ln(1+R^P) - \ln(1+R^B)}{R^P - R^B} \quad (22\text{-}68)$$

此时，多期投资组合的各项归因收益可表示如下：

1）资产配置收益：

$$\mathrm{AR} = \sum_{i=1}^{n} \frac{k_t \mathrm{AR}_t}{k} \quad (22\text{-}69)$$

2）个股配置收益：

$$\mathrm{SR} = \sum_{i=1}^{n} \frac{k_t \mathrm{SR}_t}{k} \quad (22\text{-}70)$$

3）交互收益：

$$\mathrm{IR} = \sum_{i=1}^{n} \frac{k_t \mathrm{IR}_t}{k} \quad (22\text{-}71)$$

三、巴拉分解

巴拉分解是采用多因子风险模型对投资组合的风险和收益进行分析的方法。1975年起，巴拉成立了自己的公司，针对不同的国家（典型如美国、欧洲、日本、德国、中国等）、不同类型的市场（如发达市场、发展中市场、新兴市场等），在接下来近50年间陆续发布与更新了多个巴拉模型版本。这期间，巴拉公司被明晟公司（旧名摩根士丹利资本国际，MSCI）收购，巴拉模型也进一步被推广并广泛应用于各类投资者的实际业务中。

2012年6月，明晟公司发布了新一代中国权益市场风险模型（The Barra China Equity Model）CNE5版本，此版本目前被中国的机构投资者广泛使用。2018年8月，明晟公司公布了最新的中国权益市场风险模型CNE6。与CNE5相比，CNE6模型无论在因子数量还是因子构成上，都进行了一定程度的调整。

巴拉的理论基础为多因子模型。他认为，证券的收益率可以部分地被一些共同因子解释，不能解释的部分被定义为特异性收益率，该部分收益率与共同因子为正交关系，即无相关性。巴拉CNE5定义了三类共同因子，分别为国家因子、行业因子和风格因子，即：

$$r_n = f_c + \sum_i X_{ni} f_i + \sum_s X_{ns} f_s + u_n \qquad (22\text{-}72)$$

其中：r_n是组合的超额收益率；f_c是国家因子收益率，f_i是行业因子收益率，f_s是风格因子收益率，因子收益率均通过截面回归得到；X_{ni}为行业虚拟变量；X_{ns}为风格因子暴露度，u_n为证券n的特异性收益率。

（一）国家因子

国家因子可理解为一个近似全市场规模加权的组合，是一个纯多头组合。由于任意一只股票在所有行业的暴露度之和始终为1（行业暴露度是取值为0、1的哑变量），而单只股票在国家因子上的暴露又始终为1，所以导致国家因子和行业因子之间存在明显的共线性，因此，需要对行业的因子收益率做一定的约束。

具体约束条件为：

$$\sum_i X_{ni} f_i = 1 \qquad (22\text{-}73)$$

$$\sum_i w_i f_i = 0 \qquad (22\text{-}74)$$

其中：W_i为行业i中所有股票流通市值占全市场股票流通市值的比例。

（二）行业因子

行业因子的纯因子投资组合是一个多空组合，针对特定的行业因子，它的本质是100%做多该行业，同时100%做空国家因子（即市场组合）。因此，从逻辑上解释，如果某行业因子的收益率为正，则说明该行业可以跑赢市场组合,即可以获得超额收益。行业因子通过虚拟变量进行分类,因此因子暴露只有 0 或 1,即个股 i 在 k 行业的因子暴露为:

$$\mathrm{IND}_i[k]=\begin{cases}1 & 上市公司 i 属于 k 行业\\ 0 & 上市公司 i 不属于 k 行业\end{cases} \quad (22\text{-}75)$$

(三)风格因子

1. 规模因子(Size)

流通市值对数(LNCAP)指标。

该指标主要衡量股票市值规模对收益的影响。为了避免数据量级差异对指标解释能力造成扭曲,所以取流通市值的自然对数,即

$$\mathrm{LNCAP}_i[t]=\ln(\mathrm{cap}_i[t]) \quad (22\text{-}76)$$

其中 $\mathrm{cap}_i[t]$ 为个股 i 在第 t 日的流通市值。

2. 系统性风险因子(Beta)

贝塔值指标(BETA)。

计算该因子需使用指数加权移动平均方法对市场超额收益进行赋权后回归得到。具体计算方法如下:

计算得到 t 日最近的 252 个交易日的每日市场超额收益(Market Excess Return, MER)

$$\mathrm{MER}[t]=R_m[t]-R_f[t] \quad (t=1,1,2,\cdots,252) \quad (22\text{-}77)$$

其中 $R_m[t]$ 第 t 日市场基准指数的收益率,$R_f[t]$ 为第 t 日的无风险收益率。

令最近一日($t=1$)的收益权重最大,然后随着时间衰减,回溯 63 天则权重降为当前的一半,此时有

$$\lambda=0.5^{\frac{1}{63}}$$
$$w_t=\lambda^{t+1} \quad (t=1,1,2,\cdots,252) \quad (22\text{-}78)$$

λ 为衰减因子,w_t 为第 t 日市场超额收益 $\mathrm{MER}[t]$ 的权重,两者相乘得到指数加权移动平均序列 $w_t*\mathrm{MER}[t]$,保证距当期($t=0$)越近的市场超额收益所占权重越大。

计算个股的每日超额收益(Equity Excess Return, EER)

$$\mathrm{EER}_i[t]=R_i[t]-R_f[t] \quad (t=1,1,2,\cdots,252) \quad (22\text{-}79)$$

其中 $R_i[t]$ 为第 i 只个股在第 t 日的收益率。

用个股超额收益 $EER_i[t]$ 对市场超额收益 $MER[t]$ 进行回归

$$EER_i[t] = \alpha + \beta_{it} w_t * MER[t] + e_{it} \quad (22\text{-}80)$$

回归得到的系数 β_{it} 即为持仓个股 i 在 t 时刻的贝塔值指标。

3. 动量因子（Momentum）

相对强度指标（RSTR）。

作为动量因子的指标进行计算，巴拉 CNE5 模型给出的计算时间窗是从当前时点（$t=0$）向前推 21 个交易日（滞后期）开始，回溯 504 个交易日（$T=504$）并以 126 个交易日为半衰期进行指数加权移动平均。

$$RSTR_i[t] = \sum_{t=L}^{T+L} w_t [\ln(1+R_i[t]) - \ln(1+R_f[t])] \quad (T=504;\ L=21) \quad (22\text{-}81)$$

$$\lambda = 0.5^{\frac{1}{126}} \qquad w_t = \lambda^t$$

其中 $T=504$ 个交易日的时间窗，$L=21$ 为滞后期，$R_i[t]$ 为第 i 只个股在第 t 日的收益率，$R_f[t]$ 为第 t 日的无风险收益率。w_t 是指数加权移动平均权重，计算方法与前述贝塔值指标部分的计算过程相同。

4. 波动性因子（Residual Volatility）

（1）日超额收益波动（DASTD）

该指标即个股过去 252 个交易日的超额收益的标准差，指数加权移动平均权重以 42 个交易日为半衰期。即：

$$DASTD_i[t] = \frac{1}{252} \sum_{t=1}^{252} w_t (EER_i[t] - \overline{EER_i[t]})^2 \quad (t=1, 2, \cdots, 252) \quad (22\text{-}82)$$

$$\lambda = 0.5^{\frac{1}{42}} \qquad w_t = \lambda^t$$

其中 $EER_i[t]$ 为个股 i 在第 t 日的超额收益，$\overline{EER_i[t]}$ 为过去 252 个交易日个股超额收益 $EER_i[t]$ 的算术平均数。w_t 为指数加权移动平均权重。

（2）累计超额收益（CMRA）

该指标旨在将过去 12 个月中收益波动区间较大的个股与收益波动幅度较小的个股加以区分。

首先定义 $Z(\tau)$ 为过去 τ 月的累计超额对数收益：

$$Z_i(T) = \sum_{\tau=1}^{T} [\ln(1+R_i[\tau]) - \ln(1+R_f[\tau])] \quad (T=1, 2, \cdots, 12) \quad (22\text{-}83)$$

其中 $R_i[\tau]$ 为个股 i 在第 τ 月的收益率，$R_f[\tau]$ 为第 τ 月的无风险利率。

计算累计极差即为累计超额收益（CMRA）：

$$CMRA_i = \ln(1 + Z_i[MAX]) - \ln(1 + Z_i[MIN]) \qquad (22\text{-}84)$$

其中，$Z_i[MAX] = \max\{Z_i(T)\}$，$Z_i[MIN] = \min\{Z_i(T)\}(T = 1, 2, \cdots, 12)$。

（3）历史波动率（HSIGMA）

该指标为计算贝塔值时的残差收益率的标准差，表示股票不能被贝塔所解释部分收益的波动率，即：

$$HSIGMA_i[t] = std(e_{it}) \qquad (22\text{-}85)$$

其中 e_{it} 为计算贝塔时（22-84）式中的回归方程的残差项。

5. 非线性规模因子（Non-LinearSize）

非线性市值（LNSIZE）指标。

该指标弥补了一部分流通市值对数的不足，因为直接使用流通市值对数时，指标分部接近上下限极值部分的数据（大盘股或小盘股）会产生更大影响，因此，通过对流通市值对数的回归剔除影响，一定程度上衡量重点会落在中盘股。具体的计算如下：

令 $y_i[t] = LNGCAP_i[t]^a$

用 $y_i[t]$ 对 $LNCAP_i[t]$ 进行时间序列的回归，时间期限为最近 252 个交易日，得到：$y_i = \beta_0 + \beta_1 LNCAP + \varepsilon_i$

取上式回归中的残差项 ε_i，即：

$$LNSIZE_i[t] = \varepsilon_i \qquad (22\text{-}86)$$

6. 估值因子（Book-to-Price）

账面市值比（BTOP）指标。

$$BTOP_i[t] = equity_i / cap_i[t] \qquad (22\text{-}87)$$

其中，$equity_i$ 为个股 i 最近一期财报披露的普通股账面价值，$cap_i[t]$ 为该股的总流通市值。

7. 流动性因子（Liquidity）

（1）月度换手率（STOM）

月换手率为最近 21 个交易日每日换手率之和的自然对数，计算如下：

$$STOM_i = \ln(\sum_{t=1}^{21} TO_i[t]) \quad (22\text{-}88)$$

其中 $TO_i[t]$ 即为持股 i 在 t 日的日换手率，计算公式为 $TO_i[t] = V_i[t]/S_i[t]$，$V_i[t]$ 为个股 i 在 t 日的成交量，$S_i[t]$ 为个股 i 在 t 日的流通股本。

（2）季度平均换手率（STOQ）

该指标使用最近连续 63 个交易日的日换手率计算 3 个连续月份的 $STOM_i$（每连续的 21 个交易日定义为一个月），记为 $STOM_i[\tau](\tau = 1, 2, 3)$，则季平均换手率为：

$$STOQ_i = \ln\left[\frac{1}{3}\sum_{\tau=1}^{3} e^{STOM_i[\tau]}\right] \quad (22\text{-}89)$$

（3）年度平均换手率（STOA）

该指标计算季平均换手率思路相同，即从 t 日开始回溯 252 个交易日，并计算 12 个连续月份的 $STOM_i$（每连续 21 个交易日即为一个月），记为 $STOM_i[\tau](\tau = 1, 2, \ldots, 12)$，则年平均换手率为：

$$STOA_i = \ln\left[\frac{1}{12}\sum_{\tau=1}^{12} e^{STOM_i[\tau]}\right] \quad (22\text{-}90)$$

8. 盈利因子（Earnings Yield）

（1）现金流量市值比（CETOP）

该指标作为个股盈利能力的一个衡量指标，评估基础是企业的现金流和市值，具体计算如下：

$$CETOP_i = \frac{CFO_i}{CAP_i} \quad (22\text{-}91)$$

其中 CFO_i 为企业过去 12 个月的经营现金流，CAP_i 为当前的流通市值。

（2）盈利市值比（ETOP）

该指标即为常用的市盈率指标的倒数：

$$ETOP_i = \frac{NI_i}{CAP_i} \quad (22\text{-}92)$$

其中 NI_i 为个股过去 12 个月的净利润，CAP_i 为当前流通市值。

9. 成长因子（Growth）

（1）过去 5 年盈利增长率（EGRO）

每股净利润（$EPS_i[T]$）对时间 T 进行回归得到回归系数 β_1：

$$EPS_i[T] = \beta_0 + \beta_1 T + e_i \quad (T = 1, 2, 3, 4, 5) \quad (22\text{-}93)$$

计算 5 年的平均每股净利润 $\overline{EPS}$：

$$\overline{EPS}_i = \frac{1}{5}\sum_{T=1}^{5} EPS_i[T] \quad (22\text{-}94)$$

使用之前回归得到的系数和平均每股净收益，计算得到 EGRO：

$$EGRO_i[t] = \frac{\beta_1}{\overline{EPS}_i} \quad (22\text{-}95)$$

（2）过去 5 年销售增长率（SGRO）

计算个股 i 在过去 5 年每年的每股销售收入：

$$SPS_i[T] = \frac{SALES_i[T]}{SHARES_i[T]} \quad (22\text{-}96)$$

每股销售收入 $SPS_i[T]$ 对时间 T 进行回归得到回归系数 β_1：

$$SPS_i[T] = \beta_0 + \beta_1 T + e_i \quad (T = 1, 2, 3, 4, 5) \quad (22\text{-}97)$$

计算 5 年的平均每股销售收入 $\overline{SPS}$：

$$\overline{SPS}_i = \frac{1}{5}\sum_{T=1}^{5} SPS_i[T] \quad (22\text{-}98)$$

使用之前回归得到的系数和平均每股销售收入，计算得到 SGRO：

$$SGRO_i[t] = \frac{\beta_1}{\overline{EPS}_i} \quad (22\text{-}99)$$

10. 杠杆因子（Leverage）

（1）市场杠杆（MLEV）

$$MLEV_i = \frac{ME_i + PE_i + LD_i}{ME_i} \quad (22\text{-}100)$$

其中：ME_i 为个股 i 上一个交易日的普通股流通市值，PE_i 为其优先股的账面价值，LD_i 为最近一期财务报表中的长期债务。

（2）资产负债比（DTOA）

$$DTOA_i = \frac{TD_i}{TA_i} \quad (22\text{-}101)$$

其中：TD_i 为个股 i 最新一期财务报告中账面负债合计，TA_i 为账面资产总计。

（3）账面杠杆（BLEV）

$$BLEV_i = \frac{(BE_i + PE_i + LD_i)}{BE_i} \qquad (22\text{-}102)$$

其中：BE_i 为个股 i 普通股账面价值，PE_i 为优先股账面价值，LD_i 为长期负债。

一级因子	二级因子	因子定义
规模因子（Size）	LNSIZE	股票市值的自然对数
系统性风险因子（Beta）	BETA(β)	CAPM 模型回归斜率
动量因子（Momentum）	RSTR	相对强度，超额对数收益的加权平均
波动性因子（Residual Volatility）	DASTD	日超额收益波动
	CMRA	累计超额收益
	HSIGMA	历史波动
非线性规模因子（Non-Linear Size）	NLSIZE	对数市值的立方
估值因子（Book-to-Price）	BTOP	账面市值比
流动性因子（Liquidity）	STOM	月度换手率
	STOQ	季度平均换手率
	STOA	年度平均换手率
盈利因子（Earnings Yield）	EPFWD	分析师一致预期投资回报率
	CETOP	过去 12 个月经营现金流比市价
	ETOP	过去 12 个月每股收益除以当期股价
成长因子（Growth）	EGRLF	长期一致预期净利润增长率
	EGRSF	短期一致预期净利润增长率
	EGRO	过去 5 年盈利增长率
	SGRO	过去 5 年销售增长率
杠杆因子（Leverage）	MLEV	市场杠杆
	DTOA	资产负债比
	BLEV	账面杠杆

表 22-1 各种因子的定义

第十节 基金动态价值评估

证券投资基金的发展为投资者提供了更为多样化的投资选择，但同时也加大了投资的复杂性。而且随着基金规模与品种的不断增长，市场对基金管理人的要求也更加严格。基金经理如何配置基金投资组合更加有效，如何选择更具有投资价值的投资品种，为投资者创造更大的收益，这些都成为评价基金经理绩效的关键标准。

自从价值投资理念作为一种成熟市场的主要投资策略被引入中国以来，便受到中国证券市场机构投资者及广泛的中小投资者的广泛关注和认可。所谓价值投资，就是基于对公司基本面的细致分析，利用适当的估值模型将股票的内在价值予以量化，并与市场价格进行比较，以发掘被市场低估的股票。随着价值投资理念在中国证券市场的普及，越来越多的证券估值模型和方法也不断涌现出来。

济安基金动态价值评估体系是作者历经多年潜心研究提出的一种基金估值模型，它主要依据"济安金信证券投资分析系统"中每日实时更新的股票的济安动态定价数据，考虑了基金组合中不同投资品种的权重比例，得出基金均衡市值（济安市值），再通过比较理论估值和实际市值的大小，得出组合的价值偏离度。济安基金动态价值评估体系对基金的评估结果经过实践的验证是非常有效的，它可以从一个全新的角度帮助投资者对于众多基金品种的投资价值做出判断。

济安基金动态价值评估可以很好地为投资者提供价值指针和风险预警，其目的是找出具有投资价值的基金进行投资，分辨投资风险较高的基金以规避风险，从而提高投资资金的使用效率和安全性。如果基金最新市值高于济安市值，说明基金或者基金中的资产价值被高估，根据价值投资理念的"价值回归"原则，这些被高估的基金会面临市值下跌的风险；如果基金最新市值低于济安市值，说明该基金的价值被低估，其市值仍有上涨的空间，具备投资价值。但如果基金最新市值和济安市值严重偏离，那么通常是因为受到两方面因素的影响：一是投资者获得了一些非公开信息，例如潜在利好或隐性危机；二是筹码的供求关系被人为操纵，例如垄断筹码或恶意打压。

下面以我国基金市场的股票型基金为例，利用"济安金信基金评价服务系统"计算各基金的动态价值偏离度，如图22-18所示。

基金动态价值分析每日更新数据，一只基金的市值水平与济安基金动态定价的正向偏离度越大，其风险越大；一只基金的市值水平与济安基金动态定价的负向偏离度越大，其风险越小。

图 22-18 基金的动态价值偏离度
（分析工具：济安金信基金评价服务系统）

第二十三章 基金风险管理流程

风险是指未来资产价值（或收益率）的不确定性，投资者不能确切地知道未来资产价值的变化方向和变化幅度，只能知道每种可能结果发生的概率以及可能的后果。正因为投资的最终结果是不确定的，存在一定风险，才使得投资者在面临投资决策时需要做出慎重选择。有效的风险管理可以降低投资风险，满足投资者的需求，控制发生极端损失的可能性，从而有助于长期投资的资本增值。基金业本质上讲属于"信托"，基金管理公司的资本金相对其管理的庞大资产规模而言是非常小的。"受人之托，代人理财"的企业特性决定了"诚信"是基金公司的立业之本，决定着基金的风险管理是立业成败的战略要素。

风险管理贯穿于基金投资管理过程的始终，融入投资管理过程的每一个环节，从投资政策的设定到证券选择，从资产配置再到时机选择的整个过程，都需要对资产组合进行严格的风险管理和控制，以保证基金收益的稳定，防范极端事件的发生。基金的风险管理流程既是投资管理过程的一个重要组成部分，又是和投资管理过程并行的一个完整的管理控制体系。

完整的风险管理过程包括对风险类型的识别，对各种风险状况的监控以及对风险的防范。具体包括：明确定义风险类型，细分的业务流程和每一业务流程的具体执行，对业务执行风险控制点的监控和报告，管理层对整个风险控制过程进行监督。

第一节 风险识别

对基金风险进行识别是风险管理的第一个环节。风险识别即识别基金在投资活动中所面临的风险类别，并对风险的影响程度做出初步估计。风险识别的目的在于了解基金在运作时所面临的风险暴露状况，以利于确定下一步风险管理的重点所在。

基金投资者所面临的金融资产风险包括以下几个方面。

一、市场风险（Market Risk）

市场风险又称为价格风险，是指因国内外经济因素变动造成资产或负债价值产生波动，从而使投资者被迫售出资产时可能遇到的价格下跌的风险。市场风险是投资者面临的主要风险，它可能来自市场价格整体运动，也可能来自其他因素的影响。

市场风险可以依其变量不同再加以细分：如果是由利率变化所导致的，称之为利率风险（Interest Rate Risk）；如果是由汇率变化所导致的，称之为汇率风险（Exchange Rate Risk）等。国内外经济因素变动可能产生的市场风险如表23-1所示。

市场风险分类	定义
证券市场风险	包括系统风险与非系统风险，其中非系统风险可以通过合理的投资组合减小甚至消除，但系统风险为证券市场本身所固有，不能消除
经济周期风险	证券市场是国民经济的晴雨表，而经济运行具有周期性的特点。宏观经济运行状况对证券市场的收益水平产生影响，从而产生风险
政策风险	货币政策、财政政策、产业政策、法律环境等方面的变化对证券市场产生一定的影响，导致市场价格波动，影响基金收益而产生的风险
利率风险	金融市场的利率波动会导致股票市场及债券市场的价格和收益率的变动，同时直接影响企业的融资成本和利润水平。基金投资于股票和债券，收益水平会受到利率变化的影响
汇率风险	由于汇率的变动可能使资产价值遭受损失，用外币支付的证券面临的汇率风险较大
上市公司经营风险	上市公司的经营状况受多种因素影响，如业内竞争、市场前景、管理能力、财务状况等，都会导致公司盈利发生变化
购买力风险	基金投资的目的是使基金资产保值增值，如果发生通货膨胀，基金投资于证券所获得的收益可能会被通货膨胀抵消，从而影响基金资产的保值增值

表 23-1 市场风险分类表

二、流动性风险（Liquidity Risk）

流动性风险是指资产按其价格或接近其价格出售的难易程度，也可以视为卖方为了卖出现有资产而遭受的损失。流动性风险可由市场决定，也可以由特定的合约条款决定。

基金的流动性风险分为市场流动性风险与资金调度流动性风险。

1）市场（产品）流动性风险。此类流动性风险的形成原因在于市场交易不活跃，使得金融商品无法在市场上迅速成交，或无法以公平的市价成交。如市场成交量不足，无法顺利成交或以极差价格成交。

2）资金调度（现金流资金）流动性风险。此类流动性风险的形成原因在于企业可能因为现金流量的规划出现缺失，因而被迫必须提前结算所持有的资产，亦称为筹资风险（Funding Risk），如无法筹措足够的交割款。基金可以透过限制持有仓位的方式来减少持有流动性差的金融商品，至于筹资风险的管控，则必须有一套完善的资金运用规划，借此充分掌控资金的流进与流出，以避免必须临时变现的窘境。

三、信用风险（Credit Risk）

所谓信用风险，是指交易对手在交割时或交割后无法履行契约中规定的义务所产生的风险，又可称为违约风险。如持有公司债，但公司债到期时无法及时偿还债券本金和利息。基金的信用风险可能来自不利的经济条件使所投资产发行人的现金流量受到损害，也可能因为发行人的现金流量不足以偿付其金融债务的本金和利息。

若将信用风险再细分，又可区分为结算前风险（Pre-settlement Risk）以及结算后风险（Settlement Risk）。结算前风险是指交易对手在履行交割义务前产生违约的风险。之所以造成交易对手违约，通常是因为市场的走势不利于交易对手，使其不愿交割；但即使市场走势对于交易对手有利，也可能基于其他因素如战争、天灾或人祸而影响交易对手交割的意愿。结算后风险是指在交易双方有一方已履行其交割义务后，该契约仍无法顺利完成的风险，特别是外汇的现货市场因为存在地理与时区的差异，最容易产生结算风险。

四、操作风险（Operational Risk）

操作风险是隐含在基金管理公司投资业务和主要支持活动中的风险因素。由于基金自身交易系统不完善、管理失误、控制缺失、诈骗或者其他一些人为错误而导致的潜在损失。例如，当交易执行错误或不能执行产生的较大延迟成本或受到惩罚而导致的执行风险，以及由于机构后台操作出现的一系列相关问题。

基金操作风险分为管理风险和作业风险。前者又包括基金管理人风险和第三方风险。管理人风险是指在基金的管理运作过程中，基金管理人因管理水平、管理手段和技术以及对经济形势和证券市场判断有误，获取信息不全等原因影响基金的收益水平；第三方风险指第三方服务机构如登记机构、销售机构、托管机构的管理水平、管理手段和管理技术等存在缺陷，对基金的收益水平产生影响而带来的风险。作业风险是指因人为舞弊贪污、内部控制不当或管理疏失，使基金面临潜在损失的风险。

五、其他风险

法律风险指交易的对手事实上并没有权限进行此交易，或者当交易属于跨国性交易时，可能因为法令的解释或相关规定的不同而出现潜在损失的风险。例如没有清楚了解所购买金融商品契约载明的权利义务，使得权益受损。不可抗力风险指战争、自然灾害等不可抗力因素的出现，严重影响证券市场的运行，可能导致基金资产的损失。

在上述基金资产所面临的风险中，市场风险、流动性风险、信用风险等是可测量的；不可测量风险有操作风险、法律风险等。

第二节 风险监控

风险监控是指在决策主体的运行过程中，对风险的发展与变化情况进行全程监督，并根据需要进行应对策略的调整。风险监控过程是系统化的风险追踪过程，也是运用已建立的指标体系评估风险处理效果的过程。监控结果不仅是开发其他风险处理方法的基础，也是重新分析已知风险的基础。在某些情况下，监控结果可用来识别新的风险或对原有的风险计划进行部分修正。

风险评估与测算是风险监控的基础。基金的风险管理应当建立完整的风险监测与评估系统，实时监控基金投资运作过程中的潜在风险。

一、市场风险监控

（一）市场风险的衡量

1. 风险价值（VaR）

在20世纪80年代末到90年代初，美国银行业深受商业风险的困扰，金融机构坏账逐年增加，市场普遍认为是《巴塞尔协议》的信贷评估模型导致贷款决策扭曲。在此背景下，JP摩根公司发明了风险价值（VaR）方法来定量地分析市场风险。1993年，G30（The Group of Thirty，由美国华盛顿的银行家和学者组成的民间机构）的全球衍生品研究小组发表了《金融衍生品风险管理》

报告。其后国际清算银行（Bank for International Settlement, BIS）和国际证券机构委员会（International Organization of Securities Commissions, IOSCO）也联合发布报告。在众多定量分析模型中，风险价值（VaR）方法被认为是银行和其他金融机构度量市场风险的最佳方法。1995年春季，巴塞尔银行监管委员会准许多个商业银行统一采用该委员会提供的参数计算VaR；1995年6月，美联储提出相似的VaR预案。1995年12月，美国证券交易委员会将VaR方法列为三种市场风险披露方法之一。1996年8月，美国银行监管委员会采用1988年巴塞尔协议中提出的市场风险修正案。

由此可见，风险价值（VaR）相比于标准差为代表的传统风险测度指标更着重于考虑资产的下行风险，因此，它也成为投资组合市场风险评估的全球通行方法之一。它能简洁地对逐日产生的数据进行处理，持续跟踪日常风险异动情况。敏感性分析和压力测试是VaR方法的有效补充，能帮助风险监管人员确定不同寻常的风险产生时的损失以及基金对风险的承受能力。

VaR的含义是"处于风险中的价值"，是指市场正常波动下，某一金融资产或证券组合的最大可能损失。更为确切的说法是，在一定的概率水平（置信水平）下，某一金融资产或证券组合在未来特定的一段时间内的最大可能损失。用数学公式可表示为：

$$\text{Prob}(\Delta P > \text{VaR}) = 1 - c \qquad (23\text{-}1)$$

其中：ΔP为证券组合在持有期的损失，VaR为在置信水平c下处于风险中的价值。

VaR模型有两个假设：一是市场是有效的；二是市场的波动是随机的。确定某一金融资产或证券组合的VaR值，首先必须确定以下三个要素。

1）持有期限。它是计算VaR的时间范围。VaR随持有期的增加而增加，通常的持有期是一天或者一个月。

2）观察期间。它是计算VaR所选样本数据的时间范围。

3）置信水平。证券组合损失不超过VaR值的概率。

计算证券组合VaR的方法主要有三种：参数法、历史模拟法和蒙特卡洛模拟法。

图23-1给出了在95%的置信度下，用历史模拟法计算的2021年12月31日中国证券市场的股票型开放式基金的VaR计算结果。

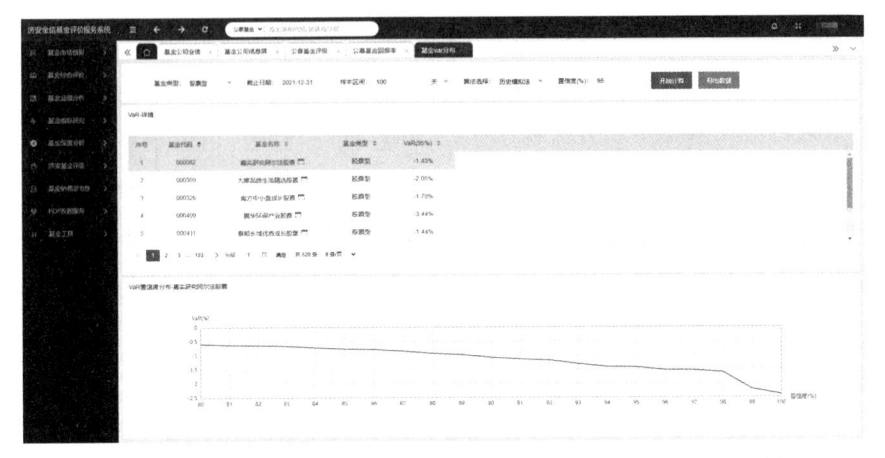

图 23-1 用历史模拟法计算的股票型开放式基金 VaR 计算结果
（分析工具：济安金信基金评价服务系统）

通过工程化的方法，可以很直观地对同一类型基金的 VaR 值进行对比分析，评估其风险值的相对大小。

2. VaR 的辅助指标

由于 VaR 方法是在特定假设条件下，在市场处于正常波动时对市场风险的有效测量。引入压力试验（Stress Testing）和极值理论（Extreme Value Theory，EVT）来测量极端市场状况下的市场风险。压力试验是对极端市场情景下资产组合损失的评估，包括情境分析（Scenario Analysis）和系统化压力试验（Systematic Stress Testing）。极值理论是更多地利用统计理论和方法来测量极端市场情况下风险损失的常用方法。具体可见相关参考文献。

当 VaR 曲线穿越警戒线时，表明基金没有通过该压力试验，则市场的突变会给该基金带来较大的风险。β 值方法是一种简单实用的衡量系统风险的指标，它来源于资本资产定价模型（CAPM），用来测度某个证券相对于市场的变动情况。β 值方法是市场人士用来测度系统性风险的主要指标之一，也可以用来辅助 VaR 方法进行市场风险的监控。

除上述指标外，还可使用波动性测度指标、偏离度、误差分析等辅助性指标来对基金的资产组合面临的风险进行评估与监控。

（二）市场风险的监控过程

在基金的市场风险监控过程中，首先，通过数据检验确定风险的存在；其次，根据监管职责设置合理的置信度参数，根据风险监管要求选定一种计算 VaR 的方法，如果计算结果能够通过事后检验，则开始监控 VaR；最后，根据投资者的风险承受能力和风险防范要求，预先设定临界值水平，也可称为风险忍受度，一旦 VaR 超过风险忍受度，应立即发出预警并进行控制。

具体实施过程可以分为以下两个层次。

第一层为基金中单个资产的风险监控。风险管理人员每日测算每个股票或债券的 VaR 值，确定一定概率下的该证券的最大仓位，同时计算 5 日、10 日、20 日 VaR 平均值的大小，把 VaR 值与移动平均线原理结合起来，控制该证券的仓位上限，以最大限度地降低风险资产的风险暴露程度。

在测度 VaR 值的同时，风险管理人员还需要测度股票或债券的 β 值、波动性指标等辅助风险指标值，同时还要对风险测度的误差进行追踪和分析。用 β 值对股票相对于市场的系统风险进行测度，将其作为决定仓位的参考指标之一，用波动性指标来衡量股票的波动程度，以决定是否对其进行滚动操作。

第二层为投资组合（基金）的风险监控。同样，风险管理人员需要每日测算整只基金的 VaR 值，并结合动态移动平均技术来决定基金的仓位上界与下界。同时，定期测算整个组合的 β 值，以确定投资组合的总体风险收益比是否与基金的操作风格相吻合。

在处理市场正常波动情况下资产组合风险的同时，基金风险管理部门还需要定期对资产组合进行压力测试和极值分析，评估市场出现极端波动情况的可能性，并为此做好一定的防范措施。通过以上双层风险控制，基金管理人就能较好地管理资产组合的市场风险，让基金净值波动尽可能地处在预定的价值成长区间之内。

二、流动性风险监控

（一）流动性风险的衡量

基金各行为主体所关注的流动性风险有所不同。市场管理者关注交易的效率问题，投资者关心的是交易能否按照理想的市场价格成交以及交易的额外成本，相应地流动性就是各种证券与现金之间的转换能力以及转换成本。不过，他们所关注的流动性风险有下列共同点。

1）实现交易的成本。如投资者要完成交易，是否会偏离原有的均衡价格，偏离程度如何。

2）实现的交易数量。即在已有市场状态下能够实现的最大交易数量。

3）实现交易的速度。即完成交易需要的时间。

衡量流动性风险大小的指标包括成交额与换手率、宽度、深度、冲击成本、交易速度等。具体可见表23-2。

流动性指标	定义
成交额与换手率	成交额和换手率往往是描述市场流动性最常用的指标。通常成交额越大，流动性越好；换手率越高，流动性越好。因此成交额和换手率也是衡量市场流动性的常用指标
宽度	宽度就是交易价格偏离市场均衡价格的程度，通常用买卖价差来表示。宽度越小，一定交易量的价格波动幅度越小，交易的冲击成本越小。相反，价格波动幅度越大，交易的冲击成本越大
相对宽度	相对宽度就是交易价格偏离市场均衡价格的相对幅度。相对宽度越小，一定交易量的相对价格波动幅度越小，冲击成本占交易额的比率越小；反之，相对波动幅度越大，冲击成本占交易额的比率越高
深度	深度是通过交易量来表示市场的流动性状况。通常深度有成交深度和市场深度。成交深度就是实际成交的数量，市场深度就是市场中买卖双方的报价数量。深度越大，表明可以实现的交易额越大
阿米维斯特流动比率	阿米维斯特流动比率是指价格变动1%所实现的交易额。该比率越高，表明一定价格波动幅度内实现的交易额越大，市场的流动性越好，反之，则流动性越差
冲击成本弹性	冲击成本描述的是一笔交易使均衡价格偏离的幅度。通常交易额越大，均衡价格的偏离幅度也越大，因此冲击成本与交易额往往呈非线性的关系
速度	连续交易时，不仅要考虑每笔可以实现的交易金额，还要考虑在一定时间内按规定金额可以实现的交易次数。速度为日成交额与深度之比

表23-2 流动性风险分析指标

（二）流动性风险监控过程

对于封闭式运作的基金来说，虽然封闭式基金市场流动性受流通股本规模的影响，但在封闭运作期间不可赎回，无须提取准备金，能充分运用资金以取得长期经营绩效，故不需要对封闭运作期间的基金进行特别的流动性风险监控。

但对开放式基金而言，由于存在投资者赎回问题，因此它的流动性风险显得更为突出。流动性风险是一个正反馈过程，一旦开放式基金出现了流动性风险，它将会越来越大，甚至会导致基金清盘。由于开放式基金面临投资者随时赎回的压力，应保留一定数额的现金以应付日常的赎回。然而，由于这种现金储备是一种外在的压力，可能使基金的投资组合偏离其资金最优配置，从而使基金收益率下降。由此可以看出，开放式基金流动性风险管理的目标在于使留存现金量与赎回资金量达到动态平衡，以体现流动性风险最小化与基金收益最大化的统一。

对开放式基金流动性风险监控的首要问题，就是通过估计开放式基金自身对流动性的需求来确定预留的现金量。基金经理要通过综合考虑基金的流动性需求和收益性需求，结合市场流动性、基金持有人的投资预期、资金来源、基金资产构成以及基金管理人再融入资金的能力、基金经理自身承受风险的能力等各种因素，运用平衡现金流量、系统模拟等方法和技术，确定基金预留现金的上下限。如果基金的预留现金超过其上限，则基金不能充分利用其现有资金进行投资，整体投资收益就要受到损失；如果基金的预留现金少于其下限，则基金遇到巨额赎回时，就要面临很大的流动性风险。

再者，基金经理要定期测算流动性风险指标，根据基金的流动性需求，把现金、流动性资产和非流动性资产在投资和预留现金之间进行动态平衡，这样既可以保证赎回时现金支付的能力，减少流动性风险，又能保障投资收益率的最大化。

三、信用风险监控

（一）信用风险的衡量

对基金信用风险的衡量，常用的指标有违约概率（Probability of Default，PD）、违约损失率（Loss Given Default，LGD）以及信用评级（Credit Rating）等。

1. 违约概率

违约概率是指基金的交易对手在未来一段时间内发生违约的可能性。巴塞尔委员会将违约概率定义为债券所在信用等级一年内的平均违约率。该指标是针对基金的交易对手而言的，它与交易对手的信用级别挂钩，同一信用级别的客户具有相同的违约概率。违约概率指标有时效性，通常反映的是未来一年内客户违约的可能性。

2. 违约损失率

违约损失率是指债务人一旦违约，将给债权人造成的损失数额占风险暴露（Credit Exposure，债权）的百分比，即损失的严重程度。从基金中债券投资的角度看，违约损失率决定了债券本金回收的程度。用公式可以表示为：

违约损失率 =1− 回收率

违约损失率数值的计算建立在对债券评级的基础上，通过分析各信用级别债券的历史违约损失情况获得。

违约概率和违约损失率都是反映债权人面临债务人违约的信用风险的重要

指标，都受债务人信用水平的影响，二者呈正相关关系，结合在一起能够全面反映信用风险水平。

3. 信用评级

信用评级是衡量发债主体能否按时对各类债务根据约定还本付息的可能性或预期损失的一个指标。它主要评定的是发债主体按时偿还本息的能力和意愿，并用简单的符号向投资者提示风险程度以及违约的可能性。

根据著名评级公司穆迪的定义，从广义上讲，评级的目的就是"通过给固息债务评定级别，以增加资本市场的有效性"。评级机构通过采用独立标准，为发行人的证券信用质量指派一个概括性的等级符号，使信用风险评估过程简化，以达到评级的目的。评级可以帮助投资者了解不熟悉的市场中的信用风险特征，获得市场进入的能力，制定信用风险限额，帮助投资者进行证券组合加权和分散化经营以及为风险差额定价。信用评级是衡量信用风险的一个简单而有效的指标。

（二）信用风险监控过程

可考虑如下步骤进行基金信用风险的监控。

1）计算各信用风险的指标，包括违约概率、违约损失率等。

2）建立内部信用评级机制度，针对基金发行人或基金交易者的信用质量，根据信用风险指标对基金进行信用评级，再根据不同信用等级来制定信用限额（Credit Limits）；根据投资者的风险忍受能力及其对投资收益的要求，设定违约概率和违约损失率的上限。

3）超出信用限额或超出违约概率、违约损失率上限的基金，必然面临较大的信用风险，应给予风险预警。

四、不可测风险监控

（一）操作风险的监控

由于操作风险是不可测的，在进行操作风险监控时，为保证能够给开放式基金提供合适的操作风险评价，通常遵循如下原则。

1）客观性原则。操作风险应该使用标准客观的准则进行测度。

2）一致性原则。应该保证不同业务单位有类似的操作风险报告。

3）相关性原则。操作风险报告的方式应使管理者易于采取相应措施。

4）透明性原则。要保证所有的实际操作风险的报告和评估方式应使风险对高级管理者是透明的。

5）整体范围原则。操作风险测度的设计应使结果能够在整个基金管理公司范围内进行汇总。

6）完整性原则。确保所有的实际操作风险都被识别和包括在内。

对操作风险的监控包括对员工风险、过程风险和技术风险的监控，具体风险类型大致可以如表23-3所示。

风险类型	
1. 员工的风险	a. 违规
	b. 欺诈
2. 过程风险	a. 模型风险
	（1）模型识别错误
	（2）模型方法错误
	b. 交易风险
	（1）执行错误
	（2）产品复杂性
	（3）账户错误
	（4）交割错误
	（5）文本/合同风险
	c. 操作控制风险
	（1）越权
	（2）安全风险
	（3）数量风险
3. 技术风险	a. 系统崩溃
	b. 程序错误
	c. 信息风险
	d. 传输失败

表 23-3 操作风险情况报告表

由于操作风险很难进行量化处理，因此在评估操作风险时，要进一步与模糊处理技术结合起来，尽可能达到对操作风险的准确识别和监控。

（二）法律风险监控

提前、完整、准确、及时地获取信息，是对法律风险处理应急的前提与保证。风险的规避、分散、转移是面对法律风险的基础。

第三节 风险防范

基金公司进行风险防范是为了保证基金公司资产的安全,实现公司的持续、稳定、健康发展。在尽可能小的风险条件下,通过运营公司的资产来取得收益,使基金投资者的利益最大化,同时保证基金公司的各种财务和其他信息的准确、完整、及时。

根据基金公司组织结构的前台、中台和后台之分,风险防范也要与之对应,分为前台风险防范、中台风险防范和后台风险防范。

一、前台风险防范

基金公司的前台是直接与交易对手或客户接触的部门,处于风险管理的最前沿。其主要业务是金融商品的交易,因此前台风险管理的重点是通过对冲操作来控制短期市场风险的集中释放,而对冲的基础是掌握相关金融工具对其市场因子的影响机制和敏感性。

前台的风险防范主要是对交易风险的防范,因此前台要尽到以下的责任。

1)管理层对不同种类交易的人员制定清晰的授权等级,明确其职责范围,以及规范相互联系和信息传递的完整路线,特别是对于一些非规范或禁止的非法交易,应制定明确成文的限制政策。

2)获取有关交易对手和交易的信息,包括交易对手的能力和需求,并据此给出合理的交易定价。

3)了解交易对手的交易经验,包括交易对手对相关交易风险的认知程度、经验和专业知识。

4)明晰交易的融资需求,并将这些材料按照规定的报告路线及时报送中台和后台的相关部门。

5)保证交易的准确、及时、完整处理和记录。

为了加强对交易风险的有效防范,在基金的交易过程中,应实行集中交易制度,基金经理不能直接向交易员下达投资指令或者直接进行交易;基金公司应当建立交易监测系统、预警系统和交易反馈系统,完善相关的安全设施;投资指令应当进行审核,确认其合法、合规与完整后方可执行,如出现指令违法违规或其他异常情况,应当及时报告相应部门与人员。另外,公司应当建立严格有效的制度,防止不正当关联交易损害基金持有人的利益。

二、中台风险防范

基金公司中台风险管理的核心在于，对前台各种类型和特征的独立交易风险进行综合性测量，将不同的前台交易风险在机构层次内集成，以确定机构的风险暴露情况是否在风险管理战略所规定的可承受范围内。另外，要监视机构的整体风险状况，保证监管和内部风险限额的合规性。对于中台来讲，主要的风险测量方法就是 VaR 方法。此外，中台必须对机构在不同市场情况下的风险状况给予充分考虑，因此，压力试验也是中台风险测量的方法之一。

中台风险防范包括以下具体内容。

1）采用独立的价格和利率水平审核前台金融资产定价过程。

2）对前台估值所用的模型进行独立审核（如方法的适用性、模型假设、参数估计、事后检验等）。

3）采用获准的模型和程序重新对交易的风险头寸进行独立的估值，对前台的风险估值进行核实，以确定前台交易风险都在各自的风险限额范围内。

4）对基金的总体风险资本进行清算控制，主要方法是对 VaR 模型进行压力试验所得到的最小风险资本数量、监管部门的最低风险资本要求、机构所规定的总体风险资本额度进行比较，以控制总体风险暴露程度，获取必要的风险资本调整信息。

三、后台风险防范

基金公司后台风险防范的主要任务是根据中台所提供的风险信息及机构的经营战略，对机构的风险管理政策做最后的决策和调整，以提高机构风险管理策略的有效性。主要内容包括风险资本限额的确定、分配和调整，风险调整的绩效评估，基于风险的投资决策等。因此，后台风险管理的主要技术核心仍然与 VaR 密切相关，包括基于 VaR 的风险管理的投资品种设计、风险资本确定、绩效评估及投资决策等。

中台和后台还应在对前台的交易风险进行核算和控制的基础上，为前台交易提供必要的支持。如对前台所发出的交易指令进行确认，并提供清算、对账以及对交易资产进行控制和保护等。中台和后台还必须对每项交易进行及时、准确和完整的记录。此外，中台、后台要对其风险衡量和防范的结果每日形成风险损益报告，并对前台的风险调整回报进行绩效评估，为资产配置的调整提供参考。

第二十四章 济安金信基金评级

第一节 济安金信基金评级体系

基金绩效评估及归因分析理论的发展，推动了基金评价体系的诞生，并使这一业务成长为独立的产业形态。基金评级体系对业绩评价、指导投资和促进市场优胜劣汰等方面具有重要的意义，因此，基金评级机构的出现对证券投资基金的信息传播及市场发展起到了极大的促进作用。目前，晨星、标准普尔（简称标普）和理柏（Lipper）是全球最为知名和权威的头部评级机构。

国内基金行业在2009年以前的发展早期，基金评价机构多达数十家，财经媒体、证券公司、商业银行、第三方销售机构甚至数据服务商都在开展业绩排名、评级、评奖活动，各种短期业绩排名与基金规模排名现象屡禁不止。野蛮生长的基金评级行业不但没有形成有效的竞争，反而造成"重量不重质"的发展乱象，非理性价值观下的排名，对整个基金行业产生了不良影响。为全面规范基金评价业务，证监会在2009年11月发布了《证券投资基金评价业务管理暂行办法》，基金业协会配套发布了自律规则，形成了"7+3"即7家评价机构（海通证券、上海证券、银河证券、招商证券、晨星公司、济安金信、天相投顾）、3家评奖机构（中国证券报、上海证券报、证券时报）的行业格局，后来晨星公司和济安金信也获得基金评奖资质，但评价机构总体没有变动，基金评价行业逐步走向正规化。

济安金信基金评价中心作为具有公开评级资质的独立第三方基金评价机构，经过多年来公募基金评级业务的实践与探索，形成了独创性的覆盖基金产品、基金公司以及基金经理三个维度的公募基金评级体系。

一、济安金信基金评级理论方法

济安评级理论主要包括分形市场理论，以及类推原则、惯性原则、相关性原则等三种预测原则，依据不同类型基金的设计初衷与特征，运用多目标规划理论与方法，设计独特的类内多因素评级体系。济安评级具有鲜明的主旋律，遵循基金产品设计的初衷，突出主题维度与评价尺度，并在指标模型方面有所创新。

根据国内公募基金分类监管的原则及现状，济安金信遵循以下四项基本原则。

首先，重视基金产品是否合规与守约。对于有违反法律法规，偏离基金合同约定，或由于其他原因难以评级的基金不予评价。

其次，坚持在严格分类的基础上进行类内评级。

第三，采取同类基金分层、归并、综合的等级评价体系。基金是各类资金间接参与资本市场的重要工具，各类基金有不同的定位和特点。济安评级分别从基金盈利能力、抗风险能力、业绩稳定性、选股能力、选债能力、择时能力、基准跟踪能力、超额收益能力、整体费用、选基能力等10个方面，对基金产品进行综合评价。

最后，依据基金类型，适度引导价值投资理念。

（一）济安评级的基金分类

1）货币型基金：仅投资于货币市场工具的基金为货币型基金。2003年12月，华安基金管理公司推出了我国第一只准货币型基金——华安现金富利基金。截至2021年12月31日，我国证券市场上共有338只货币型基金。

2）纯债型基金：投资对象仅限于固定收益类金融工具，不参与股票投资的债基。2003年4月，招商基金管理公司推出第一只纯债型基金——招商安泰债券。截至2021年12月31日，我国证券市场上共有1962只纯债型基金。

3）一级债基金：基金资产投资于固收类资产的比例不低于80%的同时，可参与一级市场新股申购，可持有因可转债转股所形成的股票，股票派发或可分离交易可转债、分离交易的权证等资产的债券基金。2002年10月，华夏基金管理公司推出第一只一级债——华夏债券。截至2021年12月31日，我国证券市场上共有82只一级债基金。

4）二级债基金：基金资产投资于固收类资产的比例不低于80%的同时，可适当参与投资二级市场股票以及中国证监会允许基金投资的权证等其他金融工具，也可参与一级市场新股申购的债券基金。2002年8月，南方基金管理公司推出我国第一只以债券投资为主的南方宝元债券基金。截至2021年12月31

日,我国证券市场上共有401只二级债型基金。

5)混合型基金:依据为基金招募说明书和更新招募说明书,基金资产投资于股票、债券和货币市场工具的比例不符合股票型基金、债券型基金和货币市场基金标准的基金。2001年9月,南方基金管理公司推出第一只混合型基金——南方稳健成长基金。截至2021年12月31日,我国证券市场上共有3741只混合型基金。

6)股票型基金:基金契约明确股票投资比例下限,股票投资比例下限高于80%的基金为股票型基金。2001年9月,我国第一只开放式基金——华安创新诞生。截至2021年12月31日,我国证券市场上共有490只股票型基金。

7)封闭式基金:采用封闭式运作或封闭运作周期在1年以上的定期开放式权益类基金。对于分级产品、以绝对目标收益作为主要投资策略的产品,则按照开放式基金进行分类。1998年3月,南方基金管理公司和国泰基金管理公司分别发起设立了首批封闭式基金——基金开元、基金金泰。随着公募基金行业的发展,传统封闭式基金至2017年7月全部转型。随后,采用较短封闭期或定期开放方式运作的创新型封闭式基金逐渐兴起。截至2021年12月31日,我国证券市场上共有153只创新型封闭式基金。

8)指数型基金:是指采取被动投资、复制指数的基金和ETF及ETF联接基金,在跟踪标的指数的基础上采取一定主动策略的指数增强型基金也归入指数型基金。在我国,第一只ETF是2003年3月万家基金公司推出的万家180指数基金。截至2021年12月31日,我国证券市场上共有1172只指数型基金。

9)QDII基金:是指根据《合格境内机构投资者境外证券投资管理试行办法》募集设立的基金。2006年11月,华安基金公司推出第一只QDII基金——华安国际配置混合型QDII基金。截至2021年12月31日,我国证券市场上共有185只QDII基金。

10)基金中基金(FOF):是指将80%以上的基金资产投资于经中国证监会依法核准或注册的公开募集的基金份额的基金。2017年10月19日,南方基金成立了首只公募FOF南方全天候策略混合型基金中基金(FOF)。截至2021年12月31日,我国证券市场上共有238只FOF产品。

(二)各类型产品的济安评级维度及评价指标

由于不同类型基金产品会体现出不同的风险收益特征,因此以评级为目的的指标计算和比较需在相同类型的产品间进行才有实质意义。对于不同类型的产品，评级所考察的维度和指标也不应该是一成不变的，而是需要选择适合自身基金特征的综合考核多方面因素，依据不同类型基金的设计初衷与特征，运用多目标规划理论与方法，设计独特的类内多因素评级体系。这样，基金评价体系才能充分发挥其作用。因此，济安评级在完全符合证监会《证券投资基金评价业务管理暂行办法》（2020修正）及《资管新规》的相关基金产品分类标准的同时，进一步细化分类，并针对每类基金选取不同的评级维度进行综合考察，使每一类型基金产品的评级都具有鲜明的主旋律，遵循基金产品设计的初衷，突出主题维度与评价尺度，并在指标模型方面有所创新。

济安评级从盈利能力、抗风险能力、业绩稳定性、选股择时能力、基准跟踪能力、选基能力、整体费用、规模适度性（公司评级适用）等几个维度中，针对不同类型的基金，从不同维度对基金或基金公司进行单项能力及综合水平的评价。

1）货币型基金

货币型基金是投资者进行高风险基金投资的"缓冲器"，主要以货币市场工具为投资对象的一种基金，其投资对象期限在一年以内，包括现金、期限在一年以内（含一年）的银行短期存款、债券回购、中央银行票据、同业存单、剩余期限在397天以内（含397天）的债券、非金融企业债务融资工具、资产支持证券及其他具有良好流动性的货币市场工具。因此，货币型基金将以活期存款利率作为绝对基准，从盈利能力和业绩稳定性两个方面评价。业绩稳定性方面加入"影价偏离度惩罚因子"，以对新、旧投资者的公平性进行考察。

影价偏离度是指货币基金使用摊余成本法对所投资产进行的计价，与使用"影子定价法"进行的计价之间的偏离度。摊余成本法是一种按成本计算收益率的方法，而影子定价法则根据市场当日价格信息推算出不同年期券的公允收益率，并利用它们对基金投资组合进行估值。由于市价在不断波动中，得出的收益率便与摊余成本法计价有差异。一般来说，摊余成本法与影子定价法的正偏离是好的。这在一定程度上说明基金持有的投资品种市场价格上涨，为投资者获取了更多的收益。但是，也不能抱着"正偏离是越大越多越好"的心态，投资者也必须注意流动性风险。对一些偏离度较大，偏离次数较多的基金，投资者应该仔细阅读其投资组合，或者干脆致电基金公司了解其偏离度较高和次数较多的原因,并以此来判断风险。

2)纯债型基金

纯债型基金的全部基金资产都是投向固定收益类资产,因此该类型基金可以作为定期存款的替代工具,适合风险承受能力较低的投资者,以取得高于定期存款的稳定的收益为目标。在对纯债型基金进行评价的时候,要以同类平均为相对基准,依次考察盈利能力和业绩稳定性。

3)一级债基金

一级债基金对固定收益类资产的投资比例不低于基金资产的80%,因此也是定期存款的替代工具,相对比较适合风险承受能力较低的投资者。但与纯债型基金不同,该类型基金在承担信用风险的同时,可以通过参与一级市场的新股申购或增发提高收益,但比例需控制在20%以下,在评价时将从盈利能力和业绩稳定性两个方面评价。

4)二级债基金

二级债基金在保持基金资产投资固收类资产比例下限不低于80%的基础上,可将剩余仓位配置权益类资产。该类型基金适合于具有一定风险承受能力的投资者,基金在承担债券投资风险的同时,要求基金经理能够根据股票市场走势,在控制风险的前提下,适当地进行权益类资产的配置,分享股票市场带来的收益。由于增加了相应的风险,为此在对该类基金进行评价时,要从盈利能力、抗风险能力和业绩稳定性三个方面评价。

5)股票型基金

股票型基金的基金资产80%以上配置于股票,是投资者的长期理财工具,适合具有高风险承受能力的投资者。该类型基金主要配置权益类资产,重视基金管理团队的选股能力,基金管理团队坚持价值投资的理念、分享国民经济和资本市场的成长是其价值所在。对于股票型基金将从盈利能力、抗风险能力、选股择时能力三个方面评价。在评价基金盈利能力时,基金投资不仅要有收益,更要获得超越市场平均水准的超额收益,引入詹森指数可以弥补阶段收益率的不足,衡量股票型基金经理是否能够通过主动投资管理,追求超越基准乃至市场平均收益的业绩表现。同时,为了引导价值投资,引入了衡量选股择时能力的评价指标。

6)混合型基金

混合型基金相对于其他类型基金在大类资产配置比例上具有更大的调整空间，其中灵活配置混合基金在满足日常申购和赎回流动性的情况下，其权益类资产的配置比例可以在 0～95% 之间任意选择。因此该类型基金作为投资者的长期理财工具，适合具有高风险承受能力的投资者。由于产品类型特点使管理人在股债之间的资产配置和时机选择方面都获得了充分的空间，因此也要求管理团队拥有更高的投研能力和操作水平，主动为投资者取得尽可能高的长期回报。对于混合型基金的评价将从盈利能力、抗风险能力、选股择时能力三个方面展开。

7）封闭式基金

封闭式基金在成立后的封闭运作期内，基金单位发行总额是固定的，因此基金经理没有赎回压力，基金的策略稳定与长期收益是主要目标，适合具有高风险承受能力的投资者。因此，封闭式基金主要考虑从盈利能力、抗风险能力和选股择时能力等三个方面进行评价。该类基金没有市场赎回压力，强调期限方面以着重引导价值投资，为此更着重使用选股择时能力指标进行考察，考核方式与混合型基金类似。

8）指数型基金

指数型基金是以追踪标的指数为主要投资策略的被动化的理财工具，具有流动性强、组合构置稳定、交易成本低廉等特点，工具属性更强，适合高风险承受能力的投资者。投资者既可以出于长期投资目的，不关注市场短期波动，而追求资本市场的长期收益；也可以自主进行时机选择，以较低的成本追求阶段性收益。因此，指数型基金的评价重点不在于基金产品本身的阶段收益，而是从基准跟踪能力、超额收益能力和整体费用三个方面评价。

9）QDII 基金

QDII 基金作为一类国际化理财工具，适合高风险承受能力的投资者，通过全球资产配置达到更高收益性，分散风险的作用。因此，QDII 基金的评价主要考虑盈利能力、抗风险能力和业绩稳定性三个方面。另外，如果投资海外资产在风险收益方面不能超越国内资产的市场平均收益水平，那么投资者的理性决策应该是降低海外投资的权重转向国内市场，因此将该类型基金是否获得比国内股票市场更高的收益率作为评价指标纳入评价体系中，以此体现基金经理对海外投资的系统性风险规避。

10）基金中基金（FOF）

基金中基金（FOF）以市场上的其他各类型基金产品作为投资标的，通过基金资产的充分分散，实现长期稳健增值，适合具有长期投资规划的投资者，也是养老金第三支柱建设的重要工具。基金中基金管理人将精选底层投资标的的任务交给所投基金的基金经理，但同时对其自身资产配置、产品选择、时机选择能力的要求有所提高。因此对于基金中基金的评价，将从盈利能力、抗风险能力、选基能力和择时能力四个方面进行。

基金类型	考察因素	因素权重	指标名称	指标权重
货币型	盈利能力	0.67	阶段收益率	1.00
	业绩稳定性	0.33	收益率高于同类平均数的月数/总月数	0.25
			影价偏离度惩罚因子	0.75
纯债型	盈利能力	0.67	阶段收益率	1.00
	业绩稳定性	0.33	收益率高于同类平均数的月数/总月数	1.00
一级债	盈利能力	0.67	阶段收益率	1.00
	业绩稳定性	0.33	收益率高于同类平均数的月数/总月数	1.00
二级债	盈利能力	0.56	阶段收益率	1.00
	业绩稳定性	0.22	收益率高于同类平均数的月数/总月数	1.00
	抗风险能力	0.22	亏损频率	0.50
			平均亏损	0.50
股票型	盈利能力	0.74	阶段收益率	0.56
			詹森指数	0.44
	抗风险能力	0.13	亏损频率	0.60
			平均亏损	0.40
	选股择时能力	0.13	组合平均市盈率 P/E	0.34
			组合平均市净率 P/B	0.33
			组合平均净资产收益率	0.33
混合型	盈利能力	0.69	阶段收益率	0.56
			詹森指数	0.44
	抗风险能力	0.12	亏损频率	0.50
			平均亏损	0.50
	选股择时能力	0.19	C-L择时能力系数	0.58
			组合平均市盈率 P/E	0.14
			组合平均市净率 P/B	0.14
			组合平均净资产收益率	0.14
封闭式	盈利能力	0.50	阶段收益率	0.56
			詹森指数	0.44
	抗风险能力	0.11	亏损频率	0.50
			平均亏损	0.50

基金类型	考察因素	因素权重	指标名称	指标权重
指数型	选股择时能力	0.39	C-L择时能力系数	0.58
			组合平均市盈率P/E	0.14
			组合平均市净率P/B	0.14
			组合平均净资产收益率	0.14
	基准跟踪能力	0.75	跟踪误差	1.00
	超额收益能力	0.15	信息比率	1.00
	整体费用	0.10	管理费和托管费（固定费用）	0.50
			交易费用（变动费用）	0.50
QDII	盈利能力	0.56	阶段收益率	1.00
	业绩稳定性	0.22	收益率高于同类平均数的月数/总月数	0.33
			收益率高于沪深300的月数/总月数	0.67
	抗风险能力	0.22	亏损频率	0.50
			平均亏损	0.50
FOF	盈利能力	0.69	阶段收益率	0.56
			夏普指数	0.44
	抗风险能力	0.12	组合集中度风险	0.34
			组合协方差	0.33
			组合风险等级	0.33
	选基能力	0.08	基金产品得分	1.00
	择时能力	0.11	C-L择时能力系数	0.34
			H-M择时能力系数	0.33
			T-M择时能力系数	0.33

表24-1 各种类型基金的考察因素及指标

二、济安金信基金公司评级

基金管理公司的核心职责是依照相关章程或基金契约，有效运用其所管理的基金资产，对多种允许的投资对象进行投资，以实现所管理基金资产的增值，并为基金持有人创造收益。需要明确的是，投资者的关注焦点是基金产品本身，而不是基金管理公司。因此，评价基金管理公司是否履行社会责任或具备良好的公司治理并不能直接反映其在管理特定类型基金产品上的能力。

不同类型的基金产品需要基金管理公司具备的管理能力也会有所差异，每家基金管理公司都有其擅长和不擅长的领域，这意味着对基金公司的管理能力评级必须基于其管理的具体基金类型。这种评级考虑到了各个维度，包括规模适度性和业绩与基准的差异等，这些都是判断基金公司能力的重要因素。

济安金信的实证研究表明，基金管理人旗下的基金产品规模与阶段收益率之间存在一种倒"U"型关系。也就是说，不同类型的基金产品在管理规模上存在一定的边界，在到达这一边界前基金产品的收益在规模效应的作用下也会有所提升，然而一旦越过这个边界，规模的一味扩大反而会侵蚀基金收益。此外，研究还显示，对于权益类产品而言，其净值相对于业绩比较基准的偏离程度与未来收益率呈现负相关，说明当基金的投资风格与契约中约定的风格严重不符时，可能会损害投资者的收益。这些都是对基金管理公司进行评级必须考虑在内，以全面评估其管理能力的因素。

因此，济安金信对基金管理公司的评级仍然在前述济安基金分类框架下，对每一类中旗下至少有1只产品满足该类济安基金评级标准的基金管理公司，在这一类型产品上的管理能力进行综合评价。

济安金信基金公司评级遵循下列基本原则：首先，重视基金管理公司的合规与守约的刚性规定，如果发现基金公司出现严重失职、制度缺陷或者公司高管存在利益输送等违法违规行为，则将不予评价，并公开披露不予评价的主要原因或难以评级的理由；其次，坚持在基金分类的基础上进行基金公司评级；第三，不同类型基金的公司评价，考虑不同的因素，突出其专长；第四，采取同类分层、归并、综合的等级评价体系。表24-2列出了基金公司评价因素及其具体指标。

类别	考察因素	因素权重	指标名称	指标权重
货币型	盈利能力	0.60	阶段收益率	1.00
	业绩稳定性	0.30	收益率高于同类平均数的月数/总月数	0.25
			影价偏离度惩罚因子	0.75
	规模适度性	0.10	规模适度性指标	1.00
纯债型	盈利能力	0.60	阶段收益率	1.00
	业绩稳定性	0.30	收益率高于同类平均数的月数/总月数	1.00
	规模适度性	0.10	规模适度性指标	1.00
一级债	盈利能力	0.60	阶段收益率	1.00
	业绩稳定性	0.30	收益率高于同类平均数的月数/总月数	1.00
	规模适度性	0.10	规模适度性指标	1.00
二级债	盈利能力	0.50	阶段收益率	1.00
	业绩稳定性	0.20	收益率高于同类平均数的月数/总月数	1.00
	抗风险能力	0.20	亏损频率	0.50
			平均亏损	0.50
	规模适度性	0.10	规模适度性指标	1.00
	盈利能力	0.55	阶段收益率	0.56
			詹森指数	0.44

类别	考察因素	因素权重	指标名称	指标权重
股票型	抗风险能力	0.10	亏损频率	0.60
			平均亏损	0.40
	选股择时能力	0.10	组合平均市盈率 P/B	0.34
			组合平均市净率 P/E	0.33
			组合平均净资产收益率	0.33
	规模适度性	0.10	规模适度性指标	1.00
	业绩比较基准偏离	0.15	业绩比较基准偏离度	1.00
混合型	盈利能力	0.55	阶段收益率	0.56
			詹森指数	0.44
	抗风险能力	0.10	亏损频率	0.50
			平均亏损	0.50
	选股择时能力	0.15	C-L择时能力系数	0.58
			组合平均市盈率 P/B	0.14
			组合平均市净率 P/E	0.14
			组合平均净资产收益率	0.14
	规模适度性	0.10	规模适度性指标	1.00
	业绩比较基准偏离	0.10	业绩比较基准偏离度	1.00
封闭式	盈利能力	0.45	阶段收益率	0.56
			詹森指数	0.44
	抗风险能力	0.10	亏损频率	0.50
			平均亏损	0.50
	选股择时能力	0.35	C-L择时能力系数	0.58
			组合平均市盈率 P/B	0.14
			组合平均市净率 P/E	0.14
			组合平均净资产收益率	0.14
	规模适度性	0.10	规模适度性指标	1.00
指数型	基准跟踪能力	0.75	跟踪误差	1.00
	超额收益能力	0.15	信息比率	1.00
	规模适度性	0.10	规模适度性指标	1.00
QDII	盈利能力	0.50	阶段收益率	1.00
	业绩稳定性	0.20	收益率高于同类平均数的月数/总月数	0.50
			收益率高于沪深300的月数/总月数	0.50
	抗风险能力	0.20	亏损频率	0.50
			平均亏损	0.50
	规模适度性	0.10	规模适度性指标	1.00

表 24-2 基金公司评价因素及其具体指标

三、济安金信基金经理评级

证券投资基金经理作为基金管理人投研团队的核心,其投资体系和投资决策直接决定了基金产品的业绩表现,因此,有必要对每位基金经理在管理不同类型基金产品时的能力和潜力进行综合评估。济安金信基金评价评级体系中的基金经理评级便从驾驭能力、从业经历、基金得分和公司得分四个维度对基金经理管理各类型产品的能力进行评价。

(一)驾驭能力

驾驭能力维度重在考察基金经理的个人业绩和管理技巧。作为通过专业的市场分析、投资策略和风险管理来进行基金资产管理的专业投资人,其历史业绩的优劣就是投资管理能力最直观的表现。除了业绩外,在管的基金资产规模也是考验基金经理投资管理能力的重要因素,规模越大的基金管理难度越高,越需要基金经理的谨慎和勤勉。

(二)从业经历

从业经历强调了对基金经理职业经历和时间的考察。基金行业是竞争高度激烈的市场,能力不足、业绩表现不佳的基金经理很快就会面临被淘汰的残酷结果。因此,长期从业经历对于积累经验和形成科学稳健的投资体系至关重要。而且对于投资者而言,一位基金经理能够稳定供职于一家基金管理公司,不频繁跳槽,既体现了其坚定的承诺和价值,也免除了投资者因为基金产品更换基金经理可能导致风格和投资业绩偏离预期的后顾之忧。

(三)基金得分

基金得分维度是基金经理在管的基金产品与济安公开评级相呼应的尺度。全能的基金经理凤毛麟角,绝大多数基金经理有自身擅长和不擅长的投资领域,因而对基金经理管理不同类型产品的能力更需要从不同维度进行考察。济安评级在一以贯之的分类和类内评级体系框架下,通过引入基金得分考察基金经理所管理的不同类型产品的表现,以确保评价更加全面和准确。

(四)公司得分

基金经理所任职的基金公司能够为其提供的平台和资源质量也是决定基金经理投资业绩的重要因素之一。基金公司所获济安公开评级得分的引入,反映了基金经理所在公司的绩效和声誉与基金经理个人表现之间的关系,也丰富了基金经理评级所涵盖的维度。

四、评价间隔及星级比例

济安金信基金评级周期为非货币市场基金 36 个月，货币市场基金 12 个月。更新间隔为 3 个月，即每个季度进行正式评级。评价的星级比例如下。

基金星级	各级比例
★★★★★	10%
★★★★	22.5%
★★★	35%
★★	22.5%
★	10%

表 24-3 基金星级占比

第二节 海外主要基金评级机构及评价方法

一、全球投资业绩标准

全球投资业绩标准（GlobalInvestment Performance Standards，GIPS）的起源可以追溯至 20 世纪 90 年代。当时，美国和英国金融市场中对于资管产品投资绩效评估的需求日益凸显。许多金融机构开始提供日常的绩效统计数据。然而，由于各公司采用的计算和公布方法不同，导致业绩数据很难直接进行相互比较。特别是基金行业，常常出于市场营销方面的考虑采用各种方法计算和公布历史业绩，基金管理人在样本账户和评估周期方面进行随意筛选以便呈现最有利于自身的业绩数据。此外，基金管理公司还在计算方法、估值策略、收入和现金的处理等方面进行有利于自己的调整。

引起投资者不满的案例之一，是一家美国基金管理公司将多年来其各个基金经理每个月的最佳业绩表现串接起来，拼接成虚假的客户账户收益，甚至刊登在《华尔街日报》的首页广告中。为杜绝此类事件再次发生，美国投资管理与研究协会（American Investment Management Research，AIMR）制定了第一代美国业绩标准 (AIMR-PPS)。随后，美国的业绩标准得到了进一步发展，并于 1999 年形成了全球投资业绩标准，其核心目标包括：

1）提升投资者利益，增强投资者信心；

2）建立一套全球通用的计算和披露投资绩效的标准，以实现对基金投资绩效的公正和全面评价；

3）保持投资绩效报告、记录和公布数据的公平性和一致性；

4）促使基金管理公司在所有市场上实现公平竞争；

5）培养基金行业的自律精神。

GIPS 标准秉持非强制性原则，包含了两套标准，一套为必须遵守的规定，一套为推荐遵守的行业最高标准。特许金融分析师（Chartered Financial Analyst，CFA）协会发布的《2020GIPS 机构标准》规定，投资管理机构应按相同的策略和投资目标将所有的投资组合纳入组合群，防止机构仅展示业绩良好的组合；且除未满 5 年的投资管理机构外，所有机构必须汇报至少 5 年以上符合 GIPS 的业绩，此后，每年更新业绩，一直汇报至 10 年以上业绩。

需要注意的是 GIPS 标准并不是对基金进行评级，而更强调在数据计算和必要披露方面的规范性。至于如何运用这些数据来评估基金产品以及基金经理，则是仁者见仁，智者见智。

二、晨星评级

晨星公司成立于 1984 年，由乔·曼斯威托（Joe Mansueto）在美国创建。2003 年 2 月，晨星中国在深圳成立。作为一家非上市的私人公司，晨星公司独立运营，其创始人仍持有公司 70% 的股份，其余股份归雇员所有。

晨星公司专注于为基金投资者提供服务，因此其评价重点放在基金产品本身，而非基金管理公司。其商业模式主要通过基金评级所衍生的数据服务获取收入，向金融咨询人员、投资管理公司、保险公司等机构投资者提供资产管理分析软件、投资顾问服务和在线服务，并向媒体提供数据和资料服务。此外，晨星公司还出版《晨星共同基金》杂志，每年订阅费用约为 500 美元。近年来，晨星公司还拓展了对股票的评价业务。在美国，晨星公司虽然不是最早从事基金评级的机构，但目前已成为在投资者中最具影响力的基金评级机构之一。

晨星评级的特点包括：

1）评级风格：侧重于风险和质化分析；

2）评级原理：对基金的收益和风险分别评级，然后计算其评级差额，最终将基金划分为 5 个不同的星级。此外，还采用两维风格分析，包括规模和成长价值属性；

3）评级步骤：包括分类、衡量基金的收益、计算基金的风险调整后收益，最后根据风险调整后收益将基金划分为 5 个星级，星级比例分别为 10%、22.5%、35%、22.5%、10%；

4）评级标准：根据基金的资产类型和投资风格进行分类，对于各类型基金的评级采用星级制度（1～5 星），覆盖基金的过去 1 年、3 年、5 年和 10 年的表现，并根据这些评级综合计算出总评级。

晨星评级利用现代投资理论构建了评价体系，但所采用的指标仅为晨星风险调整后收益，难以全面覆盖当前类型越发多样的基金市场。而且晨星评级是对过去不同时段评级的加权平均，并对加权平均结果进行四舍五入。这种赋权方法会因为平均作用和四舍五入导致误差，简单来说，就是基金成立时间越长对评级越有利。此外，晨星评级对资金投向影响较大，且实证研究显示其评级与日后的基金业绩表现没有明确的相关关系。

二、标普评级

标普在全球 7 个国家共有超过 400 人的专业基金服务人士，服务超过 1000 家的基金管理公司。标普评级是覆盖基金产品以及基金管理公司的双重评级。该评级需要基金管理公司的认可并收取一定的评级费用。其评价特色在于将基金管理公司本身的评估融入对基金绩效的综合评价中，这与晨星公司主要侧重基于量化指标的基金表现评价有着显著差异。

标普会设置一定的标准，对不超过各组别基金的 10% 进行深入的跟踪分析。这种选择被认为是对被跟踪基金的一种认可，从而提高了这些基金对投资者的吸引力。而标普会对提出申请要求跟踪考察的共同基金进行价值增强评级，这种评级也会收取一定的费用。

标普的基金评级业务有两个侧重点，一方面力求帮助基金管理公司能够更好地向投资者展示其价值，另一方面则力求帮助基金投资者更好地做出有效的决策。

三、理柏评级

理柏成立于 1973 年，总部位于纽约，分支机构遍布伦敦、香港、东京等全球 18 个主要金融中心。1998 年，理柏成为路透集团全资附属公司，并将业务拓展至亚洲。该公司专注于为资产管理公司和媒体机构提供独立性全球集合投资信息，涵盖共同基金、退休基金、对冲基金等。

理柏评级强调基金评价应从投资者不同的需求出发，以帮助不同类型的投资者根据其特定投资目标做出筛选，从而避免购买不合适的基金，使基金选择更具有针对性。理柏把所有基金分成 5 档，排名靠前 20% 的为第一档，用勾表示；排名为 21%～40% 的是第二档，用数字 2 来表示；以此类推，最差的，即 81%～100% 那一档，用数字 5 来表示。

理柏在中国推出的评估标准包括总四个方面。

1）总回报评级反映基金在其所属类别中的总体收益水平；

2）稳定回报评级反映基金在其所属类别中的稳定性和风险调整收益；

3）保本能力评级考察基金在其所属资产类别（如股票、混合资产或债券）中的保本能力；

4）费用评级反映基金在其所属类别中的总体费用率水平。

理柏评级综合考虑过去一个时期内不同时间段的风险调整收益，与一般风险指标只考虑单一时段的评价方法不同。对稳定回报指标的计算，理柏会参考过去四年内每月、每季度、每半年或每年的持有期，以提供更全面的评估。

第三节　如何使用基金星级评价结果

基金星级评价是以基金以往业绩为基础的定量评价，旨在为投资者提供一个简化筛选基金过程的工具，是对基金进一步研究的起点，而不应视作买卖基金的建议。

基金具有高的星级，并不等于该基金未来就能继续取得良好的业绩，基金未来表现仍然受到多项因素如基金经理更换、投资组合变动等影响。基金具有高的星级，也不等于其就适用于每个投资者的基金组合，因为每个投资者的投资目标、投资周期和风险承受能力有所不同。

投资者在挑选基金的时候，应注意以下事项。

1）如果基金经理有变动，星级评价不会随之改变。因此，评级结果可能只反映了前任基金经理管理该基金的业绩。

2）星级评价是把同类基金进行比较。每类基金中，有 10% 具有 3 年及 3 年以上业绩表现的基金会获得 5 星级。但投资者需要注意的是，如果某类基金在计算期内的收益均为负数，则该类基金中的 5 星级基金收益也可能是负数。

3）星级评价结果每季度定期更新。投资者不应以星级下降作为抛售基金的指引。星级评价结果的变化，并不一定表示基金业绩表现的回落，也可能只是其他同类基金表现转好所致。

4）对于基金实际运作偏离基金合同的产品，因为违背了基金契约所建立的约定义务，因此将对投资范围、选股风格、操作风格、分红等与合同约定存在偏离的产品不予评级。

基金投资管理过程中的绩效评估过程是一个庞大而完整的体系，每一个指标都可以作为基金经理进行基金绩效评估的参考，具体应该选择那些指标，要视具体情况而定。

在进行绩效评估以后，要对业绩表现差的基金进行动态调整，使基金的收益和风险特性能够保持在投资者可接受的水平之内。对投资组合进行调整，实际上是投资组合管理过程前几个阶段的重复，只需对现有的投资组合在某种范围内进行个别调整，使其能最大限度地改善现有投资组合的风险收益特征。在调整投资组合时应该注意以下几点。

1）不要在短时间内做大幅度的调整。如果所需调整较大，投资者最好不要一次性地调整到位，而是制定一个计划，在预定的时间段内（如一年）分步调整，这样可以避免发生买进的资产类别被抛售的风险。但投资者如果发现自己目前组合中股票基金配置过多（尤其是高风险的股票基金过多）且与自己的投资期限不匹配，则应越早调整越好。

2）注意调整技巧，减少不必要的成本。投资者可以通过配置将来的新增资金来达到调整的目的。如用新增资金买入较多的需要增加的资产类别，同时减少或者不买那些需要降低比重的资产类别，这样就可以避免直接卖出要降低比重的资产类别来买入要增加的资产类别而发生的相关成本（包括交易成本及税收）。即使投资者暂时没有增加资金的打算，也可以将一段时间内所持有的分红集中起来，投资于所需增加的资产类别，而不让它们简单地再投资于原有品种。

3）挑选品质不佳的卖出。在一定要卖出原有品种来调整组合时，投资者首先考虑的就是那些表现不佳的品种。但要注意，不能仅根据其绝对收益率来衡量其表现，而要将其与同类风格的产品相比较。同时，不能以较短的时间段来衡量其表现，要卖出的应该是那些长期表现不佳的品种。另外，投资者要密切关注相关信息，比如基金公司管理层或研究团队发生巨大变化、相关费率上升、投资策略变更较大、发生丑闻等。投资者在选择卖出品种时,应考虑这些"基本面"发生剧变的资产。

4）精选资质好的替代品种。在投资者需要增加新的品种类别,或者在同一类别里用更好的品种来替换已有品种时,需根据新组合的资产配置、投资风格等要素,从每类资产类别中找出佼佼者,然后从中挑选出符合自己要求的品种。

整个投资组合管理过程环环相扣,缺一不可。在各个环节都要对风险进行管理和控制,不断地反馈和调整,使得基金管理流程能够顺利地进行。

第四部分 投资者如何选择证券投资基金

第二十五章 中小投资者如何选择证券投资基金

第一节 选择基金的一般因素

一、基金的目标与策略对选择基金有何影响？

中小投资者由于资金量有限，而且可能不是专业的金融从业人员，可以通过选择合适的基金进行投资，以期实现利益最大化。投资者在认识和了解各种基金的基本特征之后，在投资之前，还必须在众多的基金之中，选择出适合自己的具体情况，能够满足自己投资目标的一种或数种基金。这个选择过程本身是非常复杂的，也是非常重要的。

基金类型不同，投资目标也不同。如成长型基金的目的是追求资金的长期增长，而收益型基金则重视当期的高回报。面对一系列的基金，投资者应对照个人的投资目标选择，使基金的投资目标与自己的投资目标相契合。一般情况下，要求有正常收入保证的投资者，应选择管理良好、有盈余的收益型基金或货币市场基金等。一些甘冒风险追求较高资本利得的投资者，应选择成长型基金。如果投资者个人的投资目标是保证正常收入却选择了成长型基金，那么在变幻莫测的股市风云中，很可能愿望落空。

现以普通股基金为例进行说明。当今世界上，普通股基金的数量和类型庞杂，决定采用何种策略来进行投资是一种挑战。如何选择则取决于同主战略一致的投资目标与投资策略。普通股基金可分为以下基本类型。

1）成长型基金。旨在注重长期资本增值，还有或多或少的股息收入。

2）价值型基金。旨在寻求成长型基金与经常收益型基金的结合，常常青睐那些高于平均收益且低于平均股票价格收益比率的股份。

3）产权收益基金。旨在通过高于平均值的经常收益和股票投资而构成总收益的主要部分。

4）泛基特别股基金。主要由积极成长型基金、小公司股票基金和全球股份基金构成。

决定对这4种基金中的哪一类进行投资,则是一件麻烦事,更不要说在每一类基金中进行多种选择。此外,长期投资者对于基金过去经营结果的关心,也不亚于其对投资目标是否合适的关心。一般来讲,在寻求理想的长期运作对象时,有两种策略可供选择。第一种是在成长型基金或价值型基金中,选择一种主流并且在总体上具有连贯一致的边际优势的股票基金。这种方案提供了最广泛的基金分散。第二种策略是在成长型基金、价值型基金或特别股基金中,选择收益与风险在总体上都随市场显著变化的基金。在这两种情况中,都可以知道假定接受低分散基金所带来的额外风险。换言之,在一定时期内持有的全部基金中10%最好的基金的潜在收益,同时伴随着拥有那10%最次的基金所带来的风险,即"祸兮福所倚,福兮祸所存"。

由于投资者社会地位、年龄、收入水平、家庭投资和理财观念的不同,投资的目标也大不一样。具体来看,投资目标可分为三种:着重取得经常性效益;既想保本又求增值;主要追求资本增值。投资策略是为投资目标服务的,有什么样的投资目标,便有什么样的投资策略。因此,投资策略也相应地可划分为三种类型:保守型、稳健型和进取型。作为中小投资者,首先要明确自己的投资目标。如果家庭资本很少,并以此作为生计,就应以取得经常性收益作为投资目标,即保守型;如果资本较多,可以考虑既保本又求增值,或主要追求资本增值的投资目标,即稳健型或进取型。

明确了自己的投资策略以后,就应选择与自己投资策略相一致的基金。如果按基金的投资目标分类,可相应地分为三类:收益型基金(入息基金)、平衡型基金和增值型基金。入息基金适合保守型投资策略的需要,既为投资者带来比较稳定的经常性收入,又有较能保证资金安全与容易变现的优点,如货币市场基金、债券基金、蓝筹股基金等。

平衡型基金一般为满足稳健型投资者的需要,以平均投资组合的形式出现,基金资产既投资于股票,又投资于债券,尽量将基金资产分散投放在不同的投资市场和投资工具上。其选择的股票亦以低息的大公司为主,投资风险较增值型基金为低。增值型基金为进取型的投资者设计,这类基金一般投资在小型公司股票、认股权证、期权期货等风险较高的金融商品上。

二、投资基金有哪些风险

任何投资均有风险,且在正常情况下,风险与收益是正相关的,要取得较高的收益，必须以承担较高的风险为代价。投资基金的风险主要有以下几种。

1）财务风险。财务风险有时也叫拖欠风险，也称为公司风险，主要是由于基金所投资的公司经营不善而带来的风险。投资于基金，因基金管理人会仔细分析将要投资的公司的各方面经营状况，力求避免对可能有问题的公司进行投资，一般投资基金所选择的公司是比较可靠的，因此其财务风险相对较小。但随着基金行业的不断扩张，不可能所有基金都保持同一层次上的高水平投资组合，故财务风险仍然在所难免。

2）利率风险。利率风险是由于市场利率的波动而导致某种证券报酬的潜在变动，例如债券的价格与银行利率的高低成反比，利率上升会使债券价格下跌，导致债券持有人蒙受损失。所以，在利率上升时，投资者应选择影响更小的货币市场基金或中短债基金；在利率下跌时，情况恰好相反，应该考虑投资股票或久期相对更长的债券基金，以此来规避利率风险。

3）购买力风险。购买力风险是由价格总水平变动而引起的资产总购买力的变动。通货膨胀及物价上涨会使投资者手中的钱贬值，侵蚀原有的购买力。如果投资者投资基金的投资利润不及通货膨胀的水平，则投资者实际上是亏损的。

4）市场风险。市场风险是指证券交易市场的波动对投资收益带来的风险，由于基金往往不是投资于一种股票，而是一个投资组合，各只基金的投资组合不同，因而所面临的市场风险也不相同。

三、如何考察基金过去的经营绩效

投资于基金的最终目的是为了最大化获利。未来收益如何比较难以预计，但一般可以通过对基金过去经营绩效的考察来估计未来前景。在购买基金时，首先要留意该基金过去的业绩。一般说来，表现较稳定的基金，表明它的设计是正确的，基金经理及投研人员的投资策略是成功的。如果它的表现一向都比较好，则有理由对将来的表现给予信任。所以，投资者应该优先选择过去几年或创立以来都较为稳定的基金。

应当注意的是，有的基金产品在宣传广告中可能会片面地宣传该基金最佳表现的时期，而隐藏业绩较差的时期。所以，投资者若比较基金的表现，除了与过去业绩相比较，还应将之与同类基金相比较，与有关的指数相比较。不过，在比较两种基金的表现时，应注意选择相同的时期，不是同一时期的基金，其业绩没有可比性。另外，比较基金表现时，要弄清各种比较数字代表的含义。反映基金行情的数据，有的是给定时间内的升降的百分比，有些是一定的投资额在给定时间内所能获得的收益。在比较的时候，还要注意各基金计价货币的币种是否相同。如外汇市场的波动、汇率的升降会影响到基金本身的表现，可能同样的增长幅度，一种基金的收益是从市场的差价中获得，另一种是从汇价波动中获得的，比较时就不能同等看待。

四、怎样根据基金的规模选择基金

基金规模的大小也是选择基金时要考虑的因素，特别是对那些初次投资于基金的投资者来说尤其如此。基金规模较大，能提供适当的多样化，即可以通过足够分散的投资来降低投资风险，能产生足够的效益支持基金管理人进行有效的管理，不至于因收益与营运费用不匹配而损害投资者的利益。当然，资产规模过大也有很多缺点，如敏捷度、弹性及流动性就要差一些。一个大的基金，变动投资组合往往会影响到股价走势，也会影响机动性和流动性。

一般而言，基金资产规模增长形成的规模效应，会令投资者实际支付的投资成本边际减少。因为基金管理人在运营一只基金产品时，除了人员报酬等可变成本之外，还存在许多必须支出的固定开支。因此，如果基金资产规模过小，管理费用的支出会影响到基金的收益，特别是对入息基金的影响更大。

但是，资产太大的基金也并非合宜。根据《公开募集证券投资基金运作管理办法》规定，一只基金所持某公司发行的证券，不得超过基金资产净值的10%，而且同一基金管理人管理的全部基金，持有一家公司发行的证券不得超过该证券的10%，因此资产规模较大的基金，较难买到升值潜力较大的小型公司股份。如果投资市场前景暗淡，基金资产不是套牢就是闲置，基金表现自然成为问题。

资产规模小的基金可能运作灵便，弹性大，能迅速从一种投资方式转换为另一种投资方式。但资产规模太小的话，也有经营不稳的弊端，如难以负担昂贵的研究分析费用，同时也容易受基金份额持有人的影响。如何确定基金资产的合适规模，这要根据市场及投资者的具体情况而定。

五、怎样看待基金净值的变动

基金净值的变动与投资者个人的投资效益紧密相关，波动性提高往往也意味着投资者面临的风险增加。对于个人投资者而言，一般更希望基金净值走势保持稳定，这样可随时通过持有份额的回收和转让实现流动。

六、投资于基金需支付哪些费用

首先是支付给基金管理人的管理费用。一般不同类型的基金产品，支付的管理费比例是不同的。根据统计，主动权益类基金的管理费率大概在0.8%～2%之间，债券型基金的管理费一般在0.6%～0.8%之间，而被动投资的指数型基金，管理费一般在0.5%左右，采用一定策略的指数增强型基金的管理费在1%左右，有些新设立的基金或专门性基金的比例会更高些。随着基金规模的扩大，实际基金运营费用不会同比例增加。因为总费用中总有一些基本的、必不可少的费用，因此较小规模基金的总费用率较高。费用率高会影响到投资者的投资效益，但基金的绩效仍是最重要的。理性的选择是宁可选择费用率较高而绩效显著的基金，放弃那些管理节约但表现一般的基金。

除管理费用外，投资者进行基金申购和赎回时，还存在下列三种交易费用。

（一）进入基金的成本

投资于基金时，最让人关心的成本就是销售佣金或称为销售费用。基金根据其销售费用的有无，分为有销售费用型基金和无销售费用型基金。有销售费用型基金的销售费用如较低的话，称为低销售费用型基金。在基金绩效略同的情况下，应选择无销售费用或低销售费用型的基金。由于无销售费用型基金不必付销售费用，因而比较受欢迎。有观点认为，有销售费用型基金并不比无销售费用型的基金差，因为付少许的销售费用，可取得较多的咨询服务和其他有价值的服务。

当然，就基金管理人而言，它希望提供销售费用来鼓励基金销售代理能多销售其基金，有些基金甚至把红利分配再投资基金的部分也算成销售费用给了经纪商，以提供更大的销售诱因。

（二）保有基金的成本。

投资者一旦购买了基金，就必须支付一些成本。这些成本有些是投资者可以不接受的，但有些是不可避免的，投资者所能选择的，就是找一个成本较低的基金。

基金的主要费用和成本如下。

1）投资管理费。该费用是基于投资管理契约收取的，同时在公开说明书上会有所说明。如果基金操作得好，从基金的增值就可以补偿费用收取。如果基金操作得更好，则有超额利得。当然，如果基金操作不好，则相当于收费更多。

2）其他费用。这些费用包括托管费、法律费、会计费用及转换代理成本等。

3）经纪成本。基金公司在买卖证券时，必须支付经纪商佣金、手续费。投资者都希望找一只能享受较低手续费的基金，但这项成本并没有在基金财务报表上直接单独列出来，所以投资者并不知道基金是否真享受到较低的佣金。投资者能用来避免承担高佣金的方法，就是找一个周转率较低的基金。周转率就表示交易量，当交易量大时，不论其佣金率高或低，佣金都比较高。100%的周转率就表示该基金在一年内将所有投资的证券全部换过一次。换手率过高的产品其佣金费用可能侵蚀投资者收益，也可能存在利益输送的嫌疑。

4）所得税。基金的操作行为可能会使投资者花费更多难以想象的成本。例如，基金必须分配其净投资收益与一些资本利得给其股东，这样基金本身不用付所得税。这相当于把课税转移到投资者身上，不管投资者是分配现金或是再把现金转投资于基金份额。基金若是经常出售证券以实现资本利得，当然就有较高的资本利得分配率，同时投资者也要承担较多的所得税。资本利得若保留不分配，那么与分配资本利得再投资于基金的累积效果一样，甚至还有延迟支付所得税的效果。

（三）退出基金的成本

退出基金的成本只有一项，那就是投资者实现利得的所得税。但是，有些基金要收取赎回费用，且此费用与基金份额的持续持有期密切相关。一般基金收取这项费用，是依投资者持续持有基金份额的期限制定不同的赎回费率，持有期愈长，费率愈低。同样地，也有很多绩效很好的基金是不收赎回费用的。不过为了鼓励持有人长期投资，证监会发布《公开募集开放式证券投资基金流动性风险管理规定》要求对持续持有期少于7天的投资者收取不低于1.5%的赎回费，并将上述赎回费全额计入基金财产。因此，投资者可以尽量选择那些不用付赎回费用的基金并且尽量长期连续持有。

七、基金会提供哪些特殊服务

机构投资者在选择基金时，应明确基金是否提供特殊服务及其条件。这些特殊服务包括以下几种。

1）股息自动再投资（包括收入和资本收益的分配）。以资产价值投资，在新的受益凭证发行时无销售费用。

2）自愿积累计划。根据这个计划，每隔一定时间，机构进行一定数量的投资，通常与股息再投资一起进行。新的受益凭证最初购买的最小额度以及以后的正常购买额度都是预定的，这是一种清算账户协定，对投资时间和投资总额没有严格的规定，投资者可随时从该协定中退出。其具体操作过程类似银行的零存整取储蓄。

3）退股计划。机构投资者在进行最小额度初始投资后，可能每隔一定时期都要向基金支付一定的金额。有时机构的资本可能不得不抽出以弥补这种支付，这主要取决于基金的投资收益、资产价值的增加或减少，以及抽出的额度。

4）转移权利。这可使机构投资者从一只基金转移到同一管辖范围内的另一只基金。如机构根据其投资目标的改变，要求从一个增长型基金向收益型基金转移，转移时只需支付一小笔费用，无须支付销售费用。

第二节 基金的基本状况

一、基金申请注册需提供的资讯材料

各国政府为了保护基金投资者免于受骗（不是防止价格下降或损失），都会制定一些法令来限制基金公司，要求基金在开始募集前，必须先向主管机关登记备案。在申请核准或注册的过程中，每只基金必须提供完整的资讯和报表，通过它们，投资者可以了解这只基金的基本状况。

这些资讯和报表基本上分为三类。

1）公开说明书。这份说明书必须提供给所有潜在的投资者。

2）附加资讯报表。该报表亦提供给有兴趣阅读而主动索取的投资者。

3）附加报表。只送主管机关审核。

二、公开说明书包含的具体内容

对于一位基金潜在的投资者而言，没有一样资讯比基金的公开说明书更重要。它的目的在于提供一些详细重要的资讯，以帮助投资者做出是否投资此基金的决策。而在附加资讯报表里的资讯，可能有助于一些想要寻求更多资讯的投资者，但并不是每个人都需要。

在公开说明书中，基本上应包含下列资讯。

1）基金类型及投资目的与政策简述。

2）近年或历年每年简明财务报表，包含投资收益、费用、净投资收益、

净投资收益中之股利、净实现和未实现损益、净实现利得之分配、净资产价值的增减、年初及年末净资产价值等信息。

3）其他相关简明财务资讯，主要有平均净资产之费用比率、平均净资产之净投资收入比例、组合周转率及每期末的在外发行份数等。

另外，假如此基金的投资顾问改变，改变的日期必须在财务报表的附注中注明，因为投资顾问的改变对投资者可预期得到的报酬有相当大的影响。

三、附加资讯报表包含的具体内容

附加资讯报表包含下述资讯：董监事及经营管理阶层，主要股东、投资顾问、经纪代理商配置与其佣金，承销商及其手续费。

四、通过基金的其他报表了解基金

基金必须向证监会及持有人提供即时的定期报表。包括每季提供季报，上半年结束提供中期报告以及年度结束提供年度报告。在中期报告及年报中，必须有资产负债表与损益表以及基金拥有证券的价值和期间内进出情况详表等。

在许多对投资基金运作实务的限制规定中，以下几点应引起投资者的足够注意。

1）对董监事成员的规定。任何一基金的董事成员中不得有60%以上的内部董事。如果是不收销售佣金的基金，则只需一位外部董事。

2）对以保证金买证券以及借钱买证券的限制。

3）基金投资限制，例如能买入的其他公司股份的最大比例限制。

4）政策的改变。非经持有人投票同意，不能改变的基本投资政策。

5）基金资产的托管。基金必须将其现金与投资的证券放在一个合格的托管机构处托管。

6）红利只能从投资收益中提出。

7）赎回条款。

8）销售费用。

第三节 投资者的自我评估

一、投资者的自我评估包括的具体内容

投资者对基金的操作原理有了一定的了解之后，准备进行投资，而在投资之前，还应做一番自我，主要有以下几方面的内容：分析自己的生活状况；弄

清楚自己的投资目标；检查自己对风险的承受能力。

二、投资者如何分析自己的生活状况

投资前的自我评估，第一个内容就是对自己生活状况的评估。影响个人的投资因素主要有以下几个方面：家庭状况、收入水平、个人或家庭经济负担、对未来收入的预期以及人生观等。这些因素的相互影响和变动，对于个人投资来说影响是很大的。一个收入较低而又有家庭负担的人，与一个没有家庭负担而又收入较高的人相比，其投资的条件就有很大的差异。现实当中，有许多投资者往往忽视这些具体因素而造成投资失误，有时还可能酿成悲剧。所以，对于每一位欲投资的人来说，应该谨慎地评估自己的具体情况。首先，投资者应该计算现在的并预期未来的收入和支出水平。尽管这种估计也许十分粗略，但是仍然很有用。这样不仅可以帮助投资者避免严重的失误，而且可以协助投资者筹划未来的投资策略。这种估计并不是一劳永逸的，投资者应当不断地根据其目的、态度以及生活状况的变化重新进行评估。

除了对收入进行估计以外，投资者还必须对其未来支出进行审慎的估计。许多人往往容易低估支出项目的成本，如购房、装修以及孩子的教育费用。另外，保险费、医疗费等意外事件所需的准备金，也常常为人们所忽视。

评估了收入和支出以后，投资者就可以测算出未来的储蓄水平。每年的储蓄水平等于该年的预期收入减去支出的余额。这就为投资者制定将来的资金安排提供了一个依据。投资者制定好一个可行的储蓄计划后，就应该可以决定如何投资、何时投资以及在什么地方投资。

三、投资者如何确定自己的投资目标

任何投资都是为了取得收益，但是不同的人可能有不同的目标。有的人投资是为了眼前的收入，有的人则着眼于长期的资金积累。一般来说，投资目标可分为以下几种。

1）当前或即期收入。即投资者的投资就是为了获取眼前的固定收入，以维持部分或全部的生计。

2）即期收入与资本利得并举。投资者除了希望获得固定的收入外，也希望资金能不断地成长壮大。

3）资金长期增长。投资者重视资金的长期增长，并不仰赖目前的投资收入来维持生计。

4）积极性的资金增长。投资者的目的在于追求资金最大增值，不在意投资的短期收入，愿意冒较大的风险投资于获利较大的投资项目。

了解了投资目标以后，投资者可根据自己的个性倾向做出投资决策。假如投资者是年轻富有的单身人士或年轻夫妇，应该以积极成长的投资目标为主，资金增长为辅，重点考虑资金的积累；投资者如果有子女，就要稍保守一些，因为除了积累一些资金外，还有许多现时的需要，如购房、装修、养育子女等，这就要求投资者应以当期收入和资本利得并重为主，而以资金长期增长为辅进行投资；等孩子长大各自独立，投资目标就调整到更安全、稍保守的投资上，以当期收入与资金增长并重作为投资目标；退休人员投资的固定收入是其生活的重要经济来源，只能把少部分钱放在追求长期成长的基金上。

四、投资者如何测定自己的风险承受能力

投资者除了对自己的生活收入状况作评估，并在这个基础上确定自己的投资目标外，对风险的承受能力也左右着投资选择。

投资者测定自己的风险承受能力最便捷可靠的方式就是认真如实地在投资前完成"风险测评"。根据相关规定，基金产品依照其风险水平由低至高划分为R1到R5五个等级，分别是R1低风险品种（谨慎型），R2中低风险品种（稳健型）、R3中风险品种（平衡型）、R4中高风险品种（进取型），R5高风险品种（激进型）。同时，基金公司要按照风险承受能力，将普通投资者由低到高至少分为C1（含风险承受能力最低类别）、C2、C3、C4、C5五种类型。一般来说，C1低风险承受能力投资者（含风险承受能力最低类别）不愿意承担风险，适合投资R1低风险产品；C2中低风险承受能力投资者风险承受能力比较低，但也不是完全不能承受风险，适合R2中低风险及以下产品；以此类推，投资者本身的风险等级越高，可以投资的品种也越多。对于C5高风险承受能力投资者来说，他们热爱冒险，为了追求更高收益可以忍受长期的大额亏损，R1低风险到R5高风险的产品都可以投，但市场上R5的基金较少。不同的基金公司和平台对投资者的风险属性划分可能有差异，总体来看划分标准相差不大，投资者可以根据实际情况对应自己的风险承受能力。

投资者之所以要测定自己的风险承受能力，原因在于虽然基金公司拥有经验丰富的投资专家，而且投资比较分散，投资者将钱交给基金管理公司比直接去投资，一般来说风险更小，收益更大，但投资者仍要承担风险。投资者要充

分认识到购买基金是一种投资行为,而不是某种福利的分配。在市场经济条件下,任何投资都是有风险的。基金由于其合理的机制,可以而且能够避免很多经营风险,但不可能完全消灭风险。基金单位的价格及收益程度时时会随着基金单位资产净值和市场因素的变化而升降。要想得到比银行存款利息更高的回报,就一定要承担风险,收益越高,风险越大。购买基金是一种中长线的投资,应注重长期积累的复利效应,因此既不应如交易股票那样要实时关注价格波动,也不应像银行存款那样随时取用。选择基金作为投资工具,意味着投资者的一部分个人资产在较长时期内不准备动用,所以投资者要认真测定自己的风险承受能力。

第四节 如何选择第一只基金

一、如何选择第一只基金

在了解选择基金的注意事项后,就面临选择第一只基金投资的问题,即基金初选,也就是对众多的投资基金进行第一次选择。这个选择是初步的也是粗略的,基本的方法采用排除法,其步骤如下。

1)应用基金筛选表进行初选。

2)处理初次筛选的结果。

3)考虑有关因素进行复选。

4)直到选出合适的第一只基金。

二、如何进行基金初选

在选择基金时,比较重要的因素有以下几点。

1)有多少比例的资产应该投资在普通股、债券和准现金上。

2)要多投资在哪一种产业或少投资在哪一种产业。

3)产业中哪一个公司的证券可以投资,哪一个公司的证券要避免,而且要依哪一种标准来选择、判断。

4)何时改变所投资的证券。

此外,还应该考虑以下内容。

1)基金的历史绩效。

2)观察市场下跌年度的绩效。

3)评估基金组合经理人。找出保持良好绩效的基金经理人,与寻找现在的经理人同样重要。由于证监会和基金公司都没要求基金经理人不能更换，而且在公开说明书中，基金不会注明也不愿注明，因此在投资者了解基金信息时，必须清楚该基金历年所有经理人的资料。假如投资者发觉建立基金优良记录的经理仍在操盘，投资者就可以大胆地假设该经理以后也可以同样应付市场变化，保持同样的绩效。当然，谁也无法保证该经理一定会有好的成绩。如果发现是一位新基金经理，那么最好舍弃或拉长考察的期限。因为对一位新人而言，投资者无法取得有关的历史资讯来判断其应对各种不同环境的能力。当然，从长期来看，将此基金略过，对投资者或基金经理都是不公平的。不过，重点在于投资者必须降低其投资的风险，必须有可以考虑和判断的依据。

4）考察基金资产的配置。基金公开说明书描述了基金的投资政策与目标，也说明了这一基金是否是寻求收益、资本增值或二者兼顾的基金。同时，也会指出基金可能买入的证券种类，以及它们的最大数量与最低数量限制。在这些指导原则下，基金经理必须决定如何因应市场状况的变动，在现金或各种不同的证券之上妥善地分配基金资产。

资产配置情况决定了一只基金在多头市场时基金净值增加的幅度，以及在空头市场时基金净值受损的程度。有研究指出，依产业的不同，有25%到60%的股票变动可归因于总体市场的因素。为了降低这种市场风险，基金经理会以投资与股票波动不同步的其他资产（主要是准现金，也可以是固定收益证券、可转换证券等）来降低基金资产组合的风险。

投资者如果了解基金资产配置的情形，就可以了解基金经理为达成基金目标愿意承担或能够承担的风险程度与类型。如果投资者发现一只基金投资在权益资产的比例已经维持在大类资产配置比例下限时，投资者则可以判断，这一基金若仍能达成其目标，则选择的股票必有高获利。而且，这一基金所承担的风险也较小，因此基金是投资者所要选择的。另外一个极端的情况是，假若有一只基金将其基金资产几乎全部投入普通股，而且绩效也很好时，投资者可以确定这个基金经理虽然投资很成功，但是承担了很大的风险。如果它的资产配置不改变，在空头市场来临时，绩效可能就会很差了。

通过不同时期的公开说明书或市场期刊、报纸对基金资产配置的报道，投资者可以了解一只基金是如何应付变动中的市场风险的。另外，投资者也可以把每日该基金净值的变化趋势曲线与股价指数曲线相对照，如果后者变动幅度大时，前者变化稳定，那么就可以判断该基金的现金及固收类资产配置比例相对较高。

5）考虑资产的规模。基金的总净资产也是投资者要考虑的因素之一。如果股票基金的规模太大，那么它在市场涨跌变动时就有"跌跤"的可能，很难操作。例如，一只规模超过百亿甚至千亿的主动权益类基金，如果要购买市值较小的股票时，很难在不引起市场价格上升的情况下完成仓位配置。同理，当它要卖出股票时，也很难避免市场价格的滑落。另外，受到投资比例限制，规模庞大的基金资产如要配置小市值股票，则很难达到理想的仓位。因此，无论是出于资产流动性还是资产配置的考虑，基金的投资风格必然转向大市值。同时，由于大型基金必须将其资产分散于很多产业与公司上，因此，其报酬率只会越来越趋近于平均水准，难以创造超额收益。而投资者所要追求的是高于平均的报酬率，因此必须对长期投资的对象予以规模上的限制。

关于规模大小与资金绩效的关系，投资者可以从很多统计资料看出，除了少数例外的情况，相同或相似策略风格的大体量基金业绩很难在同期超过中小规模的基金。投资者要考虑的是一般性指导原则，而不是去赌特殊情况。因此，在明确自身投资策略方向的情况下，避免选择规模过大的基金，最终实现超越平均绩效的概率相对更高。

6）考虑基金的评级。随着基金行业的快速发展，产品数量和种类都在不断增长。普通投资者面对数量庞大的基金产品很容易感到无从下手，因此可以参考专业基金评级机构发布的评级结果。目前国内获得公募基金公开评级资质的各家评级机构均已将各自的评级方法进行了公开披露，投资者在熟悉评级的体系和维度后，可以借助这些经过专业分析和数据处理的评级来降低自身选择基金的难度和工作量。

基金评级都是基于历史业绩的综合评价，虽然获得高星级只能代表基金产品过去的投资运作非常优秀，并不意味着未来一定能达到同等水平的业绩表现，但在同等条件下可以对基金经理给予更多信任。而对于低星级的基金产品，则要格外注意，其历史运作过程中是否存在投资者难以承受的风险因素导致业绩表现不佳。

在筛选中，可以容忍基金的规模比较大，也可以允许基金的配置有差异甚至基金评级较差，但一定不能对基金经理的不熟悉，那样面临的不可预测风险太大。

三、初次筛选结果的处理方式

（一）三种筛选结果

当运用上述方法来评判基金时，投资者可能面临下列三种状况之一。

1）有一只明显合适的基金出现。

2）没有合适的基金。

3）有一只以上合格的基金可供投资者选择。

（二）有一只明显合格的基金

如果刚好只有一只基金通过了初选，就可以准备投资，选择合适投资时机，并在投资后注意其动向。

（三）没有合适的基金

如果找不到合适的投资基金时，投资者可以采取下列两种应对方法。

1）把筛选的期限往后延长，直到下一季的基金统计资料公布后，有新的候选基金名单可供筛选，再用同样的筛选过程来找出合适的基金进行投资。在此期间，可以把资金暂时投资在货币市场基金上。

2）适当放宽及格标准，比如将选入筛选程序的基金绩效排名放宽至30%或50%之内。

（四）有一只以上的合格基金可供投资者选择

假如经过筛选产生了一只以上的合格基金，应按如下原则考虑：必须比较基金的风险程度和基金获利潜力，选择风险程度适中而且能够在那个风险程度下有最大的获利潜力的基金，避免只看业绩轻视风险的情况。

风险水准可用下列指标来评估。

1）在最近一次股票市场下跌的年度里，基金的总报酬是多少？基金是否有正的报酬？若无，它相对股价指数下跌比率是多少？

2）在最近一期的季报中，基金投资在股票等高风险资产的比例是多少？

3）基金所拥有股票的公司数。公司数较少的基金比公司数多的基金波动性大，即风险较大。

4）获利潜力。获利潜力可以用最近一期基金风险调整后绩效排行榜作为评量依据。如果排行较前，则获利潜力大。如果基金在排行上相差不多，则最好再找出它们在股市不好时的绩效排行，以判定到底哪一只基金是真正的好。

如果每只基金在上述几项标准下均旗鼓相当，则考虑销售费用、赎回费用或每年付给基金的配销费用。

四、考察基金过去的表现

选择基金的第一步，是把不合适的基金淘汰掉，第二步则是在淘汰后剩下的基金中选择出比较好的。投资者应关注以下几个指标。

（一）回收期

回收期是指目前价格下收回投资所需要的时间，通常以年计算。例如某公司的盈利是每股1元，而当前的每股价格为10元，那么要赚回投资者付出的10元，就需要10年时间，也就是说10年还本。

选择基金，当然也是以回收期越短越好。要想计算回收期，可以依据基金管理公司发布的产品季报或年报，这里面有基金购买的股票的种类和名称，通过有关资料了解基金重仓的股票（一般选择前10大重仓）的现在市价和市盈率，然后把股价加以平均，这样就可以得出基金投资组合的年平均增长率。根据这一数据，可以大致算出投资回收期。经验证明，回收期在8年以下者为最佳。当然，这只是一种粗略的估算办法，没有把复合增长的因素考虑进去。但只要每只基金都这样估算，也还是具有可比性的。

（二）现金存量比例

现金存量是指基金所保留的现金，包括容易变现的现金工具如政府公债、定期存单等。现金存量的比例高，通常表示基金经理认为股价可能下跌。相反，比例低则表示基金经理认为股市行情看涨。

这一指标可以通过基金财务报表中基金保留的现金及现金等价物资产与基金总资产进行比较得出，但由于基金的定期报告存在一定滞后，因此也可以结合基金资产配置比例，分析比较其每日净值变动与市场指数变动差异来估计。

（三）基金净申购

基金净申购也是评估基金未来表现的一个非常重要的因素，它是指基金份额赎回与申购之间的差值。如果卖出的基金份额比买进的多，基金的资产就会增加，这时就有净现金进账。反之，基金的资产就会减少，这时就有净现金流出。

一般而言，基金有净申购要比赎回为好，因为在股市看涨时，投资良机就多一些。有资金流入的基金可以不改变原有的投资组合，就可以把握投资机会。再则，如有投资者赎回份额时，有现金流入的基金可以不必变动现有的投资组合而支付赎回的金额。另外，当股市出现盘整时，还可以乘机买一些额外的股票，基金经理做出一些决策也较容易，因而提高了投资的效能。这一数据可以在基金季报中得到，投资者也可以通过基金净资产价值的变动幅度与净资产总价值变动幅度的估算来大致衡量。

五、复选应该考虑的其他因素

在准备实际投资之前，投资者还应针对下列各点深入研究各种基金，即基金过去的经营业绩，潜在的经营绩效，资产的组合，基金的操作，可能的陷阱，以及其他各种要考虑的因素。

六、考察基金投资组合效能

复选的第三个标准应该是基金投资组合效能的高低。其含义是：基金是否有效地分散投资于不同行业或产业的公司股票上。投资者应当在初选的基础上再进行比较，选择那些投资组合效能高的基金而不是其他。

了解投资组合的办法，是研究基金管理公司的季报或年报，其中就有基金的所有投资项目，投资种类、资金数量、份额数量等都一目了然。通常来讲，合理的分散投资应该是投资于某一种股票的资金不超过总资产的5%，所有股票分散于10个以上的行业。分散良好的投资组合，应该有20多种股票投资在10几种行业上。如果一只基金的组合不能满足这个条件，最好把它也排除掉或进行更深入的考察。

七、解析基金的操作及相关费用

为了使基金有一个好的绩效，很多基金都有不同的操作方法，那就是投资表现的奖励、借贷操作、操作费用及赎回费用。有的基金有奖励投资表现的制度，如果基金在某一段时间里的表现好于同期的股市指数，就要给基金经理一定的奖励，当然这笔费用由基金资产支付。反之，如果基金的表现比股市的指数差，则要求退回部分经理费。应当说，这种制度是有利于投资者的，虽然为奖励基金经理支付了一笔费用，但经理出色的经营，为投资者多赚了收益。

借贷操作，就是利用杠杆原理进行的操作。比如投资者有1万元钱，同时向银行借来5万元贷款，然后投资于某一获利高的产业或行业，以获取更多的利润。就投资基金来说，向银行贷款增加投资组合的资产总值，在运作良好的情况下，可以为基金带来更多的收益。根据《资管新规》要求，开放式公募产品的负债比例上限为140%，封闭式公募和私募产品的负债比例上限为200%。

利用借贷从事基金的投资，可以说利弊参半。如果运用得好，可以获取更大的利润；如果运用得不好，基金资产损失得也很快。因为借贷总是要付一定利息的，而且一旦股市出现下滑，可能就会亏本。所以投资者在选择基金时，必须再次衡量自己承担风险的能力，并检查基金过去的业绩情况。

基金的操作同其他行业一样，肯定会有各种费用支出和花销，这些费用包括：经理顾问费、资产保管费、法律咨询和结算费、注册登记费、公开说明书及季报年报的印制费、邮寄通信费、股票买卖的佣金费等。这些费用的记载和计算，都会在公开说明书中列明。分析一只基金操作费用的简单办法是看其费用比率，一般在 0.5%～1.5% 之间。当然，作为投资者的投资成本，这个比率越低越好。

八、选择基金可能遇到的陷阱

投资于基金可能遇到的陷阱，包括未上市的股票、衍生品交易、卖空、新基金、法律纠纷及是否列登上行情表等几个方面。

现分别说明这些因素。

（一）未上市股票

这种股票由于不符合证券交易所规定的上市条件，因此未能予以登记注册。未上市股票不能在证券交易所内出售，只能由发行股票的公司直接卖给投资者。一般规定，这种股票通常在持有一定期限后才能转手出售，所以买入这种股票的风险很大。

（二）衍生品交易

有些基金把资产投资于如股指期权、期货等金融衍生品交易，这是指在特定时间内以特定的价格买卖某种股票的权利或合约。金融衍生品交易有利也有弊，主要在于如何运用。如果是利用衍生品来对冲风险增加投资稳定性，那么应该考虑；如果是通过增加风险暴露用来博取更高的基金收益，则是不可取的。

（三）卖空

卖空是一种特殊的股票操作技术，投资者在股市看跌的情况下，先融券卖出股票，等股票下跌到一定程度时，再补回获取利润。这种操作风险很大，一旦判断失误，将会遭受很大的损失。有些基金允许基金经理做卖空，但卖空操作天然存在收益有限但风险无限的不对称性，所以投资者在复选时最好不要考虑那些做卖空的基金。

（四）新基金

新基金是指那些上市不到一年的基金，这种基金是没有长期连续历史业绩可查的，表现怎么样无从知道，也很难预测，最好的办法是观察一个时期。有时，一些基金管理公司推出一些特定主题或策略的新基金，如刚好满足投资者的配置需求，而且管理人在其他相似类型产品有良好的业绩记录，投资者也可以优先考虑这样的基金。

（五）法律纠纷

有些基金或基金经理与他人有法律纠纷，投资者必须密切注意，因为这种法律纠纷有时与基金无关，有时会直接或间接影响到基金的收益。最好搞清楚纠纷的原因，以及可能对基金造成的影响。如果会对基金造成负面影响，最好不要选择这种基金。

（六）行情表

有时出于营销目的，销售机构或基金管理公司会挑选特定时段的基金产品业绩进行展示。经过精心地挑选，其结果必然是这些基金会在某些排行榜上有名。这一情况在私募证券投资基金中最为常见。因此投资者应对基金产品完整存续期间的业绩进行全面考察，而非仅仅依靠销售机构或管理人的宣传业绩做出投资决策。

（七）了解清楚收益分配表

收益分配表涉及资本利得和股利分配。基金什么时间分配其收益，投资者是不应忽略的。一般来讲，基金投资的结果会有两种收益，一种是资本利得，是基金卖掉投资组合中的股票所获得的利润，基金会转而把利润分配给投资者，一般为一年一次。另一种收益是股利和利息，股利来自股票发行公司，利息来自投资现金工具。这两种收益通常是每季、每半年或每年分配一次，不同的基金有不同的做法。

（八）追踪

投资者在遵循上述原则选择了自认为合适的基金之后，仍不要以为万事大吉，还必须对其进行追踪。投资者应当不断地检查已持有的或者打算购买的基金管理情况，定期审查，及时了解经营效果，以做出再投资或撤回的决策。

九、利用投资顾问买卖基金

购买基金，除了直接到基金管理公司认购外，也可通过投资顾问公司认购。

利用投资顾问公司买卖基金，有以下优点。

1）由于对基金管理公司的各种情况掌握有限，个人投资者较难直接从基金公司获得符合本身需要的投资方案。基金公司由于人力与时间所限，无法照顾到众多对基金了解不深的投资者，于是便委托投资顾问公司为代理人服务于零售客户，让投资顾问公司帮助投资者选择基金。投资者可以通过这些公司选择最符合自己需要的目标基金。

2）目前我国基金投顾仍处于起步阶段，参考海外经验，顾问公司除了可作为买卖基金的中间人，为投资者出谋划策外，亦可为投资者进行资金管理、基金户口管理、安排离岸私人信托、海外物业投资等，还可以为投资者设计投资组合，把投资者有限的资金合理地投放在不同的投资工具上。

3）由于基金报价时间与购买时间的差异，基金的真实购买价与报价也不完全一样。若投资者对市场关注度不高，则可能因出价与市价差别太大，就无法以最满意的价钱成交。如咨询顾问公司，便能及时得到资料，在决策上可能会更为准确和有效。

十、如何选择一个满意的投资顾问

要选择一个满意的投资顾问，首先要看他们掌握的信息是否全面和准确。例如他们是否掌握了世界各主要市场的金融形势、各基金公司的动态等。其次，要看他们的分析是否客观可靠。因此，投资者一方面要观察他们的分析能力，另一方面要看基金顾问是否属于一家基金公司的市场推广人员，能否愿意为投资者搜集和分析各基金市场及基金的真实信息。

第五节 评估基金表现的方法

一、评估基金表现的主要方法

经过初选和复选，投资者选到了一个较为满意的基金，然后果断地把钱投了进去。此时，投资者开始关心的问题就成为所选择的基金的报酬率是多少？一般来讲，基金表现好，就会给投资者带来一个较高的报酬率，而表现较差的基金，投资者则很难得到高的报酬率。

评估基金表现的方法要从两方面着手，一方面从净资产价值看基金盈亏；另一方面要利用有关材料进行分析计算，包括：寻找专门评估、排名各基金表现的有关报刊杂志，计算投资报酬率，查看基金评级结果等。

二、根据净资产价值评估基金表现

净资产价值,是由基金的净资产总值除以持有份额总数得来的。而净资产总值则是以基金总资产价值扣除总负债得来的,总资产的价值是以基金投资组合中的现金、股票、债券及其他有价证券的总实际价值来计算的。负债主要包括基金付给管理公司的管理费、付给托管机构的托管费以及基金购买证券、基金赎回的应付款,还有基金发放利息、股利的应付款,即:

$$净资产价值 = \frac{净资产总值}{持有份额总数}$$

净资产总值=总资产-总负债

总资产=股票价值+债券价值+现金+其他有价证券价值

总负债=管理费+托管费+基金赎回款+购买证券款+资本利息分配

一般说来,基金发行份额总数虽然每日申购和赎回的变化,但短期的变动幅度是不会太大的,所以净资产价值的大小主要取决于净资产总值,总负债中的管理费、托管费等一般是事前规定好了的,变动较小,所以,净资产总值的大小主要取决于总资产的大小。如果基金管理公司经营得当,投资组合中的股票或其他资产增值,净资产价值就会相应提高;反之,如果投资失误,净资产价值就会下降。机构投资者通过考察净资产价值的升降,就可以判断自己的投资是盈利还是亏损。另外,当净资产价值增值时,机构若将手中的持有份额卖出,还可以获取资本增值的收益。

除货币市场基金和纯债型基金外,其他类型基金总是或多或少地投资于股票,所以净资产价值一般随股市走势而变动。一只好的基金,通常在多头市场时,其净资产价值的涨幅会高于股价平均指数的涨幅,而在空头市场时,净资产价值的跌幅会小于股价平均指数的跌幅。投资者若想判断一只基金的大致表现,可以观察一段时间净资产价值的变化情况,并将之与股价指数的变动幅度加以对比。通过对比,可以大致确定基金表现的好坏。

净资产价值的另外一个重要用途是用它来计算基金单位份额的交易价格。对于不收费基金,其买价与卖价都与交易日的净资产价值相等。由于每一天中净资产价值是随时变化的,所以开放式基金的净值都是在当天收盘后才公布。对于收费基金,则基金单位份额的赎回价是净资产价值加上手续费。投资者赎回基金份额时,基金的价格就是净资产价值扣除手续费。

总之，不论是评估基金表现好坏，买卖基金，还是投资者计算自己的亏盈情况，净资产价值都是一个关键因素，投资者必须密切注意和跟踪研究净资产价值的变化。

三、利用媒体资料或基金评级了解基金表现

有些媒体或分析机构经常对基金的表现通过明确的标准进行定量或定性的评估，并把评估出来的基金按照一定排名予以公布。对于基金评级机构，则会在已公布的评级体系框架内，通过多维度的分析比较，以星级的形式给基金产品以综合评价。

四、根据投资报酬率评估基金表现

不同基金的评估是经常变化的，有些基金可能在公开的统计研究中上找不到，或计算方法不适用于投资者的收益统计，这时，投资者最好自己亲自动手来计算投资报酬率。投资报酬率越高，说明基金的表现越好，对于投资者越有利。

计算投资报酬率涉及的方面很多，计算起来非常繁杂，初次投资者也许很不愿意做这些事情，现有一个简便公式如下：

$$投资报酬率 = \frac{期末净资产价值 - 期初净资产价值}{期初净资产价值} \times 100\%$$

如果投资者投资于基金，所得的利息和股息提不出来，而是放在基金里进行再投资，这时计算报酬率就得把这两项加进去，投资报酬率的计算就会变成：

$$投资报酬率 = \frac{期末净资产价值 - 期初净资产价值 + 利息 + 股息}{期初净资产价值} \times 100\%$$

五、挑选基金管理公司的方法

对于基金产品，其业绩表现的优劣不仅仅取决于基金经理的投资决策能力，也取决于作为平台的基金管理公司能够为基金投资提供多少投研资源。所以投资者也需要对基金管理公司进行一些选择，通过了解基金管理公司的经营业绩，来大致推断所选基金的好坏和适合自己需要的程度。挑选基金管理公司的方法主要有如下几种。

1）比较各基金管理公司以前管理的其他基金的表现。许多管理公司在推出新的基金以前，可能管理过其他基金，这些基金经营的绩效如何，能够反映这个公司的经营管理能力。如果该公司过去管理的基金表现甚好，说明公司具有较强的经营能力；如果管理的基金表现不佳，则反映公司经营能力较差。

2）比较各公司在不同的股市态势下的经营业绩。

3）从管理公司的类型判断将来的投资回报。根据基金管理公司的经营宗旨，可以把其划分为激进型、稳健型和保守型。投资风险越大，报酬率越高，反之亦然。

除上述问题之外，投资者在挑选基金管理公司时，还应注意以下问题。由于基金是由基金管理公司设计和管理的，因此，投资者应对基金管理公司的背景、财力、规模、信誉和管理方式有个全面的了解。基金管理公司本身的基础是否牢固，内部管理制度是否完善，特别是基金经理人的投资经验和业务素质、管理方法及信托人、会计师、核数师的资历和经验，都足以影响到基金业绩。

不同的基金，因管理体制的差异，个人素质在投资决策中所起的作用也大不一样。有些基金的投资决策是由一组投资经理及分析人员负责的，有的则由一两个经理人主管。后者的个人因素较重，如遇上人事变动，对基金的运作影响较大。有的基金管理公司有一套完善的管理制度并注重集体智慧，其决策程序往往比较规范，投资者参考他们以往的业绩来选择较为可靠。所以说，由大投资机构或金融机构管理的基金较有保障。

基金公司内部设立了哪些基金品种，以及每一种基金是否适销，是投资者必须考虑的因素之一。如果基金公司内部设立的基金品种比较多，则在同一家基金公司的名下转换两种基金或基金中基金可节约不少认购费用。除了比较基金单位价格和基金资产净值的变化外，还要计算基金的分红派息率及资本增值的分派情况，因为它们也是基金回报的一部分。将实现利润流入基金进行再投资，不进行单个分红派息的基金，一般不如分红派息的基金。

第六节 如何选择投资时机

一、中小投资者如何选择投资时机

投资者投资成功与否，部分决定于低价时买入，高价时卖出的投资行为。投资时另外要注意的是，如果投资的时间刚好在发布股利、分配资本利得前，最好延期等到分配后再投资，以免出现投资者不想要的资本利得或股利税要缴。除非投资者需要或偏好一次性大笔投入基金投资，最好在开始时谨慎一些，慢慢地投入。在考虑如何开始进行投资时，货币市场基金或许可以辅助投资者达到目标。尤其是基金的最低投资额比投资者现有的资产还多时，投资者可以先投资在货币市场基金，以累积资本达到投资基金的标准。同样，也可以运用货币市场基金来暂存资金，以备持续投资之用。

当股价下跌时，正是投资者低价买更多份额以获利的时机。在市场高点时，不必认为在此时买入份额不合时宜。事实上，没有人知道何时是市场最高点，只有事后才知道。如果投资者有一套系统化的持续投资法则，不管价格多少、时机怎样，都可以买入。

二、选择投资时机应考虑的主要因素

任何一个投资专家都不能告诉投资者一套放之四海而皆准的法则，来帮助投资者决定投资的时机。因此，在进行投资决策时，需要考虑以下因素。

1）投资金额。当投资者进行第二只基金投资时，必须有足够的"闲"钱，而且不会因此影响现在的生活标准，或者使资金调度发生困难。

2）空闲时间。投资者要定期去留意所投资的基金的变动情况，进而决定是否应该变更一下投资计划，是否应该马上采取这些变更行动。投资者的基金数目增加，花在管理基金上的时间也要相应增加。

3）市场周期。当市场呈现空头，同时行情将更趋低迷的时候，那正是投资者买进的良好时机，因为此时投资者可以用原先同样的资金购买更多份额的基金。投资者要安心地进行自己的投资计划，等待谷底的过去及另一个高峰的来临。当市场行情攀升的时候，投资者也没必要非得延迟投资下一只基金，尤其是第二只基金的价格并不完全随着市场攀升时。此时选择一只攀升速度较慢的基金也未尝不可，因为在市场行情下降时，这只基金可能表现得反而稳健得多。实际上，没有人能完全掌握真正的高峰会在什么时候出现，如果投资者为了等待好的价格买进，可能要等待其价格波动的半个多周期，这个时间也许会相当长。当投资者从事长期投资计划时，要进行长期的展望。就长期而言，基金的表现将优于其他金融资产，从而能保护投资者避免因通货膨胀而造成实际所得的降低。对于中小投资者，尤其是主要使用工资薪酬结余来进行投资的投资者，使用定投的方式来实现长期投资目标也是较好的选择。

三、投资者应何时赎回基金

投资者买入基金一段时期后，由于种种原因，都有赎回的要求，这就需要选择最佳的赎回时机。对于短线投资者来说，最重要的是掌握市场的波动，同时注意基金结算的日期。对于多数长线的基金投资者来说，应遵循以下三点。

1）当投资者准备赎回时，市场价格已开始下降，投资者的赎回价未动，则是最佳时机。投资者如果能预计自己需要现金的日期，最好提前一个月便开始考虑赎回计划。

2）基金是一种长线投资工具，不太适宜作短线投机。如果市场发生短期的波动或调整，但长期走势并没有改变，投资者就不要急于兑现手中的份额。因为扣除掉赎回费用后，投资者未必有机会以有利的价格买回。但如果有其他更好的投资机会，亦不妨果断一点，忍痛割爱，立即卖出所持的基金。

3）投资者手中的基金何时出售或换码，应掌握几个准则：当自己的收支状况发生重大变化时；当基金管理公司发生重大的人事变动时；当所投基金的净资产值急剧下跌时；当整个证券市场大势下滑时。

四、何时退出或转换到其他基金

投资者在管理自己的投资组合时，如果有些基金的表现不尽人意，就要考虑退出或转换到其他基金上去。影响退出或者转换基金的因素很多，大体上有以下几点：基金表现不佳；原来的基金投资目标发生了变化；投资者自己的财务状况发生了变化，或者市场态势对投资者不利。

作为一般的投资者，可能会因自己的年龄、家庭状况的变化不断地改变自己的投资目标。年轻时，可能更愿意追求一些有风险的投资目标，中年时只是要求收入与增长并举，而到了老年，就会只求获得即期收入。因此，投资者首先应当根据年龄等自身状况，不失时机地进行转换或退出基金投资。其次，由于基金多数都是投资于股票或债券，其表现自然同证券市场有密切的联系。如果整个证券市场的变动态势不利于投资者时，就应当考虑退出或转换到国债等方面。等到证券市场尤其是股市变得有利于投资者时，再重新投进去。投资者如果把握到了退出投资的时机，就不要犹豫。

第七节 如何买卖基金

一、怎样获取有关基金的信息资料

最常用的获取基金有关资料的方式是到相关网站下载或查阅资料，也可以通过监管机构指定的信息披露报刊、销售机构、股票行情软件或财经门户网站获取。得到书面资料后，投资者可能觉得还有一些事情在书面资料中没有记载，或者有些内容披露得不清楚时，可以再打电话给基金公司要求详细解说。如果有些问题基层管理人员不太了解或回答不了,可以要求会见更高层的人员。这种要求应该被接受,甚至可能见到基金经理本人。

二、怎样购买基金

封闭式基金在封闭以前,投资者可以随意购买。开放型基金是持续提供新份额给投资者的,除非在某些特殊的情况下,基金宣布暂时停止销售给新的投资者或所有人。

进行基金申购时,首先需要通过基金公司或者代销机构开立基金账户,然后认真阅读需要申购基金的法律文件,包括招募说明书、基金合同、基金定期公告等,最后选择基金并通过销售机构申报购买份额,交付申购款项,经相关登记机构确认后完成基金申购。

除非投资者有特别的要求,否则基金公司不会发给投资者购买凭证。事实上投资者并不需要此凭证,只要基金份额在登记机构确认完成,就已证明投资者拥有基金份额,也不需寻求保障的证明。

三、怎样赎回基金

基金赎回的操作与申购相反,基金份额持有人就基金账户中所持有的基金份额提出部分或全部赎回的申请,经相关登记机构确认后收回现金款项。需要注意的是,不同基金赎回金额到账时间不等,需要查阅基金销售文件或者咨询基金管理人。

四、怎样查询基金买卖价格

每个营业日结束后,基金公司都会根据当日的市价来计算其资产、负债的价值,以决定它的净资产价值。同时会把总净资产价值除以基金份额数量,以计算出每份净资产价值。对于投资于无销售费用型基金的投资者而言,其购价应是净资产价值。

当出售基金时,所有的投资者收到的价格均是净资产价值,但若是有收取赎回费用的基金,就必须再扣掉赎回费用。基金的净资产每天可以从基金信息披露渠道查询。

五、基金交易的方便性

虽然不同的基金之间有不同的目标、操作方法与规定,但是索取申购表格、公开说明书及投资者对账都很方便。同时,基金也提供很方便的买进、卖出程序,尤其是投资者想在同一基金管理公司下的各种基金之间转换时,基金管理公司会提供及时、快速、方便的转换服务。

六、投资者投资于基金的记录

每当投资者有基金交易时，基金公司都有份额变动确认的记录。目前，国内的基金公司多已取消纸质对账单，但如果投资者需要基金公司提供账单服务的话，一般可以通过基金公司或销售渠道的客户服务申请电子对账单服务，即可免费获得定期的邮件或电子账单信息。

第八节 开放式基金的申购与赎回

开放式基金的申购和赎回有两种形式，即通过代理机构或基金管理公司的直销渠道进行场外申购和赎回，以及 ETF、LOF 等通过场内进行申购和赎回。申购和赎回价格以基金净值为基础。同封闭式基金相比较，场外的开放式基金投资者之间一般不发生交易行为。因此，所有交易按种类可以划分为认购、申购、赎回、转换与变更。认购主要指基金募集期内的购买行为；转换是不同基金之间基金单位的转变；变更是基金在运作过程中，因为某种特殊的情况或原因使基金本身或其运作过程发生重大改变，如赠予、法院判决等原因对受益人等的改变。其中，申购和赎回是最基本的操作种类。

开放式基金成立后，可有一段短暂的封闭期。在我国，根据《公开募集证券投资基金运作管理办法》规定，开放式基金的基金合同可以约定基金管理人自基金合同生效之日起一定期限内不办理赎回，但该期限最长不得超过 3 个月。之后，进入日常申购、赎回期。封闭期结束后，开放式基金应按照基金合同约定的日期和时间办理基金投资人申购、赎回、转托管、基金之间转换等交易业务。

一、开放式基金的申购

（一）开放式基金申购的一般规定

1. 申购的一般规定

申购的定义：是指投资人申请购买已经成立的开放式基金的行为。基金的申购以书面方式或经认可的其他方式进行。

2. 申购价格的确定

基金管理人接到投资人的购买申请时，应按当日公布的基金单位净值加一定的申购费用作为申购价格。

3. 申购的计价方式

申购采用"未知价"法，通常按照"金额申购"的方式进行，以申请日的基金单位资产净值为基础进行交易。申购费用的计算采用内扣法，申购金额包括申购费用和净申购金额。计算公式如下：

$$申购费用 = 申购金额 \times 申购费率$$

$$净申购金额 = 申购金额 - 申购费用$$

$$申购份额 = \frac{净申购金额}{申请日基金单位资产净值}$$

4. 申购费用

申购费用按单笔申购金额所对应的申购费率乘以单笔确认的申购金额计算。

（二）申购的业务操作流程

投资人在开放日的办理时间内提出申请，并按销售机构规定的方式全额交付申购款项。销售机构受理申请后进行审核，审核合格后网点录入信息并冻结申购款，同时将有关信息传至 TA，TA 向网点下传申购确认信息，同时将信息传至管理人。如果申购成功，则将申购款划至基金托管人账户，同时基金单位入账，投资人领取申购确认凭证。如果申购失败，则申购款解冻，退还给投资者。

对于场内申购，投资者可在交易时间内通过证券营业部进行基金份额的申购申报，申购以金额申报，申报单位为一元人民币，申购价格以受理申请当日收市后计算的基金份额净值为基准，数额限定遵循基金招募说明书的规定，且当日交易时间内可撤单。

二、开放式基金的赎回

（一）开放式基金赎回的一般规定

1. 赎回定义

赎回是指基金在存续期间已持有基金单位的投资人要求基金管理人购回其持有的基金单位的行为。基金的赎回以书面方式或经认可的其他方式进行。

2. 赎回计价方式

在我国，赎回采用"未知价"法，按照份额赎回方式进行，以申请日的基金单位资产净值为基础进行交易。公式如下：

$$赎回费 = 赎回当日基金单位资产净值 \times 赎回份额 \times 赎回费率$$

3. 赎回费用

为鼓励持有人进行长期投资，基金管理人应当在基金合同、招募说明书中事先约定，对除货币市场基金与交易型开放式指数基金以外的开放式基金，对持续持有期少于7日的投资者收取不低于1.5%的赎回费，并将上述赎回费全额计入基金财产。

（二）开放式基金赎回的业务操作流程

首先，投资者向销售机构或基金公司提出赎回申请，机构接受申请并对其进行审核合格后，录入信息并冻结赎回份额，同时将有关信息传至TA，TA向网点下传赎回确认信息，并同时传给托管人和管理人，基金托管人下划赎回款，网点收到赎回确认信息以及赎回款项，赎回成功后，网点将赎回款划至投资人资金账户，投资人领取赎回款和确认凭证。如果赎回失败，则基金单位解冻。

对于场内基金的赎回，可在交易时间内通过证券营业部进行基金份额的赎回申报，赎回以份额申报，申报单位为单位基金份额，申购价格以受理申请当日收市后计算的基金份额净值为基准，数额限定遵循基金招募说明书的规定，且当日交易时间内可撤单。

（三）巨额赎回

开放式基金在赎回方面有些限制，主要是对巨额赎回的限制。

1. 巨额赎回的认定

开放式基金单个开放日，基金净赎回申请超过基金总份额的10%时，为巨额赎回。单个开放日的净赎回申请，是指该基金的赎回申请加上基金转换中该基金的转出申请之和，扣除当日发生的该基金申购申请及基金转换中该基金的转入申请之和后得到的余额。

2. 基金赎回的处理方式

出现巨额赎回时，基金管理人可以根据基金当时的资产组合状况决定接受全额赎回或是部分延期赎回。

当基金经理人认为有能力兑付投资者的全部赎回款时，按正常赎回程序执行。

当基金经理人认为兑付投资者的赎回申请有困难，或认为兑付投资者的赎回申请进行的资产变现可能是基金份额净值发生较大波动时，基金管理人在当日接受赎回比例不低于基金总份额10%的前提下，可以对其余赎回申请延期办理。对于当日单只基金份额持有人的赎回申请，应当按其赎回申请量占赎回申请总量的比例，确定该单只基金份额持有人当日办理的赎回份额；未受理部分可延迟至下一个开放日办理，并以该开放日的基金资产净值为依据计算赎回金额；基金份额持有人也可在申请赎回时选择将当日未获办理部分予以撤销。转入下一开放日的赎回申请不享有赎回优先权，并将以下一个开放日的基金份额净值为基准计算赎回金额。依此类推，直到全部赎回为止。

发生巨额赎回并延期办理时，基金管理人应当通过邮寄、传真或者招募说明书规定的其他方式，在3个交易日内通知基金份额持有人，说明有关处理方法，同时在指定媒体上公告予以公告。

开放式基金连续发生巨额赎回，基金管理人可按基金契约及招募说明书载明的规定，暂停接受赎回申请；已经接受的赎回申请可以延缓支付赎回款项，但延缓期限不得超过20个工作日，并应当在指定媒体上进行公告。

（四）暂停赎回的规定

发生基金契约或招募说明书中未予载明的事项，但基金管理人有正当理由认为需要暂停开放式基金赎回申请的，应当报经中国证监会批准；经批准后，基金管理人应当立即在指定媒体上刊登暂停公告；暂停期间，每两周至少刊登提示性公告一次；暂停期间结束，基金重新开放时，基金管理人应当公告最新的基金单位资产净值。

三、申购、赎回的场所和时间

开放式基金份额的场外申购、赎回场所与认购渠道一样，可以通过基金管理人的直销中心与基金销售代理人的代售网点进行，场内即通过沪、深交易所。

基金管理人应在申购、赎回开放日前3个工作日在至少一种中国证监会指定的媒体上刊登公告。申购和赎回的工作日为证券交易所交易日，工作日的具体办理时间为上海证券交易所、深圳证券交易所的交易时间。目前，上海证券交易所、深圳证券交易所的交易时间为交易日上午9：30－11：30、下午13：00－15：00。

四、申购、赎回的注册登记

投资者申购基金成功后，注册登记机构一般在T+1日为投资者办理确认增加权益的登记手续；投资者自T+2起有权赎回该部分基金份额。投资者赎回基金份额成功后，注册登记机构一般在T+1日为投资者办理确认扣除权益的登记手续。

基金管理人可以在法律法规允许的范围内，对注册登记办理时间进行调查，并最迟于开始实施前 3 个工作日在至少一种中国证监会指定的信息披露媒体公告。

第九节 中小投资者的基金组合管理

一、中小投资者怎样建立投资组合

基金作为机构投资者要建立投资组合，同样，购买基金的投资人（受益人）也可以对基金进行挑选，从而建立起基金投资人的基金组合。投资基金的含义可以说是一种投资组合，其运行的性质就是为了达到特定的投资目标而降低投资风险。一般说来，某种投资基金在创立时，就基本上确定了其大致的投资组合，以适应该基金既定的投资目标。投资目标的区别就形成了不同种类的投资基金，这正是基金投资人选择基金、建立基金组合的基础。

如前所述，投资基金如同其他任何一种投资方式一样，存在着一定的投资风险，尽管基金已经通过其专家管理、组合投资等尽可能地分散风险。投资人同样不应把其全部可投资金都投入到同一只基金里，而适当地把资金按投资目标分散投资于不同的基金，从而形成投资者个人的基金投资组合。

投资人在建立自己的基金组合时，首先应该掌握如何评价各类基金的表现，然后以评价结果和投资目标为基础选择基金，构成基金组合。以后还需根据情况变化适时地进行调整，最终达到通过基金的有效组合与管理实现最大收益或投资目标。

基金组合的建立和调整应根据投资者个人的投资目标和基金的目标而定，尽可能做到两种目标相吻合。成长型基金，其预期收益是随时间的推移而使资本增值，通常投资于普通股票。成长及收入型基金，主要注重于预期资本增值，也兼顾预期股利收入，该类基金投资于股利较多的股票，以及少量优级债券。收入及成长型基金，主要目标是预期股利和债息收入，次要目标是预期资本增值，这类基金采用股利稳定的股票与债券组合。固定收入型基金主要投资于各类债券、优先股股票、可转换债券及其他付息证券，以达到获取相对稳定的当期收入的目的。投资人应根据个人的投资目标、可投资金数量和不同类型基金的运行特点、投资方向，结合具体基金的评价结果，确定个人的投资组合。例如，投资人的目标是希望资金增值，那么其相对理想的基金组合应是近半数的资金投资于股票基金或积极成长型基金，而成长及收入型基金、固定收入型基金或债券型基金甚至货币市场基金，则应由高到低占相应比例。

二、管理基金组合的基本方法

基金组合的基本管理方法就是针对以下情况，对基金组合进行调整：基金表现、基金经理人事变动、基金资产配置的变化、基金资产的增减、基金投资目标的改变、投资费用的变化等。

三、根据基金表现调整投资组合

投资人应每隔一段时间考察一下自己所投资基金组合的净资产价值变化情况，基本掌握基金净值的走势。在观察各只基金的业绩走势时，应判断基金当前的投资是否符合组合构建时入选的初衷，如果符合，则应该忽略短期的波动而以达到长期投资目标为最终目的；如果基金的投资表现已与最初入选时的初衷背离，则应审慎分析后决定是否应该调出。

四、根据基金经理的人事变动调整投资组合

基金经理的人事变动有时会影响到基金的表现，特别是在基金表现不错的时候走马换将，就不是一个好兆头。当然，对于那些表现奇异的基金而言，经历人事变动说不定是改善基金表现的契机，这一点应当仔细分析判断。

五、根据基金资产配置的变化调整投资组合

基金资产配置的变化当然会影响到基金的投资绩效。一般而言，各只基金会根据其不同的目标和策略设定不同的投资组合，多数基金的投资组合情况都要在公开说明书中载明，未经受益人大会同意，一般不能更改。但也有少数基金不严格这样做，因此投资人必须注意基金资产配置的调整，相应地调整个人的基金组合。

六、根据基金资产的增减调整投资组合

造成基金资产变动的主要原因有以下两方面。

1）投资得当，资产增加；投资失误，资产减少。

2）投资人投入新资金或退出基金。

当基金资产减少以至基金规模过小时，投资人最好考虑退出。因为规模过小的基金，分散投资的能力有限，自身也难以负担庞大的研究和分析费用等固定成本。然而，当基金规模过于庞大时，也会影响到投资表现。这是因为规模

庞大的基金一般持有大量股票，当这些股票行情看涨时，如果基金管理公司乐于抛出，那么相对而言是较容易的。但是，当这些股票行情看跌时，或某家公司处于衰退状况而公众都在争相抛售其股票时，规模过于庞大的基金往往反应迟钝，难以很快卖掉所持有的大量这类股票。对基金资产的变动及基金规模均应慎重分析，进而加以调整。

七、根据基金投资目标的改变调整投资组合

当资本市场比较多样化、投资对象繁多时，要注意基金目标的变动。一般而论，投资目标决定投资对象，相应地，投资对象有变化，也会影响投资目标。投资目标与基金投资组合紧密相关，如果基金的投资目标因故改变了，投资人有必要重新衡量该基金是否符合个人的投资目标，从而决定是否调整个人基金组合。

八、根据投资费用的变化调整投资组合

投资基金有收费与不收费两种。投资人有时会发现本来不收费的基金转变成收费基金，或收费的基金提高了其收费标准。这时，已经投资于这种基金的投资人如果要增加投资，势必要多支出一些费用。投资人如觉得多支付这些费用不合算，就应考虑停止继续投资这只基金或干脆退出。

总之，投资人在建立自己的基金组合后，并非万事大吉，还应密切注意基金的表现和变化，特别是不能忽略那些影响到投资人预期目标实现的因素的变化，以便适时地进行基金组合调整。

第二十六章 机构投资者如何选择证券投资基金

第一节 机构投资者与证券投资基金

一、机构投资者投资于基金的优点

投资基金最初主要是中小投资者参加,随着基金的工具属性逐渐增强,机构投资者也逐渐参与基金投资,包括社保基金、信托机构、保险公司、各种奖励基金甚至企业等。许多企业在经营过程中,并不是把所有的资金全部运用,而是通常把一小部分资金用于合适的证券投资。投资于基金后,企业不仅可以稳定地取得高于银行存款的收益,同时,企业财务主管可以把更多的精力用于企业财务管理、分析和决策上。由于基金份额可以随时出售,企业财务可以更有效地管理现金流。作为自身拥有投资管理机构的金融性公司来说,投资基金也有很大的吸引力,这些公司可以把基金作为另一种选择,把一部分资金投资于基金,使他们有更多的时间和精力运筹其他投资工具,以使股东的财富最大化。

二、机构投资者的特征

机构投资者与一般个人投资者相比,表现出许多不同的特征。因此,机构投资者与投资基金的关系和一般个人投资者与投资基金的关系相比,有许多独特之处。

1)与一般个人投资者相比,机构投资者最显著的特征就是资金实力雄厚,可以持有数量更多的基金受益凭证或基金份额。

2)与一般个人投资者相比,机构投资者更具有投资理性。

3)与一般个人投资者相比,机构投资者在投资于基金时,更注重长期收益,更关心基金的长期表现,更注意基金的长期增长。

4)与一般个人投资者相比,由于具有资金优势,机构投资者更能够施行投资组合管理,更有条件把资金投资于不同类型的基金。

5)与一般个人投资者相比,机构投资者受基金投资额的限制不同。对于私募证券投资基金来说，因为需要符合合格投资者认定且首次投资不得低于100万元，因此，许多个人投资者很难达到基金的投资数额要求而无法参与。相比之下，机构投资者就具有更大的选择空间。

当然，机构投资者的上述特征是就一般情况而言的，在某些特殊的情况下也不尽然。比如，在证券市场尤其是股票市场建立和发育的初期，或者在投资基金刚开始发展的时期，由于股票市场和投资行为不规范，机构投资者也极可能有很强的投机性。这种强烈的投机性可能使该机构投资者非常注重投资的短期收益而不是长期收益，在这种情况下，机构投资者的投资行为可能与一般小投资者没什么区别。但是在股票、证券市场以及投资基金发展成熟后，机构投资者与一般小投资相比，是有其固有的特征的。

三、机构投资者的种类

投资于基金的机构投资者是相对于个人投资者而言的，机构投资者依据其性质的不同，可以分为许多种类。投资于基金的机构投资者一般分为以下几类。

（一）信托机构

所谓信托，是指依照一定的目的，将自己的财产、资金委托他人代为管理和处理的行为。在商品经济不断发展的条件下，人们为了有效地经营某种经济事务，以达到预定的目标和经济效益，在自己力所不及的情况下，可以把自己拥有的财产或资金委托给有能力的和可以信赖的机构去处理，处理这种业务的机构就是信托机构。

不从事有价证券信托投资的信托机构，为了使其经营的委托资产保值增值，分享投资于证券市场的利得，可以把其经营的委托资产的一部分投资于基金，成为投资基金的机构投资者。信托机构作为机构投资者，一般有较强的资金实力，并且由于其同时以其他方式经营受托资产，所以，信托机构投资于基金时，对于成长和收入都是非常重视的。

（二）各种社会基金组织

社会基金根据其用途可以分为许多种，如退休基金、各种奖励基金、后备基金、储备基金、养老基金、医疗基金、待业基金等。这些社会基金的组织、设立、筹资目的非常明确，用于与本事业有关的业务，保证其资金的购买力，抵销通货膨胀。这类机构投资者的资金实力非常雄厚，资产总额非常庞大，但投资于投资基金时，非常注重投资的安全性，几乎没有任何投机性，也非常注重投资的长期收益，是最典型的机构投资者。

（三）保险公司

保险公司可用其筹集的保险资金投资于证券投资基金，由于基金具有风险分散、收益可观的特点，因此非常适合保险公司投资。保险公司利用投资基金可使其资产保值增值，并且这种投资非常安全可靠。保险公司作为机构投资者，具有资金实力雄厚的特点，并且注意投资的长期成长和收益，投资的短期性、投机性比较少。

（四）各种类型的企业

有些经营绩效比较好的企业把富余的资金用来进行基金投资，投资于基金后，企业既可以防止这部分资金由于通货膨胀而降低购买力，又可以定期取得高于银行存款利息的收入，还可能获得意外的资本增值。企业作为投资基金的机构投资者，其资金数额一般不是很大，因为它必须首先维持企业正常的生产经营需要。而且，企业的投资目标也多种多样，有的注重当期收入，有的注重资本增值，有的注重长期收益，也有的注重短期收益，有的则投机性非常强。另外，企业投资于基金的投资目标也会经常改变。企业由于其生产经营状况发生变化，财务状况也经常发生变化，在改变投资目标的同时，投资组合也经常变化。因此，企业作为投资基金的机构投资者，其对投资基金的影响是多方面的。

四、机构投资者对基金发展的积极作用

机构投资者对于投资基金发展的作用和意义有以下几点。

1）机构投资者参与基金投资，为投资基金提供了稳定的、大量的资金来源。广大中小投资者虽然数量众多，但个人资金量有限，随着机构投资者的参与，情况则发生了很大变化。许多机构投资者都有很强的实力，有雄厚的资金基础，使投资基金能够很容易筹集到大量资金，并且在基金运行过程中，可以使基金规模迅速扩大。可以说，机构投资者的参与，为投资基金的发展注入了新的活力。

2）机构投资者比一般中小投资者更具投资理性，投资的投机性很小，也更注重投资的长期收益，短期行为很少，这样就减少了基金的波动。因此，可以说机构投资者的参与为投资基金的稳定和健康发展提供了保证。

3）机构投资者由于注重投资的长期收益和投资行为的长期性，可以使基金管理公司根据基金的投资目标而制定长期投资战略，并进行稳定的投资组合管理和运行，这样可以使投资基金在稳定的发展中取得最大的收益。因此，可以说机构投资者的参与，使投资基金成为一种更加有竞争力的投资工具。

机构投资者参与投资基金投资，使投资基金能够在已有的基础上更加迅速地发展，并且这种发展也更加健康和稳定，所以，机构投资者对于投资基金的发展具有深远的意义和重大的作用。

五、基金的发展对机构投资者有重大意义

机构投资者参与投资基金，使基金的发展更加迅速，而机构投资者之所以积极投资于基金，是由于投资基金对于机构资金的保值增值有巨大的作用。

（一）基金可以使机构投资的风险分散

机构投资者虽然一般都有数额庞大的资金，但其资金一般都有专项用途。许多机构投资基金的目的除了获取收益外，还在于使其资产免受通货膨胀的影响以保持购买力。同时，许多机构投资者担负风险的能力是很有限的，而投资基金恰好具有分散风险的特点。基金投资于不同的股票，不同的证券，也可投资于货币资金市场，能够极大地降低投资风险，满足机构投资者的需要。

（二）投资基金比一般机构投资者更具专业性

投资基金其实也是机构投资者，但它是一类特殊的机构投资者，它与一般机构投资者相比，具有更强的投资专业性。基金是由专业投资经理管理和操作的，他们会运用专业知识分析证券市场和资本市场行情，对基金投资组合做出明智的选择，制定切实可行的投资计划，根据市场变化及时调整投资策略，可以为投资者争取最高的投资回报率。

（三）投资基金的投资目标更符合机构投资者的需要

投资基金虽然有多种类型，每种基金的投资目标也有所不同，但总的来说，基金通过分散投资、资金组合管理，可以大大降低风险，同时获得可观的收益。因此，基金更适合长期投资，而机构一般都是较理智和稳健的投资者，他们非常愿意投资于既分散风险又能长期成长获益的投资基金。

由于投资基金对于机构投资者来说有许多有利的作用，因此受到许多机构投资者的青睐。机构投资者的参与，又为投资基金的发展注入了新的活力。机构投资者与投资基金就是这样互相促进、相得益彰、共同发展的。

值得一提的是，在德国，有一种专供机构投资的基金，叫机构投资基金，通常只有一个投资者,特殊情况下有一个以上,如保险公司、养老院或退休协会、基金会、合作社等。德国的机构投资基金有三个特点：它是开放型基金；享受税收优惠待遇；简化会计程序。这类基金还设有投资委员会，负责制订基金的投资政策和工作计划，委托基金管理人、托管人等。

第二节 机构投资者如何选择证券投资基金

一、机构投资者选择基金时应考虑的主要因素

机构投资者选择基金时，应考虑这些因素：基金的目标与一般特征；基金的历史与规模；基金价格变化；基金投资的有价证券的周转率；股息数量与特征；管理费用和总费用率；销售费用；服务范围等。

二、基金的目标对基金选择的影响

基金可以根据其投资目标的不同分成不同的种类，这些属于不同种类的基金具有的一般特征也各不相同。投资者应把本机构的投资目标与基金的投资目标、资金投向相对照。旨在收回本金的投资机构应选择最保守的基金。旨在有正常收入保证的机构，应选择管理良好、有盈余或者免税的基金，或者封闭型公司的优先证券。期望资本增值的机构，应在确定所能承受多大程度风险后选择成长型基金，做长期投资。反之，如果机构的目标是保持正常收入，却选择了成长型基金，则极有可能事与愿违，特别是股市风云变幻莫测，高收益与高风险时时相伴。

三、基金历史与规模对选择基金的影响

基金的规模与大小是一个值得考虑的因素，特别是初次投资于基金的机构更是如此。不同于个人投资者希望通过中小规模基金获得超额收益，对于机构投资者，基金规模越大，越可以提供多样化，即可以通过分散投资来减少投资风险，并且具有支持有效管理的财力，不致因支付管理费和经营费而花费过多的收入。而规模小的基金，一般费用较高，也易受人操纵，特别是小基金由于资金有限，不能进行广泛的投资组合，因而投资风险相对较大。考察基金的历史，应具有经历过繁荣与衰落两种考验。任何一只基金都能在行情看涨的市场上表现出良好的投资绩效，问题是在繁荣与衰落两种情况下的记录如何。开放基金的增长率也是很重要的，因为它影响到费用额度，表明基金对投资社会的一般吸引力大小。应当指出，规模很大的基金，尽管能在有价证券投资组合上实现较大范围的多样化，并能为分析研究工作提供足额资金，但也有投资者持有份额相对较少的不利一面，而且过度多样化的投资组合会导致极一般的投资绩效。

四、如何看待基金价格的变化

基金的价格变化与机构投资者的投资效益紧密相关，价格变化也伴随着投资者投资风险的忽高忽低。对于机构投资者而言，一般均希望基金价格稳定。确定基金价格的变化，可从基金的历史经营记录中获得，一般应根据在市场行情看涨和看跌两种状况下基金的运营记录来比较。近年来，基金经营状况的衡量已有所发展，已把风险结合进来加以具体考察，这样，在选择基金时，风险和经营状况被认为是同样重要的，风险也就以总收益率的变化情况而不是以价格的变化情况表示。

五、基金投资的有价证券周转率对基金选择的影响

一般认为，有价证券的高周转率是基金投资政策不稳定的标志，并且会带来较高的管理成本。但部分分析研究也表明，较高的周转率能纠正过去投资的失误，特别是对于成长型基金来说尤为如此。因此，在一定条件下，较高的周转率是可以接受的，这也是基金对有价证券管理不断加强的表现。经验和分析结果表明，证券周转率与投资绩效之间并无必然的因果联系，投资者应该选择具有较好投资绩效的较高周转率，而不应该选择表现较差的较低周转率。

六、股息数量对基金选择的影响

由于经营基金的投资公司税收优越地位的增强，投资公司往往从税收目标出发，将自身宣布为受控公司。大多数投资公司不断地将净投资收入和短期资本收益、全部或部分已实现的长期资本收益作为股息加以分配，这样可能使股息总额不断变动，年与年之间资本收益的变化也相当大，这主要取决于证券市场行情和证券的周转率。

七、管理费用和总费用率对基金选择的影响

基金的投资者应支付基金一定的管理费用，因此，机构投资者应注意不同基金的管理费用。管理费用和基金其他经营费用，与收入和资产管理应形成一种合理的对应关系。发达国家的经验表明，就开放式基金来说，费用（包括管理费用）占投资收入的10%～15%，占资产净值的0.5～2.0%之间。有些新设立的基金或专门性的基金，比例会更高些。随着基金规模的扩大，其费用不会同比例增加。较小规模的基金总费用率高的一个重要原因，就是总费用中总有一些基本的、必不可少的费用。总费用高固然会影响到投资者的投资利益，但理智的决策应该是选择费用率较高但成绩显著的基金，而不应该选择那些管

理节约但表现一般的基金。

八、选择基金时应如何看待销售费用

机构投资者在选择基金时,不应仅依据初始销售费用,或只着眼于附加费低甚至没有附加费的基金,这实际陷入了费用误区,经营状况应该更加重要。但在选择时,机构投资者必须慎重考虑初始销售费用,并以此作为选择基金和计算成本收益的参考因素。

九、基金可能提供的特殊服务

机构投资者在选择基金时,应明确基金是否提供特殊服务及其条件。这些特殊服务包括以下几种。

1)股息自动再投资(包括收入和资本收益的分配)。以资产价值投资,在新的受益凭证发行时无须销售费用。

2)自愿积累计划。据此每隔一定时间,机构进行一定数量的投资,通常与股息再投资一起进行。新的受益凭证最初购买的最小额度以及以后的正常购买额度都是预定的,这是一种清算账户协定,对投资时间和投资总额没有严格的规定,投资者可随时从该协定中退出,其具体操作过程类似银行的零存整取储蓄。

3)退股计划。机构在进行最小额度初始投资后,可能每隔一定时期都要向基金支付一定的金额,有时机构的资本可能不得不抽出以弥补这种支付,这主要取决于基金的投资收益、资产价值的增加或减少,以及抽出的额度。

4)转移权利。这可使机构从一只基金转移到同一管辖范围内的另一只基金。如机构根据其投资目标的改变,要求从一只成长型基金向收入型基金转移,转移时只需支付一小笔费用,无须支付销售费用。

5)贸易账户。贸易账户在积累和股息再投资账户中很有好处。基金由于投资可能不时增加现存份额,而份额尽管可以赎回,但一般情况下不能得到担保,投资者因此承担着一定的风险。交给投资者的定期报告会说明随着股息和再投资的增加,其持有的现存份额的变化情况。

十、机构投资者应如何初选基金

由于机构投资者投资数额一般都比较大,因此,投资前更应慎重挑选基金。机构掌握了各种类型基金的投资目标及一般特征,掌握了基金选择必须考虑的各方面因素,明确了自己的投资目标后,就可以着手挑选基金了。挑选的过程分两个步骤，第一步是初步挑选，第二步是复选。

初步挑选时应该注意下列问题。

（一）与基金有关的法规

如果基金的设立、运作、投资行为不符合法律的法规，投资人的资金和收益当然得不到保障。所以，在挑选基金之前，必须熟悉有关基金、证券投资方面的法律法规，并将所有基金的有关资料查阅一遍，以核实其是否合法，做到有备无患。

（二）基金的特征

如果基金的特征不适合机构的投资目标，则可排除挑选的可能。比如，如果机构投资者是希望得到经常性收入，那么挑选时就应排除那些成长型基金；如果机构是希望得到长期资本增长利得，则应排除收入型基金。再如，基金规模大小不同，投资的结果亦不同，可以说各有利弊，各有优缺点。规模小的基金，经营灵活，运作灵便，弹性大，"船小好掉头"，能迅速从一种投资方式转移到另一种投资方式，可能获得较高的收益；规模较小的基金一般各项费用较高，也容易受人操纵，有经营不稳的弊端，难以担负昂贵的分析研究费用，容易受基金持有人的影响。

假定某机构拥有基金一定比例的份额，一旦该机构想把持有的份额卖掉兑现，基金必然要卖掉投资组合中的部分股票或其他证券资产，才能取得资金付款，这样就有可能牺牲一部分赚钱的股票而影响基金的收益。特别是在市场波动较大时，因基金资本不雄厚，能购买的股票种类有限，投资风险较难分散，很容易发生亏损；而在市场看好时，也因其资本较小，规模效应受到影响，因此绩效比资本雄厚的基金为差。资本额较大的基金与之相反，资产规模过大，极易丧失其敏捷的反应能力，流动性差，会使基金经营不顺畅，在某些情况下会增加风险。一只大的基金，变动投资组合往往会影响到股市的走势，这是基金经理要极力避免的，这也就影响了基金的机动性和流动性。有关统计资料表明，资产规模过大，其经营绩效并非最佳。

（三）基金是否分散投资于不同的产业

投资基金最大的优点就是广泛地投资于不同的产业。分散投资，通过一定的投资组合来减少风险，使投资基金的收益更能接近市场的平均利润。投资于单一产业的特殊基金虽然可能获得较高的利润，但与此同时，较高的风险也紧紧相随。分散投资不仅指投资于不同的证券,同时也指投资于不同的产业,这样才可避免由于某一行业的变动而遭受高风险。当然,也有一种产业基金,将资产投资于同一个产业或有产业关联的企业中,这种集中地投资于单一产业,有时的确可以获得极高的利润,但是,某个产业的发展前景如何是非常不确定的,将全部资产投资于单一产业,风险也就无法分散。所以产业基金的表现往往是大起大落,波动非常大,不论对于个人投资者来说还是对于机构投资者来说,这种高风险的特殊基金是不合适的。

(四)基金是否有过高的隐蔽性费用

有些号称不收费基金却有后收的名目繁多的手续费、附加费,应该引起注意。因为机构投资数额比较大,各种费用的绝对额也比较大。虽然最后的选择要以基金的绩效为基础,但在基金绩效相同的情况下,应尽量选择销售费用低的基金。选择前应该仔细阅读公开说明书及有关资料,明确其收费情况,特别是一些隐蔽的收费。

十一、机构投资者如何对基金进行复选

通过初选,可以把明显不合适的基金淘汰掉,然后对剩下的基金进行更仔细的考察,选出适合自己投资的基金。复选基金时应主要考虑下列因素:基金过去的经营绩效;基金潜在的经营绩效;基金资产组合效率的高低;基金操作情况;基金可能存在的缺陷;其他因素。

十二、如何考察基金过去的经营绩效

考察基金的经营绩效,最重要的是其过去的绩效,虽然过去的绩效不能保证以后的成功,但一只较好的基金往往都经历了时间的考验,特别是经历过衰败时期的考验。要知道基金过去的表现,最简便的办法是找专门评估、排名基金表现的报纸、杂志来参考,比如说考察基金一段时间内净资产价值的变动。值得注意的是,这种考察应是全面的,既要看它在多头市场的表现,又要看它在空头市场的表现。

十三、如何考察基金潜在的经营绩效

考察完基金过去的经营绩效后,还必须考察其未来获利的可能性,也就是考察基金的潜在绩效,关键是把握住三个指标,它们分别是回收期、现金存底比例、净现金流入。

回收期是指投资者赚回本钱所需要的期限,通常以年计量,具体是通过投

资的本益比计算获得。回收期越短越好,这样资金流动得快,风险相对也会减少。投资者可根据基金管理公司公布的季报、年报,大概估算出回收期。根据投资专家的经验,回收期以低于8年为宜。

现金存底比例是指基金所保留的现金或容易变现的现金工具,如定期存单、政府公债等在基金总资产中所占的比例。现金存底比例过高,通常意味着基金管理部门对证券市场缺乏信心,即基金经理认为股价会下跌;反之,该比例低意味着管理部门相信市场行情看好。该比例是负数,则表示基金与银行有借贷关系。其具体衡量是通过基金的公开财务报表,把基金保留的现金或现金工具总额扣除银行贷款,再除以基金的总资产额即可。专家认为,除货币市场基金外,其他投资于股市的基金现金存底比例不宜太高,因为未来股市的不振可能影响基金潜在收益。专家建议,如该比例高于15%,最好不要考虑。

净现金流入指基金持份卖出与买入之间的差额。从基金的角度出发,如卖出的持份比买入的多,基金的资产就会增加,反之,就会出现净现金流出的现象。一般而言,基金的净现金流入比流出好,因为这可避免投资机构因净卖回而改变其基金的投资组合。同时,在股市看涨时,在有流入资金的情况下,可以不改变基金的投资组合,就可以把握投资机会,并且在股市盘整时,还可以趁机多买些额外的证券,以利提高投资绩效。具体判定基金资产是流出还是流入,只要比较基金的净资产值或持份价格的变动幅度就可以实现。如果净资产的变动幅度大于持份价格的变动幅度,就表示基金有现金流入。总之,回收期短、现金存底比例低、净现金是流入,则该基金潜在经营绩效很好。

十四、如何考察基金投资组合效率高低

投资组合效率是指基金是否有效分散投资于不同行业和不同公司的股票。投资分散风险会减少,反之,投资于单一行业基金风险较大,具体考察通过基金的季报或年报表中该栏中的相应数据即可。

十五、如何考察基金操作情况

对基金的操作主要应该考虑以下几个因素:投资表现的奖励、借贷情形、操作费及赎回费。

有些基金有奖励投资表现的制度,如果基金在一定时间的表现超过该时期的股市指数,基金经理就可以按规定从基金资产中获得特别的奖励报酬;反之,则要追回部分管理费用,通常有这种奖励制度的基金应该考虑。虽然基金多付

了些费用，但管理部门为基金谋求最大利益的动力和压力也增大了，基金获利的可能性也就大了。

借贷情形是指基金通过向银行借款以增加投资组合的总资产额。基金用贷款来投资有利也有弊，如果运用得好，可以获得更大的收益；反之，如果运用不好，基金资产也会遭受很大的损失。在挑选这类基金时，机构投资者应慎重衡量自己对风险的承受能力，并认真查询基金过去利用贷款投资的记录，然后再做最后决定。

操作费用是指基金操作过程中的各项开销，包括经理费、顾问费、保管费、法律费、注册登记费、印刷费、邮费、佣金费。最简单的考察办法是通过计算基金操作费用的比率，这个比率通常应在 0.5%～1.5%之间。当然，比率越低越好。注意有一种暂时收费的基金，只在规定的期限内投资者要求赎回时才收费，规定期后基金则不收赎回费，这种基金通常可以选择。

十六、基金可能存在的缺陷

机构投资者由于投资数额较个人投资者大许多倍，因此，应该尽力避免投资于有缺陷的基金。基金可能存在的缺陷有以下几方面。

1）投资于未上市股票。未上市股票不能在证券交易所出售和买卖，而是由发行股票的公司直接卖给投资者。这种股票通常在持有一定时期后经批准才能上市，因此持有这种股票的风险很大，投资于这类股票的基金，自然风险也会很大。当然，创业基金的情况除外。

2）投资于选择权交易。选择权交易是指在特定的时间内以特定价格买卖某种股票的权利，这种交易的交易对象是权利而不是股票本身。这种投资需要有准确的预见性，否则，要么可以获得丰厚的利润，要么血本丧尽，关键取决于专家的操作技巧。根据投资专家的建议，如果基金用选择权交易来减少风险，通常可以考虑接受，但若用来增加基金的投资组合而借贷，则应避免选择。

3）进行卖空操作。卖空是一种特殊的股票操作技巧，投资者在股市看跌时先融券卖出股票，等到股票价格真的下跌时再以低价买进，其买卖差价就是利润。这种操作的风险很大，若股市非但不跌，反而上涨，投资者就会赔本。有些基金允许基金经理做卖空交易，但根据专家的观察，很少有基金经理能做得好卖空，所以，最好不要挑选这类基金。

4）基金为新基金。基金上市不到一年的，通常算作新基金。由于这种基金无记录可查，其过去的经营绩效无从谈起，未来的表现更是一个未知数。对于新基金，最稳妥的做法是先观察一段时间。

5）基金处于诉讼中。如果基金或基金经理正处于某一诉讼中，则对于基金的形象、获利可能产生重大影响，投资者最好密切注意事情的原委以及对基金的影响，如果这一诉讼对基金不利，则应避免选择。

十七、复选基金所考虑的其他因素主要

目前，基金销售机构和财经门户网站都会提供基金业绩排行和基金评级，如果投资者相中的基金总是业绩落后或评级偏低，则最好对基金产品重新进行全面审查。

投资者还应考察基金的收益情况，根据各类基金以往的投资绩效，收益分配较高且每期都有稳定的利息和股利分配或为一定的增值配额的基金，投资者应优先考虑。另外，常为投资者所忽略的各类基金收益分配的日期也很重要，考虑到分配日期，可以确定最佳的时机把资金投入基金，以利于减少可能的税负。

十八、机构投资者如何评估基金的表现

机构投资于基金后，最关心的是自己的投资目标能否实现，基金的绩效如何，因此，很有必要对基金的表现进行评估。机构投资者评估基金的表现，一般用这几个指标：净资产价值、投资报酬率和基金回报率。为了全面评估基金的表现，投资者可将这三个指标结合起来考察。如果它们都很好，那么，该基金的表现就是相当好的了。

十九、根据基金回报率评估基金表现

基金回报并不单指基金收入、股息派发、基金增值等，而是指基金投资一段时间后，它所产生的盈余和亏损变化。净资产价值和投资报酬率考虑的仅是净资产的变化，而基金回报率还考虑了基金本金收入及亏损，所以其考察的面更广，有关计算方法如下：

基金总回报＝基金的投资本金＋基金增值或股息－亏损

其中，亏损包括实际投资损失和投资所付的各项费用，如认购费、赎回费等。

计算基金总回报，须将一段时间内发生的基金增值、股息、投资损失、投资付费等逐项记下。有一种简单的计算方法为：

$$基金回报率 = \frac{期终基金单位持有数量 \times 期终净资产值 - 期初基金单位持有数量 \times 期初净资产值}{期初基金单位持有数量 \times 期初净资产值}$$

期初、期终基金单位持有数量是投资者知道的，净资产值可在基金公司官网或销售机构、门户网站等渠道随时查阅，因此基金回报率很容易计算出来。

二十、投资报酬率与基金回报率的区别

基金回报率与投资报酬率计算方法的主要区别在于：投资报酬率并没有考虑基金持有量的变化，而仅是计算净资产价值期初和期终的变化幅度。比如，某投资者年初购入一个基金单位（为简便假设只有一个单位），当时净资产价值为40元，年终该基金的净资产价值已升至42元，该基金在净资产价值增至41元时派发股息，股息为每份1元，而资金盈利为5元。投资者将股息、盈利再投资，年终时该投资者拥有的基金单位数是1＋＝1.146份，按上述公式，该投资者当年的投资基金回报率为20.33%，而该投资的投资报酬率为：投资报酬率＝（42－40+1+5）/40×100%＝20%。所以，这两个指标是有差别的。

第三节 机构投资者的投资策略

一、机构投资者一般采用的投资策略

机构投资需要投资资金高效运转，一方面要保证资金不贬值，另一方面还要使资金增长率提高。为此，机构必须有投资策略，主要包括：平均成本投资法、固定比例投资法、适时进出投资法、更换操作投资法和分散投资策略等。

投资基金与投资股票一样，既要防止贪心无度，又要防止惊慌失措。只要投资者有正确的投资策略，就能很好地运用资金，获取最大的收益。

（一）用平均成本法投资于基金

这种方法是在做长期基金投资时最常见的一种策略。所谓平均成本，是指以平均价格认购基金单位。这种投资策略的做法是，每隔一段固定的时间，比如一个月、一个季度或半年，以固定数额的资金去购买某种基金单位。由于基金单位价格是经常变动的，因而每次以相同金额购买的基金份额数量是不一样的。当价格较低时，可以买到较多的基金份额；当价格较高时，只能买到较少的基金份额。因此，如何选择适当的时机投资于基金，避免以较高的价格投资于基金的风险就成为一种投资策略。当投资者采用平均成本投资法时，实际上就把基金单位价格的波动对购买基金份额多少的影响抵消掉，在一定时期分散了投资资金以较高价格认购的风险，长期下来，就降低了购买每个基金单位的成本。

有经验的投资者都有体会，以同样的资金认购基金单位，采用平均成本法所能买到的基金份额往往比一次性投资所能购买的基金份额多。有些投资者总是习惯于一次性把所有资金投资于某一基金，如果正好遇上价格下跌，则焦虑不已。等到基金恢复到原来的价位，就立即脱手解套，结果白白浪费了几个月的时间。如果使用平均成本投资法，一部分资金虽被套牢，但在低价位时可以以相同的资金买入更多的基金份额，等价格反弹至当初的价位时，投资者已经赚取了一些差价了。

当然，并不是所有的投资者都能采用平均成本投资法。采用这种策略，一般需要两个条件：一是投资者必须做长期投资的准备，持之以恒，连续不断地进行投资，如果时间较短，这种策略的优势就发挥不出来；二是投资者必须有相当数额的稳定资金来源，可以经常而且固定地投资，资金来源不稳定不适宜这种策略。机构投资者比个人投资者更具备这两个条件，因此，机构投资经常采用平均成本投资法。

平均成本投资法不仅可以用于投资某一基金，由于该方法的实质是把基金单位价格的变动对购买基金份数多少的影响抵消掉，因此，采用这种原理，可以来重组投资组合，或把资金从某个投资转移到另一个投资。例如，某机构准备将其投资于成长型基金内的 10 万元转投于收入型基金，比较理想的方法是分次转投，大约每季取出 2 万元至 3 万元投入收入型基金。这样，不论股市如何变化，该机构可以把可能的损失减少到最低。如果不是这样，假设该基金一次抽出 10 万元投资于收入型基金，只有当时机非常好，且收入型基金价格处于最低时，该机构才合算。但这种时机是非常难得的，因此，一次性转移的风险很大。

（二）用固定比例法投资于基金

这种方法又称为公式投资法，其特点是把投资资金按固定的比例投资于股票基金、债券基金和货币市场基金等不同种类基金。当由于某类基金净资产变动而使投资比例发生变化时，就迅速卖出或买进这类基金的持份，从而保证投资比例能维持原有的固定比例。例如，某机构决定把 50% 的资金投资于股票基金，把35%的资金投资于债券基金，把15%的资金投资于货币市场基金。当股票市场价格上涨时，股票基金就会增值，假如这部分增值使股票基金投资比例上升了20%，这时就卖掉部分股票基金，使股票基金投资比例仍维持50%，或者再相应买进债券基金和货币基金，使其投资也各上升20%，从而保持原有的投资比例。如果股价下跌，股票基金贬值，就卖掉部分债券基金和货币基金，或购进适当的股票基金，以恢复原有的投资比例。

当然，这种投资策略并不是经常性地一有变化就调整，有经验的投资者大致遵循这样的公式：股票基金上涨20%时就卖掉一部分，而其跌25%时就增加投资。或者投资者每隔一段时间，如三个月或半年就调整一次投资组合比例。

固定比例投资法的优点是能使投资经常保持低成本状态，当某类基金价格上涨得比较高时，就补进价格低的其他基金品种；当这种基金的价格跌得较低时，就补进这类低成本的基金。同时，采取这种投资法，还能使投资者保持已经赚得的利益，不至于因过度奢望价格进一步上涨而使已到手的收益成为泡影。另外，这种投资策略保持各类基金按一定比例分配投资金额，能有效抵御投资风险，不至于因某类基金表现不佳而使投资额大幅度亏损。

固定比例投资法不适于股价持续上涨或长时期下跌的情况，因为如果股价持续上升，投资者在股价上升到一定阶段时，就会出售股票而购买债券，从而失去了股价继续上升时投资者可以获得的利润；相反，如果股价持续下跌，则投资者不断出售债券而买进股票，就要遭受股票继续下跌而带来的损失。

（三）用适时进出法投资于基金

这种方法是指投资时完全以市场行情为进出依据，当预测市场行情要涨时，就增加投资额，当认为市场行情要下跌时，就减少投资额。采用这种策略的投资者，其进退程度因人而异。有些人看好市场时，就把资金全数投进去，看坏时就全部撤出。有些人则在看好时，把95%的资金投入，看坏时仍在市场上留有一定比例的投资。主观上，每个投资者都希望能成为适时投资者，但问题是如何才能看准市场行情。根据投资专家的经验，要靠适时进出获利，必须要有70%至80%的情况下判断正确，否则交易手续费和纳税会抵消掉投资的利益。

适时投资通常也被称为做短或抢短线，这在基金投资中相当盛行，由于基金买卖是以净资产值计算，所以投资者更容易做短。依照信托契约的规定，开放型基金的买卖价以前一日的基金净资产为准，因此，只要股市大涨，当日购买的基金持份差不多已赚到价差，连涨数日后即可抛售获利。不过，投资者若以短线操作基金，碰到涨一日跌数日的行情，则极有可能亏损。

（四）用更换操作法投资于基金

这种方法也称为换股操作，其基本假定是：每种股票、债券，每种基金都在随市场状况的变化而上下波动。投资于基金应追随强势基金，必要时应割舍业绩不佳的基金而换为绩效最佳的基金。通常这种换资法在多头市场比较适用，在空头市场里就不一定行得通，因为这时差不多每种基金的业绩都不佳而无强势基金可追。

如何更换基金呢？通常许多基金管理公司或投资指南会提供这方面的咨询，并且会告诉投资者何时该换何种基金，何时该买或卖哪类基金。更换操作法的缺点是增加费用，因为每次更换不仅有手续费，而且会牵涉到资本利得税。

（五）用分散投资法投资于基金

基金最大的特点之一就是分散投资风险，但基金本身也有风险，而且不同类型的基金，其风险大小是不同的。如股票基金风险较大，而债券基金、货币市场基金就次之，基金中基金风险最小。机构投资者与个人投资者相比，一个最大的优势就是资金力量雄厚，因而有能力也有可能进行分散投资。当股价下跌时，债券基金可能表现不错，而当市场利率变动影响债券基金和货币市场基金的收益时，股票基金可能表现很好。这样，基金表现不好的损失就可以用表现好的基金的收益来抵消。

二、机构投资者可采用的投资技巧

机构投资者掌握了一定的投资策略后，要想在投资于基金的过程中获得满意的结果，还必须掌握一些投资技巧。机构投资者一般采用下列投资技巧。

1）根据利率变化调整投资组合；

2）将利息滚入本金自动再投资；

3）保持资金的购买力；

4）分次投资与一次投资的选择等。

（一）根据利率变化调整投资组合

利率是金融市场中的一个最重要的参数，利率的变化对资金的供给和需求有非常大的作用。其变化对于基金投资当然也有重要影响，机构投资者应根据利率的变化调整投资组合。

这种投资技巧的发明者是美国著名投资专家威廉·唐纳修（Willam Donoghne）。根据唐纳修的研究，在过去的30年中，美国的成长型共同基金平均每年的投资报酬率约为10%，但因成长型基金风险较大，故投资报酬率有时大大高于10%，有时也远远低于10%。若是有报酬高于10%、安全性又较高的基金，如货币市场基金，投资者就没有必要投资于成长型基金。那么如果判断该转移投资了呢？这就得先研究利率与市场、成长型基金、货币市场基金之间的关系。

一般来说，利率升高，股市就会看跌，因为利率上升是收紧资金的措施。成长型基金是主要投资于股市的，因此，这时它的投资报酬率势必受到影响。但是对于货币市场基金则不然，利率升高时，利息收入也跟着升高；反之，若利率降低，成长型基金就因股价上涨而表现优良，而货币市场基金则表现较差。所以，投资于基金必须注意利率涨跌。

（二）将利息滚入本金自动再投资

投资于基金，收益主要有四种：利息、股利、资本利得和资本增值。前三种是由基金管理公司分配给投资者的，资本增值则是由投资者出售其基金份额而获得的。各国、各地区收益分配方式不一样，有些国家和地区将利息、现金股利、股票股利分配给投资者，有些国家和地区则配息、配利很有弹性，投资者可选择把利息、股利、资本利得滚入本金，不领出来，而是换取额外的份额，从而让资产不断地成长。

（三）保持资金的购买力

投资者必须考察基金过去的表现和未来的潜在增长，推算出其平均增长率，再根据通货膨胀情况，估计未来的年通货膨胀率，然后选出增长率高于通货膨胀率的基金进行投资。这样，除去通货膨胀的副作用后，投资者的资金仍然是增长的。

（四）选择一次投资还是分次投资

一次投入一笔较大的资金，然后以利息滚入本金再投资的办法获利最高。机构投资者一般投资数额大，所以在利息可以自动再投资的情况下，机构投资者应该选择一次投入大数额资金，然后以利滚利进行投资，即选择红利再投资的方式；另外，在上面的投资结果中没有考虑纳税因素，而在许多国家和地区，投资收益是要纳税的；最后，在实际的长期投资中，投资者不一定会始终把资金投入一固定基金，有时候需要把资金从一只基金转至另一只基金，如利率高时，要把资金从股票基金转至货币市场基金，因为货币市场基金可享受高利率的好处。

三、退出时机或转换基金

机构投资于基金后，由于各种情况的变化，一般总是会在一定时间退出或转换基金，那么在什么情况下机构应考虑退出或转换基金呢？

（一）机构自身发生变化时退出

1）机构投资目标改变。机构投资于基金时，一方面基金本身有投资目标，另一方面机构也有投资目标，而同一只基金往往不能同时满足不同的目标。因此，当投资者的投资目标改变时，就要考虑退出原来的基金而转移到另一只基金中。

2）机构财务状况发生变化。这种变化包括两个方面：财务状况恶化或可用于投资的资金增加，此时就需要转换基金，从高风险基金转入固定收入基金，或者干脆退出基金；或从收入型基金转到成长型基金，甚至扩大基金投资范围和种类。

（二）基金性质或表现变化时退出

1）基金表现不佳。任何一项投资都是追求最佳收益的，当投资工具不能达到这一要求时，自然要被淘汰。基金也是一样，当它表现不佳，不能为投资者带来预期的收益时，投资者自然会考虑退出该基金，寻求表现更好的基金。

2）基金本身性质发生变化。基金的性质是指基金的投资目标、资产配置、基金经理机构、保管机构的构成、基金收费情况等，这些内容在创设基金时就基本确定了。基金的性质一般不会经常变动，例如成长型基金一般总是追求资本成长。但在一些特殊情况下，基金性质的某一方面也会发生变化，此时，投资者就要考虑转换基金。

第五部分 基金管理公司的公司管理

第二十七章 基金管理公司的管理结构

第一节 基金管理公司管理结构的基本要求

公司管理结构是在协调公司管理层、董事会、股东之间相互关系基础上规范公司运营的管理体制。从本质上看，公司管理结构是一种解决因所有权和经营权分离而产生的代理问题的体系，是一种处理不同利益关系的有效制衡，是公司行为规范的集中概括。

基金管理公司的管理结构涉及自律行为、基金管理公司与其他契约人的关系、基金管理公司的约束与激励机制等一系列关系、原则与机制。

基金管理公司的管理结构应当符合下列要求。

1）基金管理公司股权结构安排应坚持以基金持有人利益最大化和最高公司效益为原则。

2）公司董事会能够对公司进行战略性指导，对公司运作进行有效监督。董事会通过董事会下设的非常设专门委员会，对公司经营决策的重大问题进行讨论、建议和决策，充实董事会的功能和职责，切实发挥公司经营决策的主导作用。

公司股东、董事、监事、经理和其他高级管理人员的权利、义务和禁止行为必须明确、具体。典型的基金管理公司的管理结构如图27-1所示。

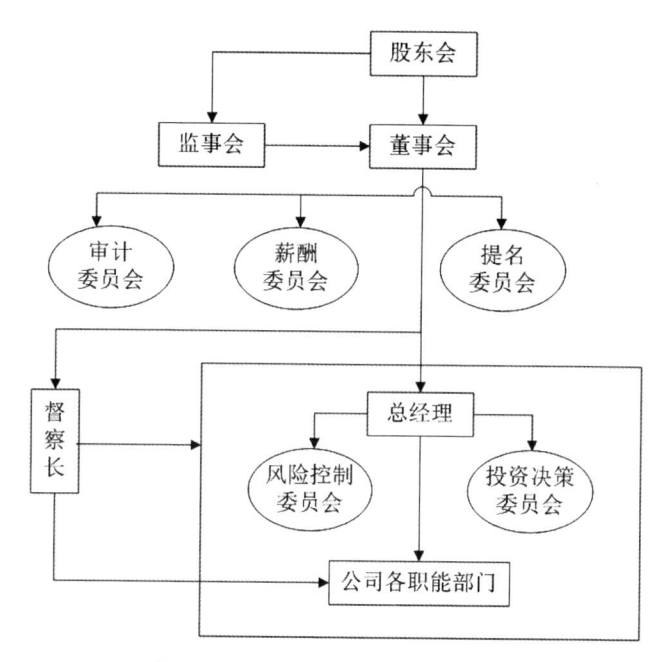

图 27-1 基金管理公司管理结构图

一、实行独立董事制度，保证独立董事充分发挥作用

独立董事是指不在公司任职并且与公司及其高级管理人员没有经济关系的董事。按现行规定，我国基金管理公司必须设有不少于 3 人且不少于董事会成员人数 1/3 的独立董事。独立董事不仅执行法律赋予董事的一般职责，还要承担保护基金投资者权益的特殊监督责任。因此，基金管理公司在董事会中引进一定比例的独立董事，在制度上制衡大股东的力量，限制了基金管理公司与股东之间不公平的关联交易，能够监督公司经营层严格履行合同承诺，强化内部控制机制，切实保护基金投资者的合法权益。

二、建立完善的内部监督和控制机制

基金公司设合规负责人，直接对董事会负责。合规负责人组织拟定合规管理的基本制度，督导下属各单位实施。

第二节 我国对基金管理公司管理结构的主要规定

目前，我国的基金管理公司全是有限责任公司，必须满足《中华人民共和国公司法》中所有对有限责任公司管理结构的规定，例如股东会、董事会、监事会和经理各自的职责及其相互关系等。此外，对基金管理公司管理结构做出具体规定的法律法规还包括《证券投资基金法》《证券投资基金管理公司管理办法》等，其中相关部分的主要内容介绍如下。

一、总体要求

基金管理公司应当按照《公司法》等法律、行政法规和中国证监会的规定，建立组织机构健全、职责划分清晰、制衡监督有效、激励约束合理的治理结构，保持公司规范运作，维护基金份额持有人的利益。

二、股东会、董事会、监事会和经营层的制衡关系

基金管理公司的股东应当履行法定义务，不得虚假出资、抽逃或者变相抽逃出资。基金管理公司主要股东在公司不能正常经营时，应当召集其他股东及有关当事人，按照有利于保护基金份额持有人利益的原则妥善处理有关事宜。基金管理公司应当明确股东会的职权范围和议事规则。

基金管理公司应当建立和股东之间的业务隔离制度；股东应当通过股东会依法行使权力，不得越过股东会、董事会直接干预基金管理公司的经营管理或者基金财产的投资运作，不得在证券承销、证券投资等业务活动中要求基金管理公司为其提供配合，损害基金份额持有人和其他当事人的合法权益。

基金管理公司应当明确董事会的职权范围和议事规则。董事会应当按照法律、行政法规和公司章程的规定，制定公司基本制度，决策有关重大事项，监督、奖惩经营管理人员。董事会和董事长不得越权干预经营管理人员的具体经营活动。

基金管理公司应当加强监事会或者执行监事会对公司财务、董事会履行职责的监督作用，维护股东合法权益。

基金管理公司的总经理负责公司的经营管理。基金管理公司的高级管理人员及其他工作人员应当勤勉地履行职责，不得为股东、本人或者他人谋取不正当利益。

三、独立董事制度

基金管理公司应当建立健全独立董事制度。独立董事人数不得少于3人，且不得少于董事会人数的1/3。

董事会审议下列事项，应当经过2/3以上的独立董事通过。

1）公司及基金投资运作中的重大关联交易，公司和基金审计事务；

2）聘请或者更换会计师事务所；

3）公司管理的基金半年度报告和年度报告；

4）法律、行政法规和公司章程规定的其他事项。

四、监察稽核制度

基金管理公司应当建立健全合规负责人制度。合规负责人由董事会聘任，对董事会负责，对公司经营运作的合法、合规性进行监察和稽核。合规负责人发现公司存在重大风险或者有违法违规行为的，应当告知总经理和其他有关高级管理人员，并向董事会、中国证监会和公司所在地中国证监会派出机构报告。

第三节 基金管理公司的内部控制

一、内部控制的概念

公司内部控制是指公司为防范和化解风险，保证经营运作符合公司的发展规划，在充分考虑内外部环境的基础上，通过建立组织机制、运用管理方法、实施操作程序与控制措施而形成的系统。公司内部控制制度由内部控制大纲、基本管理制度、部门业务规章等部分组成。

公司内部控制大纲是对公司章程规定的内控原则的细化和展开，是各项基本管理制度的纲要和总揽，内部控制大纲应当明确内控目标、内控原则、控制环境、内控措施等内容。基本管理制度应当至少包括风险控制制度、投资管理制度、基金会计制度、信息披露制度、监察稽核制度、信息技术管理制度、公司财务制度、资料档案管理制度、业绩评估考核制度和紧急应变制度。部门业务规章是在基本管理制度的基础上，对各部门的主要职责、岗位设置、岗位责任、操作守则等的具体说明。

公司董事会对公司建立内部控制系统和维持其有效性承担最终责任，公司经营层对内部控制制度的有效执行承担责任。

二、内部控制的目标和原则

（一）公司内部控制的总体目标

1）保证公司经营运作严格遵守国家有关法律法规和行业监管规则，自觉形成守法经营、规范运作的经营思想和经营理念。

2）防范和化解经营风险，提高经营管理效益，确保经营业务的稳健运行和受托资产的安全完整，实现公司的持续、稳定、健康发展。

3）确保基金、公司财务和其他信息真实、准确、完整、及时。

（二）公司内部控制应当遵循的原则

1）健全性原则。内部控制应当包括公司的各项业务、各个部门或机构各级人员，并涵盖到决策、执行、监督、反馈等各个环节。

2）有效性原则。通过科学的内控手段和方法，建立合理的内控程序，维护内控制度的有效执行。

3）独立性原则。公司各机构、部门和岗位职责应当保持相对独立，公司基金资产、自有资产、其他资产的运作应当分离。

4）相互制约原则。公司内部部门和岗位的设置应当权责分明、相互制衡。

5）成本效益原则。公司运用科学化的经营管理方法降低运作成本，提高经济效益，以合理的控制成本达到最佳的内部控制效果。

（三）内部控制的基本要求

基金管理公司必须按照核定的业务范围和基金资产运作的业务特征建立架构清晰、控制有效的内部控制机构，制定全面系统、切实可行的内部控制制度，设立顺序递进、权责统一、严密有效的内控防线。

1）部门设置要体现权责明确、相互制约的原则。

2）严格授权控制，严格授权要贯穿公司经营活动的始终。

3）强化内部监察稽核控制。

4）建立完善的岗位制度和科学、严格的岗位分离制度。

5）严格控制基金资产的财务风险。

6）建立完善的信息披露制度。

7）严格制定信息技术系统的管理制度。

8）建立科学严密的风险管理系统。

第二十八章 基金管理公司的组织结构

有效的组织架构是实现有效管理的基础。由于基金管理公司是基于信托关系形成的，通常可以管理运作几十倍于自身注册资本的基金资产，所以其组织结构有其自身的特点。公司组织结构的确定必然要参照其管理结构，基金管理公司在管理结构上要使股东会、董事会、监事会和经营层之间的职责明确，既相互协助，又相互制衡，各自能够按照有关法规、公司章程和基金合同的规定分别行使职权。图28-1是基金管理公司典型的组织架构。

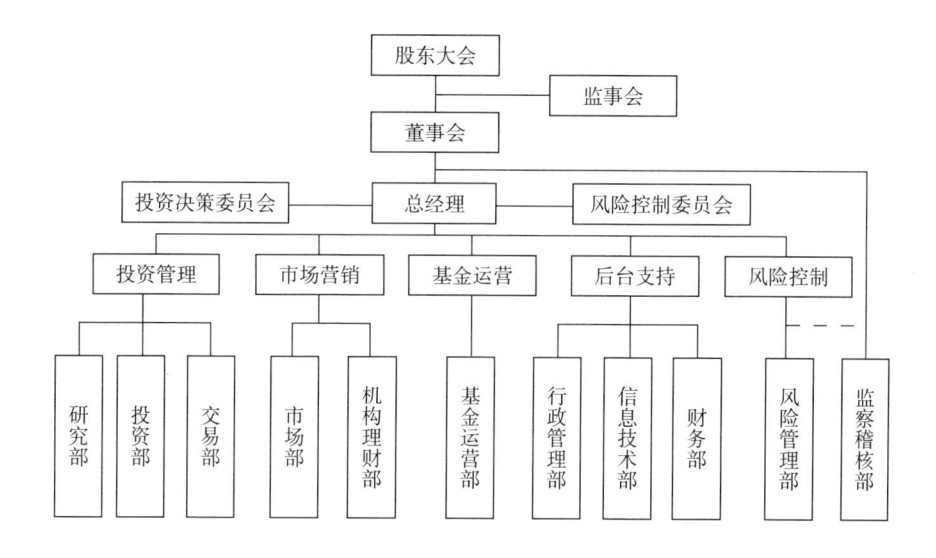

图28-1 基金管理公司组织架构图

基金管理公司一般设有股东大会、董事会、监事会等组织机构，下属设有研究部、投资部、市场部、稽核部等部门和投资决策委员会、风险控制委员会两个专业委员会。其中，投资决策委员会拥有对总体投资事务的决策权。风险控制委员会的主要工作是制定和监督执行风险控制政策。

目前，在我国，图28-1中所示的职能部门，一般都由基金管理公司内部组织并行使其职权，而在发达国家市场的基金管理公司营运中，相当多的业务职能可以外包给专业化的机构承担。例如，某些交易职能、某些后台职能、研究职能、后勤支持职能等，都可以由相应的专业公司承担，基金管理公司主要专注于直接与投资组合管理相关的决策。

就我国目前的情况看，基金管理公司以有限责任公司的形式出现，其组织结构受《民法典》《公司法》等有关法律规范的调节。本章将分六个部分对基金管理公司的组织结构进行具体的介绍。

第一节 专业委员会

一、投资决策委员会

根据基金发展比较成熟国家的经验，基金管理公司要想实现基金运作的科学性和稳健性，就必须建立一个理性、有效的投资决策机构，这个决策机构称为投资决策委员会。投资决策委员会是公司非常设议事机构，是公司最高投资决策机构，一般由公司总经理、主管投资的副总经理、投资总监、研究总监、交易总监等人员组成。总经理为投资决策委员会主任，督察员列席会议。基金投资管理中的重要投资决策，都要通过委员会的讨论，基金经理们的工作也受其指导。

投资决策委员会的功能是为基金投资拟订投资原则、投资方向、投资策略以及投资组合的整体目标和计划。投资决策委员会以定期或不定期会议的形式讨论和决定公司投资的重大问题。

投资决策委员会的主要职责包括：审批投资管理相关制度，包括投资管理、交易、研究、决策评估等方面的管理制度；确定基金投资的原则、策略、选股原则等；确定基金资产配置比例或比例范围，包括资产类别比例和行业或板块投资比例；确定各基金经理可以自主决定投资的权限，以及投资总监和投资决策委员会审批投资的权限。根据权限，审批各基金经理提出的投资额超过自主投资额度的投资项目。

二、风险控制委员会

为了提高基金投资的质量，防范和降低投资的管理风险，切实保障基金投资者的利益，国内外的基金管理公司和基金组织，都建立了一套完整的风险控制机制和风险管理制度，并在基金契约和招募说明书中予以明确规定，同时设置风险控制委员会。在基金管理公司内部主管投资业务的一般是投资决策委员会，而风险控制委员会则为投资决策委员会提供关于投资风险控制方面独立而客观的意见或建议。

根据《基金管理公司风险管理指引（试行）》，董事会应对有效的风险管理承担最终责任，可以授权董事会下设的风险管理委员会或其他专门委员会履行相应风险管理和监督职责。风险控制委员会一般由副总经理、监察稽核部经理及其他相关人员组成。

证券市场由于受到政治、经济因素、投资心理及交易制度等各种因素的影响，导致基金投资面临较大的风险。为降低投资风险，风险控制委员会通过监控投资决策、实施和执行的整个过程，并根据市场价格水平制定公司的风险控制政策，提出风险控制建议。风险控制委员会的工作对于基金财产的安全提供了较好的保障。

风险控制委员会的主要工作职责是：指导、协调和监督各职能部门和各业务单元开展风险管理工作；制订相关风险控制政策，审批风险管理重要流程和风险敞口管理体系，并与公司整体业务发展战略和风险承受能力相一致；识别公司各项业务所涉及的各类重大风险，对重大事件、重大决策和重要业务流程的风险进行评估，制定重大风险的解决方案；识别和评估新产品、新业务的新增风险，并制定控制措施；重点关注内控机制薄弱环节和那些可能给公司带来重大损失的事件，提出控制措施和解决方案；根据公司风险管理总体策略和各职能部门与业务单元职责分工，组织实施风险应对方案。。

第二节 投资管理部门

一、投资部

投资部是基金管理公司的核心部门，直接负责基金产品的投资运作和管理。投资部将公司发行基金份额所募集的资金通过组合投资方式对外投资，实现基金资产的保值增值。

投资部负责根据投资决策委员会制定的投资原则和计划进行股票选择和组合管理，向交易部下达投资指令。同时，投资部还担负投资计划反馈的职能，及时向投资决策委员会提供市场动态信息。

投资部的主要工作有：准确高效地执行投资决策委员会制定的投资策略及投资组合，向交易部下达投资指令；市场情况的收集与整理，并定期或不定期地提供市场走势及投资组合的风险研判报告；向投资决策委员会提供投后情况反馈；其他重要事项。

二、研究部

研究部是基金管理公司的一个重要部门，是投资运作的支撑部门，主要从事宏观经济分析、行业发展状况分析和上市公司投资价值分析等。

研究部的主要职责有：通过对宏观经济、行业状况、市场行情和上市公司价值变化的详细分析和研究，向基金投资决策部门提供研究报告及投资计划建议，为投资提供决策依据；在自行调查研究分析的基础上，也广泛参考和借用公司外部如证券公司等研究机构提供的研究报告及研究成果，作为投资决策的辅助。

三、交易部

交易部是基金投资运作体系的具体执行部门，负责组织、制定和执行交易计划。

交易部的主要职能有：执行投资部的交易指令；记录并保存每日投资交易情况；保持与各证券交易商的联系并控制相应的交易额度；负责基金交易席位的安排；交易管理等。

第三节 风险管理部门

一、监察稽核部

监察稽核部是一个正式的常设性职能部门，负责对基金管理公司进行独立监控，定期向董事会提交分析报告，直接对董事会负责。监察稽核部可以随时调查各个部门资金融通的数量、期限、投资对象、投资组合等情况，并进行风险分析。

监察稽核部的主要工作包括：基金管理稽核；财务管理稽核；业务稽核，包括：研究、资产管理、综合业务等；定期或不定期执行、协调公司对外信息披露工作。

监察稽核部在规范基金管理公司运作、保护基金持有人的合法权益、完善公司内部控制制度、差错防弊、堵塞漏洞方面起到相当重要的作用。

二、风险管理部

风险管理部负责对基金管理公司运营过程中产生的风险进行有效管理，主要工作有：对基金投资、研究、交易、基金业务管理、基金营销、基金会计、IT 系统、人力资源、财务管理等各业务部门及运作流程中的各项环节进行风险监控；提供有关风险评估、测算、日常风险点检查、风险控制措施等方面的报告及针对性的建议。

第四节 市场营销部门

一、市场部

证券投资基金市场竞争日趋激烈，为保持竞争优势，许多基金管理公司都设立了独立的市场部，负责进行基金业务的拓展工作。特别是对开放式基金来讲，由于需要不断面临投资者的申购和赎回要求，因此基金公司设立专门的市场部进行基金的销售工作，并负责对客户提出的赎回要求提供服务。

市场部负责基金产品的设计、募集和客户服务及持续营销等工作，主要职能有：负责基金营销工作，包括策划、推广、组织、实施等；对客户提出的申购、赎回要求提供服务；负责公司的形象设计以及公共关系的建立、往来与联系等。

二、机构理财部

机构理财部是基金管理公司为适应业务向受托资产管理方向发展的需要而设立的独立部门，它专门服务于提供该类型资金的机构。

基金管理公司设立机构理财部，是相关法律法规的要求，即为了更好地处理好共同基金与受托资产管理业务间的利益冲突问题。这两块业务必须在组织上、业务上进行适当隔离。

第五节 基金运营部门

基金运营部门负责基金的注册与过户登记和基金会计与结算，其工作职责包括基金清算和基金会计两部分。

基金会计工作包括：记录基金资产运作过程，并于当日完成所发生的基金投资业务的账务核算工作；核算当日基金资产净值；完成与托管银行的账务核对，复核基金净值计算结果；按日计提基金管理费和托管费；填写基金资产运作过程中产生的投资交易资金划转指令，并传送至托管机构；根据基金份额清算结果，填写基金赎回资金划转指令，并将其传送至托管机构；完成资金划转指令产生的基金资产资金清算凭证与托管机构每日资金流量表间的核对；建立基金资产会计档案，定期装订并编号归档管理相关凭证账册。

第六节 后台支持部门

一、行政管理部

行政管理部是基金公司的后勤部门，为基金公司的日常运作提供文件管理、文字秘书、劳动保障、员工聘用、人力资源培训等行政事务的后台支持。

二、信息技术部

信息技术部负责基金公司业务和管理发展所需要的电脑软、硬件的支持，确保各信息技术系统软件业务功能运转正确。

三、财务部

财务部是负责处理基金公司自身财务事务的部门，包括有关费用支付、管理费收缴、公司员工的薪酬发放、公司年度财务预算和决算等。

第二十九章 基金管理公司团队

证券投资基金是指通过发售基金份额，将众多投资者的资金集中起来形成独立财产，由基金托管人托管，基金管理人管理，以投资组合的方法进行证券投资的一种利益共享、风险共担的集合投资方式。基金集合投资的特点有利于发挥资金的规模优势，降低投资成本。基金管理公司都拥有大量的专业研究人员、专业投资人员、专业交易人员，他们不但掌握了广博的投资分析和组合管理理论知识，而且在投资领域积累了丰富的实战经验。因此可以说，基金投资依靠的是团队的力量。

目前，也有一部分人在强调明星经理的个人魅力，但是试图将基金经理对基金业绩的贡献单独剥离出来并不容易。基金经理能够影响基金业绩的程度，受其决定投资组合的权限所制约，而各家基金管理公司给予基金经理的权限可能不同，也可能随着基金经理的资历和所管理的基金种类而有所不同。因此，基金经理的贡献固然重要，但是基金管理公司作为平台也起着举足轻重的作用。

一个好的基金公司管理结构，首先要求股权结构非常稳定，股东间要非常默契地配合，这样才会有好的基金管理层。其次，一个好的基金管理公司必然要有优秀、稳定的人才组合，团队的力量总是大于个人的力量。目前基金管理公司的团队以管理团队、投资研究团队和市场营销团队为主要力量。通过其成员的群策群力，遵循"专业、专心、专注"的职业精神，实现客户财富的持续稳健增值。

第一节 基金公司管理团队

一、董事长

现代公司的主要特征就是所有权和经营权分离，由股东大会选举产生董事会，并由董事会代表股东行使公司权利，其中包括为公司选择有经营能力的高层经理和对经理的行为进行监督。一方面，基金公司委托以董事长为核心的董事会管理与经营公司财产，董事会由此取得对公司事务的经营决策和业务执行权。另一方面，董事会与高层经理之间被认为是一种委托代理关系，即董事会以经营管理知识、经验和创造力为标准选择和任命高层经理。通过股东大会、董事会和经理人员之间权利分配与制衡的关系，来实现股东对公司的最终控制。

除了作为公司的法定代表人，董事长的职能主要就是平衡经营管理层和董事会之间的关系，保持一个正常的沟通交流关系；密切关注经理班子的执行状况和经营的活力与动力；吸引董事会成员从股东、自身乃至企业利益出发，为公司的未来发展积极思考，通过董事会的研究预测企业未来的发展方向。

二、总经理

《公司法》规定，包括总经理在内的经理班子都是董事会聘任的，经理班子必须严格执行董事会的决策，服从董事会的指挥，对董事会负责。总经理负责公司的日常经营，执行董事会的决议，并有权任命其他职能部门的经理。

三、合规负责人

根据证监会颁布的《证券公司和证券投资基金管理公司合规管理办法》规定，证券基金经营机构董事会决定本公司的合规管理目标，对合规管理的有效性承担责任，并决定聘任、解聘、考核合规负责人及其他各项合规管理职责。合规负责人是高级管理人员，直接向董事会负责，对本公司及其工作人员的经营管理和执业行为的合规性进行审查、监督和检查。合规负责人不得兼任与合规管理职责相冲突的职务，不得负责管理与合规管理职责相冲突的部门。

基金业"受人之托，代人理财"的特殊性质决定了基金公司"取信于市场，取信于社会"这一诚信的社会责任，塑造并维护诚信的关键是做好风险控制。基于此，基金公司合规管理在完善公司治理，有效控制风险，保障基金持有人、公司及股东权益等方面都起着十分重要的作用。

第二节 基金公司投资研究团队

一、投资总监

基金的投资决策一般由投资决策委员会制定，并实行投资管理委员会领导下的投资总监和基金经理分级授权负责制。投资管理委员会负责制定基金的投资目标、投资原则、投资限制政策等；投资总监是公司投资业务的直接负责人，对总经理和投资管理委员会负责，并在投资管理委员会授权内对基金经理再授权；基金经理可在授权范围内进行投资决策。

二、基金经理

基金经理在投资总监的授权范围内进行投资决策，通俗地说，其职责就是在市场和法律允许的范围内，为投资人赚更多的钱。基金经理的投资过程，往往是资本的再分配过程，他们对股票和债券等证券的买与卖，实际上是在行使他们对资金分配和调度的权利。

三、基金经理助理

基金经理助理一般由研究员担任，主要工作内容包括协助基金经理制定基金投资策略，协助基金经理对重点投资标的进行实地调研和动态跟踪，在协助基金经理完成研究工作的同时，在基金经理授权范围内进行少量投资。可以说，基金经理助理算是基金经理的"后备军"，在积累了足够的研究和实践经验后，可以独当一面。

四、数量分析师

数量分析师的主要职责包括：开发数量模型，协助进行投资策略研究和资产负债匹配研究。优化投资组合，建立风险预算系统；建立风险量化系统，针对不同种类的风险，建立相应的测量评估模型，为基金公司提供量化风险管理的基础。数量分析师一般需要具有金融和数量分析综合背景，并具备仿真建模方面的知识和较强的分析能力，能够运用统计和数学知识解决实际问题。

五、行业研究员

基金公司的行业研究员需要对所属行业进行多方面信息的搜集、调研、整理及分析，并做好行业景气及发展潜力的前瞻性研究，为业务部门提供前瞻性行业投资建议；撰写关于各行业及市场的分析报告，并进行投资机会分析，推荐有发展前景的上市公司。

第三节 基金公司市场营销团队

基金的销售问题，对于基金公司来说始终是关键问题，没有基金规模，就没有基金效益。明星基金经理在市场非常具有感召力，他们在不违反合规要求的条件下，作秀的目的就是为了吸引更多的投资者。

基金公司营销团队一般以传播理财新观念为出发点，为客户提供理财解决方案，将基金投资的理财新观念传递给客户。市场营销团队的成员一般要自信，具有亲和力，并有较强的组织、沟通、协调能力；了解客户需求，并组织产品知识、工作流程、销售政策等方面的培训。

如何拓展基金的销售渠道，一直以来是基金业界较为热门的研究课题。营销团队应当维护并发展代销公司基金产品的各类渠道，设计、实施促使其提高代销量的营销方案。随着移动互联网的快速发展，基金销售业态也产生了巨变，因此也要求销售团队的营销能力与时俱进。

拥有一只优秀的市场营销团队，对基金公司的发展是非常重要的一个方面。

参考文献

[1]（美）弗兰克·K.赖利，基思·C.布朗.投资分析与组合管理[M].陈跃，彭作刚，王宏静，译.北京：中信出版社，2004.

[2]（美）查尔斯·吉布森.财务报表分析：利用财务会计信息[M].刘筱青，等，译.北京：中国财政经济出版社，1996.

[3]（美）菲利普·乔瑞.风险价值——金融风险管理新标准[M].郑伏虎，万峰，杨瑞琪，译.北京：中信出版社，2000.

[4]（美）弗兰克·J.法博齐，等.积极股票管理[M].金德环，等，译.上海：上海财经大学出版社.2004.

[5]（美）玛丽·巴菲特，大卫·克拉克.巴菲特原则[M].单知识，译.乌鲁木齐：新疆人民出版社.1998

[6]（美）斯蒂芬·H.佩因曼.财务报表分析与证券定价[M].刘力，等，译.北京：中国财政经济出版社.2002.

[7]（美）威廉·伯恩斯坦.有效资产管理[M].李曜，译.上海：上海财经大学出版社，2004.

[8]（美）沃伦·巴菲特.巴菲特投资策略全书[M].谢德高，译.北京：九州出版社，2001.

[9]（美）小詹姆斯·L.法雷尔.投资组合管理：理论及应用[M].齐寅峰，译.北京：机械工业出版社，2002.

[10]（美）约翰·Y.坎贝尔，路易斯·M.万斯勒.战略资产配置[M].陈学彬，等，译.上海：上海财经大学出版社，2004.

[11]（美）约翰·特雷恩.新金融大师——当代最成功的投资大师们的投资理念[M].杨光明，彭灵勇，译.海口：海南出版社，1998.

[12]（美）滋维·博迪，等.投资学[M].朱宝宪，等，译.北京：机械工业出版社，2002.

[13]贡奔.中外证券市场比较研究[M].石家庄：河北人民出版社，2000.

[14]陈高翔.证券投资学[M].北京：中国经济出版社，2004.

[15]陈松男.投资学[M].上海：复旦大学出版社.2002.

[16]成涛，等.亚洲证券市场[M].北京：中国大百科全书出版社上海分社，1992.

[17]丛树海.证券投资分析[M].上海：上海财经大学出版社，2001.

[18]范金，郑庆武，梅娟.应用产业经济学[M].北京：经济管理出版社，2004.

[19]高海红.投资组合业绩评价理论综述[J].世界经济，2003年第03期.

[20]耿志民.中国机构投资者研究[M].北京：中国人民大学出版社，2002.

[21]郭来生，赵旭，胡运生，等.开放式基金流动性风险评估与管理研究[R].长春：东北证券，2003.3

[22]郭世贤.世界证券市场[M].北京：中国金融出版社，1994.

[23]何孝星.证券投资理论与实务[M].北京：清华大学出版社，2004.

[24]贺显南.中外机构投资者比较及启示[J].南方金融,2003年第3期.

[25]肯尼思·斯特恩.投资全明星[M].北京：机械工业出版社.2001

[26]李国义，庞海峰.现代证券投资[M].北京：中国金融出版社，2003.

[27]李季，王宇.机构投资者：新金融景观[M].长春：东北财经大学出版社，2002.

[28]李建国.缺乏赚钱效应：中国基金业面临十大挑战[J].富国资讯，2005-9-14

[29] 李世光. 国外证券市场 [M]. 北京：中国财政经济出版社，1990.

[30] 刘国光. 投资基金运作全书 [M]. 北京：中国金融出版社，1996.

[31] 刘建位. 巴菲特股票投资策略 [M]. 北京：机械工业出版社，2005.

[32] 刘胜利. 股票交易入门 [M]. 北京：海洋出版社，1991.

[33] 刘晓峰，刘晓光. 我国股市中机构投资者的投资行为分析 [J]. 广西社会科学,2004 年第 4 期.

[34] 史宪文. 实用中国股票交易 [M]. 大连：大连出版社，1992.

[35] 孙国茂. 公司价值与股票定价研究 [M]. 上海：上海三联书店.2003.

[36] 王春峰. 金融市场风险管理 [M]. 天津：天津大学出版社，2001.

[37] 王华荣. 凯恩斯传 [M]. 北京：中国广播电视出版社，2003.

[38] 王军旗. 证券投资理论与实务 [M]. 北京：中国人民大学出版社，2004.

[39] 王垒，郑小平，施俊琦，刘力. 中国证券投资者的投资行为与个性特征 [J]. 心理科学,2003 年第 1 期.

[40] 王年咏. 复苏与起步：1980~1991 年中国证券市场简史 [M]. 北京：中国财政经济出版社.2004.

[41] 王铁锋. 中国证券市场投资分析及组合管理 [M]. 北京：经济科学出版社，2003.

[42] 吴崎右，李思平. 中国证券市场十二年发展历程与前瞻 [J]. 南方金融，2002 年第 10 期.

[43] 中国证券业协会. 证券市场基础知识 [M]. 北京：中国财政经济出版社，2004.

[44] 夏冬林. 会计学 [M]. 北京：清华大学出版社，2003.

[45] 徐华青，肖武侠，卢晓生. 投资组合管理 [M]. 上海：复旦大学出版社，2004.

[46] 徐龙炳，杨智元，刘晓峰. 机构投资者投资行为研究 [J]. 中国证券业研究，2003 年 4 月.

[47] 杨健，高晓航. 相信自己的虚妄——解析索罗斯的反经济学理念及社会历史价值观 [M]. 西安：陕西师范大学出版社，1999.

[48] 杨健，赵国庆，严守权. 经济数学模型化过程分析 [M]. 北京：中国人民大学出版社，2000.

[49] 杨健. 股票市场技术分析手册 [M]. 北京：中国宇航出版社，2006.

[50] 杨健. 股票市场基础分析手册 [M]. 北京：中国宇航出版社，2006.

[51] 叶伟成. 股票知识和投资技巧 [M]. 北京：新华出版社，1992.

[52] 张纪康. 金融风险：辨识与管理 [M]. 成都：四川人民出版社，2001.

[53] 张炜，等. 股票债券知识手册 [M]. 成都：四川科学技术出版社，1991.

[54] 郑木清. 证券投资资产配置决策 [M]. 北京：中国金融出版社，2003.

[55] 郑振龙，等. 中国证券发展简史 [M]. 北京：经济科学出版社，2000.

[56] 钟瑛. 资本的激情与理性：改革开放以来的中国证券市场 [M]. 北京：当代中国出版社，2003.

[57] 朱小华. 异军突起：亚洲六国证券市场 [M]. 朱镇华，等，译. 北京：三联书店，1991.

[58] 庄序莹. 证券市场中的机构投资者问题研究 [J]. 财经研究,2001 年（6）.

附录 基金监管主要法律法规及政策文件汇总

监管规范内容	发布机关	执行日期	主题
中华人民共和国民法典	全国人大	2021-01-01	综合法规
中华人民共和国公司法（2018年修正）	全国人大	2018-10-26	
中华人民共和国信托法	全国人大	2001-10-01	
中华人民共和国证券法（2019年修订）	全国人大	2020-03-01	
中华人民共和国证券投资基金法（2015年修正）	全国人大	2015-04-24	
中华人民共和国合伙企业法（2006年修正）	全国人大	2007-06-01	
中华人民共和国社会保险法（2018年修正）	全国人大	2018-12-29	
中华人民共和国保险法（2015年修正）	全国人大	2015-04-24	
中华人民共和国反洗钱法	全国人大	2007-01-01	
中华人民共和国刑法（2020年修正）	全国人大	2021-03-01	
中华人民共和国外商投资法	全国人大	2020-01-01	
国务院关于进一步促进资本市场健康发展的若干意见	国务院	2014-05-08	
关于规范金融机构资产管理业务的指导意见	中国人民银行等	2018-04-27	
关于加快推进公募基金行业高质量发展的意见	证监会	2022-04-26	
证券市场诚信监督管理办法（2020年修正）	证监会	2020-03-20	
中国证券投资基金业协会自律检查规则	中基协	2023-07-14	
公开募集证券投资基金管理人监督管理办法	证监会	2022-06-20	公司监管
证券公司和证券投资基金管理公司合规管理办法（2020年修订）	证监会	2020-03-20	
公开募集证券投资基金风险准备金监督管理暂行办法	证监会	2014-01-01	
国务院办公厅关于印发国有金融资本出资人职责暂行规定的通知	国务院	2019-11-07	
关于加强非金融企业投资金融机构监管的指导意见	中国人民银行等	2018-04-19	
保险机构投资设立基金管理公司试点办法	证监会等	2013-06-18	
基金管理公司固有资金运用管理暂行规定	证监会	2013-08-02	
证券投资基金管理公司治理准则（试行）	证监会	2006-06-15	
关于进一步完善基金管理公司治理相关问题的意见	中基协	2014-03-10	
证券投资基金监管职责分工协作指引	证监会	2005-07-01	
基金管理公司子公司管理规定	证监会	2016-12-15	
基金管理公司声誉风险管理指引（试行）	中基协	2022-06-17	
公开募集证券投资基金运作管理办法	证监会	2014-07-07	投资运作
养老目标证券投资基金指引（试行）	证监会	2018-02-11	
公开募集证券投资基金运作指引第1号——商品期货交易型开放式基金指引	证监会	2014-12-16	
公开募集证券投资基金运作指引第2号——基金中基金指引	证监会	2016-09-11	
公开募集证券投资基金运作指引第3号——指数基金指引	证监会	2021-02-01	
货币市场基金监督管理办法	证监会	2015-12-17	
关于实施《货币市场基金监督管理办法》有关问题的规定	证监会	2016-02-01	
黄金交易型开放式证券投资基金暂行规定	证监会	2013-01-23	
证券投资基金参与股指期货交易指引（2022年修正）	证监会	2022-08-12	
证券期货经营机构参与股票期权交易试点指引（2020年修正）	证监会	2020-03-20	
基金参与融资融券及转融通证券出借业务指引	中基协	2015-04-17	
公开募集基础设施证券投资基金指引（试行）	证监会	2020-08-06	
关于推进基础设施领域不动产投资信托基金（REITs）试点相关工作的通知	证监会等	2020-04-24	
证券期货经营机构管理人中管理人（MOM）产品指引（试行）	证监会	2019-12-06	
全国银行间债券市场债券买断式回购业务管理规定	中国人民银行	2004-05-20	
全国银行间债券市场债券交易管理办法	中国人民银行	2000-04-30	
关于规范债券市场参与者债券交易业务的通知	中国人民银行等	2018-01-04	

附录

监管规范内容	发布机关	执行日期	主题
公开募集证券投资基金参与国债期货交易指引	证监会	2013-09-03	
关于贴现国债实行净价交易的通知	财政部等	2007-03-12	
公开募集证券投资基金投资信用衍生品指引	证监会	2019-01-15	
关于加强场外衍生品业务自律管理的通知	中证协	2017-05-22	
关于避险策略基金的指导意见（2021年修改）	证监会	2021-06-11	
短期理财基金产品业务运作规范	中基协	2013-12-01	
香港互认基金管理暂行规定	证监会	2015-05-14	
证券基金经营机构使用香港机构证券投资咨询服务暂行规定（2020年修正）	证监会	2020-03-20	
证券基金经营机构参与内地与香港股票市场交易互联互通指引	证监会	2016-10-11	
关于基金投资非公开发行股票等流通受限证券有关问题的通知	证监会	2006-07-20	
关于证券投资基金投资资产支持证券有关事项的通知	证监会	2006-05-14	
《资产管理产品介绍要素第2部分：证券期货资产管理计划及相关产品》	证监会	2021-05-13	
基金管理公司代表基金对外行使投票表决权工作指引	中基协	2012-12-26	
上海证券交易所开放式基金业务管理办法	上海证券交易所	2014-01-02	交易所规则
深圳证券交易所证券投资基金上市规则（2005年修订）	深圳证券交易所	2006-02-13	
上海证券交易所证券投资基金上市规则（2007年修订）	上海证券交易所	2007-08-29	
公开募集证券投资基金信息披露管理办法（2020年修正）	证监会	2019-07-26	信息披露
基金管理公司年度报告内容与格式准则（2021年修正）	证监会	2021-01-15	
证券投资基金信息披露内容与格式准则第1号《上市交易公告书的内容与格式》（2020年修正）	证监会	2020-10-30	
证券投资基金信息披露内容与格式准则第2号《年度报告的内容与格式》（2020年修正）	证监会	2020-10-30	
证券投资基金信息披露内容与格式准则第3号《半年度报告的内容与格式》（2020年修正）	证监会	2020-10-30	
证券投资基金信息披露内容与格式准则第4号《季度报告的内容与格式》（2020年修正）	证监会	2020-10-30	
证券投资基金信息披露内容与格式准则第5号《招募说明书的内容与格式》（2020年修正）	证监会	2020-10-30	
证券投资基金信息披露内容与格式准则第6号《基金合同的内容与格式》（2020年修正）	证监会	2020-10-30	
证券投资基金信息披露内容与格式准则第7号《托管协议的内容与格式》	证监会	2005-12-21	
证券投资基金信息披露编报规则第1号《主要财务指标的计算与披露》	证监会	2004-01-01	
证券投资基金信息披露编报规则第2号《基金净值表现的编制与披露》	证监会	2004-01-01	
证券投资基金信息披露编报规则第3号《会计报表附注的编制及披露》	证监会	2004-07-01	
证券投资基金信息披露编报规则第4号《基金投资组合报告的编制及披露》	证监会	2004-07-01	
证券投资基金信息披露编报规则第5号《货币市场基金信息披露特别规定》（2020年修正）	证监会	2020-10-30	
《证券投资基金信息披露XBRL标引规范（Taxonomy）》简介	证监会	2008-08-26	
证券投资基金信息披露XBRL模板第1号《季度报告》	证监会	2008-08-26	
证券投资基金信息披露XBRL模板第2号《净值公告》	证监会	2012-05-01	
证券投资基金信息披露XBRL模板第3号《年度报告和半年度报告》	证监会	2010-02-09	
证券投资基金信息披露XBRL模板第4号《基金合同生效公告及十一类临时公告》	证监会	2011-01-01	
公开募集证券投资基金信息披露XBRL模板第5号《基金产品资料概要》（2020年修正）	证监会	2020-10-30	
关于发布《证券投资基金管理公司监察稽核报告内容与格式指引（试行）》的通知	证监会	2005-10-25	

监管规范内容	发布机关	执行日期	主题
关于发布《公开募集证券投资基金投资顾问服务风险揭示书内容与格式指引》的公告	中基协	2023-03-02	
关于发布《公开募集证券投资基金投资顾问服务协议内容与格式指引》的公告	中基协	2023-03-02	
关于证券基金经营机构公示债券投资交易相关人员的通知	中基协	2018-10-10	
公开募集开放式证券投资基金流动性风险管理规定	证监会	2017-08-31	风险控制
基金管理公司风险管理指引（试行）	中基协	2014-06-24	
基金管理公司提取风险准备有关事项的补充规定	证监会	2007-01-12	
公募基金管理公司压力测试指引（试行）	中基协	2016-11-15	
证券公司和证券投资基金管理公司合规管理办法	证监会	2017-06-06	合规管理
证券投资基金管理公司合规管理规范	中基协	2017-09-13	
基金管理公司开展投资、研究活动防控内幕交易指导意见	证监会	2012-11-15	
证券投资基金管理公司内部控制指导意见	证监会	2003-01-01	
证券投资基金管理公司公平交易制度指导意见（2011年修订）	证监会	2011-08-03	
关于完善证券投资基金交易席位制度有关问题的通知	证监会	2007-04-01	
关于加强证券基金经营机构债券交易监测的通知	中证协	2018-10-10	
证券期货业信息安全保障管理办法	证监会	2012-11-01	信息技术
证券基金经营机构信息技术管理办法（2021年修正）	证监会	2021-01-15	
证券期货经营机构信息系统备份能力标准	证监会	2011-04-14	
网上基金销售信息系统技术指引	中基协	2012-11-20	
关于证券投资基金估值业务的指导意见	证监会	2017-09-05	会计税收
中国基金估值标准2018	中基协	2018-12-11	
证券投资基金投资流通受限股票估值指引（试行）	中基协	2017-09-06	
基金中基金估值业务指引（试行）	中基协	2017-05-04	
关于固定收益品种的估值处理标准	中基协	2022-12-29	
关于印发《资产管理产品相关会计处理规定》的通知	财政部	2022-05-25	
关于基金管理公司及证券投资基金执行《企业会计准则》的通知	证监会	2006-11-27	
关于基金管理公司执行《企业会计准则》有关新旧衔接事宜的通知	证监会	2007-01-17	
证券结算风险基金管理办法	证监会	2006-07-01	
关于个人终止投资经营收回款项征收个人所得税问题的公告	国家税务总局	2011-07-25	
关于调整个体工商户个人独资企业和合伙企业个人所得税税前扣除标准有关问题的通知	财政部等	2008-01-01	
关于合伙企业合伙人所得税问题的通知	财政部等	2008-01-01	
关于《关于个人独资企业和合伙企业投资者征收个人所得税的规定》执行口径的通知	国家税务总局	2001-01-17	
证券期货投资者适当性管理办法（2022年修订）	证监会	2022-08-12	基金销售
公开募集证券投资基金销售机构监督管理办法	证监会	2020-10-01	
证券投资基金销售结算资金管理暂行规定	证监会	2011-10-01	
中国银监会关于规范商业银行代理销售业务的通知	（原）银监会	2016-05-05	
基金募集机构投资者适当性管理实施指引（试行）	中基协	2017-06-28	
中国证券投资基金业协会证券投资基金销售人员职业守则（2012年修订）	中基协	2012-11-20	
关于做好公开募集证券投资基金投资顾问业务试点工作的通知	证监会	2019年10月	基金投顾
公开募集证券投资基金投资顾问业务数据交换技术接口规范（试行）	中基协	2021-08-31	
公开募集证券投资基金投资顾问服务协议内容与格式指引	中基协	2023-03-02	
公开募集证券投资基金投资顾问服务风险揭示书内容与格式指引	中基协	2023-03-02	
公开募集证券投资基金投资顾问业务管理规定（征求意见稿）	证监会	2023-06-09	
证券投资基金托管业务管理办法（2020）	证监会	2020-07-10	基金托管
证券投资基金评价业务管理暂行办法（2020年修正）	证监会	2020-10-30	基金服务
特殊机构及产品证券账户业务指南	中登	2018-09-20	
私募投资基金服务业务管理办法（试行）	中基协	2017-03-01	

附录

监管规范内容	发布机关	执行日期	主题
关于加强私募投资基金等产品账户管理有关事项的通知	中国结算	2018-01-29	
证券期货投资者教育基地监管指引	证监会	2018-03-14	投资者教育
关于进一步加强投资者教育、强化市场监管有关工作的通知	证监会	2007-05-23	
证券基金经营机构董事、监事、高级管理人员及从业人员监督管理办法	证监会	2022-04-01	从业人员
基金管理公司投资管理人员管理指导意见	证监会	2009-04-01	
基金经理注册登记规则（2012年修订）	中基协	2012-12-21	
基金经理兼任私募资产管理计划投资经理工作指引（试行）	中基协	2020-05-01	
关于养老目标证券投资基金的基金经理注册登记有关事项的通知	中基协	2018-03-12	
关于基金中基金（FOF）的基金经理注册登记有关事项的通知	中基协	2016-10-21	
关于基金从业资格考试有关事项的通知	证监会	2012-06-12	
基金从业人员管理规则	中基协	2022-05-10	
基金从业资格考试管理办法（试行）	中基协	2015-07-24	
基金从业人员执业行为自律准则	中基协	2014-12-15	
基金从业人员证券投资管理指引（试行）	中基协	2013-12-30	
证券期货经营机构及其工作人员廉洁从业规定（2022年修正）	证监会	2022-08-12	
公开募集证券投资基金管理人及从业人员职业操守和道德规范指南	中基协	2021-08-11	
基金经营机构及其工作人员廉洁从业实施细则	中基协	2020-03-12	
私募投资基金监督管理条例	国务院	2023-09-01	私募基金
私募投资基金监督管理暂行办法	证监会	2014-08-21	
关于加强私募投资基金监管的若干规定	证监会	2020-12-30	
私募基金管理人失联处理指引	中基协	2023-07-14	
私募投资基金登记备案办法（2023年修订）	中基协	2023-05-01	
私募基金管理人登记申请材料清单（2023年修订）	中基协	2023-05-01	
私募基金管理人登记指引第1号——基本经营要求	中基协	2023-05-01	
私募基金管理人登记指引第2号——股东、合伙人、实际控制人	中基协	2023-05-01	
私募基金管理人登记指引第3号——法定代表人、高级管理人员、执行事务合伙人或其委派代表	中基协	2023-05-01	
关于便利申请办理私募基金管理人登记相关事宜的通知	中基协	2020-02-28	
关于私募基金管理人在异常经营情形下提交专项法律意见书的公告	中基协	2018-03-27	
不动产私募投资基金试点备案指引（试行）	中基协	2023-03-01	
私募投资基金备案须知	中基协	2019-12-23	
私募投资基金命名指引	中基协	2019-01-01	
私募投资基金募集行为管理办法	中基协	2016-07-15	
私募投资基金信息披露管理办法	中基协	2016-02-04	
私募投资基金信息披露内容与格式指引2号——适用于私募股权（含创业）投资基金	中基协	2016-11-14	
私募投资基金合同指引1号（契约型私募基金合同内容与格式指引）	中基协	2016-07-15	
私募投资基金合同指引2号（公司章程必备条款指引）	中基协	2016-07-15	
私募投资基金合同指引3号（合伙协议必备条款指引）	中基协	2016-07-15	
私募投资基金风险揭示书内容与格式指引	中基协	2016-04-16	
私募投资基金投资者风险问卷调查内容与格式指引（个人版）	中基协	2016-04-15	
关于私募证券投资基金管理机构投资管理人员投资业绩填报有关事项的通知	中基协	2018-01-19	
私募投资基金管理人内部控制指引	中基协	2016-02-01	
私募证券投资基金管理人会员信用信息报告工作规则（试行）	中基协	2018-01-12	
关于实行私募基金管理人分类公示制度的公告	中基协	2015-03-19	
私募投资基金非上市股权投资估值指引（试行）	中基协	2018-07-01	
上市公司创业投资基金股东减持股份的特别规定（2020年修订）	证监会	2020-03-31	
政府投资基金暂行管理办法	财政部	2015-11-12	
创业投资企业管理暂行办法	发改委等	2006-03-01	

监管规范内容	发布机关	执行日期	主题
政府出资产业投资基金管理暂行办法	发改委等	2017-04-01	
关于加强创业投资企业备案管理严格规范创业投资企业募资行为的通知	发改委	2009-07-10	
关于创业投资企业和天使投资个人有关税收政策的通知	财政部等	2018-07-01	
期货公司监督管理办法（2019）	证监会	2019-06-04	其他资管业务
期货公司风险监管指标管理办法（2022年修正）	证监会	2022-08-12	
证券期货经营机构私募资产管理业务管理办法（2023年修订）	证监会	2023-03-01	
证券期货经营机构私募资产管理业务运作管理暂行规定	证监会	2016-07-18	
关于做好有关私募产品备案管理及风险监测工作的通知	证监会	2014-06-10	
关于加强证券公司资产管理业务监管的通知	证监会	2013-03-15	
关于证券公司证券自营业务投资范围及有关事项的规定（2012年修订）	证监会	2012-11-16	
基金管理公司特定客户资产管理子公司风险控制指标管理暂行规定	证监会	2016-12-15	
基金管理公司从事特定客户资产管理业务子公司内控核查要点	中基协	2015-12-07	
证券公司及基金管理公司子公司资产证券化业务管理规定	证监会	2014-11-19	
证券公司及基金管理子公司资产证券化业务信息披露指引	证监会	2014-11-19	
证券公司及基金管理公司公司子公司资产证券化业务尽职调查工作指引	证监会	2014-11-19	
证券期货业非公开募集产品编码及管理规范	证监会	2014-02-10	
集合资产管理计划资产管理合同内容与格式指引（试行）	中基协	2019-05-01	
单一资产管理计划资产管理合同内容与格式指引（试行）	中基协	2019-05-01	
资产管理计划风险揭示书内容与格式指引（试行）	中基协	2019-05-01	
证券期货经营机构私募资产管理计划备案管理规范第1号——备案核查与自律管理	中基协	2016-10-21	
证券期货经营机构私募资产管理计划备案管理规范第2号——委托第三方机构提供投资建议服务	中基协	2016-10-21	
证券期货经营机构私募资产管理计划备案管理规范第3号——结构化资产管理计划	中基协	2016-10-21	
证券期货经营机构私募资产管理计划备案管理规范第4号——私募资产管理计划投资房地产开发企业、项目	中基协	2017-02-13	
证券期货业反洗钱工作实施办法（2022年修正）	证监会	2022-08-12	反洗钱
金融机构反洗钱和反恐怖融资监督管理办法	中国人民银行	2021-08-01	
互联网金融从业机构反洗钱和反恐怖融资管理办法（试行）	中国人民银行等	2019-01-01	
金融机构大额交易和可疑交易报告管理办法（2018年修正）	中国人民银行	2018-07-26	
国务院办公厅关于完善反洗钱、反恐怖融资、反逃税监管体制机制的意见	国务院	2017-08-29	
涉及恐怖活动资产冻结管理办法	中国人民银行等	2014-01-10	
金融机构反洗钱规定（2006）	中国人民银行	2007-01-01	
金融机构客户尽职调查和客户身份资料及交易记录保存管理办法	中国人民银行等	2022-03-01	
中国人民银行关于加强反洗钱客户身份识别有关工作的通知	中国人民银行	2017-10-20	
中国人民银行关于进一步做好受益所有人身份识别工作有关问题的通知	中国人民银行	2018-06-27	
中国人民银行关于加强开户管理及可疑交易报告后续控制措施的通知	中国人民银行	2017-05-12	
基金管理公司反洗钱工作指引（2012年修订）	中基协	2012-11-16	
基金管理公司反洗钱客户风险等级划分标准指引（2012年修订）	中基协	2012-11-16	
中华人民共和国外商投资法实施条例	国务院	2020-01-01	对外开放
中国人民银行关于人民币合格境内机构投资者境外证券投资有关事项的通知	中国人民银行	2014-11-05	
合格境内机构投资者境外证券投资外汇管理规定	国家外汇管理局	2013-08-21	
合格境内机构投资者境外证券投资管理试行办法	证监会	2007-07-05	
关于为提供港股投资顾问服务的香港机构开展备案的通知	中基协	2018-09-19	
外商独资和合资私募证券投资基金管理人登记备案填报说明	中基协	2018年6月	
外商投资创业投资企业管理规定（2015年修正）	商务部	2015-10-28	